浙江省哲学社会科学规划后期资助（课题编号：11HQGL02）
国家自然科学基金资助（项目批准号：71303215）
浙江省自然科学基金资助（项目编号：Y13G020050）
教育部人文社会科学青年基金资助（项目编号：12YJC630196）

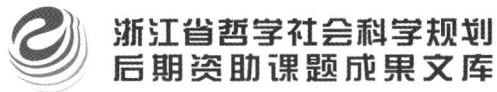
浙江省哲学社会科学规划
后期资助课题成果文库

基于决策过程的社会创业研究
——源动力、机会识别与决策绩效

Jiyu Juece Guocheng De Shehui Chuangye Yanjiu

王皓白 蔡宁 童馨 著

中国社会科学出版社

图书在版编目(CIP)数据

基于决策过程的社会创业研究：源动力、机会识别与决策绩效 / 王皓白，蔡宁，童馨著 .—北京：中国社会科学出版社，2016.10（2018.12 重印）

ISBN 978 - 7 - 5161 - 9190 - 3

Ⅰ.①基… Ⅱ.①王…②蔡…③童… Ⅲ.①创业 - 研究 - 中国 Ⅳ.①F249.2

中国版本图书馆 CIP 数据核字（2016）第 253447 号

出 版 人	赵剑英
责任编辑	宫京蕾
责任校对	王佳玉
责任印制	李寡寡
出　　版	中国社会科学出版社
社　　址	北京鼓楼西大街甲 158 号
邮　　编	100720
网　　址	http：//www.csspw.cn
发 行 部	010 - 84083685
门 市 部	010 - 84029450
经　　销	新华书店及其他书店
印刷装订	北京君升印刷有限公司
版　　次	2016 年 10 月第 1 版
印　　次	2018 年 12 月第 2 次印刷
开　　本	710×1000　1/16
印　　张	19.75
插　　页	2
字　　数	326 千字
定　　价	80.00 元

凡购买中国社会科学出版社图书，如有质量问题请与本社营销中心联系调换
电话：010 - 84083683
版权所有　侵权必究

目 录

第一章 绪论 …………………………………………………… (1)
 第一节 研究背景 ………………………………………… (1)
  一 现实背景 ………………………………………… (1)
  二 理论背景 ………………………………………… (5)
 第二节 研究问题的提出 ………………………………… (8)
 第三节 相关概念界定及说明 …………………………… (10)
  一 社会创业 ………………………………………… (10)
  二 社会企业家 ……………………………………… (10)
  三 社会创业动机 …………………………………… (10)
  四 社会创业机会 …………………………………… (11)
 第四节 研究方法、技术路线与全书结构 ……………… (11)
  一 技术路线 ………………………………………… (11)
  二 研究方法 ………………………………………… (13)
  三 全书结构 ………………………………………… (13)
 第五节 主要创新点 ……………………………………… (15)

第二章 文献综述 ……………………………………………… (18)
 第一节 社会创业相关研究理论综述 …………………… (18)
  一 社会创业的兴起和演变：私营部门与第三部门的融合 …… (18)
  二 社会创业的内涵：概念界定的不同视角 ……… (23)
  三 社会企业家的界定：从内在动机到外在环境 … (31)
  四 社会创业成功的测度：从经济价值到社会价值 … (34)
 第二节 社会创业动机研究理论综述 …………………… (44)
  一 商业创业动机：基于利己的核心假设 ………… (44)
  二 社会创业动机：从利己到利他 ………………… (51)
  三 创业动机、认知与创业行为：从单一到互动 … (56)

第三节 创业认知与创业决策理论综述 …………………………… (61)
 一 创业的驱动力：从特质论向互动认知论的转变 ………… (61)
 二 创业的认知过程与认知方式：影响决策的关键因素 …… (63)
 三 创业的决策：信息收集和解析的行为结果 ……………… (68)
第四节 社会创业机会识别的理论综述 ………………………… (78)
 一 社会创业机会识别的理论基点：从芝加哥学派到奥地利
  学派 …………………………………………………………… (78)
 二 社会创业的机会：从概念的界定到机会的类型 ………… (83)
 三 社会创业机会的识别：过程与认知的影响因素 ………… (90)
 四 社会创业机会特征的维度：社会性与营利性的双重底线 …… (95)
本章小结 ………………………………………………………………… (98)
 一 文献综述理论基础 …………………………………………… (98)
 二 文献资料收集、分析步骤及文献研究框架 ……………… (99)
 三 文献研究综合述评 ………………………………………… (100)

第三章 探索性案例研究 ……………………………………………… (103)
第一节 案例研究方法 ………………………………………………… (103)
 一 探索性案例研究方法概述 ………………………………… (103)
 二 探索性案例研究步骤 ……………………………………… (105)
第二节 研究设计 ……………………………………………………… (106)
 一 理论预设的提出 …………………………………………… (106)
 二 案例的选择 ………………………………………………… (111)
 三 案例数据的收集 …………………………………………… (111)
 四 数据的分析方法 …………………………………………… (113)
第三节 案例简介 ……………………………………………………… (114)
 一 余志海和"多背1公斤" …………………………………… (114)
 二 林颖、朱柄肇和"欣耕工坊" ……………………………… (116)
 三 王艳蕊和"乐龄合作社" …………………………………… (118)
 四 胡卉哲和"自然体验营" …………………………………… (119)
 五 潘小口和"新航地产中介" ………………………………… (122)
第四节 案例的数据分析和汇总 ……………………………………… (123)
 一 社会企业家的创业动机及其与商业企业家的创业动机
  对比 …………………………………………………………… (123)

二　社会创业的机会特征及识别 ……………………………… (126)
　　三　社会创业的决策绩效 ………………………………………… (128)
　　四　社会创业的机会模式 ………………………………………… (130)
　　五　案例的数据编码 ……………………………………………… (131)
　第五节　讨论和命题提出 …………………………………………… (133)
　　一　社会创业动机与商业创业动机的异同 …………………… (133)
　　二　社会创业动机与机会识别的关系 ………………………… (134)
　　三　社会创业机会识别与创业决策绩效的关系 ……………… (135)
　本章小结 ……………………………………………………………… (136)

第四章　研究设计与方法论 …………………………………………… (137)
　第一节　问卷的设计 ………………………………………………… (137)
　　一　问卷的构思和设计过程 …………………………………… (137)
　　二　问卷的基本内容 …………………………………………… (139)
　　三　问卷的可靠性问题 ………………………………………… (140)
　第二节　数据收集的过程 …………………………………………… (141)
　　一　调查总体的确定和答卷者选择 …………………………… (142)
　　二　问卷的发放与回收 ………………………………………… (143)
　第三节　数据整理与样本基本特征的描述性统计 ……………… (144)
　　一　社会企业家的性别分布 …………………………………… (144)
　　二　社会企业家的学历分布 …………………………………… (145)
　　三　社会企业家的创业时间分布 ……………………………… (145)
　　四　社会企业家创立组织的规模分布 ………………………… (146)
　　五　社会企业家创立组织的类型分布 ………………………… (147)
　第四节　实证研究变量的测度 ……………………………………… (147)
　　一　社会创业动机的测度 ……………………………………… (148)
　　二　社会创业机会识别的测度 ………………………………… (153)
　　三　社会创业决策绩效的测度 ………………………………… (155)
　　四　社会创业机会识别认知的影响因素 ……………………… (157)
　第五节　定量分析的方法和程序 …………………………………… (159)
　　一　方差分析 …………………………………………………… (159)
　　二　回归分析 …………………………………………………… (159)
　　三　信度效度检验及探索性因子分析 ………………………… (160)

  四　验证性因子分析和结构方程的拟合 …………………… （160）
 本章小结 …………………………………………………………… （161）

第五章　社会创业动机与商业创业动机：结构与内容的比较 …… （163）
 第一节　本章实证研究目的 ………………………………………… （163）
 第二节　本章实证研究的假设 ……………………………………… （164）
 第三节　社会创业动机与商业创业动机的结构比较 ……………… （165）
  一　社会创业动机的探索性因子分析 ………………………… （165）
  二　社会创业动机的验证性因子分析 ………………………… （169）
  三　商业创业动机的探索性因子分析 ………………………… （170）
  四　商业创业动机的验证性因子分析 ………………………… （175）
  五　分析与讨论 ………………………………………………… （177）
 第四节　社会创业动机与商业创业动机的内容比较 ……………… （179）
  一　社会创业动机和商业创业动机的描述性统计分析 ……… （179）
  二　社会创业动机和商业创业动机的组间比较 ……………… （181）
  三　社会创业动机和商业创业动机的组内比较 ……………… （183）
  四　分析与讨论 ………………………………………………… （184）
 本章小结 …………………………………………………………… （185）

第六章　社会创业动机、机会识别与创业的决策机制研究 ………… （186）
 第一节　本章实证研究目的 ………………………………………… （186）
 第二节　模型的构建 ………………………………………………… （187）
  一　社会创业动机与创业决策绩效 …………………………… （188）
  二　社会创业动机与机会识别 ………………………………… （190）
  三　机会识别与社会创业决策绩效 …………………………… （192）
  四　研究模型与研究假设总结 ………………………………… （193）
 第三节　探索性因子分析 …………………………………………… （194）
  一　社会创业动机的探索性因子分析 ………………………… （194）
  二　社会创业机会识别的探索性因子分析 …………………… （198）
  三　社会创业决策绩效的探索性因子分析 …………………… （202）
 第四节　验证性因子分析 …………………………………………… （204）
  一　社会创业动机的验证性因子分析 ………………………… （204）
  二　社会创业机会识别的验证性因子分析 …………………… （205）
  三　社会创业决策绩效的验证性因子分析 …………………… （207）

第五节　结构方程模型检验——社会创业决策机制的路径
　　　　　　分析 …………………………………………………（207）
　　　　一　初步数据分析 ……………………………………（207）
　　　　二　初始 SEM 模型构建 ……………………………（209）
　　　　三　整体模型初步拟合 ………………………………（215）
　　　　四　整体模型修正与中介效应分析 …………………（216）
　　　　五　模型确认和二阶效应分解 ………………………（222）
　　　　六　模型的一阶效应分解 ……………………………（223）
　　第六节　分析与讨论 ……………………………………（229）
　　　　一　社会创业动机与创业过程关系的讨论 …………（229）
　　　　二　利他动机通过机会识别影响社会创业决策的讨论 …（231）
　　　　三　利己动机直接影响社会创业决策绩效的讨论 …（233）
　　本章小结 …………………………………………………（234）

第七章　社会创业决策全模型的调节机制研究 …………（236）
　　第一节　本章实证研究目的 ……………………………（236）
　　第二节　调节模型建构和假设提出 ……………………（237）
　　　　一　不同社会企业家类型对决策机制的影响 ………（237）
　　　　二　社会创业机会模式对决策机制的影响 …………（242）
　　　　三　社会创业决策机制的调节模型 …………………（244）
　　第三节　不同社会企业家类型对决策机制的影响 ……（245）
　　　　一　不同社会企业家分类标准和样本分布 …………（245）
　　　　二　不同社会企业家利他动机对机会识别的影响 …（246）
　　　　三　不同社会企业家利他动机对决策绩效的影响 …（250）
　　　　四　不同社会企业家利己动机对决策绩效的影响 …（252）
　　　　五　分析与讨论 ………………………………………（254）
　　第四节　社会创业机会模式对决策机制的影响 ………（257）
　　　　一　社会创业机会模式的分类 ………………………（257）
　　　　二　社会创业机会模式对决策绩效的影响 …………（257）
　　　　三　分析与讨论 ………………………………………（259）
　　本章小结 …………………………………………………（261）

第八章　结论与展望 ………………………………………（263）
　　第一节　主要研究结论 …………………………………（263）

第二节 本研究的理论贡献和实践意义 …………………… (266)
 一 本研究的理论贡献 …………………………………… (266)
 二 本研究的实践意义 …………………………………… (267)
第三节 本研究的不足 …………………………………………… (268)
第四节 未来研究展望 …………………………………………… (270)

附录一 社会企业家社会创业的访谈提纲 ……………………… (272)
附录二 社会企业家与商业企业家创业动机调查问卷 ………… (273)
附录三 社会创业动机、机会识别与决策机制研究问卷 ……… (275)

参考文献 ………………………………………………………… (281)

第一章

绪　　论

第一节　研究背景

一　现实背景

1. 全球"福利国家范式"困局与社会创业的兴起

在福利国家范式（Welfare State Paradigm）中，许多社会需求的满足是由公共部门或者非营利部门承担的。在最近20年中，这些国家对社会服务的需求急剧增加，然而对非营利部门的财政资助却明显减少了很多，欧美各国普遍面临政府失灵的困境，出现空洞国家（Hollow State）现象和福利国家危机（Chesters, 2004；Kettl, 2000；Milward & Provan, 2000）。例如，在美国，各届政府都备受过度福利支出所导致的财政赤字困扰，社会各界都大规模抨击联邦政府在社会福利领域中的角色（Salamon, 1995, 1997），联邦和州对非营利组织和部门的资助在20世纪80年代减少了23%，并且在90年代继续减少（McLeod, 1997）。

在这样的福利国家危机背景下，政府、企业和非营利组织三大社会部门，都各自进行部门改造。政府主要采用参与市场经营的方式进行政府部门的改造，这样就形成了新公共管理（New public management）领域的研究。政府的市场导向改革实际上并没有真正使政府失灵而引起缺口，而企业在这时候积极投入公共服务的提供，与政府建立了非常积极的合作关系（Frederickson & Johnston, 1999），但是企业由于市场失灵（Hansmann, 2003），无法达到政府与它们合作提供公共服务的期望。非营利组织虽然能够在社会价值方面对政府和企业起到支撑性的作用（Frumkin, 2002；Maiello, 1997），但是它仍然存在志愿失灵（Salamon, 1997）。

不管如何进行各部门的改造，结果总是不能让人满意，实际上关键是传统部门的划分没有办法适应日益复杂的社会现状和问题（OECD，2003），部门之间的逐渐融合是解决很多社会问题的关键，也是手段。因此在福利国家改革过程和部门融合的推动中，有一些社会企业家积极推动这项事业发展，他们不畏组织的制度边界，积极推动各类变革，以创新型的商业方式为公益事业提供支撑并形成了独特的混合（hybrids）创业模式——社会创业（Social Entrepreneurship）（Dees，2001；Anheier，2003；Borzaga，2003；Young，2003）。社会创业既不同于商业创业，因为商业创业各种行为的最终目的是利益最大化（不管是否有慈善行为）；社会创业也不同于非营利组织的慈善活动，因为社会创业可以进行各种产生收益的经营性活动来支撑慈善和公益事业。因此，从社会创业的起源来看，社会创业的目的是以一种新型的营利方式来传递公共服务和价值，它改变了传统由政府主导或非营利组织主导的社会服务方式，很大程度上缓解了"福利国家范式"中非营利公益活动资源匮乏的困境。

中国的总体型社会实际上也面临类似的问题。中国由于长期处于政府、社会合一的状态，因此政府掌控着社会绝大多数资源的流动和分配，并且由政府绝对主导的方式提供公共服务。对于公共服务和公益事业，从某种视角上看是一种非常积极的制度安排，比如中国历年抗洪抢险和"非典"防治，中央集权式的管理始终能够在第一时间响应各种公共危机和公共事件，而美国由于公共服务提供上的制度安排，卡特琳娜台风造成的后果则要严重得多。但是，由于政府长期承担绝大部分的公共服务以及公民社会的缺失，而且急速增加的各类社会需求越来越复杂，中国政府越来越难以应付并承担提供公共服务所必需的支出，各类公共服务支出虽然逐年递增，与社会需求的鸿沟却是越来越大。不愿意开放非营利组织的管理更加加剧了这种鸿沟和差距。正是在这种情况下，中国不断涌现出社会企业家积极进行社会创业来弥补这样的鸿沟，比如汶川大地震，如此之大的社会灾难光靠政府是远远不够的，在抗灾和灾后重建的过程中，民间自发的社会创业遍地开花，有些企业家自己掏钱在汶川开办公益学校，他们用自己商业活动的营利自发地支持重建活动；有些摄影爱好者在当地开办摄影学校的同时免费招收失去父母的孩子，让他们学会用镜头记录下感人的瞬间；当地大量的企业积极介入社会创业，成立各类组织进行灾后重建。政府主导的公共服务提供在规模上和内容上越来越不能满足的情况下，民间自发的社会创业积极地介入。

2. 中国"非营利组织"的政策困局对社会创业的强烈推动

西方现代社会形成的框架基础是政府和成熟的市场经济体制，其基本的格局是"政府、市场和社会"的三分结构，且具有相对清晰的界限，而中国在改革开放以前，则是一个"总体性社会"，国家和社会高度合一的状态使政府处于整个社会的主导位置（贾西津，2005）。从西方的实践来看，在"社会"中提供公共服务的主体主要是民间自发的非营利组织，而中国则对非营利组织实行严格的双重登记制度，第一要有主管单位审批，第二要经过民政部门审批。比如行业协会都有各政府部委直属的行业，因此相对容易找到主管单位，并进行登记注册开展活动，但是大量的民间自发满足特定社会需求的组织找不到任何的主管单位，实际上也就成了"非法组织"。这个政策大大限制了非营利组织作为独立主体提供公共服务的作用，正式登记的非营利组织实质上成了政府的"分支机构"，说到底还是政府在给这些正式的非营利组织提供资源进行活动，并对活动进行限制。

在这样的背景下，社会多样化的需求如何才能得到满足呢？民间的群众实际上开始发起各种以特定社会公益需求满足为目标的组织，有专门帮助农民工打官司的组织，有专门维权的组织，有专门为残障儿童提供服务的全国性组织，等等。但是当这些组织进行运营的时候，他们发现，缺乏运营的资金，而要通过营利性活动获取资金就必须有正式的组织身份，因此许多这样的民间组织选择了在工商局登记成为"企业"，但实质上在成立之初，从组织目标来说他们是社会创业。也有一些非营利组织为了更多地满足社会需求，解决政府资助不足的劣势，也开始积极设立分支机构，成立企业，这实际上也是社会创业。（这里必须强调，在欧洲法律框架内有"社会企业"这一类组织。）

正是这些社会创业的活动，既解决了非营利活动缺乏资源支持的问题，也能够在政府主导的公共服务提供模式的夹缝中为公民提供多元化的服务。社会创业实际上是中国"非营利组织"政策困局中，满足多元化公共需求和提供多元化公共服务最重要的手段。由于刚刚兴起，非常值得研究和关注。

3. 中国社会急速转型环境中社会问题的突出与复杂

一方面，中国自20世纪90年代以来进入了急剧的社会转型期，随着中国政府职能的逐渐转变，市场空间已经被释放出来，而社会空间也正在慢慢地释放。国家与社会关系重塑的同时，公民参与意识增强，中国各个层面多样化的社会需求渐渐浮出水面，且呈现激增的形势。另一方面，社会需求呈现多样化和复杂化的态势，大量社会问题不断涌现，这些社会问题包括：(1) 失业率上升，就业局面面临长期困难；(2) 城乡差距的进一步扩大，二元社会矛盾难以缓解；(3) 贫富差距迅速扩大，分配制度存在缺陷；(3) 不平等现象越来越突出；(4) 腐败造成了巨大的经济和社会福利损失；(5) 旧有社会保障体系的推倒和新的社会保障体制并没有完善；(6) 农民失地引起的社会矛盾加剧；(7) 资源、能源和环境的保护，集约型发展和可持续发展问题，等等。与此相应的是很多社会弱势群体的产生，如何保障弱势群体的权益，增强社会团结性，已经成为中国和谐社会建设必须解决的问题。近年来，随着我国公民社会的兴起，大量非 NPO 和 NGO 以及"企业"在公益事业上发挥了积极作用，但是它们的服务范围仍然比较有限。社会创业已经成为我国公益事业实现可持续发展的一个新选择。社会创业具有社会的终极使命和企业的营利特征，它将创新和企业精神结合在一起，创造出了一种主动的社会福利机制，鼓励服务对象更多地为自己的生活负责，从而能打破福利的僵局。

4. 社会企业家的微观决策对社会积极影响的推动

作为社会创业的领导者，社会企业家善于识别和发现别人无法发现的社会问题和商业机会来提供公益服务，他们建立和利用由各类人才并与各种其他组织构成多元化网络来一同解决社会问题。社会企业家在进行社会创业的时候，其强烈的公益和利他动机在社会创业的时候起到了重要的推动作用。实际上也并非所有的人都能发现社会创业机会，只有那些具有强烈公益动机的人才有机会发现。当然社会创业的机会本身也兼具有"双重底线"（double bottom line）（Dees, 1998; Reis, 1999; Mort et al., 2002; Mair & Marti, 2006a; Peredo & McLean, 2006; Martin & Osberg, 2007），也就是公益事业的社会性目标和企业的营利性手段。社会企业家只有正确识别机会才能作出正确的决策，选择正确的创业模式，从而形成一定的社会影响力（social impact）。社会创业的真正作用就是对公益事业产生社会绩效，实际上社会服务的绩效与商业项目完全不同，社会服务的绩效关注的是实际的社会影响力以及社会投入产出（social return of investment），当然还有社会责任（social accountability），这三者实际上构成了社会企业家决策的社会绩效。现实中，社会企业家对机会的正确判断和对机会的正确选择都会影响到社会创业对社会产生积极影响的大小。

二 理论背景

1. 社会创业——非营利部门"市场化"和私营部门"社会责任"的互相融合

一方面,各国非营利部门获得的资助逐渐减少(McLeod,1997),但是非营利部门的数量却迅猛增加(Bornstein,1998)。这种现象对非营利部门组织产生了多方面的影响,使这些组织更加合理地使用稀缺资源并提高组织绩效。这种广泛的以市场为基础的发展模式已经使非营利组织更加习惯于使用市场模式的语言和视角。最终,这些变化使非营利机构重新思考寻求资助的策略。另一方面,非营利组织虽然能够在社会价值方面对政府和企业起到支撑性的作用(Frumkin,2002;Maiello,1997),但是它仍然存在志愿失灵(Salamon,1997),而志愿失灵则包括欠缺独立性、合理的治理结构、服务质量困境等。而在中国,非营利组织的发展显然与西方非营利组织市场化的原因不同,但是由于受到"双重登记制度"(必须有主管单位和民政部门双重批准才能成为非营利组织)(王名,2001),身份认定的困境使中国绝大多数非营利组织以无法人地位的形式存在,法律地位的缺失同样使其在运作和资源来源上缺乏足够的支持(杨团,2002)。中国的非营利组织普遍存在资源不足、能力不足的缺点,要通过市场化导向获取资源(胡杨成、蔡宁,2008)。虽然我国的非营利组织在市场化的动因上与西方国家的非营利组织不同,但是其市场化的趋势仍然不乏动力。非营利组织市场化的过程,产生了一种社会趋势,即新的"混合社会经济"(mixed social economy),这种混合社会经济使部门之间的边界进一步模糊化,并且使部门之间进一步合。福利多元主义(welfare pluralism)、契约国家(contract state)、混合政治经济(mixed political economy)以及间接公共行政(indirect public administration)等概念,实质上就是部门边界模糊的体现(Kramer,2000)。

另一方面,20世纪90年代,以波特为代表的企业策略性慈善占据主流的研究地位,认为企业慈善行为的最终目的是提高企业经营绩效,这里波特的"企业慈善竞争力"理论占据核心地位(Porter & linder,1995;Porter,2003;Porter,2006),其中"公益性市场营销"也是极具影响力(Kotler,2006),然而这种仅仅局限于企业个体的研究和相对短视的理论被"社会契约"理论所取代（Steiner & John F. Steiner，2002），他们认为企业是社会的道德代理人，公司在进行捐赠活动时，实际上是把社会价值与目标放在非常重要的位置上，而且与社会的利益相一致（蔡宁、沈奇泰松、吴结兵，2009）。公司忽略了短期的利润，而更加注重长期的社会效益和道德契约。

在上述讨论的主题中，最引起人们关注的实际上是在公共、私人和非营利部门之间传统边界的模糊化（Reis，1999；Fowler，2000）和涉及跨部门合作的解决社会问题的新方法（Fowler，2000）。越来越多的人认识到，只有通过社会创业才能解决部门之间的竞争使预期目标没有办法达到的问题。在注意到目前很多传统的解决社会问题的最主要的方法是通过分散的单一部门且解决效果和效率不佳的情况下，Reis（1999）主张通过社会创业来完成这种融合。

2. 从商业企业家到社会企业家——肩负"社会终极使命"创业者的出现

社会创业的主体是社会企业家，他们具有创业者的特质，同时又具有强烈的社会使命和任务感。他们不同传统的商业企业家，他们通过创业的方式实现社会的终极任务。他们很多方面的特质也与商业企业家显著不同。Reis（1999）在强调部门合作的同时，发现一个新兴的慈善家群体正在出现，他们当中许多都是来自不同背景的创新者（有的是原来自企业家，有的则是来自公益团体），他们正挑战传统的慈善事业，并将商业手段和方法带入非营利公益领域。现今的社会是一个高速增长、从未停止变革的社会，在这个社会中，所有人和部门都要通过合作一起商量环境所产生的变化并一起采取一致集体行动才能实现真正的社会效益，旧的模式已经不再适合新的环境了（Henton，1997）。Cannon（2000）认为，两个强大且在传统上相互对立的势力为了一个共同目的结合在一起的时候就会创造出伟大的力量。隐含在这句话里的意思就是需要为新的合作形式创造空间，从而推动更为有效的社会投资方法（Reis，1999）。新一代的"社会企业家"在这样一种背景下产生了，他们由一些致力于使用以市场为基础的方法来解决社会问题的创新者组成，这就是社会创业（Dees，1998）。Catford（1998）强调传统福利国家的方式在全球范围内减少并且需要建立相应的健康可持续发展的组织。这些变化向我们的社会、经济和政治体系提出了挑战，这些挑战在于整个系统是否支持新兴的、创造性的并有效支持变革的环境。当前许多社会创业的例子给我们提供了许多理解社会创业的个人和团体的方式。在企业强调社会责任的同时，非营利部门的组织也在积极寻找市场性的方法来解决资源匮乏问题，带动持续的社会变革。

迫切的社会需求有时候并不能与现存的制度结构和组织解决方案相适应，这些制度和机构就呈现出不足，固守政府所制定的法规，因此为了实现改革，社会企业就会采取行动来实现变革（Carney & Gedajlovic, 2002）。社会企业家的社会创业往往能够在社会领域产生巨大的变化，类似 Shumpeter（1942）所说的企业家在企业世界中所表现出来的创业精神（Entrepreneurship）。他们作为创新与变革的牵引者，形成了"创造性的毁灭"（creative destruction）来毁灭陈旧的系统、结构和流程，由新的和更合适的来替代。变革的思想常常引领着社会创业，通常这会对既得利益构成威胁，而且有时被视为"颠覆和非法"的。实际上，从更加深远的意义来看，社会创业不仅将商业和社会目的有机地融合，更重要的是社会创业的社会变革才是推动社会前进最重要的力量。

3. 社会创业机会发现与决策——公益使命与商业方法的结合过程

如果说商业创业机会是"通过引入新的方法，把新产品、服务、原材料、市场和组织方式进行有机结合的一种状态"（Casson, 1982; Shane & Venkataraman, 2000; Eckhardt & Shane, 2003），是一种新方法新组合的引入，那么社会创业机会也是同样，只不过改变了对象。社会创业作为创业的一种，其创立的组织是一种横跨营利和社会使命驱动公共非营利组织的混合组织类型。因此，社会创业的机会与前二者具有显著的区别，为了保持营利性和公益性的平衡，社会创业往往需要发现和挖掘经济和社会双重价值的机会（Hockerts, 2006），Emerson（2003）曾经称为混合价值（blended value）的创造。社会创业与商业创业机会的差别是社会创业需要更多地满足社会目的，创业机会的来源、客户对象等具有差别。所有的创业活动都从一个富有吸引力的创业机会开始，社会创业机会就是一个需要投入时间、金钱等一系列资源才能产生社会影响力的潜在可能性（Ayse, 2002）。

任何创业活动的行为都始于对一个富有吸引力创业机会的识别（Howard, 1985）。对于社会企业家来说，"有吸引力"（attractive）的机会就是一个能产生足够社会影响力的机会，而这个机会需要社会企业家投入极大的精力、财力和物力（Guclu，2002）。社会创业的机会不像失落的宝藏一样就在那里，而是需要社会企业家去设想、开发并进行创造性的提炼和搜寻（Guclu，2002；Arthur，2008；Hockerts，2006）。

在发现机会以后对其进行评价和分析就是机会的决策，实际上就是通过选择创业机会来进行社会创业决策。社会创业决策的重要性在于通过机会运作和机会的资源组合将一个社会创业机会转化为具有社会影响力的社会创业项目，最终对社会形成影响力。

第二节 研究问题的提出

经过前面理论和实践背景的分析，我们发现社会创业越来越成为一种解决社会问题的关键手段和方法（Dees，1998；Reis，1999；Catford，1998），社会企业家作为社会创业的核心是社会创业成功的关键，因为他们的社会创业决策和行为决定了社会创业的最终社会影响力。

目前社会创业的研究大多通过案例对社会创业行为进行了广泛的研究，包括社会创业的过程（Lindsay，2002；Guclu，2002；Arthur，2008；Hockerts，2006），社会创业的模式（Fowler，2000；De Leeuw，1999；Kim，2003；Eondinelli & London，2003；Spar & La Mure，2003；Hockerts，2006），以及社会创业的类型（Bornstein，1996；Malaviya & Singhal，2004；Quadir，2003；Oberts，Emerson & Tuan，1999）。这些研究无一例外都是从"社会"的角度来研究社会创业，更多使用的是社会学理论，如扎根理论（grounded theory），而较少有学者采用产业理论来进行研究，更极少有学者采用创业认知和创业机会结合的理论来对社会创业决策进行研究。

针对以往问题，借鉴 Arthur（2008）基于认知提出的社会创业机会识别认知影响模型，以及 Kirzner（1979）提出的创业机会基础理论，再结合 Timmons（1999）机会特征理论和其他学者关于创业决策的理论研究成果，本研究将围绕"社会创业决策机制"这一基本问题展开深入研究，力图打开社会创业决策机制过程的黑箱，深入剖析社会创业动机通过机会识别对决策绩效产生影响的过程及其特征。

具体而言，本书试图对以下三个逻辑上直接连贯的问题逐层深入开展研究：

（1）创业者为什么选择社会创业

具有创业活动倾向特质的是一类特殊的人，他们有些选择社会创业，有些选择商业创业，本书力图找到创业者这种选择的根本原因。本书将从"双重动机"理论出发，探究利他动机和利己动机是否是他们选择不同创业的根本原因，如果是，那么社会企业家和商业企业家他们的利他动机和利己动机在结构和内容（维度）上又有什么差别，从而找到推动创业者选择社会创业而没有选择商业创业的根本动机原因。

（2）社会企业家是如何作出决策的

当创业者选择成为社会企业家的时候，他还没有作出创业决策，实际上在他想成为社会企业家直到作出决策成为社会企业家之间仍然有一个机会发现和识别的过程。从创业机会论（Kirzner，1979；Timmons，1999；Shane，2003；Arthur，2008）学者的观点来看，要有良好的创业决策，必须准确识别社会创业机会，这些机会是外在的，而且要有社会企业家内在识别的动机和认知的特质才能促使他们识别机会进而作出决策。那么这个观点是否在社会创业领域也同样适用？社会企业家在创业动机的驱动下是否需要通过机会识别才能作出准确的决策？由于与商业创业终极目标的差异性，社会创业的机会特征又由哪些因素构成？什么样的社会创业决策才算是一个好的创业决策，换句话说，就是如何衡量社会创业决策绩效？本书通过对社会企业家决策过程机制的深入分析，探讨和研究社会企业家是如何作出决策的。

（3）社会企业家如何提高决策绩效使社会创业更具有社会影响力

影响机会识别的关键内在因素除了动机之外，还包括创业敏感性（Kirzner，1979；Kaish，1991；Buzenitz，1996；Gaglio & Katz，2001）、以往知识（Kirzner，1973；Casson，1983；Fiet，1996；Venkataraman，1997；Shane，2000）和（创新—适应）认知风格（Kirton，1976，1980；Foxall & Hackett，1992），本书希望在 Shaker Zahra & Eric Gedajlovic（2009）对社会企业家分类的基础上，采用以上三个主要因素对社会企业家进行分类，探寻这三个认知因素如何调节社会创业决策机制进而影响决策绩效。对社会创业决策绩效具有重要影响的因素是创业机会模式的选择，本书在探索性案例的基础上，结合 Kim（2003）的社会创业模式对社会创业的机会模式进行重新定义，并考察机会的不同模式对决策机制的调节作用进而影响决策绩效。

综上所述，本书针对社会企业家社会创业过程的前创业（决策之前）的机制进行探讨，试图找到社会企业家如何做出创业决策，如何改善创业决策的绩效。

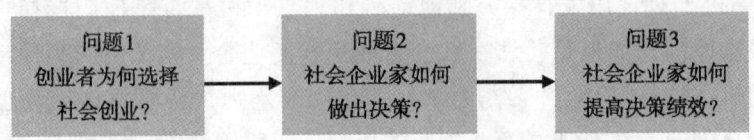

图 1-1 本书三个研究问题的逻辑关系

第三节 相关概念界定及说明

一 社会创业

社会创业是一种新兴的使用创新性方法满足复杂社会需求的手段，在具体的方法上，社会创业采用商业的策略和方法来运营非营利事业（Johnson, 2001; Reis, 1999）。社会创业与商业创业的根本差别在于终极使命的不同，前者是社会目标，而后者是营利目标。

国外普遍采用 Social Entrepreneurship 来称谓社会创业，国内既有学者采用"社会创业"（王皓白，2008），也有学者采用公益创业（胡馨，2006）的概念，而社会创业更为准确，因为其内涵包括公益创业和互益创业两种。

二 社会企业家

社会企业家是那些认知并持续追求新的机会深入实现并创造社会价值的人，他们具有很强的社会正义感和牺牲精神，他们不断进行创新和修正，不受已有资源限制大胆采取创业行动，且愿意承受风险（Dees, 1998b; Tan, 2003）。

社会企业家和社会创业者在本研究的概念界定上属于同一概念。

三 社会创业动机

社会创业的过程符合人类的"动机行为"理论，因此社会创业的动机是驱动创业者从事社会创业的根本驱动力。社会创业动机是由多个内部报酬维度组成的，包括动机结构和内容。

四 社会创业机会

社会创业机会是一个有足够吸引力（attractive）、能够产生足够社会影响力的机会，并且需要社会企业家投入极大的精力、财力和物力（Guclu，2002）。这个机会是引入新的方法，将商业活动和社会目标有机结合提供公共服务并产生经济和社会双重价值的潜在可能性（Hockerts，2006；Emerson，2003）。

第四节 研究方法、技术路线与全书结构

一 技术路线

本书以社会创业的决策机制为研究对象，从社会企业家的动机切入，围绕动机如何通过机会识别对决策绩效产生影响的核心问题展开研究。本书拟采用下述技术路线（如图1-2所示）。

本书从社会创业如何判断社会创业机会、如何正确作出社会创业决策和如何提高社会创业决策绩效出发，基于社会创业理论、创业机会理论、创业认知理论和"双重动机"理论等相关理论，展开以下社会创业研究：

首先，从双重动机理论出发，探讨创业者出于什么动机选择社会创业而没有选择商业创业，通过分别对社会企业家和商业企业家进行问卷调查，使用方差分析对社会企业家和商业企业家利他和利己动机分别进行组间和组内比较，初步探寻社会企业家和商业企业家创业动机的差别。

其次，本书在创业理论的基础上建立"社会创业动机—机会识别—决策绩效"的社会创业决策机制概念模型。通过243份社会企业家调查问卷，运用探索性因子分析和验证性因子分析构建并验证相关的测量量表，采用结构方程建模的方法对整个模型进行检验和修正，深入剖析社会创业机会识别的中介作用和利他动机、利己动机对决策绩效的不同影响机制。

再次，为了研究社会企业家除动机以外的其他认知能力对机会识别的影响，本书采用创业敏感性、以往知识和认知风格三个维度将社会企业家分为系统变革型和局部改善型两种，分别探讨这两种类型社会企业家决策机制的异同，并探讨这两种社会企业家如何提高创业决策绩效。本书还把

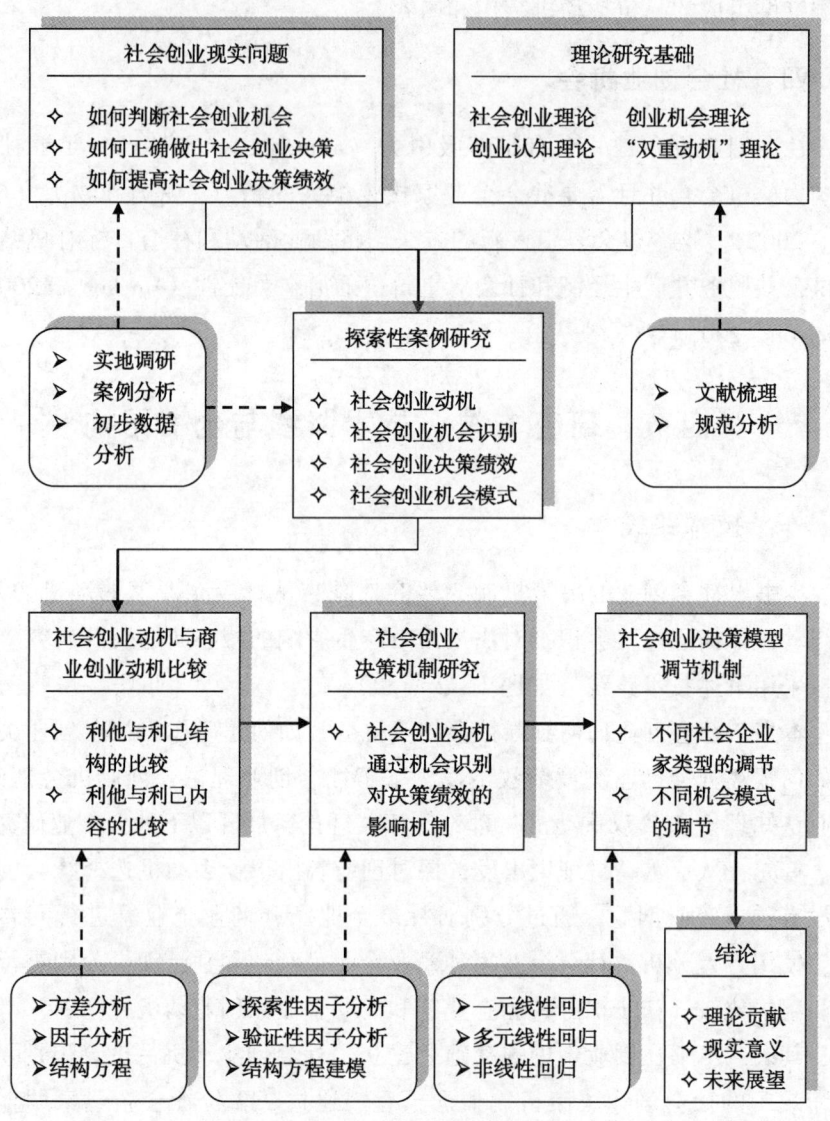

图 1-2 本书的技术路线

社会创业的机会模式分为四类，分别探讨四类不同的机会模式下，决策绩效的异同并研究社会企业家应该如何选择社会创业机会模式。

最后，本书对社会创业、社会企业家决策和创业机会等相关理论研究进行了补充和完善，为社会企业家如何进行创业决策以及如何提高决策绩效提供了管理实践的建议，并在篇末对未来的研究进行了展望。

二 研究方法

本书采用理论研究和实证研究相结合的方法,通过文献阅读、实地走访调查、定量和定性相结合的方法对社会创业决策机制进行研究,所采用的方法列举如下:

(1) 文献研究。本书通过对各类数据库进行全面的文献检索、阅读、梳理和分析,掌握了国内外社会创业、社会企业家、创业机会、创业认知和创业动机等领域研究的发展脉络和现状,基于文献综述研究成果作为本书的理论基础,初步提出理论构想。

(2) 探索性案例研究。本书在文献研究的基础上,经过理论预设有针对性地选取四个社会企业家社会创业和一个商业企业家社会创业的案例,并进行数据收集,通过案例内和案例间的比较分析,得出初步研究结果并提出初始的概念模型。

(3) 理论概念模型的建构和细化。基于探索性案例研究,再次进行更为深入的文献研究和分析,进一步细化概念模型,确定测度变量和理论假设。

(4) 问卷调查和统计分析。通过社会创业实践、实地调查、社会企业家访谈和问卷调查等研究形式,获取第一手的数据,并用探索性因子分析、SPSS 11.5 和 Amos 4.0 软件对概念模型结构进行结构拟合,并通过方差分析和线性非线性相关分析进行多手段的统计研究。

三 全书结构

依据本书记述路线的逻辑安排,本研究主要分为 8 章,各章节内容安排如图 1-3 所示。

第一章 绪论:这一章从现实背景和理论背景出发,提出全书所要研究的主体并对相关概念进行了界定和说明,规划了全书的技术路线,对行文结构进行了安排,最后对研究方法和创新点进行了简单介绍。

第二章 文献综述:文献综述首先全面回顾和整理了社会创业领域的主要文献和研究,发现社会创业最大的特征是双重底线"double bottom line",既有很强的社会目的,同时又使用典型的商业手段和方法。然后回顾了创业动机理论以及社会创业动机研究,接着回顾了创业认知、认知过程和决策理论,发现创业研究中已经从特质论转向互动认知论。最后,文

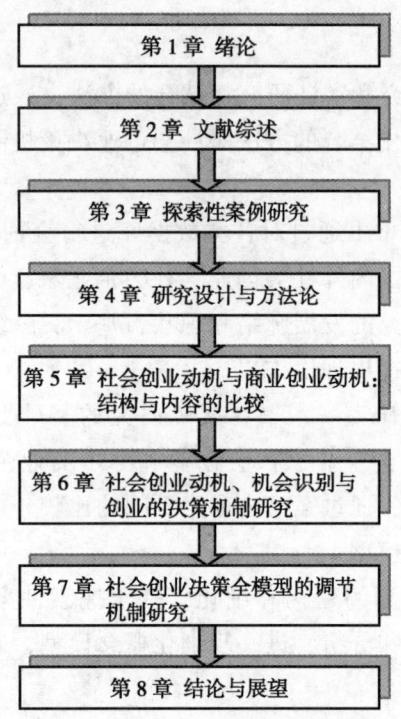

图 1-3 本书的主要章节安排

献综述回顾了社会创业机会识别的理论,是本研究的重要理论基础。从文献中,我们总体发现社会创业研究仍然处于起步阶段,对于社会创业的概念和非部门和分组织类型的深入研究仍然非常缺乏。系统的文献综述是对研究脉络把握的关键,在已有文献的基础上,本书力求找到已有研究的空白和不足,进而找到切入点进行深入的研究。

第三章 探索性案例研究:基于文献研究的成果,对四位社会企业家创业案例和一位商业企业家创业案例进行了创业动机、机会识别和决策绩效以及创业机会模式等的探索性研究,经过理论预设、案例选择、数据收集和数据分析,提出社会创业决策机制模型的初始假设命题。

第四章 研究设计与方法论:从问卷设计、数据收集、变量测度量表设计、分析方法和程序等多方面对本书要采用的核心方法进行详细的阐述和说明。

第五章 社会创业动机与商业创业动机:结构与内容的比较:通过分别对社会企业家(104份)和商业企业家(115份)进行创业动机的问卷

调查，从实证的角度分析两类创业者利他和利己动机的异同，进而找到社会企业家选择社会创业的根本动机。

第六章　社会创业动机、机会识别与创业的决策机制研究：通过对社会企业家社会创业的大样本（243个样本），采用结构方程模型拟合的方法，验证第三章提出的概念模型，并进行检验和修正，进一步明确社会创业动机通过机会识别影响决策绩效的机制。

第七章　社会创业决策全模型的调节机制研究：通过三个主要的认知能力将社会企业家区分为系统变革型社会企业家和局部改善型社会企业家，将社会创业机会模式分成四类，分别考察他们对决策机制的不同调节作用以及对决策绩效的影响。

第八章　结论与展望：对本书研究的主要观点结论和创新进行总结，阐述研究的理论贡献和实际意义，分析研究中的不足，并对以后可以深入研究探讨的领域及后续研究提出建议。

第五节　主要创新点

中国进入急剧的社会转型期，出现了大量社会问题，这些社会问题包括失业、贫富差距扩大、环境破坏等。公民社会在我国逐渐兴起，大量NPO（非营利组织）和NGO（非政府组织）开始发挥积极的作用，但是由于种种制度原因（双重登记制度），它们无法发挥作用，因此社会创业就开始出现了（虽然它们具有不同的组织身份，但是它们拥有组织社会终极目的和企业营利性的双重特征），而领导社会创业的就是社会企业家。本书就围绕社会企业家为什么选择社会创业并作出具有积极社会影响力的决策进行深入研究。

为了阐述研究这个问题，本书采用理论研究、实证研究、文献研究和实地访谈调查相结合的方法，并且有机地融合了定量和定性分析，进行了具有一定创新性的研究，得出以下主要结论：

第一，商业企业家利己动机明显强于利他动机，社会企业家利他动机和利己动机趋于均衡，创业领域选择分化的关键是"利他"动机的差别。

本书基于"双重"动机理论，论证了社会企业家和商业企业家都具有利他动机和利己动机，在动机的结构构成上并没有显著的差别，并且社会企业家并不像先前学者们认为的出于完全公益目的才进行社会创业，他们显然也有（自我实现、自我控制和风险不确定偏好）的动机；商业企业家也并非没有利他动机，在这一点上也修正了传统创业理论中对于驱动商业创业纯粹自利的假设，提出部分利他动机（社会正义、牺牲精神和公共政策制定）也是他们创业行为的一个驱动。社会创业和商业创业分化选择的关键在于"利他"，利他动机较弱的创业者选择了商业创业，而利他动机较强的选择了社会创业。

第二，社会创业动机通过机会识别的部分中介机制影响决策绩效，利他动机和利己动机在机制的不同过程产生作用。

具体而言，是通过三条主体路径产生作用的，路径1：利他动机→机会营利性识别→决策绩效；路径2：利他动机→机会社会性识别→决策绩效；路径3：利己动机→决策绩效。因此，这就形成了决策机制中机会识别的部分中介作用。这个研究的关键是发现利他动机和利己动机在创业决策机制过程的不同环节起作用。利他动机有利于社会企业家发掘机会，进而正向提升决策绩效，而利己动机对机会发掘没有任何影响，而是在决策行为之前才产生作用，对决策绩效产生正向影响。

第三，区分出系统变革型社会企业家和局部改善型社会企业家，并且发现他们在利他动机对决策绩效的影响机制上呈现不同特征。

局部改善型社会企业家利他动机对营利性机会识别的影响呈现倒U形关系，利他动机对社会性识别的影响呈现线性关系，利他动机对决策绩效的影响呈现倒U形，局部改善型社会企业家需要通过学习商业知识才能提高自己的决策绩效。系统变革型社会企业家由于具有较强的社会创业营利性和社会性知识，对营利性和社会性机会的敏感性也很高，同时具有创新和变革的倾向，因此利他动机与决策绩效的正相关线性关系不受这三个因素的影响。

第四，提出社会创业机会的四种模式，验证全分离型社会创业机会模式优于半混合型，半混合型优于全混合型公益和商业服务对象以及提供的产品（服务）两者都分离的全分离型，营利性和社会性机会识别对决策绩效都有显著影响，由于完全分离提高了识别最佳机会的可能性，决策绩效较优；两种半混合型（一种是对象分离、产品混合；另一种是产品混合、对象分离）使识别最佳机会的可能性降低，只有营利性识别对决策绩效产生影响，因为社会企业家由于资源缺乏，过度关注商业营利性以及其所产生的利润，导致社会性识别不足，从而使决策绩效较完全分离型差；

完全混合型则使识别最佳机会的可能性进一步降低，营利性识别和社会性识别对决策绩效都没影响。这说明完全混合型的机会模式是无效模式，对同一公益服务对象群体提供的产品（服务）既有收费也有免费就是一种不公平和不公正，所以决策绩效最差。

基于以上探讨，本书在理论和实证上丰富了社会创业理论、创业机会理论和创业动机理论，并为社会企业家提高创业决策绩效提供了管理建议和实践指导。

第二章

文献综述

第一节 社会创业相关研究理论综述

一 社会创业的兴起和演变：私营部门与第三部门的融合

社会创业是全球化过程中，随着政治、经济和社会三方面变革的共同作用，涌现出来的一种社会运动（social movement）（Dees，2007）。如果从近年来对社会创业兴起的兴趣的视角来看，必须思考人类社会组织发展的历史，才能更好地分析当今的政府结构、公司结构和社会结构，而这些都是为了回答一个问题：我们如何将公共服务提供和私人服务提供更为有效地融合，使我们的社会更接近理想中的社会（Dees，1998）。社会创业运动在全球的兴起，实际上是公共服务提供过程中"社会目的"第三部门市场化运动和企业部门社会责任运动互相融合和边界模糊化的一个结果。在围绕"公共服务"的研究历史文献中，我们可以发现三大趋势，而这三大趋势是一个逐渐出现和发展的过程。

趋势一，"政府失灵"使第三部门更多承担公共产品（服务）的提供。

在福利国家的范式中，许多社会需求的满足是直接由公共部门承担的，政府提供的公共产品（服务）被认为是弥补市场失灵（诸如"搭便车"和"外部效应"等现象）的重要手段（Frederickson & Johnston，1999；Hansmann，2003），但是政府提供公共产品的时候存在许多局限和缺陷，政府不能解决（James Mcgill Buchanan，1989）。而且在最早的经济学无法解释为什么有些公共服务或者公共的、集体消费的物品不能由政府来提供的时候，Wesibrod（1975）在经济学较好地论证了私人市场的存在及其均衡行为模式的基础上，提出了政府失灵理论（government failure theory)。他认为，个人在收入、财富和受教育程度等方面具有各种各样的差别，通过剩余分析的方法，认为这种差别导致个人对于公共物品需求的差异。但是政府提供的公共产品（服务）的数量和质量都是由政治决策过程决定的，因此从政治程序决策的角度来看，大多数反映的是"中位选民"的偏好，从而留下大量不满意的选民群体，他们对公共物品的过度需求和特殊需求得不到满足。此外学者还深入研究提出"政府失灵"的四个领域：政府扩张，公共决策失误，寻租，官僚组织的低效（James Mcgill Buchanan，1988）。实际上，Weisbrod（1974）的理论也有很大的局限性，最重要的是政治体制不同，决策机制不同，所产生的"失灵"也具有显著性的差异。中国的政治体制与西方民主制度不同，因此可以发现中国的"政府失灵"并不是由民主制政府特定的决策过程产生的（民主制的投票决策方式，决策结果代表中位选民意见）。而且西方现代社会形成的框架基础是有限政府和成熟的市场经济体制，其基本格局是"政府、市场和社会"的三分结构，且具有相对清晰的界限，而中国在改革开放以前，则是一个"总体性社会"（甚至现在也可以说部分是总体性社会），公民社会尚未形成，国家和社会高度"合一"的状态使政府处于整个社会的主导位置（贾西津，2005）。因此，中国的"政府失灵"准确地说是政府进行资源动员、社会治理能力和决策过程方式政府主导所造成的混合失灵。政府提供公共服务的失灵是由政府的运行决策体制和政治的本质决定的。所以，在这样的背景下，政府把许多公共服务或产品的提供直接交给了第三部门，因为第三部门能够直接代表和准确识别社会的真正需求，是公民的自组织。

趋势二，从"福利国家范式"向"新自由主义范式"转变强化了市场的力量。

在最近20年中，欧美国家对社会服务的需求急剧增加，然而由于各种原因对公共产品提供的财政资助却明显减少了很多，各国普遍面临政府失灵的困境，出现空洞国家现象和福利国家危机（Chesters，2004；Kettl，2000；Milward & Provan，2000），政府完全主导的公共产品和服务提供方式出现危机。例如，在美国，各界政府都备受过度福利支出所导致的财政赤字困扰，社会各界都大规模抨击联邦政府在社会福利领域中的角色（Salamon，1995；Salamon，1997），联邦和州对非营利组织的资助在20世纪80年代减少了23%，并且在90年代继续减少（McLeod，1997）。因此，出现了影响社会结构发展最重要的趋势——福利国家范式向新自由主义范式（neoliberalism paradigm）演化，而这种演化的重点在于用市场力量开始作为主要的机制来分配资源（Johnson，2000）。

在市场化提供公共产品的过程中，政府积极参与市场的管理，企业也积极介入公共产品和服务提供。一方面，政府关注政府与市场（企业）如何有效地对接，如何有效地利用市场杠杆和企业方法来提供部分政府无法直接提供的公共服务，并注重进行积极的政府部门改造。在这个背景下，就形成了新公共管理（new public management）领域的研究（Andrew，2007）。另一方面，企业也开始关注社会责任（CSR），企业在经济理性、社会契约和制度规范三种约束下从事企业慈善活动（蔡宁等，2009）。

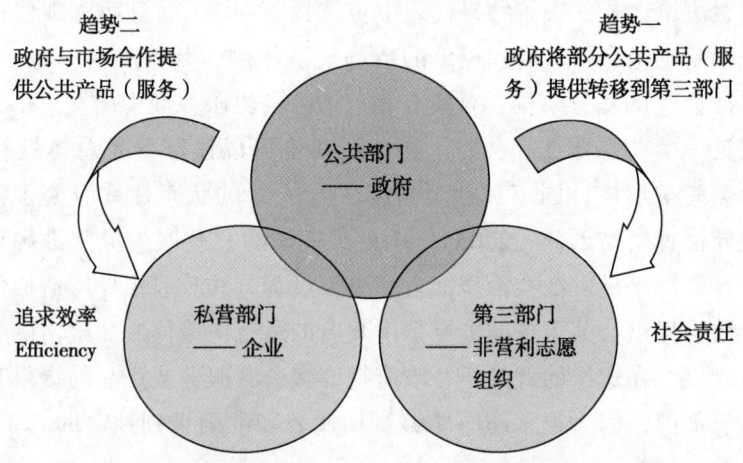

图 2-1　"政府失灵"下公共产品（服务）提供的两个趋势

资料来源：Andrew Wolk（2007），Social Entrepreneurship and Government：A New Breed of Entrepreneurs Developing Solutions to Social Peoblems. www.sba.gov. Working paper. 经过笔者整理。

趋势三，第三部门"市场化运动"和私营部门"社会责任运动"的互相融合，进行社会改善甚至社会变革。

一方面，随着福利国家范式的逐渐消逝，非营利部门获得的资助逐渐减少（McLeod，1997），但是非营利部门的数量却迅猛增加（Bornstein，1998）。这种矛盾对非营利部门组织产生了多方面的影响，使这些组织更加合理地使用稀缺资源并提高组织绩效。这种广泛的以市场为基础的发展模式已经使非营利组织更加习惯于使用市场模式的语言和视角。最终，这些变化使非营利机构重新思考寻求资助的策略。另一方面，非营利组织虽然能够在社会价值方面对政府和企业起到支撑性的作用（Frumkin, 2002; Maiello, 1997），但是它仍然存在志愿失灵（Salamon, 1997），志愿失灵包括欠缺独立性、合理的治理结构及服务质量困境等。而在中国，非营利组织的发展显然与西方非营利组织市场化的原因不同，由于受到"双重登记制度"，身份认定的困境使中国绝大多数非营利组织以无法人地位的形式存在，法律地位的缺失使其在运作和资源来源上同样缺乏足够的支持（杨团，2002）。因此，中国的非营利组织普遍存在资源不足、能力不足的缺点，要通过市场化导向获取资源（胡杨成、蔡宁，2008）。虽然我国的非营利组织在市场化的动因上与西方国家的非营利组织不同，但是其市场化的趋势仍然缺乏动力。

非营利组市场化的过程，产生了一种社会趋势，即新的"混合社会经济"（mixed social economy），这种混合社会经济使部门之间的边界进一步模糊化，并且使部门之间进一步聚合。福利多元主义（welfare pluralism）、契约国家（contract state）、混合政治经济（mixed political economy）以及间接公共行政（indirect public administration）等概念实质上就是部门边界模糊的体现（Kramer, 2000）。

另外，20世纪90年代，以波特为代表的企业策略性慈善占据主流的研究地位，其核心理论是"企业慈善竞争力"，该理论认为企业慈善行为的最终目的是提高企业经营绩效（Porter & Linder, 1995; Porter, 2003; Porter, 2006）。另外，"公益性市场营销"也是极具影响力（Kotler, 2006）。然而这类仅仅局限于企业个体的研究和相对短视的理论被"社会契约"理论所取代（Steiner & John F. Steiner, 2002），他们认为企业是社会的道德代理人，公司进行捐赠活动实际上是忽略短期利润、更加注重长期社会效益和道德契约的行为表现（蔡宁、沈奇泰松、吴结兵，2009）。

在上述讨论的主题中，最引起人们关注的是在公共、私人和非营利部门之间传统边界的模糊化（Reis, 1999; Fowler, 2000）和跨部门合作解决社会问题这种新方法（Fowler, 2000）。越来越多的人认识到，单一部门解决问题的方法效果和效率都不好，且根植于部门之间的竞争使预期的社会目标没有办法达到，所有社会部门需要互相合作并且进行部门之间传统角色的互换与共享（Reis, 1999）。

Catford（1998）强调传统福利国家的范式在全球范围内正在减少，

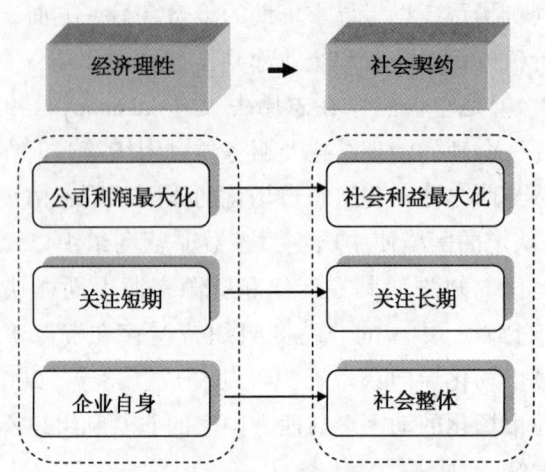

图 2-2 企业的社会责任——从经济理性到社会契约

资料来源：C. V. Haley, Corporate Contributions as Managerial Masques: Reframing Corporate Contributions as Strategies to Influence Society, *Journal of Management Study*, Vol. 28, No. 5 (1991), pp. 485-509; 蔡宁、沈奇泰松、吴结兵：《经济理性、社会契约与制度规范：企业慈善动机问题研究综述与扩展》，《浙江大学学报》（人文社会科学版）2009 年第 3 期。经过笔者整理。

并且需要建立相应的健康可持续发展的新型组织来适应这种变化。而要发展这种新型的组织又向我们的社会、经济和政治体系提出了挑战，这些挑战在于整个系统是否应支持新兴的、创造性的并有效支持变革的环境。当前许多社会企业的例子给我们提供了理解社会创业个人和团体的方式，Reis（1999）在强调部门合作的同时，发现一个新兴的慈善家群体正在出现，他们当中许多是来自不同背景的创新者（有的原来是自企业家，有的则来自公益团体），他们正挑战传统的慈善事业，并将商业手段和方法带入非营利的公益领域。Cannon（2000）认为商业和公益两个强大的并且在传统上相互对立的势力为了一个共同的目的结合在一起的时候会创造出伟大的力量，隐含在这句话里的意思就是需要为新的合作形式创造空间，从而推动更为有效的创新型社会组织形式和活动方式。新一代的"社会企业家"在这样一种背景下产生了，他们由一些致力于使用以市场为基础的方法来解决社会问题的创新者组成，这就是社会创业（Dees, 1998）。

迫切的社会需求有时候并不能与现存的制度结构和组织解决方案相适应，因此为了实现改革，社会企业家就会采取行动来实现变革（Carney & Gedajlovic, 2002）。社会企业家实践社会创业活动往往具有很强的创业精

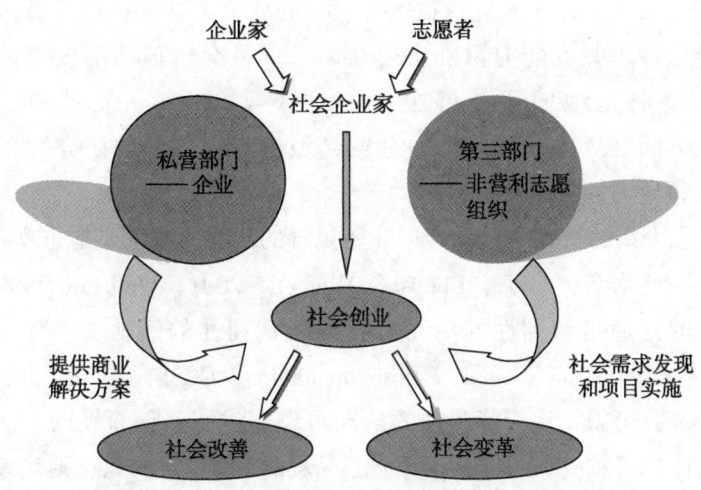

图 2-3 基于第三部门和私营部门融合的社会创业

资料来源：Dees, J. G., & Elias, J. (1998), The Challenges of Combining Social and Commercial Enterprise, *Business Ethics Quarterly*, 8 (1): 165-178. 经过笔者整理和添加。

神并能在社会事业领域产生巨大的变化，类似 Shumpeter（1942）所说的企业家在企业世界中所表现出来的创业精神（Entrepreneurship）。他们作为创新与变革的牵引者，通过"创造性的毁灭"（creative destruction）来消除陈旧的系统、结构和流程，并用新的更合适的来替代。变革的思想常常引领着社会创业，通常这会对既得利益构成威胁，而且有时被视为"颠覆和非法"的。但是，从更加深远的意义来看，社会创业将不仅商业和社会目的有机的融合，更重要的是社会创业的社会变革才是推动社会前进最关键的力量。

二　社会创业的内涵：概念界定的不同视角

视角一，不同组织形态的社会创业。

社会创业最近才开始受到世界学术界的关注，对社会创业的研究也非常广泛，涉及经济、教育、技术（研发）、社会福利和精神道德等多方面。在这其中，最为复杂的是涉及不同组织形式领域的研究（Leadbeater, 1997），为了反映不同组织形态的社会创业活动，研究者开始尝试把社会创业主要领域（公共部门、社区组织和慈善部门等）的维度归纳和构建出来。

在公共领域（public domain）的创业往往被大家直接与公共组织的领导力（leadership）（Lewis, 1980）或对公共政策制定的影响和改变相联系（King & Roberts, 1987），在这个领域的研究者认为社会企业家拥有卓越的领导力特质并有能力识别出公众需求的社会价值而不仅仅是经济价值，更重要的是他们还能够去实施这类项目（Borins, 2000; Lewis, 1980; Waddock & Post, 1991）。公共领域的社会创业的研究视角主要集中在个人领导力的特质方面。

在以往大量的文献中，社会创业所包含的研究领域主要是非政府和非营利组织，一些学者（Cook, Dodds & Mitchell, 2001; Wallace, 1999）认为社会创业就是通过营利性的活动来支持非营利性的活动。也有一些学者（Canadian Centre for Social Entrepreneurship [CCSE], 2001; Tompson, Alvy & Lees, 2000）认为营利性的活动可以通过一些创新性的方法来持续性地增加社会资本（social capital）。Tompson（2002）的观点则代表了大多数该领域研究者的观点，认为社会创业就是要采用商业的方法通过营利来"经营公益"，社会创业组织的运作既可以是企业，也可以是非营利组织，但是他还是归纳并认为"世界上主要的社会企业家都在志愿非营利部门"。

大量的社会创业研究更加聚焦在 NFP 的实践领域。在社区组织中社会创业已经被认为是提高生活水平、解决贫困、帮助弱势群体（under-privileged）（Corn Wall, 1998）和推动社区持续发展（Wallace, 1999）的重要手段。社会行为背景（social action context）下的社会创业研究主要以社会关注度高领域（如教育、贫穷、环境等）的社会变革为目的，并且以公共政策的改变为主要方法（Hibbert, Hogg & Quinn, 2001; Waddock & Post, 1991）。Shaw 和 Wilson（2002）则重点研究了社会倡议（social initiative）和社会创业的社会、经济影响力，其主要的衡量方法就是社会使命是否达成，达成的效果如何。许多学者在研究非营利领域社会创业的时候，认为社会使命（social mission）对于社会创业来说具有直接的中心性（Dees, 1998b; Sullivan Mort, Weerawardena & Carnegie, 2003）。Dees（1998b）认为社会企业家的能力关键就是在一个竞争性的市场中获取资源（资本、劳动力和设备等），社会企业家会采用创新性的方法去获取资源来保证社会价值的实现。

研究者们还重点关注了社会创业的关键维度及其较为关键的创新性（Borins, 2000）。Prabhu（1998）和 Sulliva Mort（2003）发现创新度（innovativeness）、风险偏好（risk-taking）和前瞻性（proactiveness）是社会创业的关键因素。也有一些研究者认为社会创业主要还是一种社会福利改革的变革解决方案,其目的是用创新性的方法满足社会需求(Leadbeater,1997;Thompson,2002)。虽然从创新角度的研究引起了广泛的关注,但是也遭到了批评,福利经济学认为以权力为基础的社会服务不应当市场化(Cook,Dodds & Mitchell,2002),因此在社会服务提供上不能市场化,而在资源获取上可以市场化。

对于营利性组织(企业),社会创业也同样被关注。Tompson(2000,2002)从企业参与社会创业的角度研究了社会创业。如果有法律体系支撑的话(英国、意大利等欧洲国家都有社会企业法人),社会创业就是在社会企业自身的领域当中进行。从研究的总体上看,社会创业的概念实际上较为广泛,涉及社会的公共、私营和第三部门,甚至直接有社会企业,因每个国家的法律体系不同而不同。

表 2-1　　　　　　　　按照不同领域分类的社会创业定义

主要研究领域	作者	研究的主题	社会创业的定义
公共部门	King and Rberts (1997)	公共部门创业者对政府政策的影响力	社会创业就是创新和领导力特质的结合
	Waddock and Post (1991)	定义谁是社会企业家,他们在做什么	社会创业就是建立一个公共组织目的是改变稀有公共资源配置的不合理模式
	Borins (2000)	公共部门的两种类型社会企业家:领导者和变革者(rule-breaker)	社会企业家领导的公共部门组织创新
非营利部门	Henton (1997)	社区创业者对社区发展的贡献	社会创业是社会企业家发现机会并调动其他资源来为集体创造财富
	Leadbeater (1997)	在英国通过社会创业来提供政府无法提供的公共服务	社会创业就是辨别资源并利用他们来满足那些未满足的社会需求
	Cornwall (1998)	低收入社区中社会创业的影响力	社会创业是社会企业家改善社区的社会责任活动
	Dees (1998a) (1998b)	社会创业的社会变革代理人作用 非营利组织获取资助的策略	社会创业是非营利组织寻找资源的策略性活动
	Prabhu (1998)	社会创业领导力的概念探索	社会创业形成的创业型组织的首要任务是社会变革和帮助他们的"客户群体"
	Ryan (1999)	营利组织进入非营利组织运作影响力	社会责任驱使下社会企业家从社会和政治两个渠道发展社区(定义并非十分准确)

续表

主要研究领域	作者	研究的主题	社会创业的定义
非营利部门	CCSE（2001）	社会创业实践以及对全球化的影响，双重底线	社会创业是具有双重底线（社会价值和经济价值）的私营、公共和志愿部门和创新性活动
	Hibbert（2001）	客户对社会创业的态度（无家可归者）	社会创业行为的目的是社会性的而非营利性的
	Sullivan Mort（2003）	扩展了社会创业的概念并提出了社会创业的维度	社会创业是寻找和识别创业机会的过程，并最终建立社会组织实现持续性的社会创新
	Shaw（2002）	社会企业家的特质、目标行为以及如何鼓励人们称为社会企业家	社会创业就是商业企业家解决社会问题并且创造社会财富的过程
私营部门	Tompson et al.（2000）	私营部门社会创业的文献回顾	社会创业就是一个创造社会资本的过程，在这个过程中加入了一些新的与众不同的方法
	Tompson et al.（2002）	社会创业的范围及社会创业的支持	同 Tompson et al.（2000）观点
社会企业	Campbell（1997）	社会目的企业的投资（健康产业）	社会创业是通过营利手段给社区提供服务的非营利活动
	Smallbone（2001）	英国社会企业综述以及英国社会企业的国家政策	社会创业的结果是成立社会目的"企业"，但是其产权人可以是非营利组织，个人或其他
	Cook, Dodds and Mitchell（2002）	不认同社会创业能够替代福利国家范式的观点	社会创业是公共、社会和商业部门共同通过市场的力量来满足公共的需求

视角二，社会创业的关键维度。

社会创业是一种新兴的满足复杂社会需求的创新性方法（Johnson，2001），同时社会创业也是应用商业策略来运营非营利事业的一种方法（Reis，1999）。基于以上两种观点及大量的文献基础，社会创业领域中的理论研究主要把社会创业分为"社会维度"和"创业维度"两个方面。

社会创业为什么称为"创业"？

Dees（1998a）认为社会企业家就是企业家（创业者，entrepreneur）的一种。那么社会企业家是哪种企业家（创业者）呢？这里我们认为创业（entrepreneurship）与企业家（创业者）形成了一种逻辑上的对等关系，定义了社会创业就等同于定义了社会企业家。*Journal of Business Venture* 的主编 Venkataraman（1997）曾经认为社会企业家和社会创业行为很难从创业者的角度来理解和解释，这也是为什么这本世界创业领域的顶级杂志到2010年7月为止只刊登了一篇有关社会创业方面文章的原因，但是我们仍然可以尝试着去理解社会企业家"创业"的一面。

创业在现代是一个非常流行的词汇，创业者就是开创和经营一家小企业的人。《牛津大字典》把创业者定义为"在面临经济风险的前提下，开创和经营企业的人"（Barber，1998）。在研究创业的过程中，有学者把这一点称为最低纲领（minimalist），基于这一点，社会创业就是通过创业的方式进行投资和组织，在面临失败可能性的前提下，实现社会目标的行为（Ana Maria Peredo，Murdith McLean，2006）。社会创业的最低纲领实际上强调的就是创业过程中的"风险性"。在以往的研究中，社会创业被冠以"创业"还因为这种方式常常采用"商业方法"（business methods），并且以市场来驱动，社会创业一方面以市场驱动的利润最大化来获取资源，另一方面则是采用创新性的方法来传递社会价值，完成社会使命（Pomerantz，2003）。研究者发现，不论是英语的"entrepreneur"还是法语的"entreprendre"、德语的"unternehmen"，都有从事、承担、担当（undertake）的含义，实质上就是接受风险、挑战风险（Cantillon，1734；Say，1832），创业者的风险倾向和创新倾向也是熊彼特（Schumpeter）创新理论的基石之一（Dees，1998b）。Tan（2003）把创业看成是风险下"直觉可能的验证"（intuitively plausible exam）。Dees（1998a）在Drucker（1985）和Stevenson（1995）观点的基础上，认为社会企业家就是企业家的一种，本书也持这种观点。Dees（1998b）从以下三个方面来定义社会企业家：(1)认知并持续追求新的机会深入实现并创造社会价值使命；(2)不断进行创新和修正；(3)不受已有资源限制大胆采取创业行动。这个定义的三个要素成为界定社会创业的重要因素。而且在承受风险方面，Tan（2003）也做了定量的研究。

Jay Weerawardena & Gillian Sullivan Mort（2006）运用社会学的扎根理论（grounded theory）和案例研究提出了全新的社会创业模型。如图2-4所示，该模型认为社会创业的三个核心要素是风险管理（risk Management）、前瞻性（proactiveness）和创新性（innovativeness）；而对社会创业的核心约束是环境（environment）、社会任务（social mission）和可持续性（sustainability）。但是这个模型对于三个核心要素和三个核心约束都没有进行深入系统的研究和度量。整个模型提出的要素除了社会使命，其余5个要素都是创业自身所具有的要素（潘晶，2008）。

在以往各类创业研究（Gartner，1998；Mintzberg，1991；Singh，2001；Stevenson & Jarillo，1990）的基础上，Mort（2003）发现社会企业

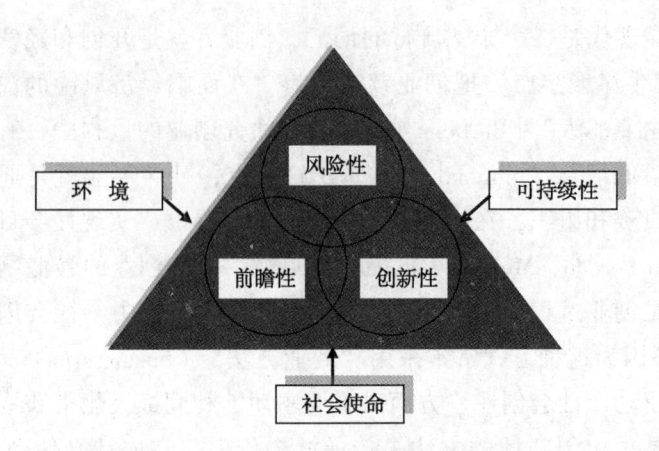

图 2-4　社会创业的多维度模型

资料来源：Jay Weerawardena, Gillian Sullivan Mort（2006），Investigating Social Entrepreneurship: A Multidimensional Model. *Journal of World Business*, 41: 21-35。

家在面对复杂问题的时候表现出一种"平衡的判断能力"以及"目标和行为的高度一致性"。这种倾向首先让社会企业家能够充分平衡利益相关者的利益并且在复杂的道德约束下坚持着社会使命，其次社会企业家展现出识别和抓住机会传递社会价值的能力，最后社会企业家是风险容忍性、创新性和前瞻性的复合载体。以上这么多的社会创业定义，大多都是对如何成功的定义，而 Tan（2003）则认为作为创业的一种，必须允许社会创业的失败，这个假设也获得了很多案例的支持。另外，Dees（1998b）还把社会创业看成一种非常理想化（idealized）的活动。综上所述，社会创业有创业的一面，而这种创业是通过社会企业家的创业行为所体现出来的一种倾向（propensity），这种倾向具有很多特征。

社会创业为什么带有"社会"性？

学者们普遍认同社会企业家进行社会创业的驱动因素是"社会目标和社会使命"，也就是说为社会谋求福利的愿望在背后起作用（Dees, 1998a；Henton, 1997；Leadbeater, 1997；Cornwall, 1998；Prabhu, 1998；Ryan, 1999；CCSE, 2001；Hibbert, 2001；Shaw, 2002；Campbell, 1997；Cook, Dodds & Mitchell, 2002；Ana, 2006；Tan, 2003；Jay Weerawardena, 2006），而且产生社会价值就意味着对人类社会的福利有积极的贡献。

社会创业的社会性中，排他性的社会目标（exclusively social goals）和非营利的身份至关重要（Dees, 1998b），这意味着社会企业家社会使命的"直接中心性"（explicit central），衡量社会创业成功的标准是与使命相关的社会影响力而非财富增长，财富仅仅是一种手段和方法。商业手段和社会目标结合的方式有很多（Fowler，2000），但是商业性质寻求利益的活动在某种驱动力下奉献给了社会使命和非营利事业。社会创业从本质上来看还是一个非营利（NFP）概念，不论营利和营利活动以什么样的形式参与其中，社会创业不可辩驳地就是一种"非营利现象"（Taylor，Hobbs，Nilsson，2000）。许多学者进一步关注这种非营利性事业的社会使命是创造社会价值，然而许多案例都发现，社会创业中社会价值具有主导性的同时存在着经济价值。

表2-2　　社会价值的角色与经济价值的角色之间的关系

社会价值的角色	经济价值的角色	案例	类型
社会价值不是唯一目标	无任何商业行为	所有的非营利组织	非营利事业
社会价值是唯一目标	创造的经济价值只为社会目的服务	格莱泯银行	社会创业
社会价值是主要的但不是唯一的目的	创造的经济价值部分为社会目的服务	密苏里家庭服务计划	社会创业
社会价值在目标中是重要的	营利对于创业者来说是主要的动机	"本和杰瑞"雪糕企业	基于社会契约的企业CSR
社会价值在目标中处于从属地位	营利对于创业者来说是最为重要动机	公益—品牌战略	基于经济理性的企CSR

资料来源：笔者整理。

从Flower（2000）对社会创业的分类，我们可以看出社会创业的首要任务是产生社会价值，创业过程中可能有经济价值但也可能没有，因此经济价值相对于社会价值仅仅处于一个从属的位置。我们认为除了最后一种以"公益—品牌"战略为案例的形式之外，其余都应该属于社会创业的范畴。如果从严格的社会创业定义来看，仅有格莱泯银行属于社会创业，但是从较为宽泛的社会创业定义来看格莱泯银行和密苏里家庭服务计划都属于社会创业范畴，而其余三种却不属于社会创业（潘晶，2008）。

社会企业家实现社会目标背后的创业动机有自利的成分（Ana Maria Peredo & Murdith McLean，2006），但更加重要的社会企业家拥有强烈的利他动机（alturism）（Bill Drayton，2002）。尽管社会创业常常是基于道德动机和道德责任的，但是社会创业中也包含有一些不太利己（less altruistic）的成分（如自我满足就是介于自利和利他之间）（Johanna Mair & Ignasi Marti；2006）；更为重要的是纯商业领域的创业同样强调社会责任，商业创业本身也带来大量的社会福利,如就业、创造新市场、新技术和新产业(Venkataraman,1997)。但是对于商业创业来说,不排除其他动机,营利性利己动机是创业的核心动力(central engine)。社会创业的另外一个"社会"特点就是社会创业在强调社会价值的基础上,通过具体的社会需求满足来实现(如提供食物、教育和避难所等),而这些活动常常被发现无法产生经济价值,尽管"客户"愿意但无力支付哪怕是很少部分产品或服务的价格(Seelos & Mair, 2005),因此社会创业产生经济价值的活动往往与产生社会价值的活动较为分离。

表 2-3 社会创业的主要特征维度

特征维度		内容	主要学者
创业维度	风险倾向	对风险有超出一般的承受能力	Barber (1998), Tan (2003), Dees (1998b), Mort (2003)
	商业方法	运用市场原理和方法	Pomerantz (2003), Dees (1998a), Mort (2003), Wallace (1999)
	追寻机会	发现机会和实现机会,强调机会外在性创业者识别机会特质	Mort (2003), Dees (1998b), Leadbeater (1997), Ana Maria Peredo, Murdith McLean (2006), Henton (1997)
	持续创新	不畏失败,采用新的方法和手段	Mort (2003), Cook, Dodds & Mitchell (2002), Tompson (2000) (2002),
社会维度	社会价值的目标唯一性	社会价值是最终目标,商业价值仅仅是手段和方法	Dees, 1998a; Henton, 1997; Leadbeater, 1997; Prabhu, 1998; CCSE, 2001; Hibbert, 2001; Shaw, 2002; Cook, Dodds & Mitchell, 2002; Ana, 2006; Tan, 2003; Jay Weerawardena, 2006
	社会创业的利他导向	社会创业既有利他动机也有利己动机,但是利他动机占据主导	Ana Maria Peredo & Murdith McLean (2006); Bill Drayton (2002); Venkataraman (1997); Johanna Mair (2006)
	社会项目交易非市场化	社会项目客户无力支付(无法实现等价交换原则);资本获取有通过捐赠和志愿	Seelos & Mair (2005a); Dees (1998a)

资料来源:笔者整理。

视角三,社会创业、创业与慈善活动之间的区别。

社会创业、非营利传统慈善事业以及创业的区别是非常显著的,这种区别较为核心的体现在以下几个方面(见表 2-4)。

表2-4　　　　　　慈善事业、社会创业与创业的主要差别

		慈善事业	社会创业	创业
动机		利他	侧重利他的混合动机	自利
方法		依赖慈善志愿	侧重市场导向	市场导向
目标		社会价值	侧重社会价值	经济价值
决策		利益相关者决策	所有利益相关者决策	股东决策
主要利益相关者	受益者	无须支付	部分支付，或混合全额支付和无须支付	全额市场价格支付
	资本	捐助	低于市场的资本，或混合捐款与市场行情资本	市场价格资本
	人力资本	志愿者	低于市场的薪资，或混合志愿者和全薪职工	市场价格薪酬

资料来源：Dees, J. G. (1998), Enterprising Nonprofits, *Harvard Business Review*, 76: 55–67. 经过笔者深度整理和延伸。

Dees（1998）的"社会企业光谱"（social enterprise spectrum）提供了相当重要的社会企业研究视角，他认为社会创业与慈善及企业行为有着显著的区别。传统的慈善活动没有营利活动，主要接受捐赠和志愿者服务，创业活动则是纯粹的营利活动，而社会创业介于两者之间；在决策方面，社会创业行为必须服务于特定的群体、团体或者社区的需要，而这个群体或者团体主要指身心有障碍的群体或弱势群体，因此如果依赖股东决策，那么最后很可能无法实现或者偏离社会目标；社会创业实践中，除志愿者和慈善捐赠等非市场资源的使用外，更多采用市场化的手段来保持资源的可持续供给。因此，社会创业的市场导向并不代表资源来源的完全市场化，而在于以市场导向为基础的资源获取多样化，同样在资源使用的过程中也是一样。

三　社会企业家的界定：从内在动机到外在环境

社会企业家们（那些成立和领导社会创业的人）常常带有个人目的并追求多重目标（Kahneman & Tversky, 1979；Baker, 2005）。商业企业家（相对于社会企业家）很大程度上受利润驱使（Knight, 1921；Schumpeter, 1934；Kirzner, 1973），他们的成功通常以利润回报来衡量（Austin et al., 2006）。在追求特殊的机会中，社会企业家往往同时关注经济和公益目标（Dorado, 2006；Thompson & Doherty, 2006）。

值得注意的是，从许多研究中心界定的社会企业家概念来看（包括一

些主要的商学院），双重底线（double bottom line）成为社会创业的基本目标并将社会和经济作为两个同等重要的立足点。许多学者认为社会企业家有着实现某些社会理想的强烈动机，他们的主要目标包括创造社会财富（Dees, 1998; Reis, 1999; Mort et al., 2002; Mair & Marti, 2006a; Peredo & McLean, 2006; Martin & Osberg, 2007）、提升社会总财富（total wealth）(Fowler, 2000; Schwab Foundation, 2005; Tan et al., 2005)、维护社会公正（social justice）(Thake & Zadek, 1997)和解决某些社会问题（Drayton, 2002; Alford et al., 2004; Said School, 2005）。总体来说，社会企业家进行社会创业动机中最为核心的是利用机会来进行社会变革，而不是传统的利润最大化。

社会创业有许多典型的例子，说明了不同的动机是怎样激发社会企业家设想和实践并亲自解决重要的社会问题（Spear, 2006）。Cyert & March (1963)观察发现，"社会企业家，像其他人一样，由强烈的个人动机驱动"。按照这一逻辑，如果一个社会企业家追求利润是唯一目标，那就往往会远离社会创业。因此，对于从事慈善事业的营利性企业来说，一般都在社会创业的边界之外。

总之，社会创业的基础是那些敢于采用新商业模式构思、创立和运营新组织并且愿意为之承担风险的个人和团体。这意味着社会创业只能吸引那些拥有特殊价值观和能力的某些人，寻找创业机会并创造社会财富（Shaker Zahra & Eric Gedajlovic, 2009）。

许多学者定义的社会企业家强调了不同的动机、创业的类型或者是各类旨在提高社会总财富的组织性活动（或战略）。但是，社会企业家的创业活动和机会发现必然伴随着问题以及提出解决方案，这意味着存在着不同类型的社会企业家，在他们自己的领域，用他们不同的方式解决具有环境特征的具体社会问题。有些社会企业家是伟大的远见者，能够发现比较大的社会问题甚至是全世界的社会问题，并且动员力量来解决这些问题（Zahra et al., in press），他们最重要的技能是激励和动员商业和非商业伙伴、捐助者、志愿者和员工，一同追求社会财富的创造，并且建立良好的协作关系以实施社会计划（Pearce & Doh, 2005）。有些社会企业家则更善于创造基层组织，解决具体问题或者是本地（社区）的问题。

研究社会企业家类型的最早学者分别是Hayek（1945）和Schumpeter（1942）。他们两位学者的研究较为明显地区分出了两种社会企业家，他们在发现社会需求、追求社会创业的机会和创业活动影响的广泛性上（如是否会引起社会制度变革）存在着许多不同。这两种社会企业家在追求特殊的机会时，取得和使用的资源的种类也存在不同。

Hayek（1945）的研究认为局部性和情境性（contextual）的知识和信息结构在社会企业家创业过程中扮演着重要的角色。哈耶克并没有关注市场的理性，而是强调外在环境的多变性以及人类认知外部因素的困难，他认为识别"广泛"的创业机会是一个不可能的任务，因为大多数创业者所拥有的知识仅仅存在和来源于创业者周边的情境中。在这个假设前提下，他认为创业机会仅仅只能在局部（local）被识别，这一点暗示了远离当地的创业者（distant actors）缺少足够的知识和信息来识别和评价一个潜在的创业机会，而且通常这些知识都是隐性的。知识的隐性特征导致外部创业者创业的时候仅仅凭借直觉就做出判断（Nelson & Winter, 1982; Conner & Prahalad, 1996）。作为对哈耶克创业理论中局部隐性知识观点的补充，Levi-Strauss（1966）提出了 bricolage 的概念。Weick（1993）把 bricolage 定义为"使用一切已有的资源和个人的全部能力去完成一项任务和使命"，因此本研究把这类人翻译为"改善者"。Baker & Nelson（2005）把 bricolage 的特征描述为运用已有资源和能力去解决问题和发现机会。与哈耶克知识不对称性理论相一致，成功的"改善者"需要非常熟悉本地和局部关于环境和资源等的知识，本书称这一类社会企业家为"局部改善者"。社会创业局部改善者实际上扮演着重要的角色，如果缺少了他们，很多无形或无法识别的社会需求将继续无法得到满足。即使他们的解决方案，有时候规模很小，范围也很有限，但是他们帮助解决各类严重的当地社会问题。因此，我们更易理解 Parsons（1971）描述的"社会平衡"。这些社会创业局部改善者运用他们现有的能力和技能，直接解决身边人们的需要，而比较少关注本地或者社区以外的人的需求，他们更较少采用变革的方式，不论这种变革是在市场领域还是在政治领域。

Schumpeter（1942）认为企业家在创业的世界中，通过创新和变革引领了社会发展，而社会企业家中也有一类人如熊彼特所提出的企业家一样，对社会变革产生了巨大的影响，并通过了一种"创造性破坏"（creative destruction）来改变旧的系统、结构和流程。他们可以成为社会变革的强大力量，由于他们的目标问题具有"系统"的特征，因此这类社会企业家常常通过"变革市场"和"变革制度"来达到解决社会问题的目的。

变革的思想和他们提出改革的方法，通常都会对既得利益群体构成威胁，而且有时被视为颠覆和非法的。在影响的范围和规模都极大以及可能面对合法性障碍的情况下，社会创业需要大众的支持才能达成其使命。因此，这类社会企业家的实施能力有时候就在于他们是否积累了足够的政治资本以及其他必要的资源（Carney & Gedajlovic, 2002）。

这类社会变革者的创业机会不一定来自创业者本地和局部的地方性知识，而是对市场变革的敏感性，比如他们改善产品以及服务的提供方式或者是对市场的目标和方法进行系统性的改变（Kirzner, 1973）。通过引入创新和变革，商业企业家快速识别和利用市场机会来创造利润；社会企业家则通过同样的方式创造社会财富并且填补社会系统中的结构洞（structure hole）(Fowler., 2000; Teegen, 2004）。

本书认为这一类社会企业家应该称为"系统变革者"，不管他们变革的领域是在"市场"还是在"制度"，他们的特质决定了他们更倾向于进行系统性的改变，解决那些没有被现有市场、非营利组织和政府机构充分解决的社会需求。成功的社会变革者往往有相同的特质（Dees, 1998; Prabhu, 1999; Johnson, 2002）。

表2-5　　　　　　　　　　　社会企业家类型

	局部改善型	系统变革型
理论先驱	Hayek	Schumpeter
行为	受社区和局部的社会需求驱动，运用资源和能力进行创业	通过创造和建立新的市场结构和更为有效的社会系统来解决社会问题
规模范围	小规模，本地（社区）	中大规模，范围涉及制度和系统
出现原因	社会需求知识隐性特征，近距离（本地）才能准确识别机会	市场、法律、制度和社会结构对于满足社会需求的低效性
影响力	保持社区和谐稳定	满足广泛的社会需求，并且形成一定程度的社会变革
机会识别的来源	拥有识别"本地"问题和需求的"本地"支持和能力，因此对社会需求反应迅速	识别系统性问题的能力和希望改变市场结构和制度的愿望
社会创业的局限性	并没有从本质上解决法律和制度限制，而且个体能力和本地资源具有天然的局限性	创业的难度在于各类资源的整合，不仅是市场性资源还有慈善性资源的整合，制度变革的既得利益者是天然屏障

资料来源：笔者自己整理并提出社会企业家分类及差别。

四　社会创业成功的测度：从经济价值到社会价值

商业创业的中心使命就是获取经济价值，但是社会投资的目标则是获取社会价值并对社会有所贡献，而且特别关注社会服务的传递和社会使命的达成（Kanter & Summers，1987）。社会创业对于外部资源过度依赖，社会服务的提供也大量依赖志愿者和低于市场价格的服务（Bygrave，1996；Emerson，1998）。以上这些显而易见的特点都直接影响到社会创业的成功，也就是说在评价社会创业的时候我们需要更加关注那些社会创业活动与生俱来的因素。当然，在评价和解释社会创业成功的时候，某些在评价和解释商业创业成功的标准一样能够得到运用（Moshe Sharir & Miri Lerner，2006）。

有的学者提出既然社会创业面对不确定性和缺少资源，那么有效获取经济资源就是衡量社会创业成功的一个维度（Van De Ven，1984），也有学者认为社会创业本身的复杂性决定了绩效评价方法多维度（Kalleberg & Leicht，1991），也有一些学者建议采用增长率（如利润增长率或者雇员数量增长率）来衡量社会创业的生存与增长（McGee & Dowling，1995；Merz & Sauber，1995）。这些学者无一例外地用商业创业成功的绩效来评价社会创业，这些标准可以梳理如下：（1）社会创业是否达到了预期目的；（2）是否有持续获取资源的能力，从而保证社会服务可持续的供给；（3）对于创业成功所需资源的测度。但是，这类观点无一例外地过于侧重商业价值，与社会创业的最终价值背道而驰。在前面的文献回顾中，我们发现社会创业如果从目标上来看，是具有唯一性和排他性的，而商业方法只能作为一种手段。因此，这类借鉴普通创业成功评价标准来评价社会创业成功的方法在近两年的研究中，使用越来越少。

在后来的研究中对于社会创业和社会项目的评价主要发展出了两种主要的评价标准：社会影响力评价（Social Impact Assessment）和责任评价（Accountability Assessment）。

美国从 1969 年开始，就不仅仅只对社会项目进行环境评价（environment impact assessment，EIA），因为环境评价仅仅是人类社区受到影响的一个方面。美国环境法的第 102 条规定在进行项目评价时要兼顾环境影响和项目的社会影响，所以社会影响力评价（social impact assessment，SIA）的原则、过程和指标等一系列方法就产生了（Meidinger & Schnaiberg，1980）。

社会影响（social impact）是由于受到某种干预（政策或者项目），人类社群发生的可以测量的变化（Inter-organizational Committee，1995）。

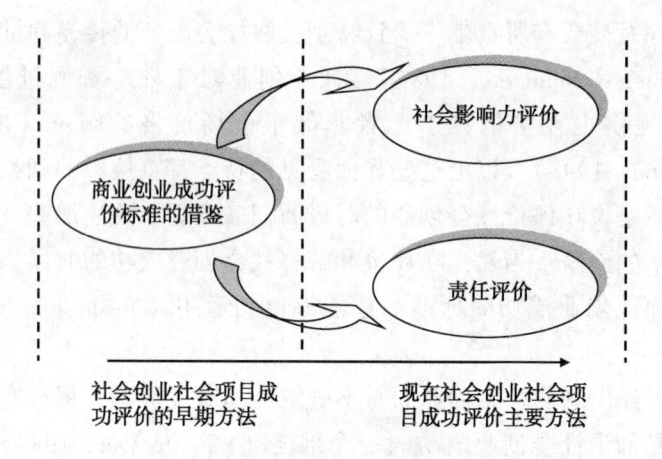

图 2-5　社会创业社会项目成功评价的方法演变

由于影响（impact）有各种各样的形式，因此介入（interventions）会对人类社群产生影响。社会影响是由人类社会中的各类指标的变化所引起的，社会科学理论和方法已经发现了这些指标和人类社会的结构、价值、态度和经济活动之间的关系。例如，大量建设工程对劳动力流入的需要会改变人类社群的人口构成（这就是一个指标），而这样的变化又会改变社群中的价值观、态度和工作状态，甚至对当地政府也会形成影响。人类社会是非常复杂的，是由相互连接的网络和关系组成的，而这些关系和网络的组成要素就是价值。在已有的研究中发现，由于每一个人类社群的独特性和评价项目本身的独特性，因此任何一个社会影响力评价都不能采用完全相同的评价指标（indicators）（Carley & Bustelo, 1984; Goldman & Baum, 2000; Western & Lynch, 2000; Burdge & Vanclay, 1998），一个更有效的方法就是建立一套有层次的评价体系，这套评价体系就可以在一个给定的群体中，评价不同影响力的影响指标。

社会影响力评价指标选取的原则主要包括：（1）只有那些真正产生社会影响的指标才能被采用（Inter - organizational Committee, 1995）；（2）由变革引起的社会影响指标可计量，可测度（King, 1998）。如果把时间概念引入的话，社会影响力指标又可以分为影响力强度（intensity）（Carley & Bustelo, 1984）和持久性（Duration）（Barrow, 1997）。

对于社会影响力评价（SIA）有很多定义，但是最为权威的是跨组织社会影响力评价标准和指导委员会（Inter - organizational Committee on Guidelines and Principles for Social Impact Assessment）提出的定义：社会影

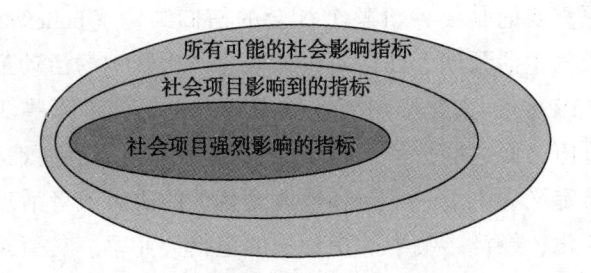

图2-6 社会影响力指标的层次

资料来源：Frank Vanclay, Conceptualising Social Impact, *Environment Impact Assessment Review*, Vol. 22, 2002, 183-211。

响力评价就是对社会项目或者公共政策对社会产生的结果进行事先的评价和预测（Inter - organizational Committee, 2002）。对社会影响力评估（SIAs）的需求和认知主要来源于对人类社群里复杂性的理解以及政策或其他类型的干预对社会产生的积极和消极影响的权衡（Western & Lynch, 2000）。社会影响力评价的主要作用是评价并预测特定类型的社会变革对人类社群所产生的作用和影响，并且让人们了解对人类社群积极介入的益处（Burdge & Robertson, 1998; Carley & Bustelo, 1984; Goldman & Baum, 2000; Western & Lynch, 2000）。

以往的研究者经过研究（Charles, 2003; Denis, 2004; Henk, 2006; Helen, 2006）发现，社会影响力评价必须采用适当的方法和原则进行研究。他们提出了如下几个方面的原则：（1）多元化参与：确认所有潜在的受影响的群体和利益相关者群体或个体，都要参与评价，实际上这一点就是社会影响力民主性的部分体现；（2）平等性：谁得到多谁得到少？是否有代言人为弱势和脆弱群体说话？（3）重点突出：社会影响力评价的中心和重心是受影响群体切身相关的问题。

社会影响实际上是一个广义的分类，包括社会影响、经济影响和文化影响。其中社会影响实际上主要反映在人类社群组织方式的变化上面，结构分析（structure analysis）的方法和功能分析（functional analysis）的方法通常都关注这个领域。但是在社会影响力分析的实践中，在影响力的选取上往往关注那些立刻显现出来的结果，而不是通过社会结构的演化和进化慢慢才出现的次级效果（King, 1998）。第二类就是文化影响，文化影响实际上是最难定量计量的（Goldman & Baum, 2000）。在社会影响力评价（SIA）中的文化影响力评价实际上不仅仅是评价对历史和人文资源产生的影响，更重要的是要评价整个社会的信仰结构（belief structure）、生活方式和一般的生活预期。任何对价值观念产生影响的活动都产生文化影响力（King, 1998），文化影响力评估实际上是要评价哪些活动对文化赋予了正向的价值，而这些价值又是多少（当然这些价值极难测度）。经济影响力一般被定义为由于一个与环境改变相关的决策或者活动导致的某种市场价值的变化，经济影响力的指标一般包括失业率、贫穷指数、经济活动指数和就业质量等（Costanza, 1995）。不管经济、文化还是社会影响力的评价，实际上所指的都是社会福利（welfare）（Nicholson, 1985），因此社会福利的提升才是社会创业的目的。在具体的社会指标评价和选取方面，有的学者侧重提出将指标分为人口因素、生活因素、态度、信仰和价值观等维度（Taylor, 2004），Burdge（1990）使用了五类指标：人口，制度安排，地方居民与新来者之间的冲突，其他利益相关者冲突，生活水平。还有学者从其他角度来进行了分类：项目输入结果，社区资源，社会组织和福利水平（Branch, 1990）。（Inter - organizational Committee, 1995）则将从社区变迁、工业化、基础设施（包括水库和公路等）的开发、自然资源利用等方面，认为应该从5个方面分析社会的变化：人口特征和预期变化；地方政府的改善，就业状况，制度框架变化等；权利分配，利益相关的公众、领导和其他人；个体、家庭的态度、直觉等反应；地方的自然资源利用、基础设施建设和历史文化保护。

表2-6　　　　　　　社会影响力结果评价主要指标总结

基本类别	基本指标	主要学者
人口心理与满意指标	√保证居民对基本正常生活的要求 √保护利益相关者的权益	Jasper（1990），Taylor（1990），Frank（2002），Taylor（2004）
劳动和就业指标	√保证居民就业率水平的提高 √保证居民提高劳动能力	Burge（1990），Carley（1984），Henk（2006），Helen（2006）
生活设施与环境指标	√保证居民的正常生活条件 √确保当地经济社会发展基础条件 √确保适度的环境承载力 √提供健康文明的生活环境	Frank（2002），Charles（2003），Denis（2004），Helen（2006），Inter - organizational Committee（1995）
文化保护指标	√保护不可再生的文化遗产资源 √保护社会人文环境	王朝纲（1997），Frank（2002），Helen（2006）

资料来源：李强、史玲玲、叶鹏飞、李卓蒙：《河北学刊》2010年第1期，第106—112页。经过笔者整理和修订。

社会影响力评价方法分主要分为三类：影响识别方法、影响评价方法和影响预测方法（唐勇、徐玉红，2007）。影响识别方法主要通过多元参与方法来判断影响的强度和持久度。互动社区（interactive community）的方法（Charles，2003）和社区反馈（community response）（Helen，2006）等被广泛使用；影响评价方法则使用更为广泛，包括过程评价和结果影响力评价两类，而评价的对象又分为营利组织和非营利组织，在对营利部门评价时使用的常常是 ISO 14001（过程）和世界银行发布的社会贫困评价 PSIA（结果），而对非营利部门主要采用的是平衡计分卡（过程）和社会变革理论（social change）的成本效益分析和 SROI（社会投资回报率），在这中间，SROI 最常被使用到；社会影响预测方法包括直线推演法（straight line trend）、情景法（scenario）、人口乘数法（population multiplier methods）和计算机模拟（computer modeling）（唐勇、徐玉红，2007）。

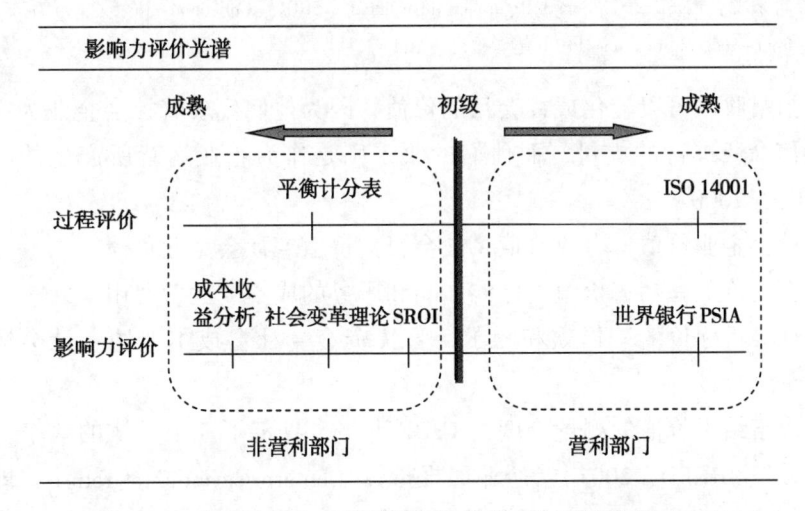

图 2-7 营利部门和非营利部门社会影响力评价的主要方法

资料来源：Inter – organizational Committee on Guidelines and Principles for Social Impact Assessment. Guidelines and Principles for Social Impact Assessment Environment Impact Assessment Review，15 (1995)：11 – 43。经过笔者整理。

社会影响力除了结果指标之外（见表 2-6），最为重要的就是效率指标 SROI（社会投资回报）。在 20 世纪 90 年代中期，罗伯特企业发展基金（Roberts Enterprise Development Fund，REDF）是一家非营利组织，它专门为优质的社会企业提供资助，并对其"投资"进行分析，因此他们开发了 SROI 方法，并试图量化社会企业的经济和社会经济影响，RDEF 把社会风险投资活动的收益分为两部分：企业价值和社会价值，这两种价值就构成了混合价值（Blended Value）。

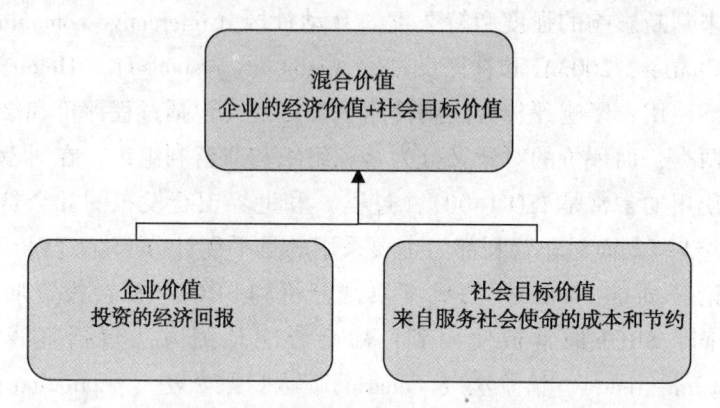

图 2-8 SROI 分析中的混合价值

资料来源：REFD 2000 Social Return on Investment（SROI）Collection http：//www.redf.org/learn-from-redf/publications/119。笔者整理。

捐赠收入可以转化成社会目的价值，因为他们代表着社会企业为完成社会使命所进行的支付，而他们的收入则是作为企业运营所产生的收益（REFD，2000）。

社会企业价值 = 企业价值 + 社会目标价值 - 社会企业负债

企业价值 = 销售价值 - 已售产品和服务的成本 - 运营费用

社会目标价值 = 捐款和赠予 + 募集资金 + 社会成本节约 - 社会运营成本

由于结果价值的测量难度，REDF 进一步界定了三个具体的效率"价值指数"（REFD，2001）：企业回报指数（enterprise index of return）即企业价值除以慈善资金；社会目的回报指数（social purpose index of return）即社会目标价值除以企业慈善资金；混合回报指数（blended index of return）：混合价值除以企业慈善资金。REDF 的价值概念虽然有一定的解释能力并且把社会创业的价值研究推向更深一步，但是却排除了在纯社会领域中许多无形的价值。

责任（accountability）是社会创业成功与否的另外一个评价标准。

责任是个人、群体或者组织运作及运作绩效的评估（Day & Klein，1987；Jenkins & Goetz，1999；Mulgan，2003）；责任也是能力（power）、权威（authority）和所有权（ownership）（Conger & Kanungo，1988；Day

& Klein, 1987; Grey & Dey; 1997; Mulgan, 2003)。责任更是一种关系，在"责任关系"中，受委托者必须对委托者有所交代（Day & Klein, 1987; Mulgan, 2003）。实质上，社会创业中的责任是"社会企业家"与"受益对象"之间双向的关系。但是，由于"信息不对称"以及与慈善捐赠关系中的"委托代理"的不完全，因此社会创业更多地体现出"向下"（downward）的责任，也就是说社会企业家对创业服务对象的责任。

社会创业的责任只有创业活动在某种程度上公开、被监督和审查以及能够在一定程度上被受益人控制（control）（当然这种控制不是指所有权等强控制，而是指决策的参与等弱控制）的时候才能体现出来（Conger & Kanungo, 1988; Murthy, 2001; Peters & Pierre, 2000）。有的时候，社会创业的责任是一个非常多元、复杂和分散的事（McDonald, 1999）。可以用来增强责任的工具非常有限，其原因关键是缺乏提升责任的受益人关系管理模式（Ferejohn, 1999），有的时候这种关系还扩展到所有的利益相关者（stakeholder）。社会创业的责任，并不是一种必然的制度性义务，因为它更多的是一种创业过程中的责任心和美德（Mulgan, 2003）。Tandon（1995）发现了责任最为重要的三个维度：对价值和使命的责任；对与使命相关绩效的责任（performance relate to mission）；作为市民社会（civil society）一员的责任。在理论上，社会创业的利益相关者（包括受益人、捐赠者、商业运营者和政府）都应该能够促进这三种责任的提升（Edwards & Hulme, 1995; Najam, 1996; Tandon, 1995），但是在实务中这些利益相关者很少有机会去这样做。一方面，没有单一的模型来提高责任，但是方法却有很多，比如外部审计（outside audit）、制定行动守则（codes of conduct），正式程序化的报告（formal report）等，这些过程包括评估（evaluation）、磋商（consultation）和年度会议（annual meeting）等（Ebrahim, 2003）。如果不考虑以上的这些工具（tool），那么衡量责任强度的标准只能使用"校正的程度"（degree of rectification）（Mulgan, 2003）（校正的程度是指社会创业行为偏离使命后，通过行为修正回来的程度，本质上就是一种行为修正），但是这是很难测量的（measure）。

对价值使命的责任（accountability to value）。社会创业组织的价值观是责任背后的关键力量，换句话说就是"世界观"（weltanschauung）。这种价值观往往显现在员工晋升的评价标准以及社会项目的评价标准上。这种价值观有很多种类型，有的是促进人类团结和人道主义（humanist）

的，也有的是促进性别平等（gender equity）、环境保护（environment protection）或人权（human rights）保护的（World Vision，2003，2005）。社会创业组织实体（entities）要在价值观的基础上强调责任是非常困难（Keohane，2002），虽然利益相关者的治理模式能保证社会创业的顺利运转，但是却不能保证行为与价值的完全一致性（congruence）。有的时候，向下（downward）的责任机制才能保证这种价值观的传递。Joshi 和 Moore（2000）认为社会创业组织在向其支持者（constituents）传递价值理念的时候，容易替代支持者自身的价值理念，这种道德风险（moral hazard）也是大多数对非营利价值观批评的主要来源（Zaidi，1999）。

对支持者的责任（accountability to constituency）。大量的文献提到了"参与"（participation）（Arnstein，1969；Botes & van Rensburg，2000；Morgan，2001；Speer，2000），这很大程度上暗指责任与控制很有关系，但是在实践中对支持者"向下"的责任往往在过程上十分缺乏（Couto，1998；Smith‑Sreen，1995）。更重要的是，"参与"这个词对于责任的强度来说具有很大的灵活性，因为参与即可以是纯粹信仰上的参与，也可以是完全代表的控制（full delegated control），因此参与的程度成为决定责任的重要标准（Arnstein，1969）。责任的深度（depth of accountability）和正式化的程度（level of formality）共同构成了社会创业对支持者的责任。责任深度是指社会创业组织和其支持者之间的反馈（feedback）机制，既包括反馈的频度（frequency）也包括话题的范围（range），除了这两个之外还包括组织成员参与管理的程度，他们了解社会创业组织的程度。这些指标都可以用来衡量支持者的参与程度，但遗憾的是这种机制并不能保证真正的纠偏（rectification）（Patrick，2006）。责任的正式化程度（level of formality）是指对支持者的责任被固化为各种层次的权利、责任和所有权（Joshi & Moore，2000）。正式化的指标包括：固定时间的会议；准时；正式议程的公开和透明（openess）；等等，这意味着支持者的观点和想法可以以正式的渠道传播和沟通（Uvin & Pankaj，2000）。总之，正式化和合法化的决策过程会正向影响社会创业的责任。

对授权的责任（accountability of empowerment）。授权是个人、全体或者组织权利的分散化（Asthana，1996；Couto，1998；Karl，1995；Weissberg，2000）。社会创业必须要有权利分散化的过程（Calman，1992；Korten，1981；Page & Czuba，1999；Puroshothaman，1998；Tandon，

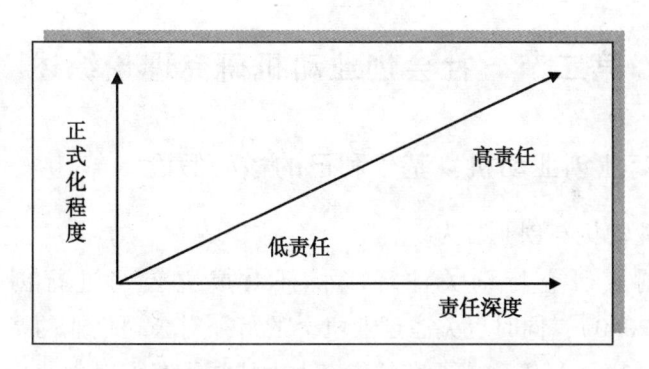

图 2-9　对支持者责任的两个维度

资料来源：Patrick Kilby, Accountability for Empowerment: Dilemmas Facing Non-Governmental Organizations, *World Development*, Vol. 34, No. 6, 2006, pp. 951-963。

1995)，大量第三方外部监督的引入创造了授权的环境（Calman, 1992; McLelland, 1970）。但是，在社区中授权也会带来依赖性（dependency），这种依赖性体现在社区组织对社会创业组织提供服务的依赖性上，因此授权和依赖成为一个悖论（paradox）。不论如何，授权对责任的影响总是大于依赖对责任的影响。

表 2-7　社会责任评价的主要指标总结

基本类别	基本指标	主要学者
对价值使命的责任	√社会创业组织使命与行为的一致性 √向下（downward）责任的深度	Arnstein (1969)、Botes & van Rensburg (2000)、Morgan (2001)、Speer (2000)、Keohane (2002)、Ebrahim (2003) 等
对支持者的责任	√责任的深度 √正式化程度	Arnstein (1969)、Botes & van Rensburg (2000)、Morgan (2001)、Speer (2000)、Patrick (2006) 等
对授权的责任	√权力分散程度 √第三方外部监督有效性	Asthana (1996)、Couto (1998)、Weissberg (2000)、Calman (1992)、Korten (1981)、Page & Czuba (1999)、Puroshothaman (1998)、Tandon (1995) 等

说明：这里使用"支持者"（constituency）而非"利益相关者"（stakeholder）的原因是后者强调行为过程中以"经济利益"为核心、"得与失"为基本出发点的相关者，而前者则强调以"使命"为核心的相关者，两者出发点不同，所以理论也不同。

第二节　社会创业动机研究理论综述

一　商业创业动机：基于利己的核心假设

1. 创业动机与创业行为

早期创业研究特别关注环境特征对成立公司进行创业的影响（Aldrich，2000），同时也关注创业机会的特征对公司创业的影响（Christiansen，1997）。尽管这些研究的焦点大大加强了我们对创业现象的理解，但是却忽略了"人"的作用（human agency）。实际上，创业依赖人来进行创业决策，人类的某些特质会强烈影响他们所作的决策。尽管先前的研究者已经批评了大量关于创业动机（motivation）的经验研究（Aldrich & Zimmer，1986；Carroll & Mosakowski，1987），甚至连社会学家都强烈反对以特质为基础（trait-based）的研究，但是却非常含蓄地从侧面反映了动机确实对创业过程产生影响，创业本身就是一个机会结构（structure of opportunity）和被驱动（motivated）的创业者之间的结合（Aldrich & Zimmer，1986）。实际上，对人类创业过程中，动机作用的研究非常缺乏，而且创业研究本身并没有对不同动机的创业者进行区分（Baumol，1968）。所有人的行为都是由"动机和认知因素"（motivation and cognitive factors）驱动的，认知因素包括能力（ability）、智力（intelligence）和技巧（skills）（Locke，2000a）。创业也并不仅仅是人类行为的结果，外部因素同样发挥着重要的作用。

创业是一个机会发现、评价和开发的过程（Shane & Venkataraman，2000）。这个定义显然没有要求创业者是一个组织的创立者，更重要的是这个定义认为创业是一个创造性的过程。通过重新组合资源，创业者进行创造性的活动，当然创造性的程度取决于不同资源之间组合所产生的效果。沿着这个定义，创业的主体实际上还是人，创业过程的"发生"是因为人们追寻创业机会。人们追寻机会的愿望和能力的差异决定了他们是否是一个创业者，当然前提是这些愿望和能力确实对创业过程产生影响，人们在这些动机上的差别使他们在发现机会、获取资源和执行整个创业上产生升了重要的区别，而且创业动机作为个体上的特质，包括成就需要、自我效能感、控制源、创业目标等（Shane，2003）。研究者发现，影响创

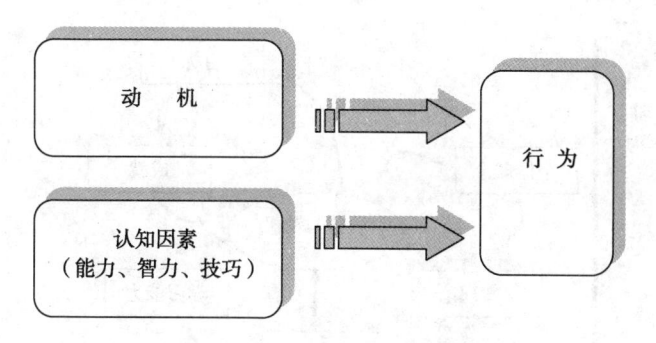

图 2 - 10　人类行为的驱动模式

资料来源：Locke, E. A., Motivation, Cognition and Action: An Analysis of Studies of Task Goals and Knowledge, *Applied Psychology: An International Review*, 49, 2000a, 408 - 429。

业者进行创业愿望和能力的因素中也有很多非动机性的个体差异（non - motivational individual differences），包括创业的机会成本（opportunity cost）（Amit, Meuller & Cockbum, 1995），资本存量（Evans & Leighton, 1989），社会关系（social ties）（Aldrich & Zimmer, 1986），职业经验（Carroll & Mosakowski, 1987；Cooper, Woo & Dunkleberg, 1989）。虽然这些非动机的因素确实影响着创业过程，但是动机因素也影响着创业的过程，人们对风险和机会的感知确实影响着创业的决策（Shane & Venkataraman, 2000），而且在了解可能有的不同结果之前人们对风险的态度就会有很大的差异（Palich & Bagby, 1995；Olson & Bosserman, 2001）。Robichaud（2001）开发出了至今最为完整的创业动机测量工具，人们的创业动机是创业者通过在一定风险条件下运营企业来寻求的目标，目标决定行为并间接地决定创业的成败。因此，个人层面动机上的差异会对创业过程产生很大的影响。

　　Locke 的创业者决定论和 Shane 的机会、创业者认知交互论成为创业动机理论中的两个核心理论。Shane（2000）认为机会是由环境中若干维度所组成，代表了潜在的营利可能性，机会就是收益大于成本的潜在可能性。由于潜在并不确实存在，因此对机会在个人层面进行客观的测度就是一件很难的事情。创业者在任何时间、任何产业中追寻机会，也有一些创业者仅仅在成熟的产业中创建一个新公司。创业动机在不同行业中的强弱，并不代表创业者不能成功地在缺乏机会的行业中创业，而是意味着在这些行业中创业机会对于普通的创业者缺乏吸引力，因此这就是一个"由

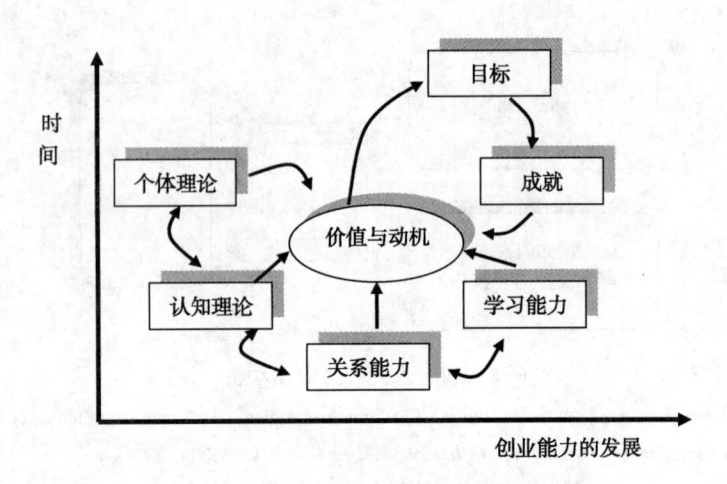

图 2-11　以动机和价值为核心的创业学习模型

资料来源：Rae，2000；转引自倪宁、王重鸣，2005。

动机驱动机会认知"的理论（Shane，2000）。机会的价值在不同产业中是不同的，机会本身具有不同的经济价值，因此机会能影响人们的创业行为。所以，行为导向的创业研究认为对机会经济价值的衡量决定了创业者的动机。尽管机会会影响创业行为，但是不同的创业者在面对相同机会的时候会做出不同的决策。从经验上来看，机会主观和客观的成分是不可分离的，因此人的动机和机会本身的特质是无法分离的。所以，识别机会的机制可能一开始就存在于创业者的大脑中，帮助创业者对创业机会做出非常"个人"的解读，但是有的时候这也可能是错误的解读。这就关系到，创业者是用什么方式识别机会的，尽管机会在创业者脑海中是很个人的东西，预期价值的差异仍然会影响到他们的创业决策并且使对动机的测量变得非常困难。

表 2-8　　两种主要的创业动机理论

	代表人物	理论核心	理论支持者
创业者决定论	Locke（2000）	创业者的动机决定了创业的行为	Baum（2001）
创业者、机会交互论	Shane（2000）	创业者的动机和创业行为相互影响	Robichaud（2001），Palich & Bagby（1995），olson & Bosserman（2001），Shane & Venkataraman（2000）

Locke（2000）则提供了创业动机和创业机会关系的另一种解释。机

会就是潜在的营利可能性,因为潜在并不真实,所以除非真的发生损失了,否则机会是很难测量的。因此机会存在很强的外在性,所以对环境控制才能了解机会的本质和创业的动机。有的学者研究通过控制行业变量和其他环境变量来寻找创业行为的不同(Baum,2001)。虽然这种控制可以消除很多其他因素,但是不能彻底排除,这是因为对"潜在性"的识别并不单纯依赖任何经济法则,而是一种自由意志(free will),是人类通过创造性思考发现机会并实施的能力。这就是创业者的视野(Locke,2000b)。

2. 创业动机的主要维度

以往的研究已经发现了许多创业的动机并且找到了他们对创业过程的作用。

成就感(need for achievement,nach)在创业的个人特质领域,获得了广泛的关注。McClelland(1961)认为个人成就感取向高的个体比个人成就感取向低的个体更倾向去从事那些高产出,对于个人技能和努力要求较高,具有中等程度风险,而且对绩效有明确反馈的任务或工作。创业活动本身对创业者的特质就具有一定的要求,研究中发现高成就感需要的人更倾向于选择创业或者与创业相关的工作角色。Johnson(1990)进行了23组研究来测度成就感取向(nach),基于这些组别的研究,Johnson发现在创业成就感和创业活动之间存在某种关系,通过案例他发现成就感是区别企业创建者和其他社会成员的主要差别。在另一个类似的19组研究中,Fineman(1977)通过实验和问卷的方式发现自我成就感与创业有显著性的正向关系。Collins、Locke & Hanges(2000)首次对自我成就感进行了分解并对创业进行了研究,并测试了63个自我成就感指标,结果发现,自我成就感与企业建立有显著的正向关系,创业者的自我成就感显著性地与其他人有差别($r=0.21$)而且自我成就感能够很好地预测企业的绩效($r=0.28$)。在使用不同方法(TAT,问卷)测度自我成就感的时候,效度并没有显著性的差异。Collins(2000)发现自我成就感与创业活动的关系受到很多其他因素的影响。首先,自我成就感是一个群体层面的活性(robust)预测因素(创业者和其他职业有差异,好绩效群体和低绩效群体有差异),而非个体因素。其次,自我成就感在创业者和非管理层雇员之间的差异非常显著($r=0.39$),然而在创业者和公司管理层之间的差异并不明显($r=0.14$)。基于以上结果,Collins(2000)得出结论,自我成就感是一个区别创业者和普通人的有效工具，但是与管理者的区分度却不大，而且自我成就感在成功和不成功的创业者之间的区分度也很大，所以自我成就感是解释创业活动的重要动机。

风险倾向（risk-taking）是另一个创业的主要动机。McClelland（1961）最早开始研究创业者的风险倾向，他认为较高成就感的个体具有中等的风险偏好水平，他的研究非常重要，因为创业活动本身就是在高度不确定的环境中进行的。Liles（1974）则发现风险不确定性细分为经济上的风险、心理上的风险、职业安全稳定和家庭关系安全与稳定等几个方面，更为重要的是大多数的创业理论把创业者看成能够容忍风险的人（Venkataraman，1997）。Atkinson（1957）认为高成就动机的人倾向于高风险的工作，因为活动本身提供了挑战性，当然回避失败的动机越强烈，对风险的容忍度就越低（Begley，1995）。理论上认为企业创业者和管理者在风险态度上没有显著差异（Low & Macmillan，1988），但是在具体研究中大多数都没有找到验证（Litzinger，1961；Babb，1992；Palich & Bagby，1995），只有Brockhaus（1980）验证并且发现创业者更倾向中等程度的风险，但是与管理者没有显著差异。当经验研究发现风险是创业的动机之一的时候，自我效能（self-efficacy）出现了，几个重要的研究显示当创业者被要求评价创业机会的时候，创业者在各类信息中辨识出机会，而银行家则认为这些信息是风险，因此面对同样的信息和风险倾向的时候，自我效能在起作用。

对模糊性的容忍（tolerance for ambiguity）。Schere（1982）认为对模糊性的容忍是创业者动机的特质之一，因为挑战潜在的创业成功可能性本质上来说是不可预测的（unpredictable）。Budner（1982）把对模糊性的容忍定义为没有明确结果的状态，并将其看成是一种吸引力而不是威胁。由于创业者要比管理者每天面对更多的来自环境的不确定性和威胁，因此他们在工作中对模糊性的容忍度非常高。在实证研究中，Begley和Boyd（1987）发现创业者对模糊性的容忍度显著高于管理者，在小样本的测试中Schere（1982）和Miller和Drodge（1986）也发现创业者对模糊性的容忍度显著高于管理者。基于以上这些研究，Sexton和Bowman（1986）确认对模糊性的容忍是创业者和管理者之间的一种显著性的心理差异。但是也有一些研究并不符合以上的这些发现，Babb和Babb（1992）发现在北部佛罗里达，创业者和非创业者在对模糊性的容忍度上无显著差异；Begley（1995）也没有发现显著性的差异。这种研究结果的不一致性与潜在的研究方法有关，但是我们大体知道对模糊性的容忍作为一种创业动机是创业过程的一个部分。

控制点（Locus of control）作为创业的特质动机也引起了广泛的关注，自我控制是一种自我相信的行为和特质能够在某种程度上影响结果。外部控制（external control）者相信结果是无法由自己控制的，而内在控制（internal control）者认为自己的行为可以直接影响结果（Rotter, 1966）。就像 McClelland（1961）的早期研究一样，高成就感的个人更倾向于认为他们自己能够直接控制结果，这个研究结果被 Rotter（1966）转化到控制点的研究上来。对控制点的研究认为创业者与非创业者在这个方面也显著不同。Shapero（1977）、Rotter（1966）、Bowen 和 Hisrich（1986）都发现创业者更倾向于内在控制。然而控制点研究同样没有发现创业者和管理者之间的显著区别，这一点和自我成就感相同（Babb, 1992；Brockhaus, 1982；Begley & Boyd, 1987）。我们发现对模糊性的容忍在创业者和非创业者之间显示出主要区别，但是在创业者和管理者之间却没有显著性区别，因此如果把创业定义成为开办一个企业显然无法把创业者和非创业者区分开来。

自我效能是一个人对自己能力和使用个人资源、能力完成一定要求任务的自信程度（Bandura, 1997），换句话说，自我效能就是任务导向的自信力。自我效能常常是对于一个特殊的任务来说，因为同样一个人在不同的任务之间会表现出不同的自我效能，这个概念能够很好地解释为什么相同能力的人绩效却不相同。高自我效能的人会更加努力，延长工作时间，设定一个比自己能接受目标更高的目标，并且能够制定完善的计划和策略来执行任务，高自我效能的人能通过积极的反馈来激励自己和提高自己的绩效，以上这些自我效能的特征对于创业者和创业过程来说异常重要。有研究评估了创业自我效能的主要维度，Baum（1994）直接用了很多变量包括：一般特质、动机、特定任务技能和竞争力（行业经验和技术技能）以及特定任务的动机（自我效能和目标设定），远景（vision）等，通过结构方程（LISREL）模型，Baum 发现自我效能与公司成长有极强的正向关系。

目标设定（Goal Setting）也是一个以任务为导向的创业目标设定。Tracy、Locke 和 Renard（1998）研究了小型印刷厂的企业主，检验了绩效三个维度的一致性：财务绩效、增长和创新，创业者在这三个目标上进行的定量设定与他们的绩效呈现出显著性相关。Baum、Locke 和 Smith（2001）也发现了企业增长目标显著性的与公司增长绩效相关，尽管目前有很多的创业目标设定研究,但是只有以上两个进行了定量的研究。

表2-9　　　　基于利己和内在报酬的商业创业动机主要类型

	动机类型	内容	主要学者
一般动机	成就感	成就感取向高的个体更倾向去从事那些高产出,对于个人技能和努力要求较高的工作	McClelland（1961）,Johnson（1990）,Fineman（1977）,Collins,Locke & Hanges（2000）
	风险偏好	对风险（经济风险、职业风险、家庭风险）的偏好	Liles（1974）,Venkataraman（1997）,Begley（1995）,Low & Macmillan（1988）,Babb（1992）,Palich & Bagby（1995）,Brockhaus（1980）
	对模糊性的容忍	对结果不确定性的容忍	Begley & Boyd（1987）,Schere（1982）,Miller & Drodge（1986）,Sexton & Bowman（1986）,Babb & Babb（1992）
	控制点	相信自己的行为和特质能够在某种程度上影响结果	Rotter（1966）,Bowen & Hisrich（1986）,Babb（1992）,Brockhaus（1982）,Begley & Boyd（1987）
任务导向动机	自我效能	任务导向的自信力	Bandura（1997）,Baum（1994）
	目标设定	任务导向的创业目标设定	Tracy,Locke & Renard（1998）,Baum,Locke & Smith（2001）

除了以上Shane（2003）对创业动机的分类方法之外,比较著名和典型的对创业动机的分类包括基于内在、外在报酬的四结构模型（Kuratko & Naffziger,1997）,后由Robichaud和Roger（2001）进行修正,在原有结构和维度上增加了"家庭保障""退休准备""改善生活"等。

表2-10　　　基于内、外报酬的商业创业动机主要类型和指标

类型	外在报酬	独立/自住	内在报酬	家庭保障
各项指标	√个人财富需求	√个人自由	√公众认可	√成员未来
	√个人收入增加	√个人保障	√接受挑战	√传递家业
	√利润销售增长	√自我雇佣	√个人成长	√退休保障
	√提高生活质量	√自己做老板	√社会认可	√接近家庭
		√自主决策	√自我证明	

资料来源：Robichaud, Y., Egbert, M. and Roger, A., Toward the Development of a Measuring Instrument for Entrepreneurial Motivation Jomal of Developmental Entrepreneurship, 2001（2）; Kuratko, D. E., Hornsby, J. S. and Naffziger, D. W., An Examination of Owner' Goals in Sustaining Entrepreneurship Journal of Small Business Management, 1997（1）: 24, 33.

二 社会创业动机：从利己到利他

1. 商业创业动机与社会创业动机的区别

在以往商业创业的研究当中，基本的假设是利己主义（egoism），所有的创业动机无一例外来源于利己的动机（egoistic motivation），而不管这种动机的结果是利己还是利他（altruism）的。有些学者虽然极力辩解，商人的核心动机是无私地服务于为社会和雇员，但是实际上从出发点来看，动机是利己的（Shane，2003）。有许多学者认为，利他动机从经济理性的角度来看，本质上还是利己的（张廷华，1999），因此利他行为是理性的（杨春学，2001），他们的观点认为人类动机是源于一元动机驱动而产生的两种行为，把各种因利他动机而产生的利他行为也解释为是为了追求自身利益的最大化，这种一元驱动论实际上把利他动机解释成为外在行为，而不是内部动机。实际上，在理性经济人假设之下，利他行为可以是内部动机所要实现的利己目标的手段，也可以是内部动机之下的利他偏好所要产生的行为。内部动机是行为人对行为本身感兴趣，行为本身能使行为人获得满足，是对自己的一种奖励与报酬，无须外力作用的推动。显然，内部动机可以导致利己行为，也可导致利他行为。利他行为能够使行为人获得满足，并且行为人可能会因此得到物质收益和精神收益，这种"二元双重动机理论"得到了更多的支持和肯定（汪和建，1999；张旭昆，2005；董志勇，2005；管毅平，2002；叶航，2005）。

真正理性的利己动机包括对工作的热爱，享受创建组织并从中获利的过程，创业者只是被对他自己有利的动机所驱动，并且做任何达到这个目的需要做的事情。实际上，还没有真正关于自利方面的定量研究，但是Baum（2001）尝试着用其他因素来解释公司的成长绩效，他把个人特质，基于任务的动机、技能、策略和环境这五个维度和激情（passion）放在一起研究，结果发现非理性自利的激情对于公司成长也有积极的正向影响。

在社会创业领域，与商业创业不同的一个关键点恰恰是创业者的出发点主要是利他的（altruism），他们追求社会公正（social justice）（Thake & Zadek，1997），解决某些社会问题使公共利益得到保证，公共福利增加（Drayton，2002；Alford et al.，2004；Said School，2005），社会企业家往往同时拥护经济和公益目标（Dorado，2006；Thompson & Doherty，

2006),社会企业家的动机中最为核心的就是社会创业,即利用机会来进行社会变革和改善(Shaker,2009)。在如此多的文献中,社会企业家利他动机相辅相成的就是他们提供的核心产品(服务)是公共服务(public service)。当然社会企业家并不只有利他动机,社会企业家同样拥有利己的动机,准确地说是混合动机,因为许多学者在研究社会企业家时也发现他们有着很强自我实现动机,发现社会需求(例如,搜索过程),追求社会创业的机会,追求社会影响的广泛性,以及制度的变革(Pearce & Doh, 2005;Zahra et al., in press)。作为创业的一种,社会企业家也有很强的风险倾向(Hayek,1945;Schumpepter,1942)和对不确定性的容忍,有强烈的内在控制倾向。因此在文献的基础上,我们可以认为社会企业家的动机在商业创业的基础上扩展了,他们既具有利己的动机也有利他的动机,他们是一个利己与利他的混合体(虽然在以往对商业创业的研究中,商业创业的核心动机还是自利的,但也不排除有利他的动机)。

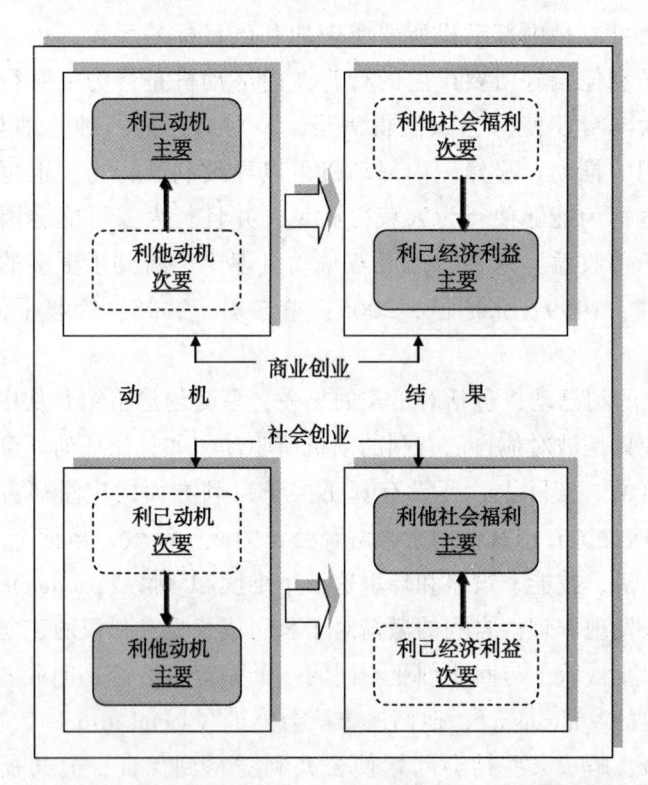

图 2-12 社会创业和商业创业动机和创业结果的不同

2. 社会创业动机的根源：公共服务提供的动机

在研究社会企业家社会创业的时候，我们发现他们提供的是一种公共产品或者公共服务，公共服务学派认为公共服务是一个概念，一种态度，一种责任，甚至是社会道德意识（Elmer Staats，1988）。虽然公共服务理论还不健全，但与提供公共服务的动机相比，一些学者定义更加正式，而且更多地从公共道德理论的角度进行了仔细界定和研究（Sshamir，1991）。相对于商业创业，在社会创业中提供公共服务更可能发生用商业创业的规则来指导社会创业，而普通百姓却期望社会创业能够提供正义、社会公平和实现公共利益。在公共部门和第三部门提供公共服务的公务员和志愿者中，许多研究都发现，实际上他们并不像自利假设那样，他们注重更高的价值，他们并不十分看中金钱的报偿（Frederickson & Hart，1985），他们注重爱心、同情等道德维度上的价值观。社会创业、公共部门和第三部门的员工或者志愿者，他们与商业创业中的创业者和雇员，具有不同的价值倾向和理想标准，他们更愿意帮助他，更愿意做一些有利于社会整体的事情（Rainey，1983）。许多学者得出的共同结论是，经纪人理性假设并不适用于公共领域（包括政府和第三部门的活动）（张康之，2002）。

提供公共服务实际上是一种对社会的责任，如果一个人提供公共服务的动机非常强烈，那么这个人一定具有更高的伦理水平和道德层次，因此也就具有更高层次或者说更强烈的公共服务的动机。公共服务提供的动力就在于能够解释、发现和测度这种想法和内隐动机。许多学者都对提供公共服务的动机进行了各种各样的调查和检验（Young，2001；Houston，2000），结论是内在报酬要显著高于外在报酬，并且利他动机要显著高于利己动机。

Rainey（1983）把公共服务提供动机看成是一个多维度的概念，每个人因为个体的差别，公共服务提供动机也会产生差别。Gene（2000）证实了Rainey的假设，他不仅证实了还发展出了四种不同公共服务动机的人，每一种类型代表公共服务的一种特殊的价值观念，分别是乐善好施者（sama tan）、爱国者（patriot）、共产主义者（communitarian）和人道主义者（humanitatian），每一种类型的人其动机都有不同的构面和维度。但是他们的行为和基础都是从事公共事业并为大众提供服务，其潜在的愿望是利他的。

表 2-11　　　　　　　公共服务提供动机与不同激励的关系

研究者	奖赏项目	与公共服务动机关系	来源
Crewson (1997)	高工资	*	1989 年社会普查
	服务社会，帮助别人	-	
	晋升；工作安全性	+	
	高工资，工作安全	*	1994 年 IEEE 协会
	服务社会，帮助别人	+	
	成就	+	1979 年联邦公务员调查
Rainy (1983)	高工资	-	原始调查
	晋升；工作安全，成就	*	
	公共服务；帮助别人	+	
Houston (2000)	高收入，工作时间段	-	1991 年、1993 年和 1994 年的社会普查
	晋升	*	
	工作安全，成就感	+	
Wittmer (1991)	高工资，地位和威信	-	原始调查
	帮助别人，社区服务	+	
Gabris (1995)	高工资，工作安全	*	原始调查
	竞争，权威，社区服务	+	
Brewerl (1998)	金钱	*	1992 年社会普查
	工作安全性	-	
Perry (1990)	金钱	-	论文观点

资料来源：叶先宝、李纾：《公共服务动机：内涵、检验途径与展望》，《公共管理学报》2008 年第 1 期。

说明：+ 表示正向关系；- 表示负向关系；* 表示无明显关系。

提供公共服务的动机虽然有很多人研究，但是到目前为止只有 Perry（1997）提出了一个较为完整的公共服务提供动机的驱动模式，而这种模式尝试取代目前理论界最为经典的"理性人"假设，因此他提出了四个著名的假设：（1）理性、规范、情感三者共同推动者被激励者；（2）每个人都有内生的观念，并为之驱动；（3）价值的内生性决定了每个人在价值选择上的差异；（4）价值观念和价值选择可以通过社会生活改变。Perry（1996）通过交叉分析的方法，把影响公共服务提供的四个关键因素寻找了出来：生活背景、动机背景、个人特质和行为。

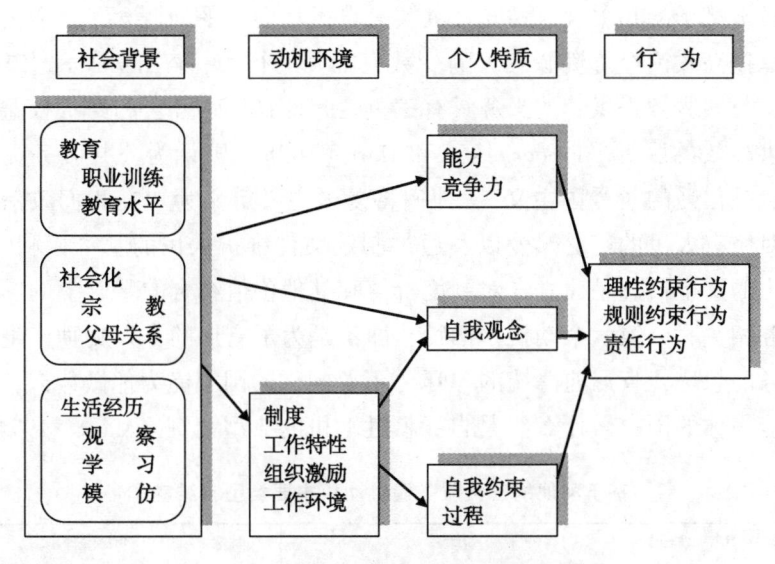

图 2 – 13　公共服务提供动机的过程模型

资料来源：Perry J. L., Bringing Society in: Toward a Theory of Public service Motivation, *Journal of Public Administration Theoryand Research*, 2000, 10（2）: 471 – 488. 转引自叶先宝、李纾《公共服务动机：内涵、检验途径与展望》，《公共管理学报》2008 年第 1 期。

公共服务动机的定义可以界定为主要或特定针对公共服务目的的个体倾向（Perry，1990），动机在专业术语中代表个体感觉需要消除的一些心理匮乏的需求。按照 Knoke 和 Wright（1982）的研究，动机可以分成不同的三个类别：理性动机，规范动机，情感动机。理性动机包含了使个体效用最大化发挥的行为；规范动机指的是通过努力生成的合乎规范的行为；情感动机是指以各种社会环境中触发的情绪反应为基础的行为。也有一些人主张理性动机所引起的个体公共服务行为是参与公共政策制定的机会（Kelman，1987），公共政策制定的吸引力具有刺激性和戏剧性，并且具有巩固加强个人重要形象的作用。对于公共服务，最普遍的规范性基础研究指标就是对公共利益的承诺，Downs（1967）认为，即使当公共利益符合个体主张，为公共利益服务的欲望本质上还是一种利他主义，其他不认同 Downs（1967）关于公共利益解释的人也认同在大半部分关于公共服务动机的概念中规范是不可或缺的部分这一观点。公共利益作为其中的一个动机，仅仅只是因为公共服务动机构建有着不可或缺的价值。Bruce Buchanan（1975），以及 Frederick Mosher（1968）的古典民主主义和公共服务理论认为，公共服务道德规范涉及一种公民道德的独特意识。公共服务人员被赋予的相关规范性支柱其实来自于社会公平的概念，社会公平涉及旨在提高政治经济资源匮乏的少数人福利的行为，Frederickson（1971）认为，公共服务提供者的义务具有三重性，即在加强社会和经济权益的同时提供高效的服务。Frederickson 和 Hart（1985）则认为公共服务提供者的动机是仁爱的"爱国主义"，他们将爱国主义定义为"在我们政治界限内的对所有人民的广泛热爱以及通过制定文件维护人民的基本权利"，他们提出的这个概念是建立在对制度价值和其他价值结合的基础上的。与公共服务相关联的第六个动机是牺牲，即不是为了有形的个人奖励产生为他人服务的想法，肯尼迪总统的呼吁"不要问你的国家能为你做什么，而要问你能为你的国家做什么"是自我牺牲动机的典型案例（Macy，1971）。

表 2-12　　基于利他的公共服务提供动机主要类型和维度

	主要维度	内容	主要学者
理性	公共利益	对公共利益的承诺，公共福利增加的欲望	Downs（1967），Knoke & Wright（1982），Perry（1990）
理性	社会正义	提高政治经济资源匮乏的少数人福利的行为倾向	Bruce Buchanan（1975），Frederick Mosher（1968）
理性	爱国主义	在政治界限内对所有人民的广泛热爱以及通过制定规章文件维护人民的基本权利	Knoke & Wright（1982），Frederickson & Hart（1985），Perry（1990）
情感	自我牺牲和同情	不是为了有形的个人奖励而为他人服务的倾向	Macy（1971），Perry（1990）
规范	公共政策制定	制定公共政策吸引力在于通过规范来维护他人利益	Knoke & Wright（1982），Kelman（1987），Perry（1990）

三　创业动机、认知与创业行为：从单一到互动

1. 动机对行为的影响

认知就是对真实进行感触的一种状态（Peikoff，1991），认知作为心理学研究的一个领域，回答的问题就是"是什么"（what is）或者说得具体一些"我认识什么，我了解如何去认知"。知识包括感官认知（sense perception）也就是一些基础知识，概念识别（感官认知与感知到的物质的结合），感知到和概念化的知识（记忆）以及技能（ability）（做某件事的能力）。感知基础上的知识是通过对信息积极的处理（思考）和对行为的反馈中获得的。所有这些围绕认知心理学核心的概念包括学习（learning）、记忆（memory），问题解决（problem solving）和决策制定

(decision making)。概念和认知的思考是随着人类的意志而产生的(Binswanger, 1991)，人类思考的选择在于将感知的层面(perceptual)提高到概念的层面(conceptual)，并且持续的保持高的专注力(focus)。潜意识(subconscious)也是一个非常重要的概念，潜意识内的存储对于学习的作用至关重要，因为如果我们不能对我们已有的行为进行存储，那么我们的大脑就不能自由地去关注新的现象，因此也就不能把我们所有的认知进行汇总和加工。知识是认知过程中，从潜意识进入前意识的基础。所有的行为都是高度自主的(automatised)，因此认知实际上就是感知、潜意识存储和自主行为的过程(Binswanger, 1991; Shane, 2003)。

如果认知回答了"是什么"的问题，那么动机就回答了"为什么是"的问题，动机就是内心对于一个客观事物唤起行为重要性的评估。动机中四个重要的概念是：需求（物质和心理健康上的需求）、价值（一个人认为有益或者有好处的事情，并且会努力去获取）、目标（特定价值就会形成特定的目标和特定的行为）和情感（这是一个人对价值进行自动评估的过程和表现）(Locke, 2000)。动机、价值和目标通过三种方式对行为产生影响。第一，这三个因素决定着行为的方向，就是以价值和目标为导向。第二，价值和目标影响着行为的强度，而这种影响是基于价值的重要性判断。第三，价值和目标会影响行为的持续性，也就是努力的持久性。价值和目标导向都自动和有意识地对行为产生影响。情感就是这种自动和有意识行为的体现，每一个情感都有唯一的价值判断形势(Lazarus, 1994)，情感包括了内建(built-in)的行为倾向(Arnold, 1960)，情感对行为有影响，但不一定导致行为。需求也同样间接影响行为。因此，动机就是从需求到价值判断到目标设定的过程，需求引发了对价值选择和判断，而价值则引发了自我目标的设定，并最终导致行为。

2. 认知与动机的关系

动机对认知有很重要的影响。需求是人性最重要的组成部门，需求是生存的基本，但是当需求作用于行为的时候，认知必然要产生作用，因为动机通过对事物的认知和判断才能产生行为，反过来认知也会作用于动机，因为人们不可能在不了解事物的基础上就想要得到它。尽管动机和认知在某些研究当中可以被分开处理，但是在我们每天的生活中，这是无法避免的。一旦人们获取知识和技能，有的时候就会自主地选择和设定目标去完成任务，在这个时候设定目标的时候认知和动机就是交互作用产生

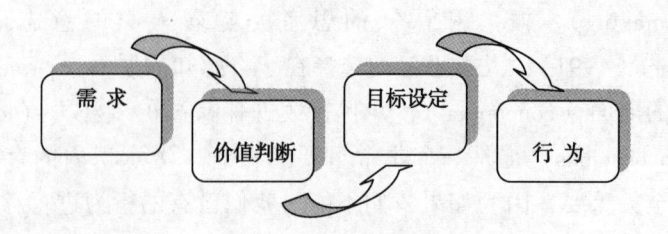

图 2-14 产生行为的动机过程

资料来源：Edwin A Locke. Motivation Cognition and Action：An Analysis of Studies of Task Goals and Knowledge. Applied Psychology：An International Review，2000，49（3）：408-429。

的。一方面，最重要的认知策略（meta-strategy）就是思考，这是动机和认知交互的过程。另一方面，最重要的动机策略就是努力，通常一个人快速地获得任务导向的知识和技能，他们往往具有较高的自我效能（Bandura，1997），自我效能高的人就会产生较高的努力程度。因此，认知和动机两者之间的关系始终相辅相成，都涉及思考和努力，所有的思考需要一定程度价值导向的努力（valued-directed effort），所有的努力需要思考。

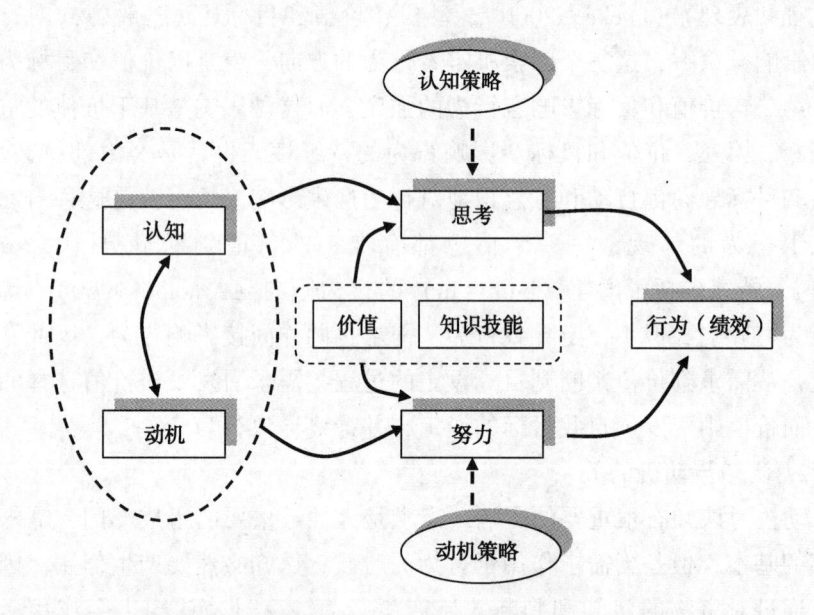

图 2-15 认知和行为的交互作用对行为的影响过程

资料来源：Edwin A Locke. Motivation Cognition and Action：An Analysis of Studies of Task Goals and Knowledge. Applied Psychology：An International Review，2000，49（3）：408-429。笔者加工整理。

3. 创业认知、动机与行为的关系

在商业创业领域的研究中，动机、认知和行为的研究也非常关注环境、个人特质、目标设定和以决策为核心的创业行为之间的关系。家庭、性别等都会影响到创业的决策。与动机有关的第一个因素是外在环境，在这方面的研究中，Martin（1984）指出个人创业是一种自主的选择，有5大因素促成创业：（1）社会疏离（Social alienation）；（2）心理满足；（3）创业成功的示范作用；（4）家庭因素；（5）突发事件的影响。Greenberger & Sexton（1988）批评 Martin 的研究和假设太过于"个人化"，实际上创业者在某些时候是由于外在环境和社会因素被推动进行创业决策的。Cooper & Dunkelberg（1987）对890位创业者研究，发现创业者创业的平均工作年限是8年，其他影响创业决策的环境因素包括社会和创业网络（Smeltzer & Fanny, 1989；Aldrich & Zimmer, 1986；Reynolds, 1991），还有教育背景（Ronstadt, 1985）。

创业动机中的第二个因素是个人目标，创业者设定了一系列的目标去完成，有些人寻求公司增长，套现，或者创业后退休或者继续，总之是想自己做老板（Knight, 1987）。也有一些是为家庭考虑。Bird（1988）认为创业者的意图在最开始的时候就决定了组织的形式和发展方向。组织的成功、发展和增长以及都是基于这些意图（intension）和动机的。Katz & Gartner（1988）认为创业者的意图和动机往往是基于组织的。因此，创业者的目的应该包括在创业过程中，然而，对于特定的商业模式，每一个创业者都有一套独特的动机结构和体系。第三个与创业动议有关的因素是商业的意愿，Mitton（1989）认为创业者能够识别出唯一的创业机会，而别人则看不到。创业者能把普通平常变成唯一和无法预测的。Olson（1985）创业最开始的一个过程就是意愿的产生，Cooper & Dunkelberg（1987）发现58%的员工离开了他们以前的公司，因为他们创业的想法推动了他们去创业。

丁明磊（2008）在已有研究的基础上，认为创业自我效能作为企业家动机、认知和创业行的中介变量，十分重要，并据此提出了迄今为止最为丰富和完整的创业自我效能与企业家认知和行为的模型。这个模型把自我效能与认知模式相结合，并将认知延伸到了行为过程层次，同时把创业自我效能、动机与领导行为和创业绩效建立联系，并从认知角度对文化形成和文化层次模型进行诠释。

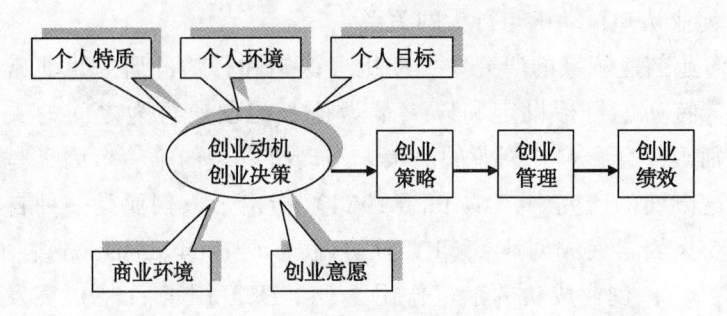

图 2-16　认知和行为的交互作用对行为的影响过程

资料来源：Douglas W. Naffziger, Jeffrey S. Hornsby, Donald F. Krtatko. A Proposed Research Model of Entrepreneurial Motivation. Entrepreneurship Theory and Practice，1994。笔者翻译整理。

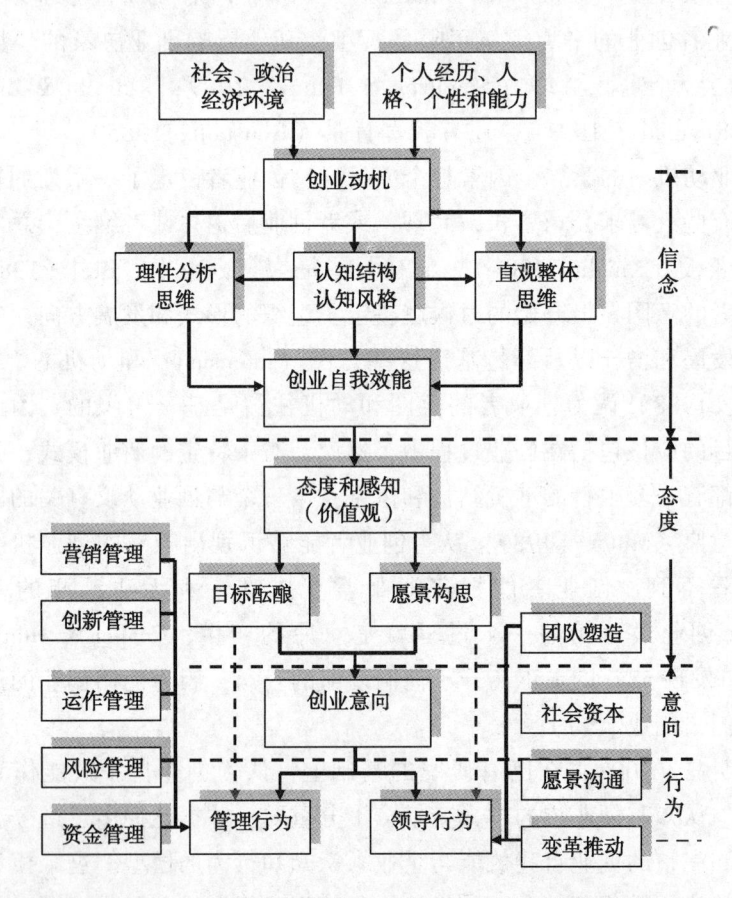

图 2-17　创业自我效能与企业家认知和行为的模型

资料来源：丁明磊、王云峰、吴晓丹：《商业研究》，2008年。

Christopher 和 Richard 在 Shane 和 Venkatraman（2000）的研究基础上也构建了一个较为复杂的创业动机和意图模型。在他们的研究中，整个模型被分为两块，一块是创业的过程，创业过程由创业意图的产生开始，意图实际上就是一个产生创业的想法和一种有意识的状态，然后开始搜寻、发现并且开发创业机会，这是一个具有因果关系的逻辑；这个模型的另一块就显示整个过程都受到心理特质、个体特质和认知特征影响。

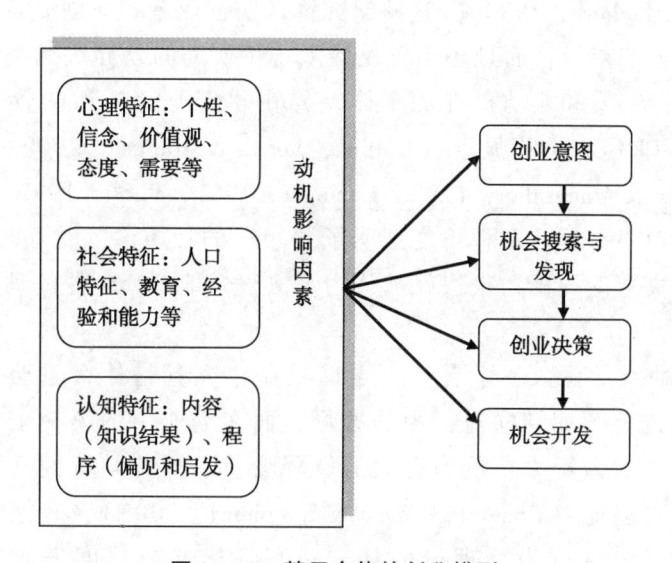

图 2-18 基于个体的创业模型

资料来源：Christopher L Shook, Richard L Priem, Jeffrey E. McGee, Venture Creation and the Enterprising Individual: A Review and Synthesis, Journal of Management 2003, 29 (3): 379 - 399。

第三节 创业认知与创业决策理论综述

一 创业的驱动力：从特质论向互动认知论的转变

以往 30 年来，创业研究（主要为商业创业研究者）都在尝试解释"是什么驱动创业者去创业"，事实上，最早期的研究认为"创业者"和"非创业者"是截然不同的两种人，他们在特质上具有显著的差别，（通过对创业者人格、态度与人口统计学特征来考察创业者与非创业者的基本特质方面，并没有取得很多的研究结论，或者说结论有限。）已有的研究也确实发现了创业者和其他社会成员之间具有显著的差别,这些差别包括成就需要、自我效能感、控制源、创业目标等(Shane, 2003)。而且研究者也发现,影响创业者产生创业意愿也有很多非动机性的个体差异(non-motivational individual differences),包括创业的机会成本(opportunity cost)(Amit, Meuller & Cockbum, 1995),资本存量(Evans & Leighton, 1989),社会关系(social ties)(Aldrich & Zimmer, 1986),以及职业经验(Carroll & Mosakowski, 1987; Cooper, Woo & Dunkleberg, 1989),这些研究都证实创业者和非创业者确实存在某种特质上的差异,而且还不仅仅局限于特质上的差异。但是研究者也发现,这些特质和非动机性的个体差异在"创业者"和"管理者"之间的差异却不是非常显著(Collins, Locke & Hanges, 2000; Johnson, 1990; Low & Macmillan, 1988; Litzinger, 1961; Babb, 1992; Palich & Bagby, 1995),这从某种角度证明了"单一的特质论"是站不住脚的,这种先天决定论的视角很快就被认为无法很好地解释创业的动机和认知的过程。

随着研究的深入,学者们不再局限在"究竟是什么驱动创业者创业"这个问题,而转向对行为的解释,而在创业中的第一个行为就是创业决策,因为行为是最为有效的解释变量,因此学者们开始从行为理论去解释创业(Busenitz, West & Shepherd, 2003),并把行为理论延伸到"认知—行为"理论的认知过程,从这个角度来研究,因此"先天特质论"渐渐淡出视野(Aldrich & Wiedenmayer, 1993),"后天认知论"则把思考和认知过程放在了首要因素,认为人不是天生就希望创业的,而是后天通过认知才希望创业的。"个体行为的直接前因就是认知和思考"(Gartner, 1992)。特质论之所以受到质疑,其主要原因是很多学者的这种天生的"内部控制论"忽略了外在环境和其他因素的作用,而且实验方法的检验也无法证实这种单一的"内部控制论"(Knight, 1921; Hunt, 1990)。认知论认为,很多创业者在决策的时候,其关键内容是对环境的感知(perception)和释义(interpretation)(Bird, 1988, 1992; Gartner, 1992)。从创业的环境来分析,创业活动本身既具有风险性也具有机会性(Knight, 1921),因此,创业者之所以创业是因为他们在对环境的机会和风险感知并分析之后,在认知风格上高估自己成功的可能性(Schumpeter, 1950),对于不确定性具有较强的偏好。在这个阶段的研究中,学者们普遍认同,人类的认知过程以及对外界环境的感知才是决定创业倾向和创业意向的关键因素。在认知论的早期流派中,过程论扮演了重要的核心作用,过程论把创业看成一个过程,而整个创业的过程中,知觉起到的就是机会作用(Baron,2004),过程论更多地强调了主观加工的作用。许多学者也沿着过程论的视角进行了深入的研究,从不同的角度来揭开和认识创业的过程(Shane & Venkataraman,2000),许多学者从认知心理学的视角探讨行为创业意向、行为的产生以及一般创业环境的外在影响作用(张玉利,2007;Baron,2004b),但是总体上早期基于过程主义的认知观,更多地侧重强调创业者的主体认知作用,而忽略了市场本身的机会特征。

随着认知论研究的进一步发展,实际上除了过程论之外,奥地利学派的信号理论是最为重要的理论之一,而 Kirzner(1979)的机会理论则把奥地利学派的市场不对称假设下认为创业者能够发现市场中存在的机会,而这些创业者则具有一些独特的特质(Shane,2000;Copper,1981)。基于信号理论的市场机会,认知学派认为,市场的机会并不是每个人都能看到的,只有一些具有一般特质和认知特质的创业者才能看到,实际上这就是信号理论的关键。市场信号本身有特点,人的认知也有特点,真正的创业产生于外在信号和认知的交互过程中(Kirzner,1979,Shane,2003),这个理论开始于 Kirzner,而被 Shane 进一步发扬。*Journal of Business Venturing* 和 *Entrepreneurship*:*Theory and Practice* 杂志持续地对基于信号理论的创业认知学派进行了专刊的研讨,并产生了丰富的成果。其中得出的核心观点是,人们利用自己的知识结构,对机会、创业及等进行计估、判断和决策,并最终形成创业意向和创业行为(Mitchell,2002;Busenitz,2002),其中也包括了许多认知方法论的研究(Krueger,2000),认为 "thinking - doing" 模式贯穿了整个创业认知和创业行为过程,创业就是创业者积极思考和积极行为的结果,创业者的内在控制源和外在环境共同决定了创业行为本身的特质和本身的过程(Michell,et al.,2007;苗青,2005)。

二 创业的认知过程与认知方式:影响决策的关键因素

认知视角对创业的研究越来越丰富,越来越多,这暗示着认知视角给

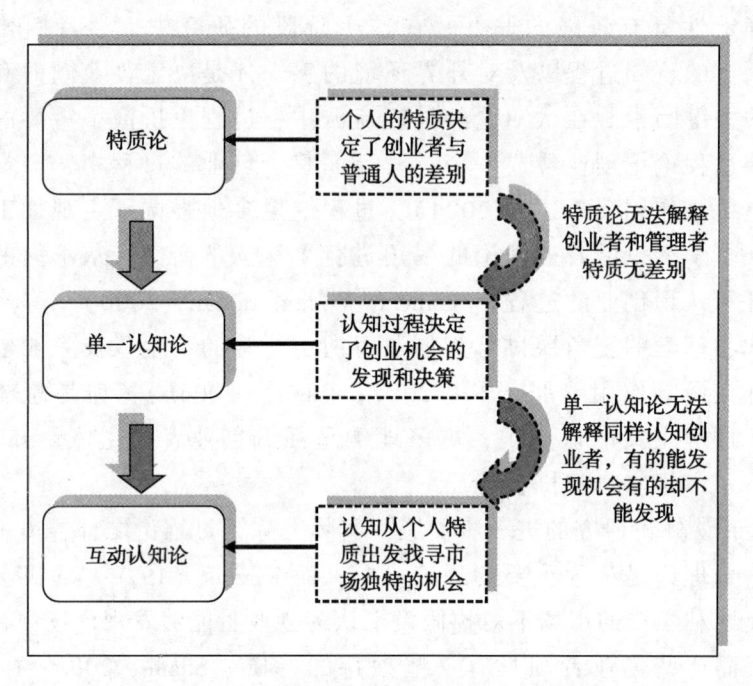

```
┌─────────┐    ┌──────────────┐
│  特质论  │───▶│ 个人的特质决  │
└─────────┘    │ 定了创业者与  │      ╮ 特质论无法解释
     │         │ 普通人的差别  │      │ 创业者和管理者
     ▼         └──────────────┘      ╯ 特质无差别
┌─────────┐    ┌──────────────┐
│单一认知论│───▶│ 认知过程决定  │
└─────────┘    │ 了创业机会的  │      ╮ 单一认知论无法
     │         │ 发现和决策    │      │ 解释同样认知创
     ▼         └──────────────┘      │ 业者,有的能发
┌─────────┐    ┌──────────────┐      │ 现机会有的却不
│互动认知论│───▶│ 认知从个人特  │      ╯ 能发现
└─────────┘    │ 质出发找寻市  │
               │ 场独特的机会  │
               └──────────────┘
```

图 2-19 创业特质理论向认知理论的转变

创业领域的研究带来了很大的好处。这些好处体现在以下几个方面:(1) Shane (2003) 发现创业过程是由个人发起 (initiated) 和执行 (implemented)(或由个人组成的团队)的,换句话说,最终人类的意志 (volition) 和人类的行为决定了创业本身。如果从这个视角来看,那么人类行为(包括决策制定,问题解决,行为的自我规制)都会对理解创业过程产生积极的影响,特别是创业者对于机会识别和发展的研究 (Shane & Venkataraman, 2000)。(2) 在更加一般的意义上来分析,创业过程是十分复杂的,受到多个层面多个维度变量的影响:个人层面(动机、技能和个人创业者的认知过程)、人际层面(创业者之间或者创业者与其他人之间)和社会层面(政府政治、经济和市场情况等)(Baron, 2002)。为了有效地抓住如此复杂性背后的机会,因此认知的视角能够很好地提供认识这些复杂性的研究视角 (Busenitz & Barney, 1997; Gaglio & Katz, 2001)。(3) 认知视角其实提供了一个策略,一个通过识别概念、原则等与创业过程中各任务相关的认知策略去理解创业 (Gaglio & Katz, 2001)。

事实上,在创业过程中,寻找创业机会并进行创业决策通常是由于他们对机会的识别开始的,因为只有发现了很好的机会才会决定创业,而这些机会别人是看不到的。因此，越来越多的证据显示早期的创业者比后进者更能够在创业中成功（Durand & Coerurderoy，2001）。创业活动本身是一种有计划的管理过程，通过设定目标，分析和思考实施来完成，因此这就是一个认知过程（Krueger，2000）。创业领域中对个体方的认知研究主要集中在以下两方面（丁明磊，2008）：决策激发（the decision making heuristics）（Busenitz & Barney，1994）和环境激活（environment enactment）（Katz，1992）。前者主要是指由于创业本身的认知最终是要为决策服务的，也就是为是否要创业如何创业服务，因此学者们很多采用这个方法和理论来分析；后者认为创业者的认知是由他们所面对的环境决定的，是在与环境不停互动中决定是否创业。

1. 创业的认知过程

以往对创业的认知研究的文献总体上从两个角度来分析创业者和创业行为的，一个是基于创业者认知特征的研究（cognitive characteristics），有的学者也称为认知结构（cognitive structure），这类研究突出创业者的认知对创业的判断（Schneider & Angelmar，1993）；另一个则从创业决策出发，强调创业者本身的认知对环境的感知和解释的影响，创业认知过程的研究主要还是基于这个出发点的。创业者的认知结构中包括许多内容，其中知识内容的装载有很多不同的研究范式，有图示（schemas）、脚本（scripts）和解释系统（interpretive systems）等。认知结构和认知特征是创业者与其他人的主要区别，也是创业决策的关键前置因素（Baron，2004a，2004b，1998；Simon，et al.，2000）。认知还有一个就是认知的接收范式（Walsh，1995），就是创业者如何看待和认知知识、信息，许多学者提出了许多"认知偏见"用以解释创业者对创业环境、创业机会的认知方式（Manimala，1992；Simon，2000；et al.），这些偏见包括规则聚焦（regulatory focus）、乐观等。在文献中，我们发现学者对于创业者的认知特征和认知结构持有演化的观点，也就是在创业认知过程中不断地与环境互动，通过同化与顺应两种机制产生新的均衡。创业从时间上可以分为前创业（prefounding）和后创业（postfounding）两个阶段（Forbes，1999），前创业就是创业意向的形成阶段。也有学者把认知过程模型分为四个阶段：扫描（scanning）、解释（interpretation）、意向形成（entrepreneurial intention）和（action）（Milliken，1990；Thomas，1993，丁明磊，2008）。

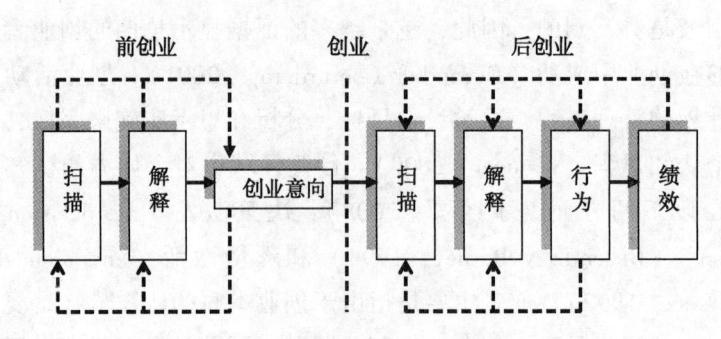

图 2-20 创业认知过程模型

资料来源：丁明磊：《创业自我效能及其与创业意向关系研究》，博士学位论文，河北工业大学，2008年。

创业认知过程中不论是前创业还是后创业都具有扫描和解释两个过程。扫描过程阶段的研究关注创业者的信息收集方式（Aguilar，1967），创业者的信息扫描活动是由个人因素决定的（Hambrick，1982）。信息的搜索强度主要受到两个原因的影响：创业的经历和对当前行业的熟悉程度（Cooper，1995）。也有一些研究侧重创业者对信息来源的判断（Busenitz，1996）。Smeltzer（1988）、Brush（1992）通过研究发现创业者更侧重非正式信息的发现。Kaish和Gilad（1991）的研究发现了创业者在非工作时间里比普通管理者更加积极地收集信息。在对信息进行解释的研究方面，比较侧重创业者与管理者的决策（丁明磊，2008）。Smith（1988）发现小创业公司中的创业者比较主观。Busenitz（1997）发现创业者比管理者更加自信，对信息的分析更加理性。Palich（1995）利用分类理论（categorization theory）对创业者和管理者的决策进行比较，结果显示创业者更加注重风险倾向（刘惠军，2006；丁明磊，2008）。

2. 创业者的认知方式

认知方式就是个体在认知方面表现出来的相对稳定的收集、处理信息的个人化特征，实际上认知式就是个人收集和加工信息的个体化和一贯性风格（Tennant，1988）。由于个人的差异，每个人会形成不同的认知方式，而且认知方式的种类由于认知、人格、活动和方式的不同，形成了许多不同种类的认知范式（Grigorenko & Steinberg，1995）。在认知研究中，认知方式的研究主要从认知的过程，其中较为经典的有Witkin（1964，1997a，1997b，1997c）的场依存和场独立认知方式，Kagan（1964）的冲动型和思虑型认知方式，Kirton（1976，1998）的适应和创新认知方式；而以人格为研究侧重的认知风格主要反映人格中认知的作用，包括 Jung（1923）的心理类型论和 Gregorc（1982）的能量理论；Riding（1998，2000）对已有的认知风格进行了最为完整的总结和分析，他通过分析每一种认知风格对信息搜寻、解释的方式来找到其中的差别，并将已有的认知风格归结为两类：整体分析方式（wholist - analytic）和言语比喻方式（verbal - imagery），但是实际上还是以整体分析方式为核心。Riding（1998）还构建了创业认知方式模型，一方面经验的积累形成了知觉和工作记忆，另一方面行为与环境的互动过程中形成了个人的学习风格和学习策略，这两方面就构成了模型的初级输入层次，而经验和行为则由整体—分析和言语—表象两个方面共同构成了认知控制，并且交互形成作用。在这个过程中，正向和负向的知识认知历史，人格资源和性别都会对整个认知过程产生影响，在信息组织的基础上，影响个体的态度和行为。

表 2 - 13　　　　　　　　主要认知方式的研究

方式	内容	主要学者
场依存—场独立	对属于知觉场的一部分的结构或形式进行分析时个体对整个场的依赖性	Witkin & Asch（1948）
奇平化—尖锐化	迅速同化并忽略细节差异或者强调新信息和变化	Klein（1954），Gardner（1959）
冲动—思虑	趋向于迅速反应或深思之后作出反应	Kagan（1964，1966）
聚合—发散	解决问题过程中精细、集中、逻辑及归纳的思维倾向或广阔、开放联想的思维倾向	Guilford（1967），Hudson（1966，1968）
整体—序列	在学习以及问题解决中全局整体的方式或序列细节的方式	Pask & Scott（1972），Pask（1976）
具体有序/具体随机 抽象有序/抽象随机	学习者采用随机或者序列细节的方式	Gregore（1982）
同化者/探索者	在问题解决或者创造过程中个体偏好寻求熟悉性或者新异性	Kaufmann（1989）
适应/变革	按照传统的已有程序进行或重新建构、以新的方式来解决问题	Kirton（1976，1987）
活跃/沉思	通过推理或知觉方式进行理解偏好以及在学习中主动参与或被动反应	Allinson & Hayes（1996）

资料来源：Riding, R. J. and Rayner, S. G. Cognitive Styles and Learning Strategies, London: David Fulton, 1998; Riding, R. J. Cognitive style: a review, in Riding, R. J. and Rayner, S. G. eds. International Perspectives on Individual Differences. Vol. 1: Cognitive Style. Ablex Publishing Corporation, 2000: 315 - 344. 转引自丁明磊《创业自我效能及其与创业意向关系研究》，博士学位论文，河北工业大学，2008 年。

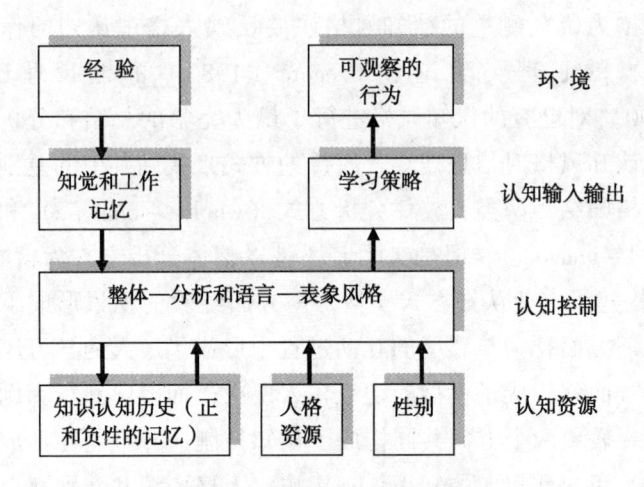

图 2-21 创业认知方式模型

资料来源：Riding, R. J. and Rayner, S. G. Cognitive Styles and Learning Strategies, London: David Fulton, 1998。

在创业研究的领域中，认知方式的研究发现创业者具有较强的创新型认知（Kirton, 1987）和具有更强的风险偏好，他们倾向于把已有的风险比其他人看到的同样风险看得更小（Simon, 2000）。而且在创业者认知研究中，认知的偏见（因为人总是非理性的）也成为普遍的研究成果，包括乐观谬误（optimistic bias）（Shepperd, 1996）、计划谬误（planning fallacy）（Buehler, 1994）和情感谬误（affective infusion）（Forgas, 1995）。创业者的认知在这些方面都得到了实证研究的支持。

三 创业的决策：信息收集和解析的行为结果

1. 从风险的决策到认知的决策

传统的创业决策研究更加侧重风险决策的研究，其原因是大概只有33%的企业存活下来，如果从理性创业的角度来看，创业本身就是一个风险性极大的事业（Plaich, 1995；Kahneman, 1994）。同时风险倾向（propensity）和风险偏好（preference）也被证实是创业者的主要特征之一（Sexton, 1984；Begley, 1987；Forlani & Mullins, 2000），因此许多学者开始研究创业者在决定创业的时候，最重要的一个因素是他们对创业风险的感知。通常情况下，创业者的特质之一就是感知风险的偏小化（Kahneman, 1994），因此这一点可以解释为什么创业者所表现出来的"大无畏"精神。创业者的决策是个人风险感知的决策过程，而这个感知过程往往受到许多认知偏见的强化,进而低估创业决策的负面效果和不确定性,因而会导致低估风险(Cooper, Woo & Dunklberg, 1988, Shaver & Scott, 1991)。

然而在风险决策理论中,风险本身只是第一个要素,第二个要素是创业者的禀赋(endowments)和环境特征。实际上创业者低估风险并不是创业决策的唯一前置因素,创业者同时也在衡量自身的禀赋和外在的环境变量。创业者自身的禀赋具有异质性(heterogeneity),并且同决策紧密相连,而且以一种收益最大化的方式出现。创业者的禀赋作为创业资源是创业决策中很重要的特征(Morris, 1998),创业者个人禀赋包括人力资本、创业资本和社会资本三个方面(陈震红、董俊武,2007)。环境因素也对创业决策起着重要的作用(Davidsson, 2003),Davidsson(2003)把创业者风险决策行为的环境因素分为个人环境和外在宏观环境,个人环境包括家庭、个人生活对创业产生的各类影响,一定程度上的个人就业困境和家庭困难有时会导致积极的创业决策;宏观环境包括产业政策、政策法律环境、金融环境、文化环境等。对于宏观环境对创业的影响的研究并不是很多,但是却有一些经验的研究。

个人创业风险决策的第三个要素就是创业者对于其回报的感知。创业回报包括物质回报和精神回报两种。物质回报相对简单,创业者虽然有些是直接希望获得物质回报,有些则是希望通过物质回报,多赚钱来解决其他问题,如生活压力、家庭压力等,因此物质回报是非常重要的创业回报之一。实际上在创业以往的研究中,对精神回报的研究也非常丰富,如技能和能力的提升,自我控制、个人成就感等,这些精神上的回报也促使创业者进行创业决策。

因此,创业的风险决策模式过程主要是创业者衡量个人禀赋和外界环境,通过风险的感知和判断来进行创业决策。创业者会对预期收益和成本进行对比,并考虑到实现的可能性进行决策,收益大于成本越高创业决策倾向越大,实现的可能性越大(风险越小),创业决策倾向也越大,但是由于创业者往往低估风险,所以后者对决策影响相对较小。在对成本收益进行分析的时候,往往包括期望值原则、期望效用原则和前景分析(Kahneman, 1994)。

在决策行为学中,对于不确定性情境理论下的风险研究,由于决策本身的好坏衡量是由决策的绩效来产生衡量的,因此决策的不确定性研究往

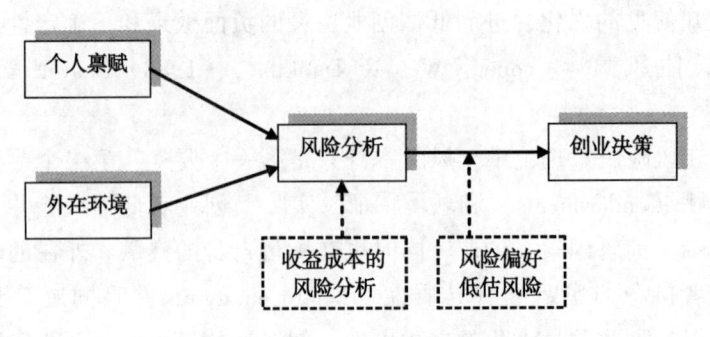

图 2-22 创业风险决策模型

往和结果联系在一起，企业的经营实际上面对着各种不确定性（Hambrick & Lei，1985）。Duncan（1972）和 Pennings（1981）则认为不确定来自组织周围的环境，而环境本身具有高度不确定性和风险性并且带有各种事情发生的可能性，因此概率无法准确衡量这种模糊不确定特征。Duncan（1972）提出的重要观点认为不确定性和风险的出现本质上是由于人类认识事物的不全面性造成的，他认为环境中的不确定性是因为缺乏事件因果关系的信息所致。到目前为止，对不确定性和风险决策进行分类最为完整的分类是由 Milliken（1987）提出的，他把风险和不确定性决策分为三种类型：状态不确定性、效果不确定性及反应不确定性，这三种类型区分的出发点都不一样，但其基本的分析思路是从决策过程入手的，因此状态、效果和反应分别就体现了决策的阶段性过程。

表 2-14　　　　　　　　不确定性（分析）的种类

不确定的类型	不确定性的含义
状态不确定	对于环境的可变动结果以及影响环境变动的因素间的关系缺乏了解
效果不确定	对于环境改变及组织变动间的因果关系缺乏了解
反应不确定	对环境的变动无法提出可能的应急方案，或无法预测反应行为的可能结果

资料来源：Milliken, F. J. Three types of perceived uncertainty about the environment: State, effect and response uncertainty, Academy of Management Review, 1987（12）: 133-143。

在风险决策的研究中，对框定效应的研究较多，且多数是研究不同风险情景类型中决策任务的损失和获益特征对个体风险决策行为的影响，研究的重点是风险，研究的出发点是风险本身，因此研究的根本是一个外在创业机会风险的决策论，但是实际上对于影响创业者决策的绝不止风险心理因素。而在以后的研究中，学者们开始关注认知理论（Mitchell, 2002; Busenitz, 2002; Kirzner, 1979; Shane, 2000, 2003），强调人类主观认知和客观环境的互动过程，这在某种程度上，把风险决策论扩展到了认知决策论的范畴，而且在这个领域的研究越来越多，越来越广泛。

创业决策的研究转向认知领域的研究，使在认知心理学出现了一个概念创业意向，用来描述"要不要去创业"的一种决策前置的心理状态，通过对这种"追求某一目标，投入注意力、精力和行动的心理状态"（Bird, 1988）。Shapero（1982）首次提出了创业决策的前置意向形成机制的创业事件模型（Model of Entrepreneurial Event），他对某一创业事件或者行为的过程进行了划分，并且把创业意向的前置知觉因素区分为"可取性"（desirability）、"可行性"（feasibility）和"行动倾向"（propensit to act），创业意向的后置直接过程就是创业行为，而创业的第一个行为就是创业决策。该模型还有一个重要的概念就是"取代"（displacement），这个概念的含义是但面对一系列机会的时候创业意向可能非常强烈，但是这种强烈的意向很可能被某种"取代"所推动，而取代可能来自各种因素，比如失业或者家庭的变故，这种取代本质上是一种触发创业的关键事件（critical event）。

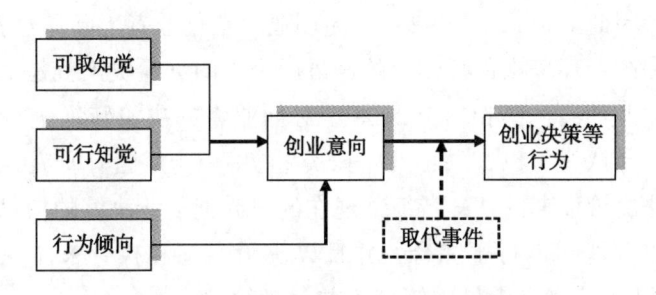

图2-23 创业事件模型

资料来源：Shapero, Sokol, The Social Dimensions of Entrepreneurship, Encyclopedia of Entrepreneurship. C. A. Kent, D. L. Sexton and K. H. Vesper. Englewood Cliffs, N. J., 1982, Prentice Hall: 72-90。

Fishbein和Ajzen（1975）提出了"信念—态度—意向—行为"这一行为计划创业决策研究的理论框架。在创业以往的研究中往往没有引入关键的态度变量，且基本停留在静态关系层面。对于创业者行为的分析来看，态度和动机是不可缺少的前因变量。所以，以后又很多学者重点把态度和动机都放入了整个过程进行动态研究,很多学者基于行为计划理论来解释或探讨个人形成特定意向或采取特定行为的原因。Krueger(2000)后来对行为计划理论进行了适当的修正,从动态的角度引入了自我控制的中间变量,从而很好地把态度和自我控制引入了创业决策的过程框架中。

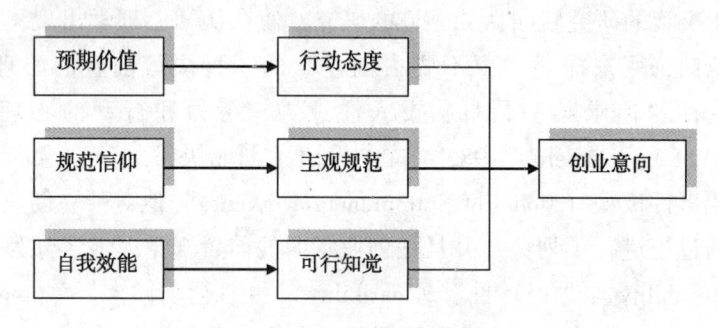

```
预期价值 ──→ 行动态度 ─────────┐
规范信仰 ──→ 主观规范 ────→ 创业意向
自我效能 ──→ 可行知觉 ─────────┘
```

图 2-24 创业行为计划模型

资料来源:Ajzen, Theory of Planned Behavior, *Organizational Behavior and Human Decision Processes*, 1991, 50 (2): 179-211; 转引自苗青《基于认知观的创业过程研究》,《心理科学》2005 年第 5 期。

实际上创业决策的认知学基础还是创业意向,而创业意向付诸行为则成为创业决策及决策的结果。创业决策本身是基于创业者个人的行为而非组织行为,因此 Gartner(1992)认为创业就是创业者不断通过资源组合、机会搜寻和改变环境来进行创业的,最后个人的创业决策就是基于以上行为的个人创业前行为。苗青(2008)对创业者的决策特征进行了较为完整的总结,他认为可以归纳出几个研究趋势:(1)已有研究开始关注决策中,而非决策前期的认知特征,现在的研究把创业决策的信息收集、信息解释等决策基础进行了综合,并且以决策实施和执行来体现研究的成果;(2)以往的研究大量围绕基于前景理论(prospect theory)的有限理性展开。无论是启发式、认同偏差、计划谬误、预设心理分类还是风险倾向,研究的共性都是有限理性;(3)大部分研究都采用了实证型对比研究。因此在以往基于认知的创业研究中我们发现,实际上就是基于有限理性的决策互动认知模式来进行的研究。

2. 信息的收集、解析和创业的决策

如果从认知论的视角,我们发现以往的研究从认知过程的视角来分析创业的决策过程是研究的主流。创业决策说穿了,就是是否要创业的问题，当然这个问题还涉及一个决策质量的问题，但是从根本上过来说，认知论关心的是创业者如何做出决策，他们如何发现创业有关的信息，用自己的认知方式去解读，从而形成一个很好的决策。

关于信息的收集和解析始终是研究者分析创业者创业活动的一个重要领域。信息的收集实际上就是对创业机会信息的搜索，许多基础研究认为信息收集具有一个机会识别的模式（pattern），并且是对一系列复杂刺激的辨别（identification），信息收集者通过识别一个客观复杂事物来获取信息（Matlin，2002）。在信息收集的研究中，比较著名的就是特征分析（feture - analysis）模式（Larsen & Bundesen，1996），这个模式认为信息都来自客观的事物和实践的复杂性，而这些信息表现出来的内容就是这些事物和事件的特征。相对于内部信息来说，创业者更倾向于收集外部信息，在面对高风险和急剧变化的外界不确定性的时候，他们的搜索强度急剧增加（Pineda，1998）。对象识别理论（theory of object recognition）能够很好地及时人类对复杂信息的收集，在某种意义上说，只有强有力的刺激信息才能让创业者识别出信息的某种模式和特征。搜索信息的行为本身从信息内容的角度来说实际上指向许多不同的内容，如企业资源信息。Mohan（1995）发现公司的规模越大，搜索行为会越缺乏，反过来内部组织资源缺乏会制约企业大规模的搜寻活动，这实际上就形成了一个循环，规模和搜寻活动相互制约的循环。搜寻信息的另一个重要概念就是搜索强度（scan intensity），创业者个人的搜索强度取决于他以往的知识、动机和创业经历等一系列因素（Copper，1995），在熟悉的业务领域中，没有创业经历的个体搜索信息强度最高。搜寻信息的途径方面，如果从企业来看，许多新办企业搜寻信息的途径是人力资源，这也部分验证了个人在搜寻信息中的重要作用（Schafer，1990）等研究发现具有较多创业策略的新兴企业更有可能运用人力资源获取信息。信息收集对于创业的决策同样具有重要的作用，信号监测理论（signal detection theory）（Swets，1992）和规则聚焦理论（regulatory focus theory）（Brockner，2003）则在这方面扮演了重要的角色，特别是规则聚焦，这个概念是指人们在达到目的的过程中会规制自己的行为（Higgins，1998）。规则聚焦分为两种，一种是推动聚焦（promotion），这类人会积极地假设并寻找各种可能的方法达成目标；另一种是预防聚焦（prevetion），这类人总是避免犯错误。这两类创业者对信息收集有不同的取向，因此他们的创业决策往往体现出不同的价值取向（Higgins & Silberman，1998）。对于创业决策而言，信息有的时候趋于扁平化，而且更加系统和紧密，决策往往依赖外部的信息源，以保证决策的准确性（Forbes，2005）。

创业者的信息在收集到以后，就要开始在认知的基础上进行加工，这就是创业者的认知特征在起作用了（Mitchell，2002；Busenitzt，2003；Baron，2004）。认知的偏差是创业者信息收集到信息解释过程中重点研究的领域，这类研究认为认知过程（思考、决定和计划等）根本就不是理性的（Sternberg，1999），证实偏见（confirmation bias）往往让创业者在认知的过程中只看到与他们信念（belief）相一致的信息，而忽略不一致的（Johnson，1999），创业者也可能很强烈地关注负面信息而不是正面信息（Kunda，1999）。认知的谬误（cognitive error）和这些认知强大的影响力往往对创业者的决策产生重要的影响（Baron，1998；Busenitz & Barney，1997；Simon，2000）。认知的谬误包括乐观偏见（optimistic bias）（Shepperd，1996，2002）、计划谬误（planning fallacy）（Buehler，1994）和情感错觉（affect infusion）（Fogas，1995）。创业者相对于普通人，更容易受到这些偏见的影响，因此这些偏见就让创业者看到他们希望看到的结果，而这些结果往往比真实的结果更乐观（创业者们相信他们能够在一定的时间内完成对他们实际能力要求更高的活动，或者说比实际更有机会取得创业的成功）。研究显示这些认知谬误在创业决策中扮演重要角色（Simon，2002），他通过对大量MBA学生的研究发现，他们有很强的控制错觉（illusion of control），而且对小数定理（law of small numbers）具有很强的执着和信念，而且越具有控制错觉的和小数定理信念的人，越具有创业的倾向。

Simon（2002）的研究提出了迄今为止最为重要的认知信息解释和加工的模型，这个模型包括三个阶段：信息收集、认知偏见和直觉错误，他通过对公司的规模和创业者的年龄等因素进行分析表明，创业者表现出强烈的先驱性（pioneering），主动和积极地收集各类信号。但是这些先驱创业者也表现出三类错误：控制错误、小数定律和类比推理（analogy reasoning），这些错误使创业者低估市场竞争程度，高估市场需求，以及忽视必要的资源，也有学者在这三个错误的基础上增加了一个：过度自信（overconfidence）（Keh，2002）。

表 2-15　　　　　　　创业者影响决策的认知机制

心理机制	描述	创业事实	预测观点
反事实思维	设想在某种特定情景中可能发生	促使创业者对当前生活不满	(1) 创业者可能对错失良机表达后悔；(2) 创业者比他人更可能搜索、识别和执行机会
情绪扰动	情绪状态影响决策者的判断依据	情绪扰动可能会导致严重决策错误	(1) 创业者比他人投入更多的仔细努力和思考；(2) 创业者在工作中体验到更强烈的情绪
归因风格	把积极因素归因为内因，消极则归为外因	积极因素的内部归因促使个体提高自信	(1) 创业者更可能表现出自我服务偏差；(2) 成功的创业者更有规避自身存在的自我服务偏差
计划谬误	低估完成事件的时间，高估时间内完成的工作量	面对多样化的工作任务，制定不现实时间表	(1) 创业者比常人更易发生计划谬误；(2) 对未来结果报以过分乐观的态度
自我修饰	持续投入，因为一种对行动的承诺	自我修饰承诺升级诱因	(1) 创业者更加易于发生承诺升级的效应；(2) 比他人更具有自我修饰的倾向性

资料来源：苗青：《基于规则聚焦的公司创业机会识别与决策机制研究》，博士学位论文，浙江大学，2006 年。

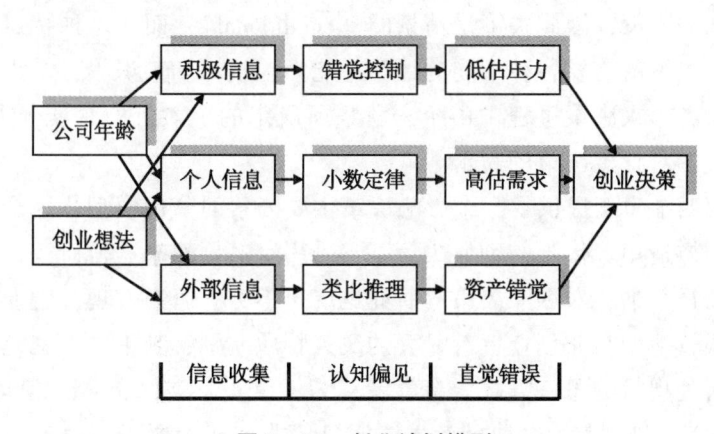

图 2-25　创业计划模型

资料来源：Simon, M., Houghton, S. M & Aquino, K., Cognitive Biases, Risk Perception, and Venture Formation: How Individual Decade to Start Companies, Journal of Business Venturing, 2000, 15 (2): 113-134。

创业者在收集信息、决策认知之后，就要正式进行创业决策，也就是开始创业的行动了。决策是从环境中寻找解决方案，创造与发展、分析可用于行动的方案或者多选一的某种程序（Simon, 1960; Hodgetts, 1984; 陈义胜, 1980），同时决策也是一种思想过程和考虑过程（Olueck, 1977; 陈义胜, 1980），决策更是一个系统，是一个锁定目标、方案选择、合理决策的过程（陈妙玲, 1984），无论哪种定义，我们都可以发现：第一，决策围绕的核心是人；第二，决策重点在于选择，这种选择其实有许多种包括创业与否的选择，用哪种方案创业等；第三，决策体现了对绩效影响的重要性。

在决策研究中，比较有影响力的是决策四维模型（Rowe, 1987），Rowe认为决策的制定及决策的执行过程中，决策者会受到四种力量影响：外部压力（Environmental pressures）、内部需求（Group demands）、任务需求（Task requirement）及个人要求（Personal needs）。第一个是外部压力，主要指与决策有关的外在政策，金融等宏观环境的压力，这些压力直接对创业决策形成了外在的影响；第二个就是来自组织内部的需求，这种需求往往来源于组织内部成员互动过程中产生的各类需求，既有属于组织的需求也有属于个人的需求，这种内部需求常常以一种比较直接的形式显现出来；第三个是任务需求，决策往往不是泛指而是针对某个特定项目、方案或者行动的决策，因此决策是情景的（conditional），而在这种特定任务的要求下，决策就需要各种不同的经验、能力、技术和知识等；个人要求则是指决策者本人决策过程中由个人背景所决定的个人价值观、个人特质、经验形成的对特定决策的需求。

决策四维模型提供了一个影响决策主要因素的分析模型，这个模型对于创业同样适用。传统的创业决策基本采用这一框架来进行研究，然而在认知论的视角下，对创业决策的研究也层出不穷。研究发现，创业者在决策的时候，他们与非创业者有显著的决策特质差别，其中之一就是拒绝接受自己所处现状的思考方式，有学者称为反事实思维（苗青, 2006; Baron, 1998），创业者的这种思考方式明显比非创业者要少，也就是说他们生活的态度大都比较积极，而不是消极的（Baron, 2000）。创业者的乐观和积极的生活态度往往使他们更关注未来，而不是现在，虽然不能解释创业成败，但是创业者的这种反事实思维较少的现象实际上对于创业决策意向的强度来说具有更强的影响力。其他的研究者除了发现创业者在决策时

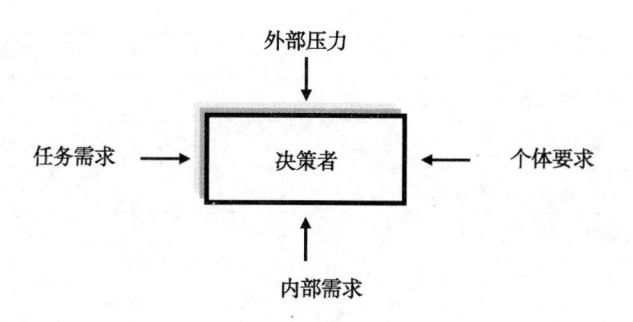

```
            外部压力
              ↓
任务需求 → ┌─────────┐ ← 个体要求
          │ 决策者  │
          └─────────┘
              ↑
            内部需求
```

图 2-26　决策四维模型

资料来源：Rowe, A. J. & Mason, R. O., Managing With Style: A Guide to Understanding, Assessing and Improving Decision Making, 1987, California: Jossey-Bass Inc. p.57。

反事实思维较少，还发现了不同创业者对于失去机会的后悔感是不同的（Markman, 2002）。创业者创业决策的时候风险偏好包括可变性（variablity）和危险性（hazard）两种，创业者非常偏好危险性，而对可变性的偏好则很低，这说明创业者的分析偏好不是非理性的风险，他们更喜欢高风险高回报的事业，而且希望这种事业的结果是可以预测的而不是变化多端的（Forlani & Mullins, 2000）。通过文献我们发现创业决策中的认知渐渐成为主流。

表 2-16　创业认知的信息收集、解析和创业决策执行

	研究焦点	主要学者
信息收集	外部信息收集，收集强度和环境关系	Peneda（1998）
	规模、年龄与信息收集行为的关系	Mohan（1995）
	新创企业常通过人力资源获得信息	Schafer（1990）
	创业的经验对信息收集强度的影响	Copper（1995）
	环境外在变量对信息收集的影响	Specht（1987）
	收集信息活动与组织绩效之间的关系	Starbuck（1978）
	外部信息的偏好	Johnson（1987）
	创业者信息收集的意识	Kaish&Gilad（1991）
	创业信息收集对创业自我效能影响	Forbes（2005）

续表

	研究焦点	主要学者
信息解析	创业决策的启发式和图式	Busenitz（1996）
	夸大积极事件	Busenitz（1997）
	创业者和管理者风险倾向的差异	Palich&Bagby（1995）
	负面信息的重视程度	Kunda（1999）
	乐观倾向，控制错觉对决策结果影响	Shepherd（1996）
	计划谬误	Krueger（2003）
	认知谬误及创业者与普通人的差别	Baron（2003）
	控制错觉，小数定律	Simon（2000）
	影响机会评价的认知特征	Keh（2002）
决策执行	决策行动的关键事件作用	Bird（1992）
	风险变化和决策适应	Gartner（1992）
	反事实思维	Baron（2000）
	战略决策的节奏	Gersick（1994）
	承诺升级	Baron（2003）
	可变性和危险性的维度	Forlani&Mullins（2000）
	规则聚焦	Brockner（2004）

资料来源：苗青：《基于规则聚焦的公司创业机会识别与决策机制研究》，博士学位论文，浙江大学，2006年；经过笔者加工和整理。

第四节 社会创业机会识别的理论综述

一 社会创业机会识别的理论基点：从芝加哥学派到奥地利学派

1. 创业机会识别的定义

要创业就必须首先创业机会，创业机会是"通过引入新的方法，把新产品、服务、原材料、市场和组织方式进行有机结合的一种状态，而且不像满意和最优决策（决策者尽量希望通过机会的发下采用方法达到最优和满意），创业的决策是具有创造力的决策（creative decision），也就是说创业者建构了创业的方法、结果或者两者兼而有之"（Casson，1982；

Shane & Venkataraman, 2000; Eckhardt & Shane, 2003)。尽管创业机会的识别是一个主观的过程，但是机会本身对每个主体来说却是客观的现象。创业机会与其他许多营利性的机会是有显著区别的，因为前者本身蕴含发现了新方法或新组合，而后者仅仅是一个最优化而已（Kirzner, 1997）。由于创业的选择和开发新组合新方法的结果是未知数，所以创业决策不可能通过可选方法的比较计算来进行最优化的选择（Baumol, 1993）。在定义创业机会的时候，许多学者发现创业机会有各种各样的形式。尽管在许多以前的研究中大多聚焦在产品市场中（Venkataraman, 1997），但是创业机会也存在于要素市场（比如发现了新原料）（Schumpeter, 1934）。在产品市场的创业中，Drucker（1985）描述了三种不同类型的机会：（1）随着新技术的发明产生的新的信息；（2）时间和地理上的信息不对称前提下，对市场无效率（market inefficiencies）的开发；（3）由于政治、规则或者人口学的改变，资源使用的相对成本和收益变化。以往研究者认为创业机会的出现主要原因是不同社会成员对于不同资源的价值有不同的认知，并且拥有不同的将这些资源进行转化的能力（Kirzner, 1997），由于人们有不同的信念（运气的直觉，私人信息），他们会对市场的出清价格有自己的看法。一个创业机会的发现是由于创业者把自己放到了他认为最佳的地方去，这种对机会的认知和看法的不同造就了创业机会（Casson, 1982）。当然创业机会还包括创新，市场信息和资源信息，信息的不对称，以及价格信息和信息的扩散，这些在学者的研究中都被提到，机会识别的关键在于围绕信息进行个人的处理和使用的处理方法。Shane & Venkataraman（2000）研究了为什么有些人能够发现机会而另一些人不能发现机会的原因，主要依赖两个因素：（1）识别机会所必需的先前拥有的信息；（2）有效识别机会的认知特征。信息处理过程、知识的创造、创新和机会鉴别都互相关联（Noteboom, 2000; Ward, 2004），而且机会本身就是创业的一个主要特征［Shane & Venkataraman（2000）］。以上这些学者虽然从不同角度定义了创业机会，但无一例外地，他们都认为机会识别（opportunity recognition）是创业活动中一个重要的过程。总体来看，创业机会的定义主要有三种核心的界定方法（主要标准是机会的来源）：机会外在市场论（机会来源于市场）、机会的单一认知论（机会就是创业者看到的）和机会的互动认知论（机会来源于特定的创业者对特定机会的发现）。

表2-17 创业机会识别的定义

	概念定义	主要学者
机会的外在市场论	产品选择,供给选择,生产方式、组织方式和市场选择等要素的综合函数	Schumpeter (1934)
	行业结构变化,流程变化,人口结构变化引起的创新需求	Drucker (1985)
	引发商业概念的一个新点子	Bhave (1994)
机会的单一认知论	创业过程中发现那些不得不要做的事	Kirzner (1973, 1979)
	知觉到一个机会并创建公司	Bygrave & Hofer (1991)
	创业者积极搜寻的结果	Herron & Sapienza (1992)
	追寻机会还是放弃机会的决策	Ardichvili (2000)
机会的互动认知论	创业业务的可行性知觉,提升利润的可能性知觉	Christensen (1989)
	开发一个机会并将启转化为有效的产品和服务	Churchill (1994)
	知觉到新业务盈利的可能性	Kourilsky (1995)
	新业务存在可能性和创业者影响成败的可能性	Hills (1997)
	面对多样性刺激,创业者对商机的直觉	Baron (2003, 2004)

资料来源:苗青:《基于规则聚焦的公司创业机会识别与决策机制研究》,博士学位论文,浙江大学,2006年;经过笔者重新整理和分类。

2. 创业机会识别的主要流派

(1) 新古典主义学派的市场机会论(Neo-classic)

在经济学的主流范式中,"新古典主义学派"并没有创业者和创业机会的概念。新古典学派把管理者看成是积极的计算者(passive caculator),他们的作用是"机械式地应对外部的变化,而不是主动甚至主动尝试着去对外部变化进行积极的影响"(Baumol,1993)。新古典主义学派甚至没有把创业引入经济增长,他们提出的是创业均衡理论(equilibrium theories of entrepreneurship)(Khilstron & Laffont,1979)并且假设任何人都能够识别创业机会。新古典主义均衡理论认为"市场就是由那些利益最大化的代理人组成,而他们的集体决策决定了市场的出清价格,没有人能发现那些产生创业利润的不均衡,在所有的时点上,所有的创业机会都能够被识别,交易都能够顺利进行"(Shane,2000)。因此新古典学派的创业机会理论认为创业的机会就是市场的不均衡,而这种不均衡所有人都能识别。

(2) 德国奥地利学派的创新机会论(German-Austrian)

德国奥地利学派是起源于Schumpeter的研究,他首先提出创业的现代概念并且把创业定义为"引入了全新的组合",这个组合就是企业(enterprise),个人的作用就是执行创业(entrepreneurs)(Schumpeter,1934)。

Schumpeter（1934）认为创业的概念实际上既可以很宽泛也可以很狭窄，创业者如果从宽泛的角度来看并不只是那些独立（indepedent）的商人，而且也包括那些公司的雇员、股东、执行董事等；如果从相对狭窄的范围来看，创业者必须发现和找到一个新组合（combination），而且不需要永远和公司连接在一起，创业者有的时候只是一个"推动者"（promoter），当他完成创立事业的使命之后，他的创业特征一旦消逝他就不再是创业者。熊彼特认为创业机会产生的创业利润是经济增长的源头，而且他认为创业者需要通过创新（包括服务创新、质量创新、市场创新、行业创新）来形成创造性的破坏（Creative destruction）（Schumpeter，1934），他认为创业机会来源于技术创新、市场变化以及对新产品的需求。一方面某些行业的倒退引起了创业的机会，另一方面市场本身的增长也引起了创业机会。因此熊彼特认为创业的机会来源于需求的拉动，也就是市场驱动型的创业机会，机会来源于经济环境的变化，包括人口统计学的变化、社会政治的变化或者是微观情景中消费者的偏好发生变化等。

（3）芝加哥学派的创业认知论

这个流派的观点认为，创业者应该是不确定世界中深思熟虑的"风险承担者"（risk-takers）（Knight，1921）。这类学者认为创业者与非创业者拥有不同的技能和竞争力，更多地依赖信息作出判断，对创业机会的识别更多地从风险以及稀缺资源两个维度上来看，其潜在的假设是收益来自于风险。芝加哥学派的关键思想是认为创业机会的识别是通过创业者的主观认知介入，从而发现市场机会，机会在市场上到处都是只因创业者的认知差别而产生是否能够识别的区别。Baron（2000）认为创业机会识别只是一个主观变量："凡是知觉到的机会（opportunity perceived）就能够产生利润和收益，机会仅仅是'创业者对通过某些方法获得收益'的认知。"创业机会的识别从某种意义上来说是创业者对外在环境认知的某种模式，根据外在环境的特征进行分析和识别（Matlin，2002）。芝加哥学派还包括其他的著名学者，Shane（2000）的研究发现创业者对创业机会的识别和认知取决于他们拥有的以往知识。还有一个识别机会的重要因素是创业的敏感性（Kaish & Gilad，1991），创业者之所以被称为敏感性很高是因为花很多时间去搜索机会，并广泛关注各种信息及其来源而且偏好风险。这个学派的理论总体来说认为创业者的机会识别是一种对市场和机会的感知（Copper，1981），他们是一个机会识别的学习和认知者。

(4) 奥地利学院派的"市场信息—创业认知"互动论（Austrian School）

奥地利学院派把创业定义为信息不对称和信息鸿沟（information gaps）出现的结果。首先，奥地利学派认为创业的机会来源于人的认知，Kirzner（1973）基于这个出发点，认为成为创业者具有一定的敏感性（alert）（创业敏感性是一种持续关注的能力，关注那些尚未被的机会），而且他们的机会发现也并不是一个随机的发现（non-random discovery），他相信创业者对经济发展的贡献源于他们对机会的敏感和对市场的勇敢开拓，并且他们知道去哪里搜寻信息而不是简单地获取某些市场知识。简而言之，机会不是搜索或者寻找出来的，而是具有一定机会敏感性的人才能发现。奥地利学院派理论的共同观点是市场由拥有不同信息的人组合而成，他们机会理论的关键一方面是人，另一方面是信息本身，信息的异质性使那些敏感的人看到了其他不敏感的人看不到的机会。其次，信息和市场的特征也是识别的重要基础，Hayek（1945）认为在假设的传统完全竞争市场中，知识的分布是不均衡的，机会本身也包括许多不同的属性：经济价值、新颖价值、知觉价值（perceived value）和接受价值（acceptable value）（Bhave，1979；Herron & Sapienza，1992；Shane，2003）。

原型理论（prototype theory）的提出为解释复杂事物的认知及其认知过程提供了理论基础（Solso，1999）。这个理论的根基是通过经验的积累形成对事物认知的基本框架和原型，这种原型具有某种固定的特征和属性，当这种原型成型时，创业者就可以通过原型与面对机会的比较进行创业决策，这个理论的假设就是创业者在识别机会以前，具备创业机会识别认知的原型，而这些原型的属性是基于经验的积累。原型本身的特征和属性非常复杂，既有新颖性和可行性，也有特殊性和独立性，机会能不能被识别取决于原型与机会的匹配程度，匹配程度越高，越容易识别机会。Larsen & Bundesen（1996）也提出了特征模型（feature model），主张从机会的特征出发，也就是从可观对象的特征出发来分析和识别，这些特征是在记忆里的，本质上来说特征模型和原型模型没有太大的差别，只是分析的角度不同。

从创业机会识别理论的流派发展来看，我们发现几个趋势：（1）新古典学派单纯的市场机会论已经退出舞台，而且很少考虑人的因素，几乎忽略创业者的重要作用，认为创业仅仅是市场在起作用，其理论的假设是理性人，但是实际上人并不是完全理性的；（2）德国奥地利学派的创新机会论奠定了创业理论的基础，首次肯定了创业者的创新性行为对机会识别的重要作用；（3）芝加哥学派则进一步把创业者发现机会转化为识别机会，其最重要的贡献是积极地引入认知理论，从而很好地解释了面对同样的市场为什么有些人能识别机会有些人则不能；（4）最近才出现的奥地利学派的"市场信息—创业认知"互动论则更为精确地解释了创业者认知特质和机会本身属性有机结合才能很好地对创业的机会进行准确的识别。

二 社会创业的机会：从概念的界定到机会的类型

如果按照"市场信息—创业认知"互动论的观点对社会创业进行分析和研究，我们发现社会创业的机会识别与普通创业机会识别在认知过程上具有相似的地方，但是与普通创业的机会识别在创业者和机会本身两个方面具有不同的特征：社会创业的机会特征和来源是不同的；社会创业者的某些认知特质让他们从事社会创业而没有从事商业创业。

1. 社会创业机会的界定

商业创业机会是"通过引入新的方法，把新产品、服务、原材料、市场和组织方式进行有机结合的一种状态，而且不像满意和最优决策（决策者尽量希望通过机会的发现采用方法达到最优和满意），创业的决策是具有创造力的决策（creative decision），也就是说创业者建构了创业的方法、结果或者两者兼而有之"（Casson, 1982；Shane & Venkataraman, 2000；Eckhardt & Shane, 2003）。如果说商业创业机会是一种新方法新组合的引入，那么社会创业机会也是以同样的方法发现机会。社会创业作为创业的一种，其创立的组织是一种横跨营利和社会使命驱动公共非营利组织的混合组织类型。因此，社会创业的机会与前二者具有显著的区别，为了保持营利性和公益性的平衡，社会创业往往需要发现和挖掘经济和社会双重价值的机会（Hockerts, 2006），Emerson（2003）曾经称之为混合价值（blended value）的创造。社会创业与商业创业机会的差别是社会创业需要更多地满足社会目的，创业机会的来源、客户对象等具有差别。所有的创业活动都从一个富有吸引力的创业机会开始，社会创业机会就是一个需要投入时间、金钱等一系列资源才能产生社会影响力的潜在可能性（Ayse, 2002）。

表 2-18　　　　　商业创业机会与社会创业机会的区别

分类标准	创业机会的主要差别	主要学者
最终使命	商业创业侧重经济利益兼顾社会利益	Dees (1997, 2002)
	社会创业侧重社会利益兼顾经济利益	
机会特质	商业创业机会侧重机会的经济性	Emerson (2003)
	社会创业机会侧重机会的社会性	
客户群体	商业创业的客户群体涉及市场所有人	Hockerts (2006)
	社会创业的客户群体主要是社会弱势群体（没有市场支付能力）	

2. 社会创业机会的类型

有的学者认为社会创业机会的主要来源与商业创业的来源不同，主要来自于技术变革、公共政策的变化、公众观点的变化、偏好的改变以及社会和人口统计上的变化（Arthur, 2008）。技术变革往往能够促进社会创业，比如因特网的发展促使网络产品和服务需求的爆炸性增长，网络创业不仅商业创业非常成功，社会创业也同样成功，美国总统奥巴马通过网络募集竞选资金的模式就是一个典型。公共政策的变化确实能够加速社会创业的进程，因为有的时候有些政策不仅创造了新的社会需求，还可以使社会创业者用新的方法满足社会需求成为可能，比如中国汶川地震的发生导致中国在灾后重建政策上具有极大的倾斜性，包括灾区企业税收的减免等，这样就有很多社会创业出现，包括许多个人去灾区开办儿童摄影培训、灾区心理咨询等就是典型的例子。在某一领域，公众观点的改变可以创造社会机会，例如美国公众反对战争的情绪高涨，会为那些想要成立倡导反战组织的社会创业者提供一种需求。与公众观点改变相似的是公众偏好的改变，这一改变会促进社会创新，比如现在大学的生源由于中国学龄人口的下降竞争越来越厉害，因此现在许多大学都开始改变他们的课程安排，以满足同学们的需求，这就使学术创业（academic entrepreneurship）变得重要。但是在很多情况下，偏好方面的改变往往是"隐藏"、不可见的，因为具有某种特定需求的人群并不会很明显地表现出对一种产品或服务的需求取向，不过环境却可以将这种取向激发出来。社会和人口统计上的变化也会引起社会创业，比如中国目前男性人口和女性人口比例约为11∶10，因此社会上就出现了很多网络QQ群为自发组织的红娘牵线群以解决这种人口比例失调的问题；由于出生人口的比例是由于观念导致长期形成的重男轻女，因此也出现了一些公益组织去农村宣传生男生女都一样，但是中国人口问题的关键还是公共政策。

还有一种对社会创业机会的类型进行界定是 Hockerts（2006）将创业机会分成：积极的社会活动（activism）、自助（self-help）和慈善（philanthropy）。有许多社会创业机会来自于积极的社会活动，社会活动家的目的是通过面对面的交流和协作活动对政治家和管理者产生积极的影响（Eondinelli & London, 2003；Spar & La Mure, 2003），让他们明白实现他们政治和商业目的的最佳办法就是支持社会创业。有些社会企业家也是积极的社会活动家（Social activist），他们开始探索更加系统的社会活动方法来获得政治家和企业精英的支持，他们往往面临种选择一种是渐渐淡化社会目标向商业领域靠拢，另一种就是完全离开商业领域成为纯粹的社会活动家；通常社会创业的受益者是第二个社会创业机会的来源，受益人通常是没有什么能力的（Powerless），实际上他们常常通过社会创业来帮助自己，所以自助就是第二个社会创业机会来源（Bornstein, 1996），自助是社会创业最为常见的一种方式（Malaviya & Singhal, 2004；Quadir, 2003），自助型的社会创业的受益者有其特点（受益人是廉价劳动力的来源；比商业创业的客户更具耐心）；第三类社会创业的机会就是慈善投资（Roberts, Emerson & Tuan, 1999），商业投资的目的是期望产生有竞争力的回报，而慈善投资是"利他"使命下，在使命上给予慈善投资者足够的回报，慈善驱动的社会创业机会有三方面的优势（投资者是稳定的资助来源；与纯粹的提供慈善资助不同，慈善投资还提供有价值的创业建议；通过慈善投资的过程建立社会创业合作网络）。

表 2-19　　　　　　　　社会创业机会的来源和分类

分类标准	机会来源	主要学者
社会需求来源为分类标准	技术变革引起的机会	Arthur（2008）
	公共政策的变化引起的机会	
	公众观点的变化引起的机会	
	偏好的改变引起的机会	
	社会和人口统计上改变引起的机会	

续表

分类标准	机会来源	主要学者
参与主体为分类标准	社会活动（来自社会活动家的机会）	Hockerts（2006）
	自助（来自受益人的机会）	
	慈善（来自慈善投资人的机会）	

从社会创业的机会来源上看，如果按照社会需求来源来分，我们发现五种主要的社会需求来源可以引发社会创业、同样也可以引发商业创业，因为任何机会本身都具有社会性和经济性，侧重社会性的会选择社会创业，侧重经济性的会选择商业创业；而区分社会创业机会的另一个标准就是参与主体引发的社会创业机会，但是从本质上说社会需求才是机会的最重要来源。

3. 社会创业的机会模式

从创业机会的模式上来，以往的研究对于创业机会的模式进行了很多的研究，而研究的基点仍然是双重底线和价值关系。Fowler（2000）迄今为止已经对社会创业机会出现的模式进行了最为复杂的分类，并将社会创业机会的模式分为三个主要的类型。第一种类型是"综合性社会创业机会"（Integrated Social Entrepreneurship opportunity），这种创业机会内，创业活动中的所有经济行为明确被设计来产生积极的社会产出和社会效应，同时能够和其他类型的组织建立全方位的经济联系。Fowler 把孟加拉国的格莱泯银行（Grameen Bank）看成是一个综合性社会创业的典型案例。第二种社会创业机会的模式是"经重新诠释的社会创业"（Re – interpretation opportunity），它指的是那些非营利组织，运用已有的组织非营利能力来降低组织成本或者多元化组织的收入，这种创业机会更多的是基于已有的非营利能力。Fowler 认为第三种社会创业机会是"辅助性社会创业机会"（Complementary Social Entrepreneurship opportunity），指的是在非营利组织下建立一个营利性的分支机构，而这个分支机构本身并不直接产生社会效益，但是它的收入被用来弥补非营利组织实现社会目标时产生的成本。在讨论这三种社会创业机会的模式的时候，Fowler（2000）强调了那些同时产生社会效益并能实现营利目的的经济活动（第二种模式）和那些不能同时完成这两个目的的经济活动之间的区别（第三种模式），并且认为前者对组织营利方面的需求比后者更为紧迫和复杂。这个问题同样被 De

Leeuw（1999）在分析社会企业家面临复杂多变和不可预测的环境时要同时满足社会和经济目的时提到。

另外，Kim（2003）则把社会创业的机会模式区分为两个层次：第一个层次是机会原型模式（opportunity archetypes），第二个层次是机会操作模式（opportunity operation）。所有的社会创业机会原型模式都可以分为三种类型：嵌入式（embedded）、综合式（integrated）和辅助式（complementary）。嵌入式的社会创业机会原型是社会项目和商业活动完全一致，社会创业活动完全嵌入（embedded）组织的运作和项目中，而且就是活动的中心任务。由于中心任务的聚焦性，大多数社会创业组织以非营利组织（NGOs）出现，也有的以企业出现，这很大程度上依赖于立法环境。"以使命为中心"的社会创业机会往往呈现出嵌入式的结构。综合式（Integrated）的社会创业机会显示出社会活动与商业活动呈现交织状态（overlap），通常共享成本（Costs）和资产（Assets），这种社会创业机会通常进行商业活动的目的就是支持非营利活动，进而增强社会影响力。这一类社会创业机会通过已有的非营利能力和设施来降低成本并且多元化收入。在某种程度上来说综合式的社会创业机会会有一个营利的分支机构（甚至是法律实体）。辅助式社会创业机会中社会活动项目与商业活动项目完全分离，其中的商业活动完全被设计成为一种为社会项目提供资助的形式或者能力，进行商业活动的组织可能成为非营利组织或者社会创业组织的一个分支机构，而这个营利分支的组织使命很可能与非营利的组织使命完全不相关（unrelated mission），这种情况就是辅助式的社会创业机会。

社会创业机会的运作模式则包括创业支撑型（entrepreneurial support）、市场中介型（Market Intermediary）、雇佣模式（Employment）,服务收费模式（Fee-for-service）（Kim,2003；Flower,2000）。

社会创业机会的创业支撑模式是指提供销售业务支持和金融服务给它的目标人群——在开放型市场销售其产品和提供服务的个体或小企业。创业支持模型是一个嵌入的模式；社会计划是事务，其使命的中心是通过支持客户的创业活动推进他们的生存能力的提升。社会企业通过向客户提供服务，使用这笔收入用于支付提供这些服务相关费用以及运营费用来实现财政上的自给自足。若有盈余产生，创业支持模型可以使用这笔钱为客户承销辅助社会服务，如健康教育、保险等。社会创业机

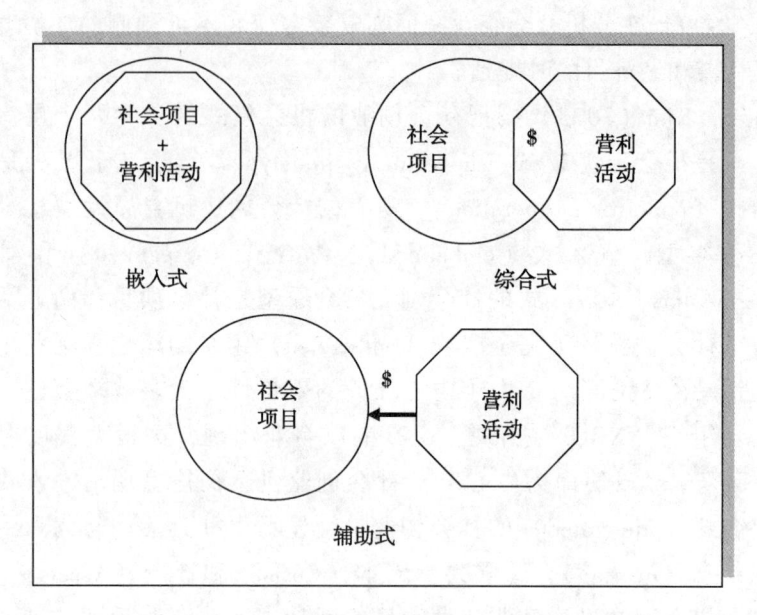

图 2 – 27　社会创业机会的三种原型模式

资料来源：Sutia Kim Alter, Social Enterprise：A Typology of the Field Contextualized in Latin America, working paper, 2003, www.socialedge.org。

会的市场中介模式提供产品开发，市场准入，以及对目标人群——小生产者（个人，企业，或合作社）的信贷服务。市场中介模型是一个嵌入式模型：社会计划是嵌入商业活动中的。它的使命侧重于促进客户的生存能力提高，帮助他们开发并在高价值市场销售其产品。社会企业以合理的价格购买客户的产品，然后销售其产品赚取额外利润。佣金或标记收取客户的产品提供给企业的收入，用于支付业务费用和方案成本；社会创业机会的就业模式（Employment）向其目标人群提供的就业机会和就业培训：为有很大就业障碍的人群创造就业机会，如残疾人、无家可归者、危险边缘的青年和有罪犯前科的人，通过企业在开放市场销售产品或服务。就业模式使社会方案嵌入商业活动中。它的任务是以为客户提高技能和就业机会为中心。企业类型用于就业模式的前提是为客户创造适当的就业机会以及商业上的可行性。社会服务，如软技能培训、物理治疗、心理健康咨询，或过渡性的住房，已经进入企业模式，为客户提供一个支持性的工作环境。社会企业通过产品的销售和服务实现财政上的自给自足。收入被用于支付与企业相关的标准经营费用，包括支付给客户的工资，雇用目标人群增加的社会开支。社会创业机会的收费服

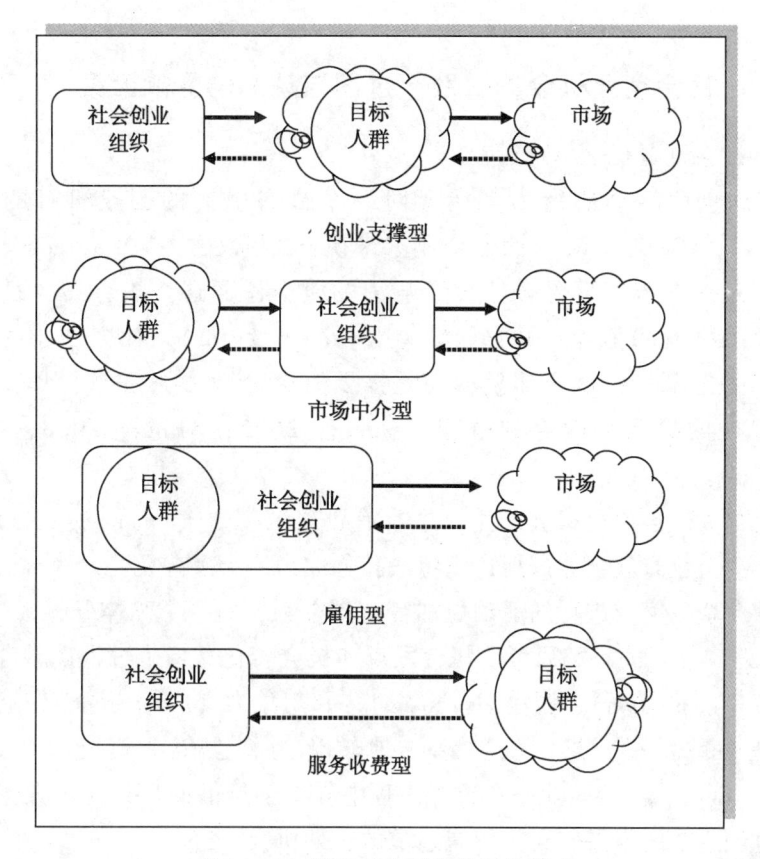

图 2-28 社会创业机会的运作模式

资料来源：Sutia Kim Alter, Social Enterprise: A Typology of the Field Contextualized in Latin America, working paper, 2003, www.socialedge.org.

务模式使其社会服务商业化，然后直接向它们的目标人群——个人、企业、社区，或向第三方付款人销售。收费服务模式的关键就是业务。它的使命核心是为客户的部门提供有效的社会服务。社会企业通过收费的服务实现财务上的自给自足。这笔收入是作为成本回收机制，来支付服务提供和业务开支，如市场营销、会计与商业化。盈余（收入净额）可能被用来资助没有内置成本回收部分的社会计划（Kim, 2003; Flower, 2000）。

已有的文献中对于创业机会的模式实际上只是从案例中总结出了几种模式，但是在这几种机会模式中最为关键的两个变量就是客户和营运的能力，而不管是采用何种组织形式，因为组织形式是可以千变万化的。

三 社会创业机会的识别：过程与认知的影响因素

1. 社会创业机会识别过程

任何创业活动的行为都始于对一个富有引力的创业机会的识别（Howard，1985）。对于社会企业家来说，"有吸引力"（attractive）的机会就是一个能产生足够社会影响力的机会，而这个机会需要社会企业家投入极大的精力、财力和物力（Guclu，2002）。社会创业的机会不失落的宝藏一样就在那里，而是需要社会企业家去设想、开发并进行创造性的提炼和搜寻的过程（Guclu，2002；Arthur，2008；Hockerts，2006）。

首先，社会企业家会产生一个富有创意的想法（promising idea）；然后，社会企业家就会尝试把这个想法转化成为一个富有吸引力的机会，这时的社会企业家所进行的活动更加富有创造力，是一个纯粹分析（analytic）和逻辑（logic）的思考。机会发现和机会转化这两个过程都融合了大量灵感（inspiration）、洞察力（insight）和想象力（imagination），通过这些创造性的活动，想法会被系统地转化为社会创业机会（Drucker，1985）。同时，社会企业家在这个过程中创造了价值而且只有少数想法才能通过创造性的发展转化为值得追求的长期机会。

在 Guclu（2002）的社会创业机会识别过程模型中，社会创业的想法来源于两种情况，一种是社会需求（Social Need），在商业创业中，消费者未满足的需求是非常重要的（Levitt，1975），在社会创业中情况也非常类似。社会需求就是在社会现实和社会满意之间的鸿沟（gap），这种社会需求的识别建立在不同价值观念和视野基础上的，只有一定道德水准的人才能看到这些机会，才愿意去帮助那些弱势群体。另一种是社会资产（social assets），由于对社会需求的关注往往侧重于负面的现象（如弱势群体等），而且是通过创业（也就是建立一个新的事业）的方式来解决这些问题，而在社会上往往还存在一些社会问题并不以需求的形式存在，但是确实是需要解决的社会问题，而且往往在社区中展现出来，因此社会作为社会资产的一个部分也是社会创业机会的主要来源（Mcknight，1993）。而识别这两种社会创业机会的来源需要准确依赖个人的经验发现社会变革（social change）。在通过机会运作和机会的机会的资源组合将一个社会创业机会转化为具有社会影响力的社会创业项目，最终对社会形成社会影响力。

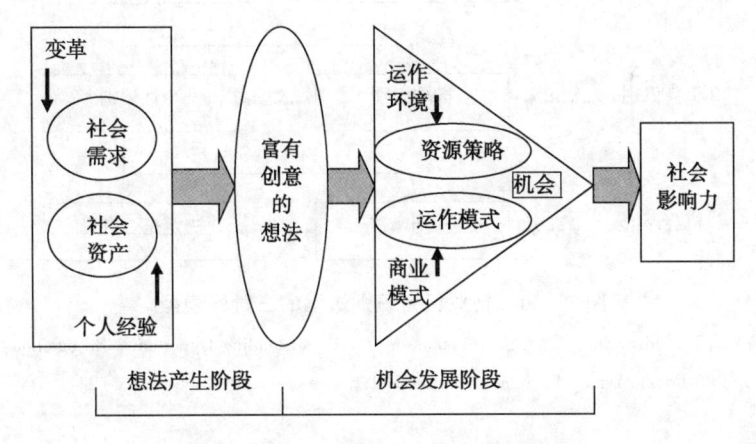

图 2-29　社会创业机会识别的过程

资料来源：Ayse Guclu, J. Gregory Dees, and Beth Battle Anderson, The Process of Social Entrepreneurship: Creating Opportunities Worthy of Serious Pursuit, Fuqua School of Business. November 2002。

Lindsay（2002）对创业机会识别的过程从认知的角度进行了划分，分为了三个阶段。第一个阶段是机会搜索（opportunity searching），这一个阶段创业者对整个系统中可能的创意展开搜索，一旦意识到某一创意可能是潜在的创业机会或者具有创业价值，那么他就会进入机会识别的下一阶段；第二个阶段是机会的识别（opportunity recognition），相对于整体意义上的机会识别，这个机会识别的含义在于筛选合适的机会，包括两个步骤对环境的判断（normative opportunity recognition）和基于个人价值和特质的判断（individualize fit opportunity recognition）。第三个阶段就是机会的评价（opportunity evaluation），这个机会评价的含义更多的是具有相对真实的调查的含义（Craig, 2002）。

在 Dutton 和 Jackson（1987）基于机会和潜在威胁的组织战略环境研究基础上，林嵩（2005）对创业机会识别的过程，提出了一个更为完整的模型。这个模型不仅包括机会识别过程，而且包括机会识别的各类影响因素和机会识别对企业成长和企业战略的作用。

2. 社会创业机会识别的认知影响因素

从认知学的视角进行研究，许多学者发现社会企业家和商业企业

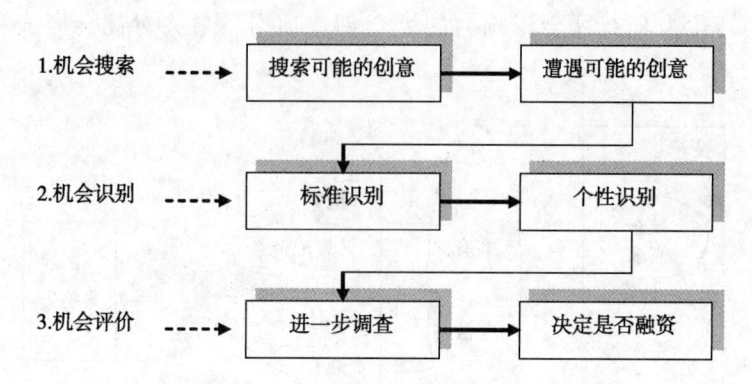

```
1.机会搜索  ----> 搜索可能的创意 ——> 遭遇可能的创意
                                            |
                                            v
2.机会识别  ----> 标准识别 ——————> 个性识别
                                            |
                                            v
3.机会评价  ----> 进一步调查 ————> 决定是否融资
```

图 2 – 30 创业机会识别过程的三阶段模型

资料来源：Lindsay N. J. Crmg J. A Framework for Understanding Opportunity Recognition：Entrepreneurs verfu 8 Private Equity Financiers. Journal of Private Equity. 2002（6）：13 – 24。

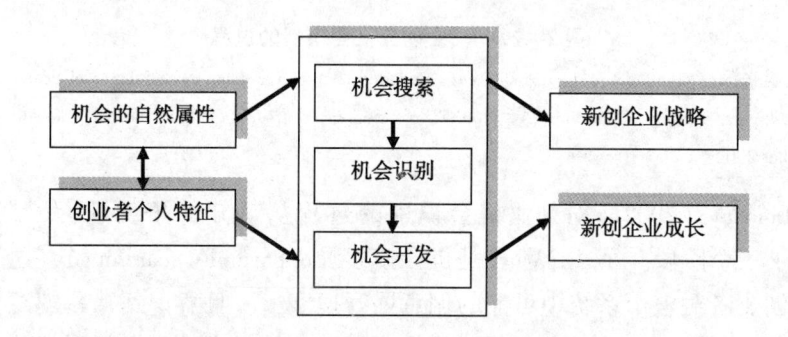

```
机会的自然属性 ——→ 机会搜索  ——→ 新创企业战略
                     ↓
                    机会识别
                     ↓
创业者个人特征 ——→ 机会开发  ——→ 新创企业成长
```

图 2 – 31 创业机会识别研究模型

资料来源：林嵩、姜彦福、张帏：《创业机会识别：概念、过程、影响因素和分析框架》，《科学学与科学技术管理》2005 年第 5 期。

家的认知特征和方法比较一致，因此在机会识别影响因素的研究中发现了许多共通的机会识别影响因素，而且这些影响因素都是认知领域的。

创业的敏感性（alertness）是社会创业机会识别的第一个重要因素，也是一个很好的切入点（Arthur，2008）。Kirzner（1979）最早提出创业敏感性概念，他认为创业敏感性对于机会识别具有重要的作用，他认为创业敏感性是"一种注意到迄今尚未发掘的市场机会的能力，是一种激发人们大胆构想未来的倾向性"。他对创业敏感性的概念界定受到后来研究者的重视和接受。Kaish（1991）认为敏感的实质就是把自己放在信息流（information flow）中，从而扩大遇见机会的概率，他在实证研究中证明创

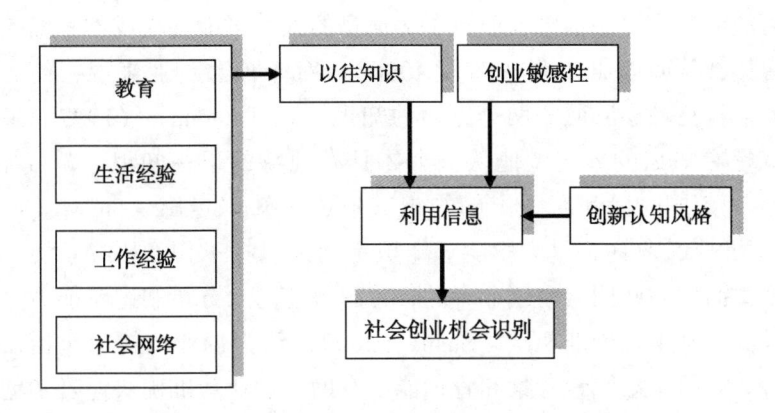

图 2-32　社会创业机会识别的认知影响模型

资料来源：Arthur C. Brooks, Social Entrepreneurship—A Modern Approach to Social Value Creation, Prentice Hall, 2008, March, 28。

业者对创业信息比管理人员具有更高的敏感性，他们更倾向在信息的收集和整理上花很多的时间。Buzenitz（1996）的研究从计量的角度否定了这一观点，这种结论主要是来自创业者个人特征的测度方法的选择，这正是创业者个人特征研究的难点之一。Gaglio 和 Katz（2001）也对敏感性进行了研究和比较，发现敏感性不仅仅体现在信息收集的努力程度上，更加以一种对机会"非常精明的评价"（very shrewd assessment）来促进社会创业者的"灵光闪现"（flash of insight）。创业的敏感性实际上表现为"对创业事件和局势的一个动态评估"，创业者具有更强的把握现实的能力，对机会把握更加准确，善于发现。创业敏感性的研究迄今为止较为局限，但是 GagIi 和 Katz（2001）对创业敏感性的界定更加完整，创业敏感性是正确地感知市场环境，正确识别关键驱动因素，正确推断因素间的动态关联性（陈海涛，2008）。

　　知识和信息的存量是社会创业机会识别的第二个认知影响因素。在社会创业者获取信息后，他们将合理利用这些信息产生创意，并形成社会企业的核心思想。市场本身的交易过程中存在着大量的信息，而信息具有不完整和不对称性，因此所有的市场参加者都必须充分了解市场信息和其他参与者的信息，并对其他参与者的策略做出判断（Kirzner, 1973）。Casson（1983）则从资源配置的角度分析了创业者的知识对资源配置的重要性，创业者需要具有正确的和准确的知识以及敏锐的眼光以使资源配置更加准确，一旦资源配置错误就很难进行调整。创业者看到创业的机会和营利的可能需要足够的信息，而不了解信息的人就可能加大成本，缩减利润和销售量，从而创业失败（Fiet，1996）。对于社会创业来说，创业知识包括商业技巧和慈善服务两个方面的知识。Venkataraman（1997）最为著名的就是对知识的界定，他认为个体具有独特的以往知识（prior knowledge），而不同时段和时点上的知识就形成了知识走廊（knowledge corridor）对机会识别具有重大影响。知识走廊则包括工作经历、学历、经验等各个方面，这些因素使创业者的各种思考能力、分析和逻辑能力显著增强，进而准确识别创业机会。Shane（2000）认为创业的知识包括发现新技术所必需的丰富知识背景和管理能力有助于创业者准确快速辨别创业机会，他认为个体的技术和商业知识对进入哪种市场、生产哪种产品和服务以及如何能够产品和服务。在获取知识的途径上面，学者们认为教育工作和生活经验都是获取知识的重要途径。

认知的风格和特征（cognitive styles）是社会创业机会识别的第三个认知影响因素。Allport（1937）认为认知风格就是一个人解决问题、思考、知觉、记忆的习惯性方式。认知方式就是个体在认知方面表现出来的相对稳定的收集、处理信息的个人化特征，实际上认知方式就是个人收集和加工信息的个体化和一贯性风格（Tennant，1988）。在认知研究中，认知方式的研究主要从认知的过程，其中较为经典的有 Witkin（1964，1997a，1997b，1997c）的场依存和场独立认知方式、Kagan（1964）的冲动型和思虑型认知方式；而以人格为研究侧重的认知风格主要反映人格中认知的作用，包括 Jung（1923）的心理类型论和 Gregorc（1982）的能量理论。在认知风格的研究中，与创业最为接近的就是 Kirton（1976，1980）的"创新—适应"认知风格（Kirton - Adaptive - Innovative style，KAI）。这个理论假设创新与适应处于这个认知风格的两个极端，处在一端的认知者是适应者（adaptor），决策的依据往往是框架（framework）和情境（context），而创新者决策的依据往往是打破框架和情景做出完全不同的选择。Foxall 和 Hackett（1992）对 KAI 进行了验证并对 KAI 的维度进行了划分，包括：原创度、细节效率和遵从权威。原创度指的是做出的选择与众不同的程度，细节效率是指工作仔细的程度，遵从权威则是指工作原则是否以打破常规或墨守成规为标准。

表 2-20　　　　　　影响社会创业机会识别的主要认知因素

主要因素	主要学者
创业敏感性	Arthur（2008），Kirzner（1979），Kaish（1991），Buzenitz（1996），Gaglio & Katz（2001）
以往知识存量	Kirzner（1973），Casson（1983），Fiet（1996），Venkataraman（1997），Shane（2000）
认知风格	Allport（1937），Tennant（1988），Witkin（1964，1997a，1997b，1997c），Kagan（1964），Jung（1923），Gregorc（1982），Kirton（1976，1980），Foxall & Hackett（1992）

四　社会创业机会特征的维度：社会性与营利性的双重底线

社会创业的机会是具有双重底线（社会价值和经济价值）的私营、公共和志愿部门和创新性活动的机会（CCSE，2001）。许多学者和研究中心（包括一些主要的商学院）对社会创业机会的界定中，最重要的内涵和标准就是双重底线（double bottom line），这个标准成为社会创业普遍认同的重要标志，这个观点把社会创业的社会和经济面放在了平等的立足点上（Dees，1998；Reis，1999；Mort et al.，2002；Mair & Marti，2006a；Peredo & McLean，2006；Martin & Osberg，2007）。

对于社会创业机会的社会性，许多学者提出了自己的观点。社会公正显然是社会创业最为重要的目标之一，实现社会公正（Thake & Zadek，1997）是实现社会平等的基本途径之一，也是针对弱势群体的保障。在平等方面，靳海山（2005）提出了从权利平等、机会平等和结果平等三个维度来具体分析关系中的平等问题。Guildford（2003）在美国社会项目影响力评价中对社会项目的机会特点提出了四个特点：（1）获得项目影响地区广泛的理解和支持（主要的利益相关者）；（2）这个机会必须聚焦在人类社会与文化环境的关键因素上（与利益相关者最为直接接近的）；（3）保证环境正义（对于社会影响力的分布特别是社会、经济、空气质量和健康等在社会人群中的影响要均衡）；（4）有评估和监督机制（第三方的评估和监督对社会项目的实施大有益处）。Finsterbusch（1980），Branch（1986），Taylor（1990），Brudge（1994），也提到了社会项目社会性的几个重要方面：（1）多元化的公众参与，确认所有潜在的受影响的群体或个体，并使之参与到评价之中；（2）分析影响的平等性，谁将得到什么？谁失去什么？弱势群体是否有代言人；（3）评价重点突出，是否处理公众真正关心的问题，而不是容易计算的问题，让公众来确认影响。Frank Vanclay（2003）则把社会项目的机会特征定义为以下几个方面：（1）尊重人类的基本权利；（2）推动人类社会各方面的平等；（3）项目决策公正、公平和透明；（4）项目要受到社区的广泛支持；（5）要能够有积极的社会产出；（6）方案要可行。

对于社会创业机会的商业性，许多研究也进行广泛和深入的分析，Timmons（1999）认为创业者抓住创业机会必须识别创业机会的特征个，因此他对机会的特征从几个方面进行了界定：价值性（为顾客或最终用户创造或增加极大的价值）；市场性（有需求旺盛的市场，利润很高）；团队性（当时的创始人和管理团队配合得很好，也很适合市场状况和风险、回报平衡）；针对性（能够解决一项重大问题，或者满足了某项重大需求或愿望）。傅家骥（2003）认为创业机会具有：（1）特定商业机会的原始市场规模；（2）特定商业机会将存在的时间跨度；（3）特定商业机会的市场规模将随时间增长的速度；（4）特定的商业机会是不是较好的商业机会；（5）特定商业机会对"某个创业者"自身的现实性。Ardichvili（2003）根据创业机会的来源和发展情况对创业机会进行了特征分类，包括创业机会的潜在价值和创造价值的能力两个维度。横轴维度代表创业机会的潜在价值，纵轴代表创业者的创造价值能力，这两个维度可以划分成四个类型：梦想型、尚待解决的问题、技术转移及市场形成（陈海涛，2008）。

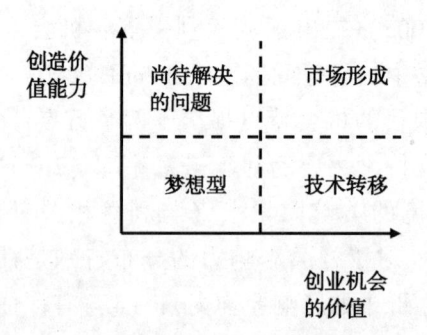

图 2-33 Ardichvili 创业机会的二维特征模型

资料来源：Ardichvili A., Cardozob R., Ray S1 A Theory of Entrepreneurial Opportunity Identification and Development, Journal of Business Venturing, 2003, 18：105-123。

Mullins（2002）则把创业机会分为客观方面（行业吸引力、市场吸引力、目标市场利益吸力、可持续优势），主观部分（团队的使命/个人志向和冒险倾向、执行关键成功因素的能力、与价值链内外的关系网络）。苗青（2006）则构建了一个二阶六因素模型，二阶由机会的营利性和机会的可行性两个因素构成，一阶则由新颖性、潜在值、持续性、实践性、独立性、可取性六个因素构成。陈海涛（2008）则把创业机会细分为机会的营利性（行业吸引力，经济性，竞争优势）和机会的可行性（创业团队、关键能力、社会网络）。他的研究实际上是在 Timmons（1999）和苗青（2006）研究的基础上发展出来的（陈海涛，2008）。

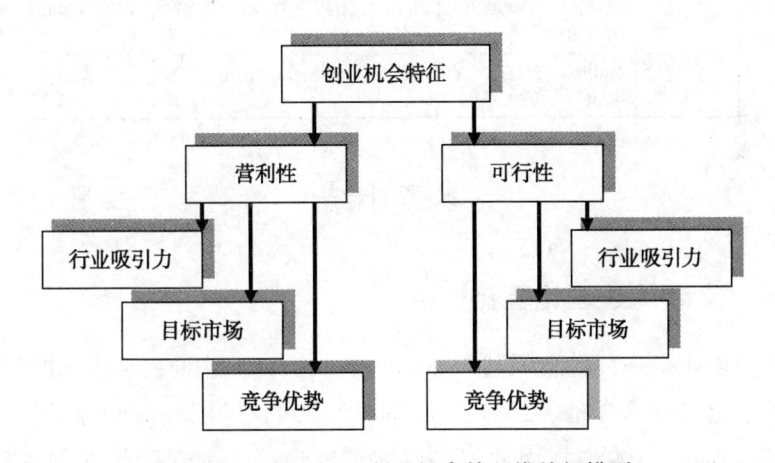

图 2 - 34　Timmons 创业机会的二维特征模型

资料来源：Ardichvili A., Cardozob R., Ray S1 A Theory of Entrepreneurial Opportunity Identification and Development, Journal of Business Venturing, 2003, 18: 105 - 123。

根据以往对创业机会特征的研究，我们对社会创业机会的特征进行汇总整合和分析。我们发现社会创业机会在双重底线的基本原则下，社会创业机会可以分为社会性和营利性两个完全不同的方面。在社会性方面，从文献中我们发现可以分为多元性、可行性和公平性三个维度，而在营利性方面我们发现可以分为持续性可获性和独占性三个方面。多元性主要是指社会创业的机会必须是多元利益相关者共同获益或者共同决策的机会，可行性是指必须可行，公平性是指福利分配必须在受益人群中比较均衡地分配；营利性中的持续性是指社会创业机会的营利必须能够持续而不是非常短暂的，而独占性则能够保障这种营利的能力，可获性则是营利是否能够获得，这是营利性的一个基本条件。

表 2-21　　社会创业机会特征的主要维度

二阶维度	一阶维度	主要学者
社会性	多元性	Guildford (2003), Frank Vanclay (2003), Finsterbusch (1980), Taylor (1990), Brudge (1994), Peredo & McLean (2006), Martin & Osberg (2007)
	可行性	Guildford (2003), Frank Vanclay (2003), Finsterbusch (1980), 陈海涛 (2008), Mair & Marti (2006)
	公平性	Thake & Zadek (1997), 靳海山 (2005), Guildford (2003), Frank Vanclay (2003), Finsterbusch (1980), Branch (1986), Brudge (1994), Dees (1998), Reis (1999)
营利性	可获性	Timmons (1999), Mullins (2002), Ardichvili (2003), 苗青 (2006), 陈海涛 (2008)
	持续性	Timmons (1999), Mullins (2002) 傅家骥 (2003), 苗青 (2006), 陈海涛 (2008)
	独占性	Mullins (2002), 傅家骥 (2003), Ardichvili (2003), 苗青 (2006), 陈海涛 (2008)

本章小结

一　文献综述理论基础

社会创业是一种社会运动（social movement），这种社会运动既带有很强烈的社会目的（Cook, 2001; Wallace, 1999），又具有创业和机会开发的特征（Dees, 1998），因此本书研究的理论核心就在于拓展创业理论，将创业延伸到社会领域，对社会领域的创业展开研究，而研究的对象则聚焦于社会企业家，是什么驱动他们进行社会创业，他们又是如何识别社会创业机会，以及他们是如何做出创业决策的。

本章内容以社会创业理论和研究为几点，从创业认知观出发，涉及认知心理、决策行为认知和创业机会理论三个主要研究领域，围绕社会创业动机、社会创业的机会识别以及社会创业的决策三个主要的研究对象，对以下几个方面进行了相关的文献回顾：社会创业基本理论；社会创业的动机理论以及动机、认知和行为关系的研究；创业认知过程和创业决策的研究；社会创业机会识别理论研究。通过文献综述研究进一步梳理出几个重要的概念：社会创业、社会创业动机、社会创业的机会识别、社会创业的决策，在这些概念的基础上进行了以上的文献综述。本书的所使用理论的核心架构如图 2-35 所示。

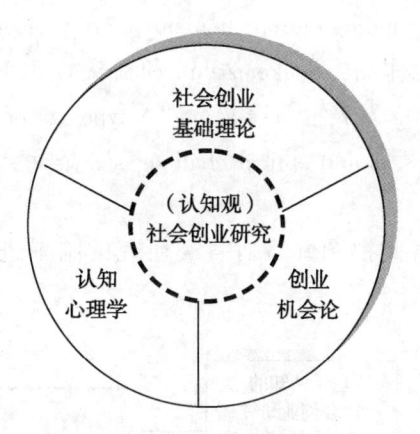

图 2-35　研究的主要理论基础

二　文献资料收集、分析步骤及文献研究框架

本研究的文献收集主要立足于社会创业领域的相关文献,查找社会创业、创业认知、创业机会和创业决策等研究的交叉,主要通过以下几个关键步骤进行:

(1) 通过关键字确定, "social entrepreneurship, Motivation, Opportunity recognition, Decision – maiking" 等。通过这些关键字的检索发现该领域的研究主题和已有文献。

(2) 主要通过 SDOL, Blackwell Synergy, Ei Village, PsycINFO, SSCI 等数据库的检索,通过提名、摘要、关键词等的交叉检索,对已有的研究成果进行全面的检索和分析,并将初步结果进行综合汇总,通过文献综述的形式汇总。

(3) 在 Dees (1998), Ana Maria (2006), Shane (1997), Timmons (1999) Naffziger (1997), Robichaud (2001) 等研究的基础上,我们发现主要有 18 本社会创业领域的学术期刊都关注社会创业的研究和实践,其中以三本杂志最为重要和知名,即 *Journal of Business Verturing*, *Entrepreneurship Theory and Practice* 和 *Journal of World Business*。

对于一些重点文献,本书重点罗列,如 Dees, J. G. 和 Elias, J. 1998 年在 *Business Ethics Quarterly* 发表的论文 "The challenges of combining social and commercial enterprise" 是社会创业领域的开创性研究,Baron 2004 年在 *Journal of Business Venturing* 发表的一篇文章 "Potential benefits of the cognitive perspective: expanding entrepreneurship's array of conceptual tools"是创业认知领域的奠基性作品，Shaker Zahra 和 Eric Gedajlovic 2009 年在 *Journal of Business Verturing* 发表了一篇文章"A typology of social entrepreneurs: Motives, search processes and ethical challenges"是社会企业家研究的开创性作品。

（4）设计文献各类视图并且对各类研究的结果进行归类汇总分析形成表格。

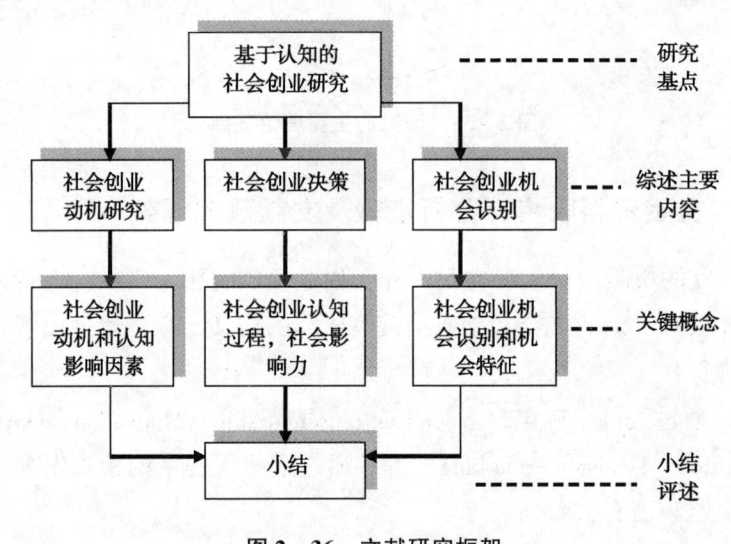

```
                  ┌─────────────┐
                  │ 基于认知的  │ - - - - - - -  研究
                  │ 社会创业研究│                基点
                  └──────┬──────┘
         ┌───────────────┼───────────────┐
    ┌────▼────┐     ┌────▼────┐     ┌────▼────┐
    │社会创业 │     │社会创业 │     │社会创业机│ - - 综述主要
    │动机研究 │     │决策     │     │会识别   │      内容
    └────┬────┘     └────┬────┘     └────┬────┘
    ┌────▼────┐     ┌────▼────┐     ┌────▼────┐
    │社会创业 │     │社会创业认│     │社会创业机│
    │动机和认知│    │知过程，社│     │会识别和机│ - - 关键概念
    │影响因素 │     │会影响力 │     │会特征   │
    └────┬────┘     └────┬────┘     └────┬────┘
         └───────────────┼───────────────┘
                     ┌───▼───┐
                     │ 小结  │ - - - - - - -  小结
                     └───────┘                评述
```

图 2-36 文献研究框架

资料来源：笔者整理。

（5）对文献的主题结构进行分别归类。

本研究的文献既有经典文献，也有最新文献，而且文献主要来源除了 *Journal of Business Verturing*、*Entrepreneurship Theory and Practice* 和 *Journal of World Business* 三本权威杂志以外，还有 *Journal of Small Business Management* 等杂志，基本保证研究所需文献的准确性和权威性。

三 文献研究综合述评

文献综述首先全面回顾和整理了社会创业领域的主要文献和研究，发现社会创业领域对于社会创业的概念界定仍然存在一定的争议，争议的焦点主要集中在社会创业究竟应该是由哪类组织来进行运作，不同的研究提出了不同的视角，而且从非营利部门、营利部门甚至公共部门进行的社会创业实质上在运作、策略和资源等方面都存在较大的差异，但是有一点学者们达成了共识，那就是社会创业最大的特征就是双重底线"double bottom line"，既有很强的社会目的，同时又使用典型的商业手段和方法。社会创业的研究中普遍采用定性的研究和案例研究，甚至采用社会学领域的扎根理论，但是非常缺乏实证研究。

文献综述接着回顾了创业动机理论以及社会创业动机研究，发现已有的创业动机几乎无一例外地基于利己的动机，也有少量利他动机（如家庭保障等）的研究，许多实证研究也证实了这一点。但是社会创业却具有完全不同的特点，由于社会创业的根本目标是社会性、利他性的，因此在普通商业创业研究中的利己动机就会变化，因此文献展开了更为深入的分析，从普通商业创业和社会创业提供服务的差别入手研究发现商业创业更多的是提供"私人产品和服务"，而社会创业则更多地提供"公共产品和服务"，私人产品和服务的提供是基于等价交换的市场原则，而社会产品的提供则完全不是如此，因此文献进一步回顾了提供公共服务的动机（PSM），发现希望提供公共服务并进行社会创业的人的动机与商业创业者的动机显著不同，这也构成了社会创业者与商业创业者最为重要的差别，但是已有的研究并没有对这种差别进行深入的研究，更没有定量研究。

再次，文献综述回顾了创业认知，认知过程和决策理论，创业研究中已经从特质论转向互动认知论，也就是研究发现创业者自身具有一定的认知特点，环境中也有一些特殊的机会特征，二者结合才是创业认知的根本，创业者才能发现机会，才能进行创业。然而已有的文献中在因变量的研究上更多的是从心理学的创业意向角度研究，而没有从创业决策角度进行研究，实际上如果从已有的认知研究和基于动机的行为决策研究进行综合的话，我们可以发现动机会影响机会识别（认知），进而影响决策。对商业创业的研究在这个领域已经很丰富，但是由于社会创业者虽然具有和商业创业者类似的认知特征，然而创业机会的特征却大不相同，因此在社会创业认知和决策的研究中缺少研究，更缺少实证研究。

最后，文献综述回顾了社会创业机会识别的理论，实际上这个理论的基础理论就是创业的互动认知论。作为研究的重要内容，这部分主要对社会创业机会识别的过程、机会识别认知论基础以及机会识别过程中机会的特征维度进行了深入的综述并进行了汇总，发现在社会创业领域仅有创业机会的形成机制研究，但是对于社会创业的机会特征仅存在非常零碎的研究，通过综述我们发现对于社会创业的机会特征仍然是一个双重底线，既具有社会性又具有营利性，这样才构成一个典型的社会创业机会。

从文献中，我们总体发现社会创业研究仍然处于起步阶段，对于社会创业的概念和非部门和分组织类型的深入研究仍然非常缺乏，作为创业的一种，文献仍然大量借鉴社会学领域的社会影响力等和创业领域的机会论和认知论等已有理论，尚未形成自身的具有完整框架性的理论结构。

第三章

探索性案例研究

本章在现实背景和理论背景,以及第二章文献梳理的基础上,针对所要研究的主要问题从大量调查并访谈的案例中选取不同类别的 5 个 (4 个社会企业家创业和 1 个商业企业家创业) 具有典型意义的案例进行深入探索性案例分析,通过案例内部的分析,以及案例之间的横向比较,而后经过理论预设、案例选择、数据收集和数据分析的过程而后构建出基本命题以及在基本命题基础上产生的社会创业动机、机会识别与创业决策的概念研究的初始概念模型。案例的研究有助于提炼出基本概念框架和基本假设,并为后面的实证分析提供基本的理论预设。

第一节 案例研究方法

一 探索性案例研究方法概述

案例研究是管理学、心理学、社会学和经济学等领域广泛使用的一种较为成熟的研究方法,相较于其他定量式的研究方法,案例研究方法更有利于摆脱先验研究、已有文献和权威观点的影响,通过扎实的具体个案分析,可以形成全新的研究视角、观点的框架甚至是全新的研究领域 (Eisenhardt, 1989)。案例研究方法包含有设计逻辑 (designed logic)、特定资料收集等独到的分析方法 (Yin, 2003),通过这种研究方法探索难于从所处情境中分离出来的现象,并试图回答"原因是什么""这些原因是如何产生的""结果是什么"等问题。案例研究和其他研究相比较,存在不需要对过程进行控制、研究焦点较为集中等优点,而且能够回答较为全面的问题 (Bethesda, 2001)。

表3-1　　　　　　　不同研究方法的适用性和使用条件

研究方法	研究问题类型	是否需要对研究过程进行控制	研究焦点是否集中在当前问题
实验方法	怎么样，为什么	需要	是
调查方法	什么人，什么事，在哪里，有多少	不需要	是
档案分析方法	什么人，什么事，在哪里，有多少	不需要	是/否
历史分析方法	怎么样，为什么	不需要	否
案例研究方法	怎么样，为什么	不需要	是

资料来源：COSMOS Corporation. National evaluation of local law enforcement block grant program: Final report for Phase I. Bethesda, MD: Author. 2001, March。

不同的研究方法具有差别之外，案例研究也有不同的方法，并且适用于不同的研究对象、研究目的等。传统的案例研究可以分为因果（casual）、描述（descriptive）和探索（exploratory）（Yin，1994）。随着案例研究方法本身的发展，案例研究产生了更为细化的分类，既可以是基于个案的分析，也可以基于多案例的比较分析。而无论是针对个案还是多案例的横向分析，案例研究都可分为探索性、描述性、解释性（因果性）和评价性四类（Bassey，1999；Yin，2004ab；孙海法，2004；许冠南，2008）。

表3-2　　　　　　　案例研究类型的不同目的和侧重点

案例研究类型	主要研究目的	侧重点
探索性案例研究	寻找对事物的新洞察，或尝试用新的观点去评价现象	侧重提出假设
描述性案例研究	对人、事件或情景的概况做出准确的描述	侧重描述事例
解释性案例研究	对现象或研究发现进行归纳，并最终做出结论，对相关性或因果性的问题进行考察	侧重理论检验
评价性案例研究	对研究的案例提出自己的意见和看法	侧重于就特定事例做出判断

资料来源：根据Bassey（1999）、Yin（2004）、孙海法（2004）和许冠南（2008）的观点和研究整理。

探索性案例研究在于提出问题和假设，并且通过案例研究判断假设在案例的逻辑层面上的正确性，通常这样的案例研究是后续实证研究的基础或者说是必不可少的过程，在缺少先前文献经验数据和经验知识的基础上，探索性案例研究显得尤为重要，它保证了理论预设的案例准确性。探索性案例研究的应用能够发现许多研究方法不能获得的经验知识，并基于此寻找潜在的变量和变量之间的关系，进而生成和发展出一套理论系统，用于接下来的实证研究和检验，因此从这个角度来说，探索性案例是缺乏实证研究和先验研究基础的那些新领域研究的重要的前端过程，通过探索性案例往往能够产生新的理论（叶康涛，2006；王金红，2007）。

由于本书的研究对象社会创业尝试从个人认知视角来探索创业动机对机会识别和决策的影响机理，还没有形成完善和丰富的理论假设，在此采用探索性案例分析来进行理论预设和模型构建较为合适，为后续研究奠定了良好基础。

二 探索性案例研究步骤

探索性案例研究主要包括以下三个步骤：第一步是准备阶段，主要是进行研究问题的界定、研究案例选择和研究方法的选择（Eisenhardt，1989）；第二步是研究执行，这个步骤的过程主要包括资料收集、资料分析和假设形成阶段；第三步是结束和完善阶段，这个过程的核心是与已有文献进行交叉对比，进而使理论更加完善（Eisenhardt，1989；项保华、张建东，2005；Yin，2003）。

表 3-3　　　　　　　　　　案例研究的步骤

	步骤	活动	原因
准备	启动	界定研究问题、找出可能的先验理论框架、不受限与理论与假说	尽量聚焦问题 提供概念构想测量基础 维持理论与研究弹性
	研究设计与案例选择	确定案例选择的总体 理论抽样，非随机抽样	限制外部变异，提高外部效度聚焦于具有理论意义的案例
	测量工具与方法选择	采用多种数据、资料收集方法 定性与定量资料组合 多为研究者共同参与	通过多方验证，增强研究可靠性 多种数据、证据的综合 采纳多元观点，集思广益
执行	资料收集	反复进行资料收集和分析，数据收集和记录现场笔记同时进行，弹性灵活的数据收集	尽快进行分析，调整资料的收集，充分理解案例中出现的主体和特征
	资料分析	案例内和案例见分析寻找案例的共性	熟悉资料，进行初步理论建构和多视角
	形成假设	对各概念构想，进行证据的多次复核、逻辑复现，寻找关系背后原因	明确变量定义、测度和测量证实、补充和精练理论建立内部效度

续表

步骤		活动	原因
完善	文献对话	与观点矛盾的文献相互比较 与观点一致的文献相互比较	建立内部效度，提高理论层次，强化概念构想；提升类推能力完善变量提高理论层次
	结束	尽可能使理论丰富和完善	当改善的边际效用较低时，结束案例分析

资料来源：Eisenhardt, K. M. Building Theories form Case Study Research. Academy of Management Revies, 1989 (32), 543–576.

第二节 研究设计

一 理论预设的提出

社会创业作为创业领域最前沿的研究和实践，已经成为目前民间解决社会问题的主要方式之一。在中国非营利组织受到登记限制、民间公民社会未能完全形成的情况下，许多社会问题的解决是通过社会创业的方式解决的，社会创业既有营利的手段又兼具有社会的目标，因为很多的社会目的事业和项目往往需要外部的资源才能够有效实施，在政府资源有限的前提下，社会创业是一种必然的选择。社会创业的核心主体是社会企业家，作为创业者的一种，为什么他们选择了社会创业而不是普通的商业创业，他们选择社会创业之后如何识别很好的创业机会并最终形成有效的决策，这些都是社会创业实践操作过程中的重要课题。由于社会创业的现象在中国才刚刚出现，因此遗憾的是，相应系统的理论还非常缺乏。本研究正是在这种背景下，希望能够在理论上有所开拓的同时对社会创业的实践也有积极的指导意义。

在社会创业领域，与商业创业不同的一个关键点是创业者的出发点主要是利他的（altruism），他们追求社会公正（social justice）（Thake & Zadek, 1997），解决某些社会问题使公共利益得到保证，公共福利增加（Drayton, 2002; Alford et al., 2004; Said School, 2005），社会企业家往往同时拥护经济和公益目标（Dorado, 2006; Thompson & Doherty, 2006），社会企业家的动机中最为核心的就是社会创业，即利用机会来进行社会变革和改善（Shaker, 2009）。在如此多的文献中，社会企业家利他动机相辅相成的就是他们提供的核心产品（服务）是公共服务（public service）。当然社会企业家并不只有利他动机，他们同样拥有利己的动机，准确地说是混合动机，因为许多学者在研究社会企业家时也发现他们有着很强自我实现动机，发现社会需求（例如，搜索过程），追求社会创业的机会，追求社会影响的广泛性，以及制度的变革（Pearce & Doh, 2005; Zahra et al., in press）。作为创业的一种，社会企业家也有很强的风险倾向（Hayek, 1945; Schumpepter, 1942）和对不确定性的容忍，有强烈的内在控制倾向，因此社会企业家的动机在文献的基础上，我们可以认为他们在商业创业的基础上扩展了，他们既具有利己的动机也有利他的动机，他们是一个利己与利他的混合体。同样在以往的研究中，商业创业的核心动机还是自利的，但也有一些研究囊括了少数的利他动机，但是总体上以往商业创业的研究当中，基本的假设是利己主义，所有的创业动机无一例外来源于利己的动机（egoistic motivation），更为准确地说，这是一种自私的动机，而不管这种自私地结果是利己还是利他（altruism）的。有些学者虽然极力辩解，商人的核心动机是无私地服务于社会和雇员，但是实际上从出发点来看，动机是利己的（Shane, 2003）。真正的理性的利己动机包括对工作的热爱，享受创建组织并从中获利的过程，创业者只是被对他自己有利的动机所驱动，并且做任何达到这个目的需要做的事情。实际上，还没有真正关于自利方面的定量研究，但是 Baum（2001）尝试着用其他因素来解释公司的成长绩效，他把个人特质、基于任务的动机、技能、策略和环境这五个维度和激情（passion）放在一起研究，结果发现非理性自利的激情对于公司成长也有积极的正向影响。从以上的文献中我们发现，社会企业家的动机中既有利己也有利他，只不过侧重利他，经济利益只是一种手段；而商业企业家的动机也有利己和利他，只不过侧重利己，社会影响力只是一种副产品而已。

如果认知回答了"是什么"的问题，那么动机就回答了"为什么是"的问题，动机就是内心对于一个客观事物唤起行为重要性的评估。动机中四个重要的概念是：需求（物质和心理健康上的需求）、价值（一个人认为有益或者有好处的事情，并且会努力去获取）、目标（特定价值就会形成特定的目标和特定的行为）和情感（这是一个人对价值进行自动评估的过程和表现）（Locke, 2000）。动机、价值和目标通过三种方式对行为产生影响。第一，这三个因素决定着行为的方向，就是

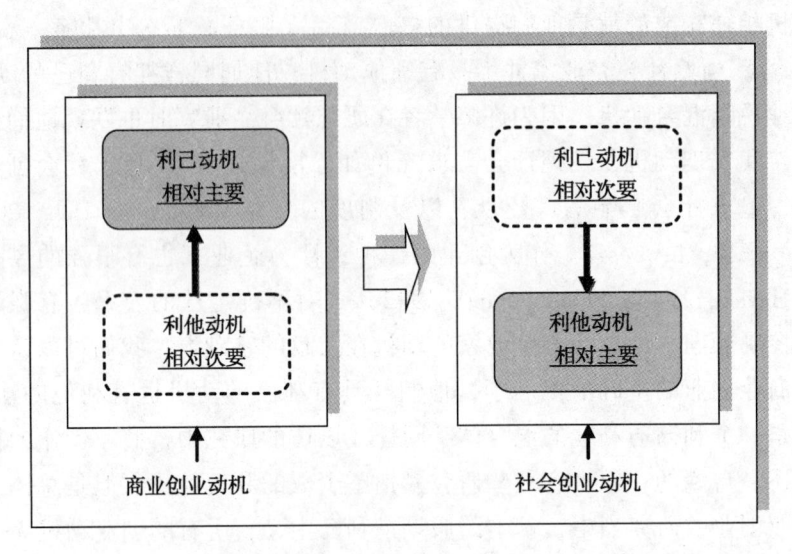

图 3-1　社会创业与商业创业动机构成及相对关系的理论预设

以价值和目标为导向。第二，价值和目标影响着行为的强度，而这种影响是基于价值的重要性判断。第三，价值和目标会影响着行为的持续性，也就是努力的持久性。价值和目标导向都自动和有意识地对行为产生影响。情感就是这种自动和有意识行为的体现，每一个情感都有唯一的价值判断形势（Lazarus，1994），情感包括了内建（built-in）的行为倾向（Arnold，1960），情感对行为有影响，但不一定导致行为。需求也同样间接影响行为。因此，动机就是从需求到价值判断到目标设定的过程，需求引发了对价值选择和判断，而价值则引发了自我目标的设定，并最终导致行为。社会企业家作为社会创业的主体，在"动机—行为"理论的框架下，对于"社会创业动机—决策行为"的理论预设也同样适用，同时在 Locke（2000）基于创业人类行为的驱动模式研究框架下（他认为动机和认知共同驱动了人类的行为），我们提出了社会创业基于动机、认知特质和决策行为的理论预设。

创业是一个机会发现、评价和开发的过程（Shane & Venkataraman，2000）。这个定义显然没有要求创业者是一个组织的创立者，更重要的是这个定义认为创业是一个创造性的过程。通过重新组合资源，创业者进行创造性的活动，当然创造性的程度取决于不同资源之间组合所产生的效果。沿着这个定义，创业的主体实际上还是人，创业过程的"发生"是因为人们追寻创业机会。人们追寻机会的愿望和能力的差异决定

```
       ┌──────────┐
       │ 认知特质  │
       └────┬─────┘
            │
            ▼
┌──────────┐   ┌──────────┐
│社会创业动机│──▶│社会创业决策│
└──────────┘   └──────────┘
```

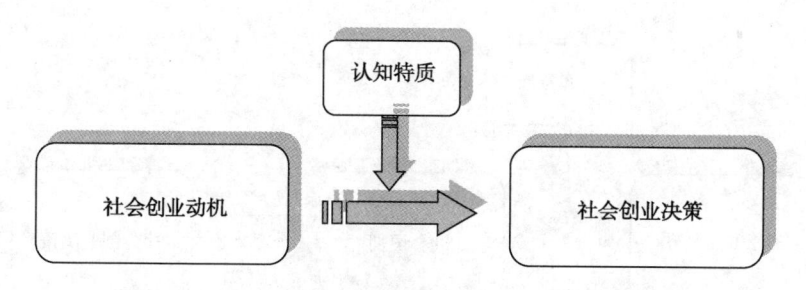

图 3-2 社会创业动机对创业决策影响的基本理论预设

了他们是否是一个创业者，当然前提是这些愿望和能力确实对创业过程产生影响，人们在这些动机上的差别使他们在发现机会、获取资源和执行整个创业上产生升了重要的区别，而且创业动机作为个性上的特质，包括成就需要、自我效能感、控制源、创业目标等（Shane，2003）。研究者发现，影响创业者创业的愿望和能力的因素中也有很多非动机性的个体差异（non-motivational individual differences），包括创业的机会成本（opportunity cost）（Amit，Meuller & Cockbum，1995）、资本存量（Evans & Leighton，1989）和社会关系（social ties）（Aldrich & Zimmer，1986）以及职业经验（Carroll & Mosakowski，1987；Cooper，Woo & Dunkleberg，1989）。虽然这些非动机的因素确实影响着创业过程，但是动机因素也确实影响着创业的过程，人们对风险和机会的感知确实影响着创业的决策（Shane & Venkataraman，2000），而且人们在了解可能有的不同结果之前对风险的态度就会有很大的差异（Palich & Bagby，1995；Olson & Bosserman，2001）。以 Shane（2003）为代表的创业者机会认知与外在环境互动决策论是目前最为流行的创业机会论，在创业机会的认知和环境交互理论的基础上，本研究对社会创业动机对行为影响的基本理论预设进行了拓展。

如果社会创业动机图 3-1 预设的利己和利他动机通过检验，那么社会创业动机的维度构成就变成利他和利己两个维度。对于社会创业机会而言，许多学者往往认为社会创业的机会是具有双重底线（社会价值和经济价值）的私营、公共和志愿部门和创新性活动的机会（CCSE，2001）。在这些界定中，最重要的内涵和标注就是双重底线，这个标准成为社会创业普遍认同的重要标志，这个观点把社会创业的社会和经济面放在了平等的立足点上（Dees，1998；Reis，1999；Mort et al.，2002；Mair & Marti，

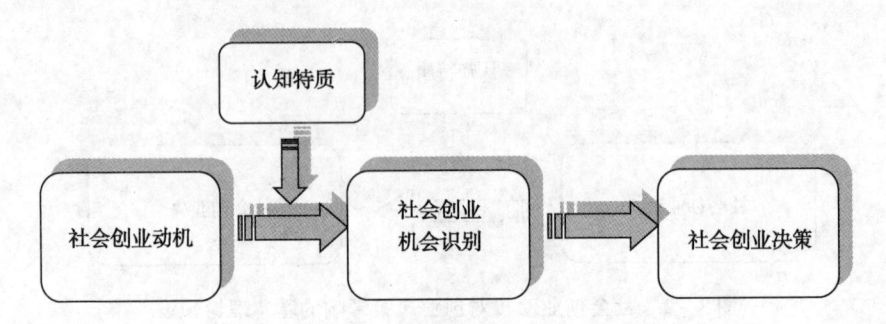

图 3-3　社会创业动机对创业决策影响的全过程理论预设

2006a；Peredo & McLean，2006；Martin & Osberg，2007），因此社会创业机会识别的理论预设就是两个主要的机会特征：社会性和营利性。而在创业决策绩效的研究方面，由于社会创业的最终目标显然与商业创业目标具有显著的不同，因此创业决策的绩效评价就与商业创业完全不同，而在社会学领域中，社会影响力、社会产出和责任是最为重要的衡量社会项目产出的指标，同时也是衡量社会创业决策的重要指标，因此在创业决策绩效的评价中，本书预设创业决策的影响力由这三个方面构成，并且用它们来衡量创业决策的绩效。在认知的特质方面，社会企业家的创业敏感性、以往知识和认知风格是三个重要的认知特质。

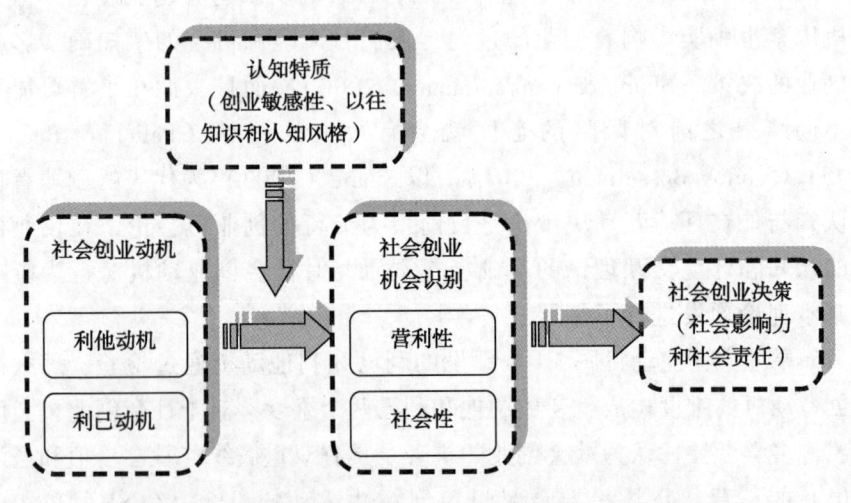

图 3-4　社会创业动机对创业决策影响的全过程理论细化

二 案例的选择

在案例研究中,对于案例个数的选择一直是讨论的主题之一,但是以往的学者基本认为理想的归纳案例原型个数在4—10个之间(Eisenhardt,1989)。重复验证是一种比较重要和流行的方法,这种方法可以提高案例研究的结论准确性和分析效度,因此选择多案例的研究方法研究社会企业家社会创业动机对决策的影响机制,研究选择4个社会企业家创业的案例进行研究,同时还选取1个商业企业家的案例进行研究与社会企业家的案例进行比较,从而研究社会创业动机和商业创业动机的异同。

由于笔者不仅从事社会创业的理论研究,而且从事社会创业的实践,主要是社会创业的融资,因此可以接触到大量的社会企业家以及大量的社会创业实践案例,因此笔者通过田野研究(field research)积累了大量的社会创业实践和理论知识。在这次案例研究中,笔者选取4个社会企业家社会创业的案例进行深入研究,探索社会创业动机通过机会识别对创业决策的影响机制,另外从这4个中选取1个,并同时选取1个商业企业家的案例,通过这两个个案的对比研究,寻找社会企业家和商业企业家创业动机的差别。本研究选择案例的主要标准如下:

(1)案例选择限定在中国本土的社会企业家进行的社会创业,以降低诸如文化差异和制度差异等在内的外部变异性。

(2)案例选择的组织类型也具有一定的代表性和分散性,既有企业也有非营利组织,这样能够保证有一定的组织分布和代表性。

(3)为达到更好的多重验证性效果,本研究选择的案例既有决策良好的,也有决策失误的社会创业。

(4)研究并非随机选择案例,而是根据信息资料的可获性和丰富程度以及代表性来选择,这样可以保证研究案例的深入性和完整性。

三 案例数据的收集

本研究在案例数据收集的时候主要遵循以下一些基本原则(Yin,2003):

1. 尽可能使用多证据来源,通过交叉验证提高案例研究的效度

每一个案例的研究都通过多数据源收集数据,为了验证社会企业家

的创业动机和行为，在方法上采用以对社会企业家面对面访谈为主的直接方法，对主要管理人员访谈和网络资料检索为辅的验证方法，以及电话、会议和电子邮件为主要途径的信息补充方法。本研究对社会企业家和该社会企业家所创立形成组织的主要管理人员进行半结构的深度访谈（访谈提纲见附录1），访谈时间一般安排在3小时左右，除一些特殊情况外，访谈时间不少于2小时。其中对于社会企业家的访谈平均持续4小时左右，而对其主要管理人员的访谈验证该社会企业家的动机、决策的时候，访谈时间则相对缩短，平均约为2小时。除了访谈之外，本研究还通过网上资料检索（包括各类专业数据库和新闻资料等）来侧面分析社会企业家的动机和行为。除了以上这三种方法之外，本研究还通过电话、会议和电子邮件的方式作为补充资料、信息核对的主要方式。

2. 形成相对完整的资料整理笔记和汇总案例库，通过多案例的完整分析提高信度

探索性案例研究过程中首先形成的录音、录音整理文本、网络资料（专业数据库和新闻资料）检索等基础资料，把这些基础资料归并到案例库中，进行分类编码和横向整理，提出初步设想和理论预设，而后在这些基础资料的基础上形成主要观点的分析，把这些观点也进行分类放入案例数据库。在研究中，我们现场录音一般征得对方同意才开始录音，并在访谈结束之后6小时内迅速整理基础材料并且归并，以保证案例的鲜活性和思考的连贯性；对社会创业组织的一些基本资料收集主要还是通过收集他们的宣传资料和网络资料检索两种途径。通过这样的研究基本可以保证研究结果的可靠性和一致性也就是信度。

3. 案例资料的关键关系整理——证据的链接

案例研究的初始资料收集完成以后，就需要对原始的数据进行提炼和汇总，并进行考证，通过对现场性和原始性的资料提出基于理论关系的理论预设。在应用各类证据的时候，本研究都将主动注明资料来源、访谈的时间地点等，这样可以很好地把研究问题和逻辑有机地汇总起来。

表 3-4　案例资料的来源

项目和社会企业家	访谈时间和方式	访谈对象	文档资料	观察方式
多背1公斤（余志海）	2009年1月，QQ视频会议	余志海	组织宣传资料，组织历史资料，会议录音整理文档	视频会议，网络公开资料收集整理
	2009年5月，面谈	余志海、资深志愿者、投资管理者	组织内部资料（包括资金管理、志愿者管理等），创业经历整理	整体座谈；项目的实地运作考察；对余志海的单独面谈
	2009年12月，面谈	余志海	个人动机特质和基本分析资料；创业机会和决策判断	深入单独面谈
上海欣耕工坊（林颖、朱柄肇）	2009年3月，面谈	林颖	组织历史资料，会议录音整理文档，个人动机特质和基本分析资料；创业机会和决策判断	网络公开资料收集整理，林颖的单独面谈
	2009年7月，面谈	林颖、朱柄肇、主要管理人员、上外sife志愿者	组织内部宣传资料（包括资金管理、志愿者管理等），创业经历整理	整体座谈；项目的实地运作考察
	2009年8月，面谈	朱柄肇	个人动机特质和基本分析资料；创业机会和决策判断	深入的单独面谈
乐龄合作社（王艳蕊）	2010年3月，面谈	王艳蕊、主要管理人员和部分志愿者	组织历史资料，会议录音整理文档	整体座谈；项目的实地运作考察
	2010年3月，面谈	王艳蕊	个人动机特质和基本分析资料；创业机会和决策判断	深入的单独面谈
自然体验营（胡卉哲）	2010年4月，面谈	胡卉哲、主要管理人员和部分志愿者	组织历史资料，会议录音整理文档	整体座谈；项目的实地运作考察
	2010年5月，面谈	胡卉哲	个人动机特质和基本分析资料；创业机会和决策判断	深入的单独面谈
新航地产中介（潘小口）纯商业创业案例	2010年1月，面谈	潘小口	个人创业动机特征和创业组织基本资料	深入的单独面谈

四　数据的分析方法

案例研究的主要分析方法其实非常简单，包括案例间分析（case cross analysis）和案例内分析（case inside analysis）。虽然分类简单，但是操作和结论得出仍然具有很大难度。本研究希望同时通过案例的独立分析全面性解析和案例之间的内在规律比较和抽象，得出理论假设和基本逻辑关系（Eisenhardt，1989）。

案例内分析主要是通过社会企业家个人创业经历叙述所体现的创业动机、对创业机会的判断和通过创业组织运营现状所体现的创业决策绩效对这些主要的变量进行编码，并把这些编码生成表格，从而识别单个案例内的变量特征，为后面的研究提供个案基础资料。

案例间的研究，主要进行的是案例之间关键特征变量的横向比较。这个研究的关键意义在于初步明确社会创业动机、机会识别和判断以及创业决策绩效之间的关系稳定性，进一步验证单个案例得出的理论预设。然后，通过对比不断完善理论预设和理论模型。一般多个案例对比往往采用"两两"对比的方法进行分析，以保证对比结果的直接性和显著性，如果进行三个以上的对比，往往由于过于复杂得不出显著的结论和因果关系（项保华，2005）。

第三节 案例简介

一 余志海和"多背1公斤"

余志海1973年出生在广东省江门市恩平农村，他平时喜欢旅游，每次旅游都被城乡间教育的巨大差距所震撼。在面对这种公共利益缺失现状的时候，他常常思考一个问题："作为一个普通的公民，我能为乡村的孩子们做些什么？"他常常陷入这种深深的思考中去，在让余志海思考这个问题。因此他毅然辞去了工作，创建了多背1公斤这个组织。然而创立这个组织之后，他面临的最大难题就是钱从哪里来，由于自身公益事业并没有显著的营利手段，因此探索可盈利模式是维持自身发展所必需的。公益型社会创业组织必须自力更生，必须找出适合自身性质的盈利模式，2008年多背1公斤在灾区新建了50个板房图书室项目，是迄今成功的可以复制的产品盈利模式和案例。这些图书室项目不仅具有一定的盈利水平，而且成功地为社会目的进行了服务。余志海的创业产生了极大的社会影响，在2007年全职社会创业后，就组建了社会创业团队，并且在运营模式上依托企业，在2008年4月成立了爱聚（北京）咨询有限公司，以社会企业的方式运营。目前全职团队七人，由来自技术、商务、乡村教育领域的专业人士组成。多背1公斤到目前为止，已经在全国形成过了极大的影响力，近万人次直接参与了多背1公斤，间接影响人群估计过100万。特别是在四川汶川地震后为灾区近 100 所学校建立了图书室（角），直接受益学生超过 8 万人，主要省份受益学校数量（每天都在更新中）四川 230 所，贵州 150 所，云南 135 所，甘肃 70 所，广西 60 所，湖南 25 所。多背 1 公斤自从 2004 年创立以来通过不断提高社会影响力，获得了许多社会荣誉和社会认可，在 2007 年、2008 年、2009 年多次获得各类各项荣誉，这些荣誉都是对其社会影响力和社会目标实现的肯定。

表 3-5　　多背 1 公斤取得的社会影响力和社会评价

年度	主要的社会影响和社会认可
2007	上海浦东非营利孵化器首批五家支持公益组织之一
2007	联想公益创投五家示范公益组织之一
2007	金犀牛户外荣誉奖
2008	联想公益创投支持单位
2009	联想公益创投支持单位
2009	社会企业家技能培训商业计划大奖
2009	CCTV-12 慈善导航行动最具创新力大奖

多背 1 公斤是一个成立于 2004 年、致力于"乡村教育和儿童关爱"的社会创业组织，这个组织的目标就是通过自己的积极的社会活动和商业盈利模式的嵌入实现社会目的。由于中国有 40 万所乡村学校，这些学校包括中小学，主要分布在全国各个省份的山区和偏远地区，而且这些学校有超过 6500 多万生活在贫困地区的乡村儿童需要接受基本的教育及关爱；而目前公益组织包括非营利组织的服务能力非常有限，仅有 5%—6% 的乡村学校得到过各类公益组织有限度的服务，乡村学校在教学硬件、图书、信息、师资等方面存在巨大需求，全国乡村学校分布广泛，各地、各校需求不一，个性化需求难以通过政府、大型 NGO 工作进行解决，因此多背 1 公斤就在这样的背景下诞生了。

多背 1 公斤的主要运营模式就是将公益与旅游（每年有 3 亿人次出行）结合，通过旅途中的举手之劳将物资带给乡村学校，并通过互动开阔乡村儿童的视野。这种嵌入式的运营模式不仅很好地把旅游活动与公益活动有机地结合在了一起，而且把商业模式和公益模式结合在了一起，通过与商业旅游的结合获得一定的资金来源。多背 1 公斤的主要理念是快乐公益，放下责任感和使命感去做事情，模式简单易行、可复制，过程充满快乐、随意、有趣和平民化；价值观是平等交流、快乐行动，公益行动是一种双向的分享和交流而非单方面的同情和给予。多背1公斤的主要公益运营过程是：传递—交流—分享。传递就是出行时多背一公斤书籍和物资，为乡村学校带去必需品；交流就是到乡村学校与孩子们共同游戏和活动，传播知识，分享快乐；分享就是回来以后与其他人分享交流，促进更多的人参与公益旅游。

图3-5 多背1公斤公益旅游的公益运营过程

二 林颖、朱柄肇和"欣耕工坊"

林颖作为社会创业组织的发起人和最重要的运营者之一，最初是《解放日报》的记者，她产生这个创业想法的初衷是因为她在河南采访艾滋村的时候，发现当地艾滋病感染者因为病情无法从事体力劳动，但是他们也没有脑力劳动所需的知识和技能，因此铤而走险在家里制作违法的爆竹，这样不仅不安全，而且得不偿失，其结果就是爆炸事件时有发生，残疾、死亡更是经常，这更加重了当地的生存危机。因此，林颖一回到上海就和朋友们讲述内心的感受，她表现出一种极强的社会责任感，而且把她的这种感受通过照片的形式传递给所有的朋友并且打动了他们。她的这种情感和行为表现出的是一种对别人利益的关怀和关注，正是出于这些想法，她才发起了这个组织，她看到了这个机会的社会性。而另一位社会创业者朱柄肇则是一个有多年从商经验的新加坡华人，在他第一次看到这些艾滋村的悲惨照片之后，也被深深打动了，但是他却从商业视角提出烟花爆竹的制作应该从原来的非法高险爆竹制作改成安全、干净的家庭手工艺品制作，这样不仅降低风险，而且可以提高收益的稳定性。他从产品和市场的角度提出了解决这个社会问题的看法，最后认为必须有人在这个村里建立一个手工作坊，培训当地人的手工艺水平，这样才能达到帮助提高他们生存能力的目的，同时这种模式也能保证产品通过销售正常进行项目运作。正是他们两个人从社会性和商业性的不同视角提出对解决这个社会问题的看法，才形成了最后的社会创业决策和行为，他们在项目的运行中始终抱着要把长期生活在父母负面的情绪和生存状态中的孩子置于安全、温暖和正常的环境中成长的目的，因为儿童时期对人们的成长具有关键的作用。

上海欣耕工坊是一家成立于2007年并专门致力于提高社会弱势群体生存能力和收入水平的社会创业组织，他们通过项目组织的方式，搭建以产品为导向的项目平台，为弱势群体提供生存能力的培训，而这些弱势群体特别包括那些社会中收入水平较低且缺乏基本生存能力的阶层。上海欣耕工坊的基本经营理念是"授人以鱼，不如授人以渔"，如果单纯地通过项目运作提高弱势群体的收入水平，从本质上无法解决真正的脱困，要让这些人真正的脱困，只能帮助他们提高生存的能力，因此应通过"培训，生产，再培训，再生产"的模式提高这个群体的生存能力，达到改善贫困地区和城乡弱势群体生存状况和提高生活水平的目的。他们的受益人群不仅包括城乡贫困人群，而且包括残障和患病等失去生活来源的弱势人群。这个社会创业组织他们最终的扶贫目的"不在于给予受助者资金和资源，而在于为贫困中的人们创造平等的就业、劳动和接受培训的机会，给予他们足够的尊重"。

上海欣耕工坊创造出"造血式"的扶贫模式，通过商业运作来提高弱势群体的社会竞争力，同时也为他们提供就业和培训的机会和平台。他们目前运营着两个非常重要的分项目。一个就是"自渔自乐"残疾人工坊项目，这个项目从2009年开始实施，是从上海市社区公益大赛中脱颖而出的项目，就是为上海市静安区江宁街道阳光之家里的残障人士提供扶贫服务，主要通过缝纫技能和手工艺等培训，提高残疾人的简单生存能力。一方面，他们通过"培训，生产，再培训，再生产"提高手工艺水平，提高社会生存能力，而且还提供励志和心理辅导培训，帮助他们从精神和物质全方位积极面对人生、社会和生活；另一方面，这个项目也奉行上海欣耕工坊"助人先自助"的原则，通过"产品设计、培训、生产、销售、再培训、再生产"的盈利模式进行营利活动，如果没有这个营利模式的支撑，他们是很难生存下去的。上海欣耕工坊的第二个重要项目就是河南贫困弱势群体的环保类家庭手工作坊，这个项目突出环保和扶贫双重题材，专门培训乡村家庭妇女参加环保产品生产和加工获取收入。当然这个项目的扶贫也基本限于劳动和雇用，在产品设计上则由专业人士进行。到目前为止，已为 200 名 35—50 岁的乡村家庭妇女提供了就业岗位和机会，月均增加收入 500 元。在经过培训以后已有 2/3 的受助者，自己开始创造就业机会或者创业，这不仅提高了弱势群体的社会生存能力，而且提高了女性在家庭中的社会地位，促进了社会的平等与和谐。这两个项目的主要产品包括布老虎、手工 DIY 老虎明信片、帆布手提袋、青花瓷记事本、土布手机套等 30 多项产品。总体来看，上海欣耕工坊的运作模式是典型的"劳动雇用的模式"，通过在商业的雇用环节实现社会目的。这种模式的好处是商业能力和公益能力很好地结合在一起，虽然商业服务对象和公益服务对象是分离的。这种模式能够有效地降低成本。

培训 ▶ 生产 ▶ 再培训

图 3-6　上海欣耕工坊扶贫目标的雇用加培训公益模式

三　王艳蕊和"乐龄合作社"

2007 年 3 月，王艳蕊从中国政法大学经济法系毕业以后，就投身于社区公益组织的创建和活动开展中。她发起成立了助老服务的民间公益机构"乐龄合作社"。早在 2005 年，她就曾被美中关系协会选中前往美国参加一个月的公益事业管理培训，她具有 NGO 的丰富工作经验，她说她愿意投入时间、金钱来推动机构使命的实现。她的谈话无不表现出对事业的执着、强大的执行力和对公共利益的追求。

乐龄合作社始建于 2007 年 3 月，是一个专门从事社区居家养老服务的组织，实际上这个组织并不是一个真正的合作社（合作社的注册要求很高），而是以合作社的运作形式为愿景。这个组织在 2008 年 10 月由发起人投入 10 万元注册资本注册。团队不仅有在 NGO 多年工作经验的发起人，还有专业社工，同时还有健康管理、老年护理等相关专业背景的专家顾问、志愿者等。乐龄的含义就是让每一位老人享受乐龄年华，实际上，"乐龄"这个词不仅重新诠释了一个人生阶段，更提倡了一种全新的生活态度，就是积极自主的老年新生活，时尚、个性、享受快乐和独立，在现代老年人身上表现出更多超越传统的精神气质。由于中国老龄化社会的提前到来，因此乐龄的目标非常明确，就是给老年人提供服务，但是究竟提供什么服务呢？在刚成立的时候，他们在社区内挨家挨户地调查老人需求。结果显示排在前三位的需求就是医疗服务、健康生活和精神需求（包括兴趣爱好）。由于政策和经营限制，他们的组织目标就锁定在健康和精神生活方面的平台搭建。乐龄实际上最早在2006年就开始在北京石景山的天翔社区开展试点工作，组织活动侧重从文化活动入手，成立了夕阳红乐园，该乐园分为聊天组、保健组、棋牌组、编织组、文艺组等，为社区老人提供固定的活动场所。同时还为居家老人提供个性化服务，有针对性地招收志愿者，并进行专门的服务培训，为老人提供上门服务，内容有卫生清洁、采购日常生活用品、理发、淋浴、烧饭、洗衣、协送就医、小型家用电器上门维护等。乐龄合作社在夕阳红乐园的基础还成立了居家养老支持平台项目，进一步推动老年群体自主参与社区和社会的能力，从单纯娱乐兴趣小组向互助合作发展。

由于乐龄是一个以非营利为目的的组织，缺乏资助和来源，因此他们像其他社会企业一样积极开辟自己的营利渠道。他们的营利渠道主要通过乐龄手工坊、社区乐龄会所和助老服务三个项目进行有偿服务，在不追求利润的前提下覆盖运营成本。乐龄手工坊通技能培训，支持贫困老年人开发手工艺品，帮助她们改善生活质量，实现有尊严的晚年生活。盈利模式属于雇佣型；社区乐龄会所则发展社区居家养老服务中心，以社区居家老年服务会所为依托，成立社区日间照顾所，提供综合服务；助老服务则是通过创新为居家老人提供与养老机构同样专业的护理，不同的是上门服务。

四 胡卉哲和"自然体验营"

胡卉哲2000年毕业于北京广播学院获得广告学学士学位，而后直接到4A广告公司工作。这是一份令人羡慕的高收入工作，但对胡卉哲来说，广告不过是消费主义的"手段"，许多广告公关活动会把活动策划得非常热闹以抓住很多人的眼球，但是再怎么吸引眼球，再怎么热闹，实质上只不过是为了销售服务，只不过是为了向消费者卖出一块手表、一个杯子、一瓶可乐而已，这对于胡卉哲个人的价值理想来说，实在是相差太

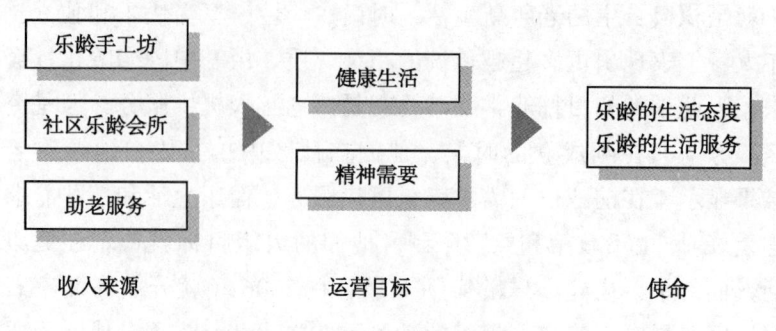

```
收入来源              运营目标              使命

乐龄手工坊 ┐
社区乐龄会所 ├─▶ 健康生活 ─┐
助老服务 ┘              ├─▶ 乐龄的生活态度
          └─▶ 精神需要 ─┘    乐龄的生活服务
```

图 3-7 乐龄的公益运营模式

远，因此她辞去了报酬优厚的工作，前往英国攻读传播学硕士，在这个时候她加入了"自然之友"。

整理背包，踏青群山，回归自然，这就是胡卉哲负责的项目。"自然体验营"选择了著名的自然教育家约瑟夫·克奈尔提倡的自然体验教学法，让青少年在自然这个"母体"中学习与体会，观察落叶的纹路，抚摸粗糙的树皮，聆听虫儿世界的声音，学习用文字和图画记录自然，在"山间剧场"中释放自己的天性。这种教育的方式能够通过提高青少年的观察、动手、语言表达能力和创造力大大提升人们的环保意识和环保行为倾向，真正做到热爱自然，身体力行。这就是胡卉哲选择的"价值体验"和"价值传播"方式。而这个项目最为精彩和大胆的地方就是"要从孩子身上赚钱"，通过尝试收费的环保和教育项目，胡卉哲不断探索如何摆脱传统公益组织对于外部赠款和资源的过度依赖性，使组织发展更具可持续性，服务更为专业化。

自然体验营作为一个分营利组织的项目，社会创业的出发点和其他三个民间组织的出发点是不一样的，自然体验营对孩子收费的目的完全是为了摆脱资源和资金的限制，摆脱过于单一的捐赠收入来源，取得经济上的独立才能让公益摆脱捐赠者的各类非公益目的。"自然体验营"在最开始的事情后确实以收费的形式生存了下来，可以面向更多的孩子。这个项目虽然刚开始，工作人员不多，活动也不平凡，但是只要发出活动通知，三天之内马上满员，这对于一个非营利组织实属不易，因为孩子的时间是企业和商家必争的战场。自然体验营计划在 2010 年 11 月活动淡季的时候规划，并进行深度的市场推广，成本会大幅提升，引入公益投资者是势在必行的道路。自然体验营在项目设立之初，从策划到财务，所有的工作和活动都安排得井井有条，成本预算做得非常仔细，包括预期收入、组织管理费，甚至细化到电脑的折旧费和办公位的成本，按照商业组织要求自己，这是许多 NGO（非营利组织）未曾做过的。

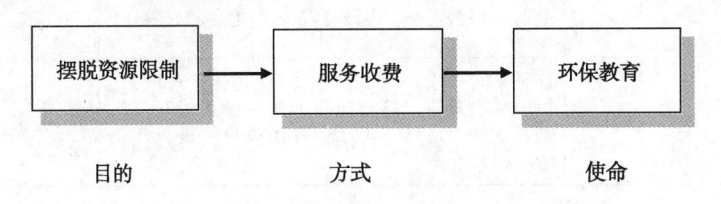

```
┌──────────┐     ┌──────────┐     ┌──────────┐
│ 摆脱资源限制 │ ──→ │  服务收费  │ ──→ │  环保教育  │
└──────────┘     └──────────┘     └──────────┘
    目的             方式              使命
```

图 3-8　自然体验营的公益运营模式

胡卉哲当初发起自然体验营项目的时候，考虑得最多的就是在体现公益的过程中如何实现营利，因为只有真正摆脱了资源限制才能真正自主地为环保奉献力量。这个项目从社会影响力和反响上来看，由于项目正处于开展初期，因此影响力还不是很广，只在很小的区域内形成了一定的影响，但是由于背靠"自然之友"这个全国性的非营利组织，因此自然体验营正处在高速发展的过程中。

表 3-6　社会创业探索性案例基本概况

项目名称	多背1公斤	欣耕工坊	乐龄合作社	自然体验营
项目开始时间	2004 年	2007 年	2007 年	2005 年
社会企业家（发起人）	余志海	林颖、朱柄肇	王艳蕊	胡卉哲
全职人数（不包括志愿者）	23 人	20 人	17 人	12 人
公益主题	教育	扶贫	养老扶困	环保
公益使命	通过旅游活动进行支教	提高贫困者的生存能力	社区居家养老服务	环保体验和教育
公益模式	旅游嵌入式	雇用式	服务收费式	服务收费式
公益对象的社会单元	乡村学龄孩子	贫困群体	社区老人	全社会孩子
社会影响力	很大	中等	中等	目前较小
发展阶段	成熟	成长	成长	起步
具有法人资格的组织载体类型	企业	企业	企业	非营利组织

续表

项目名称	多背1公斤	欣耕工坊	乐龄合作社	自然体验营
组织载体名称	爱聚（北京）咨询有限公司	上海欣耕教育信息咨询有限公司	北京乐龄老年文化发展有限公司	中国文化书院绿色文化分院（自然之友）
成立组织（项目）的目的	都是民间自发项目，由于受到NGO管理限制，组织登记无门，只能选择工商注册正式开展活动（这些项目与企业社会责任项目终极目标完全不同）			摆脱资源限制，资源来源的市场化

五 潘小口和"新航地产中介"

第五个案例是一个纯粹的商业创业案例，这个案例分析和撰写的目的主要是通过潘小口创建新航地产中介公司的纯商业创业动机，与前面4个案例社会企业家进行社会创业进行对比，提炼出社会企业家社会创业动机和商业创业动机的异同。因此，这个案例简介的撰写内容将非常有限，仅仅涉及通过访谈了解的该创业者个人的动机及该企业的基本资料情况。

杭州新航商业地产有限公司（新航）成立于2007年4月11日，主要从事写字楼、商铺、厂房等商业地产与高端物业的中介代理与营销策划，目前已有员工70余名，分公司3个，并且还将有进一步的区域扩张和业务延伸。目前2007年成立的杭州分公司已有写字楼、商铺、买卖、营销策划四个部门，2009年10月以前主营收入来自写字楼部，10月份以后随着商铺和营销策划部的成立，写字楼部销售收入目前占全部销售收入的50%，这个比例还将随着新建部门的不断成长出现更大变化；2009年5月成立的南京分公司现有写字楼部并筹备商铺部，2009年9月成立的宁波分部暂时只有写字楼部，目前南京和宁波分公司都已实现赢利。

潘小口作为该公司最为核心的创业者，他的创业离他毕业仅仅3年时间，而且白手起家。他创业的一个重要原因就是在裕兴不动产工作的过程中，他所负责的商业地产项目由于领导的不重视，已经发展到了极限，想要更进一步发展就必须自己开辟领地进行创业，其背后的根本动力就是强烈的自我实现意识。他来自浙江温州的一个农村家庭，从小家里的经济条件就不理想，他本可以一直在裕兴，最起码每年的收入会在一般收入以上，但是他却毅然放弃了，转而去创业，而且在创业之初还向朋友借了5万元公司开办费，可见其有很强的风险倾向。在与他的交谈中，他非常能言善辩,从他对公司未来的前景充满信心,即使中介是一个行业竞争激烈且行业壁垒很低。他的公司在起步的时候只有5个人,手头只有5万元借来的开办费,在一穷二白的情况下白手起家,他表现出一种对自己命运控制的强烈欲望。在与他的交谈中,自我实现、风险偏好和自我控制表现得淋漓尽致。

第四节 案例的数据分析和汇总

一 社会企业家的创业动机及其与商业企业家的创业动机对比

余志海创立多背1公斤的社会创业项目之前,一直在寻找他人生的目标,他一直在思考人为什么活着,究竟什么是快乐,究竟自己快乐重要还是别人快乐重要。这些问题其实都困扰着余志海,他始终在寻找回答这些问题的答案,一次偶然的谈话让他终于发现了自己,找到了自己的追求,改变了他的人生轨迹。2004年4月,朋友崔英杰去云南旅游,回来后告诉余志海,在一个偏僻的山村,他遇到了两位支教老师,其中一人让他给另一个村子的支教老师传两句话,一句话是"你并不孤独",另外一句话是"坚持就是胜利"。余志海在听了以后,非常震撼,支教老师身体力行地从事支教工作,不仅收入回报很少,而且非常孤单、很少能找到同行者,没有鼓励和帮助,有的只是凭着内心"坚持就是胜利"的一点信念在黑暗中摸索、前行和坚持,这种坚持来源于他们对别人的关心、对别人的关注。城里人到乡村旅游时如果能多背上1公斤的书籍,把知识带给乡村的孩子,那么世界将变得更加美好,而他认为他自己也将因此改变,而变得更加快乐。从余志海的话中,我们不难看出他具有很强的公益意识和社会正义感,正是这两点主要支撑着他的社会创业。但谈到创业的艰辛的时候,他特别谈到了社会企业碰到的登记和注册的制度障碍,如果从组织的出发点和目的来说,多背1公斤应该是一个典型的非营利组织,然而却面临双重登记制度(主管部门和民政部门都要登记),而草根民间组织根本没有所谓的主管单位,因此对于余志海来说,特别关注公共政策,因为在中国公共政策对于社会的影响力至关重要,社会创业和社会企业只能在这种框架下进行。如果说余志海是一个不具有牺牲精神的人,那么他大概就不太可能毅然辞掉工作，专门从事社会创业。他为了从事这个帮助乡村孩子的事业，居然连自己的饭碗都扔了。在与余志海的交流中，我们发现他并不是一个追求自我实现的人，但有意思的是他依然是一个具有一定程度冒险精神的人，因为他在什么资源都没有准备充分的时候就辞掉了工作，毅然决然地开始了社会创业。他同时也是一个自我控制欲望很强的人，他不愿意从事那些被别人控制的工作，他喜欢去从事那些自己可以掌握的工作，他主动去找企业谈判寻找资助，他主动去寻找义工加盟。

林颖和朱柄肇合作造就了"欣耕工坊"。林颖原先的职业是《解放日报》的记者，她结束河南采访回到家里翻来覆去都睡不着，脑海当中都是那些悲惨的照片，表现出极强的社会责任感和公益意识，她最后在和其他朋友商量后决定辞去原来的工作毅然投入到社会创业中去，这恰恰说明了她的牺牲精神和冒险精神，而且她往往事情没有办好就会很着急，她是一个自我控制力非常强的人。与她形成一定程度对比的是她的创业伙伴朱柄肇，他是一个有多年从商经验的新加坡华商，具有更高的自我实现理想和爱国主义的想法才回到国内的，他同样具有社会公益意愿和社会正义感，但是他更多的是一个商业企业家，更多地从企业和营利的角度来思考问题，比如降低风险、提高收益的稳定性等。他也是一个具有牺牲精神的人，他之所以回国就是观看了中央电视台的《人在路上》节目发现祖国有这么多贫困的人需要帮助，所以才回到祖国，作为一个成功的企业家，他自我控制能力很强，同样是一个具有冒险精神的人。这两位社会企业家同样面对非营利组织双重登记制度，因此只能选择去工商局选择成为一个企业，因此中国的公共政策对于社会的影响力至关重要，社会创业和社会企业只能在这种框架下进行。

王艳蕊的社会创业则更多地表现出一种对公共事业的执着和追求，还没从中国政法大学经济法系毕业，就投身于社区公益组织的创建和活动开展中去了。她发起成立了助老服务的民间公益机构"乐龄合作社"。她有很强的社会正义感，在言谈中经常表现出对于政府的不满，她常常说先到政府中去，回到 NGO 中去，意思就是公益离不开政策，但是政策有时候又缺少社会必要的相对正义。她从没打算去找工作，她一毕业就开始创办自己的公益组织，因此有强的自我控制欲望和风险倾向，但是她的自我实现理想并不强烈，她常常说她买不买得起房子一点都不重要，重要的是我们做的是不是老人真正想要的。

胡卉哲牺牲掉高收入工作,投身环保公益的最关键因素是她并不认同广告的消费主义手段,这和她个人的价值诉求背道而驰。她个人认为传播和媒体应该更多地关注公众需求和社会共同的利益,而不是简单的销售,因为媒体和传播每天都在面对着广大的社会群体,她也具有很强的社会正义感,对政府的行为也有诸多不满,但认为政策的影响力不容忽视。她不是一个特别爱冒险的人,当时自己专注公益创业的商业化就是一个自我控制和自我实现的冒险过程。

潘小口作为一个商业创业者,具有很高的风险倾向、自我实现和自我控制力,这些都似乎毫无疑问,而且非常强烈。在访谈中我们发现,他同样认为他对员工负有责任,他的商业行为对社会也负有责任,表现出一定的社会公益意识。他会把自己的车让给员工开,把最热的饭菜让给员工,这是一种典型的牺牲精神。

表 3-7　　　　　　　　　　　案例企业家的创业动机

企业家名字	利他动机	利己动机
余志海	余志海认为"坚持就是胜利"的信念来源于对别人的关心对别人的关注。他具有很强的公益意识和社会正义感,并且特别关注公共政策。他为了从事公益事业牺牲掉了自己原本的职业	他具有一定程度冒险精神,因为他在什么资源都没有准备充分的时候就辞掉了工作,他同时也是一个自我控制欲望很强的人,不愿从事那些被别人控制的工作
林颖	她的脑海出现的是那些悲惨的照片,并且与别人共享这种感觉,表现出极强的社会责任感和公益意识,辞去优厚工作体现牺牲精神,关注公共政策	她具有一定冒险意识,是一个自我控制力非常强、具有较强自我实现欲望的人
朱柄肇	华商回国就是一种典型的牺牲精神和正义感,并且对于社会问题的关注和公共利益的关注才让他参加了社会创业,他关注公共政策的形成和改变及影响力	作为一个原本的商业企业家,他考虑问题往往注重风险和成本分析,自控能力很强,并且由于前期的成功,自我实现的欲望显著降低
王艳蕊	她表现出一种对公共事业的执着和追求,有很强的社会正义感,在言谈中经常表现出对于政府的不满并表现出强烈的社会正义感	她毕业就创办自己的公益组织,有强的自我控制欲望和风险倾向,但是她的自我实现理想并不强烈,更关注他人诉求的实现
胡卉哲	牺牲高收入,认为广告是公共的社会的,有很强的社会正义感,对政府政策有所不满但不可忽视	不是一个爱冒险的人,当时专注公益事业商业化并自我控制和自我实现的冒险精神
潘小口	对员工和社会负有责任,会认真考虑社会影响,并有很强的个人牺牲精神	具有很高的风险倾向、自我实现和自我控制力

二 社会创业的机会特征及识别

多背1公斤作为一个社会创业项目，当初在创立的时候，实际上社会目标是非常明确的，那就是帮助乡村社区的孩子能够得到更多的知识和更好的教育，而在实际的项目运作中，他们不断地在全国拓展，尽可能地把自己的公益事业覆盖到每一个乡村学校和孩子，在旅游中嵌入公益的方案本身就是可行的，在方案最初选择的时候，他们面对的往往只是受助的儿童，但是随着方案的逐步实施，他们发现政府、捐助的企业和媒体也同样需要得到重视，因为它们都是这个方案实施的利益相关者，在一个项目的方案设计中都不能缺少了他们。然而在商业模式的运作方面多背1公斤却是非常艰难，由于一开始在2007年招聘了几位全职员工，最初自己拿薪水，靠存款过活，还要支付薪水给自己的员工，但是这不是长久之计，所以在项目刚开始的时候为了生存，他和员工努力联络企业推行公益活动，第一个小项目就是"双子书"计划，是与儿童图书出版社合作，每在城市售出一本，便向乡村学校的学生赠送一本相同的，两本书的主人可以透过网站联络、通信交流，他们的利润就来源于这售出的一本书中，他们的这种商业模式属于一个相对独立的项目，但是这个项目是一个有营利、有市场又有公益特质的项目，他们还有一个在多背1公斤下面的小项目，也很有特色，就是为四川邮政设计慈善贺卡并设计公益方案，每张贺卡卖人民币10元，成本2.5元，余下的就用于采购图书送给贫困小孩，他们再按贺卡的销售数量获取酬劳，实际上他们在这里的收入由两块构成，一块就是7.5元的图书捐赠，一块就是销售提成，实际上运作资金主要还是来自于销售提成，这样依赖商业活动很好地推动了他们的公益事业，而且通过媒体的介入，越来越多的企业愿意与他们合作。

"欣耕工坊"创业之初在机会发现的时候也碰到了与多背1公斤同样的问题，他们由于是两个人主导的创业，所以这个案例很有意思。林颖是一个多愁善感的记者，她对弱势群体困境的发现，积极推动通过创业来解决这些问题，而且她很关注这些弱势群体的问题究竟能不能得到解决，他们之间是否公平地获益了，在对艾滋人群收入和生存质量提升方面究竟应该怎么做才能真正帮助他们，她也很关心方案实施下去究竟怎么样做。志愿者方面还联系了上海外国语大学的sife公益创业团队参与志愿活动，林颖在整个机会发现的过程当中更多谈到的是对机会社会性的认知；而朱柄肇作为一个以商业创业者起步的社会企业家，则更多地从这个创业机会的经济性和市场性方面进行考虑，他很关注运作的资金来源，资金从哪里来，有哪些途径，这些途径如何实施。一方面他关注项目中资金的来源，另一方面他关注项目中方案的设计可以保证项目的商业性和公益性的结合。在资金来源方面，他们基本上在最开始就排除了接受捐赠的可能性，因为如果政府不允许公开接受捐赠，这样就限制了规模的发展；如果专门接受企业的捐赠，那么如何保障持续性和相对的公益独立性呢？因此他们选择了在方案中使用雇用式的模式进行社会创业，通过雇用环节体现公益目标，其他环节都采用市场化的手段，其目的就是保持可持续的资金来源和生产有一定市场份额的产品。

乐龄合作社的创业机会识别的社会性质，则来源于王艳蕊持续不断地对公益事业的追求和学习，知识和经验的积累加大了她对具体问题的发现。她对居家养老问题的识别源于她参加民政部的座谈会和中国老龄化社会的到来，而现实中养老问题非常突出，独生子女制度直接导致了社会中老人的"空巢"，再加上纯商业化养老院模式的低效和低公益化使社区养老成为一种可能，而且也是国家"星光计划"重点推广的项目。因此王艳蕊真是看到了这个机会才决定投身于老年人老龄生活保障的过程中去，她常常问自己"我们究竟是一厢情愿，还是这些就是老年人的真实需求"，因此她通过大量的实地走访和调研才真正发现老人需要的是精神上的关注和对老年生命的尊重，这种社会性最终成为乐龄的组织使命。乐龄从创办之初并没有马上着手营利性活动的设计，因为通过志愿者和自己志愿的无付出仍然可以支撑。但是队伍在1个月内迅速扩大，各类支出迅速增加，因此商业化的项目势在必行。从本质上来说，这类项目的市场性识别是不够的，但是他们迅速调整，发现了三类直接从公益能力上延伸出来的项目乐龄手工坊、社区乐龄会所和助老服务可以营利，因此迅速开始实施。但是由于这种项目的营利对象直接就是公益对象，因此很难提高收费，导致的运行成本偏高，也是乐龄合作社当前所面对的问题。除乐龄手工坊借助市场来得到一些微小营利外，社区乐龄会所可以说比较依靠政府的力量支撑，很少也很难借助市场手段，助老服务项目的营利模式也并不是很成熟。在居家老年服务过程，老人发生意外的风险是很大。

自然体验营则是一个由非营利组织发起的社会创业项目，其社会目的也是非常明显的，自然体验营的功能就是环保教育，通过对孩子自然体验的环保教育来促进环境保护的意识和环境保护的行为，这个项目就是一个简单易行的社会公益项目，基本的保障就是志愿者人员的保障，当然这个项目在最开始的时候也考虑到家长的立场，项目的重要点就是要保证教育的质量，因此志愿者的环保意识和教育水平就成为重点考虑的问题，这实际上也是环保教育的重点。当然在自然体验营的项目开展过程中，商业化一直是重中之重，他们的商业化开展过程并没有延续单纯的收费和服务混合的过程，而是单独为了营利在体验营中设计了一些收费的项目，这些收费项目往往给孩子提供了直接可以体验到的实惠和保证，比如树叶收集完之后，可以帮你制作成一本精美的手册或者相册收取一定的费用，但是在体验过程中的公益教育行为是不收费的，因此这样的分离使自然体验营大受欢迎，也拥有很大的潜力市场和潜力人群，其商业性活动开展也非常顺利。

表3-8　　　　　　　　　案例社会创业的机会识别

社会创业项目	社会性识别	营利性识别
多背1公斤（余志海）	目标就是在全国拓展覆盖每一个乡村学校和孩子，旅游中嵌入公益方案可行，政府、捐助企业、媒体同样需要得到多元化重视	"双子书"计划与儿童图书出版社合作，在城市售出一本，就向乡村学校的学生赠送一本相同的，营利从销售产生
欣耕工坊（林颖）	对艾滋弱势群体困境的发现，是否能得到解决，他们之间是否公平地获益，志愿者联络	认为资金来源保证很重要
欣耕工坊（朱柄肇）	听林颖描述公益事业的机会和重要性	设计雇佣模式保证除雇佣外环节的市场化操作和营利
乐龄合作社（王艳蕊）	纯商业养老院的低效以及"星光计划"推广促使她找到了给老人公平、准确提供公益服务的机会	乐龄手工坊、社区乐龄会所和助老服务三个服务项目可以直接营利，有市场有规模
自然体验营（胡卉哲）	孩子体验式的环保教育简单易行，项目重点关注志愿者教育水平和家长态度	另外嵌入收费项目，依赖非营利活动具有一定的规模和市场，营销成本大大降低

三　社会创业的决策绩效

社会创业的决策绩效，如果只研究决策本身无非是创业还是不创业，怎么创业，而决策绩效的测量则主要从决策的结果绩效来研究。

多背1公斤的直接社会影响力已经非常大，目前直接受益的乡村学生已经超过8万人，主要省份受益学校数量，四川230所、贵州150所、云南135所、甘肃70所、广西60所、湖南25所。多背1公斤自2004年创立以来通过不断提高社会影响力，获得了许多社会荣誉和社会认可，在2007年、2008年、2009年多次获得各类各项荣誉12个，受到政府、企业和社会的高度评价，这些荣誉都是对其社会影响力和社会目标实现的肯定。多背1公斤给孩子们带去的不仅仅是知识，更是一种快乐，在访谈中，我们翻开了他们的相册，发现所有的孩子都有发自内心的笑容。

"欣耕工坊"由于成立不久，项目正式开始商业运作的时间也不长，但是也取得了一定的社会效应，累计给80多位上海市静安区江宁街道阳光之家里的残障人士提供扶贫服务，累计帮助河南艾滋村200多名35—50岁之间的家庭乡村妇女重新上岗就业，月均增加收入500元，在经过培训以后已有2/3的受助者自己开始创造就业机会或者创业，这不仅提高了弱势群体的社会生存能力，而且提高了女性在家庭中的社会地位。欣耕工坊还取得社会、政府和投资性公益基金的广泛关注，欣耕工坊作为"壹基金"2009年5家优秀的新兴公益组织之一获选，该奖项由腾讯公司连续2年提供百万资金特别支持，用于对潜力典范入选机构的信息化建设、能力建设、运营费用、小额项目等方面的支持。在经过创建到运行上轨道的2年多时间里，通过商业化运作基本覆盖了运营成本，并形成了内部科学的决策机制和组织结构。

乐龄合作社已经成为北京民政局指定的社区养老服务提供单位，并已经从最开始的1个小区，扩展到8个小区，目前规模正处在不断扩展当中。乐龄合作社给部分老人带来了收入，给每位参加乐龄手工坊的老年人均100元的收入对他们生活帮助很大，可以交水电费和电话费，如果买菜，可以维持全家人10天左右的饮食。项目给老人提供了一个交流的平台（特别是空巢高龄老人），在精神层面对老人有帮助，对于低龄且能力比较好的老人，她们感到自己学习了一门新的技术。对老年人服务的专业化以及上门服务，对老人家庭成员来说减轻了很多照顾老人的负担，也是对整个社区工作的减负。乐龄的工作不仅给老人们带来经济上的支持，也给整个社会减少了赡养老人的负担，使人们更好地投入到现代化建设当中。最重要的是乐龄合作社给了老人们乐趣和信心，不仅让老人们发挥自己的兴趣爱好，而且还能得到自我价值的体现。

自然体验营项目在2009年3月，获得由英国大使馆文化教育处、友成企业家扶贫基金会和南都公益基金会合作举办的社会企业家技能项目的试点培训，并于同年 6 月在首期项目资金支持大奖中，荣获最佳初创期社会企业，获奖金 8 万元。自然体验营在全国各地已经组织了 10 多期 40 多次活动，总计参与活动家庭超过 500 户，人数达到 1500 多人，这对于一个刚刚初创的组织来说颇为不易，他们的组织结构和决策机制还有待完善。

表 3-9　　　　　　　　案例社会创业的决策绩效

社会创业项目	社会创业的决策绩效
多背 1 公斤	形成了强大的直接和间接社会影响力。目前直接受益的乡村学生已经超过 8 万人，主要省份受益学校数量超过 850 多所。多背 1 公斤自从 2004 年创立已获得全国性荣誉 12 项，受到政府、企业和社会的高度评价，这些荣誉都是对其社会影响力和社会目标实现的肯定
欣耕工坊	"欣耕工坊"虽然成立不久，累计给 80 多位上海市静安区江宁街道阳光之家里的残障人士提供扶贫服务，河南艾滋村 200 多名 35—50 岁之间的家庭乡村妇女重新上岗就业，月均增加收入 500 元，在经过培训以后已有 2/3 的受助者自己开始创造就业机会。获得"壹基金"2009 年优秀的新兴公益组织 5 家之一
乐龄合作社	乐龄合作社已经成为北京民政局指定的社区养老服务提供单位，目前扩展到 8 个小区，给参加乐龄手工坊的老年人均 100 元的收入对他们生活帮助很大。帮助老人获得快乐和尊重
自然体验营	在 2009 年 3 月，在由英国大使馆文化教育处等举办社会企业家技能项目中荣获最佳初创期社会企业，获奖金 8 万元。在全国已经组织了 10 多期 40 多次活动，500 户 1500 多人参与

四　社会创业的机会模式

在社会创业的机会模式中，以上 4 个社会创业的案例恰好可以按照提供的产品和服务对象在商业和公益两个方面是否一致分成四类。

多背 1 公斤是一个典型的公益提供的产品和商业提供的产品分离，且公益服务对象和商业服务对象分离的社会企业组织。不论是"双子书"或者是"邮政贺卡"都体现出这个特征，双子书的销售面对的是城市当中的儿童，而多背 1 公斤公益活动面对的是乡村的儿童，在公益提供的产品（服务）方面也有差异，商业销售方面多背 1 公斤销售的书籍，而公益产品方面提供的则是教育服务；同样邮政贺卡运营也颇为相似。

乐龄合作社则是一个典型的公益提供的产品和商业提供的产品完全一致，且公益服务和商业服务对象完全一致的社会企业组织。他们的公益服务对象和三个商业营利项目面对的对象都是社区的老年人，公益服务和商业服务的产品也完全一致，组织中的所有人力和物力都同时投入这两块的运营。而从结果上来看，乐龄社会企业并没能很好地从营利项目中得到基本运营成本的覆盖和规模扩展的必要支持，其重要的原因是为同一类人提供同一个产品，一个是以公益模式提供，一个是以收费模式提供，这就造成了一种服务对象中的不公平现象，为什么有些老人获得公益服务，有些老人只能获得商业服务，因此这种不公平导致他们的盈利水平并不是很好。

欣耕工坊则是一个典型的公益提供和商业提供的产品完全一致，但公益服务对象和商业服务对象完全不一致的社会企业组织。他们除了有雇佣模式外还有一个手工艺品送温暖活动，公益服服务对象是为其他在家的孤寡老人和孩子送去温暖（各种手工艺品），而商业服务对象则是产品（各种手工艺品）的普通消费者。另外，欣耕工坊这个公益方案提供的产品和商业提供的产品则完全一致，因为公益赠送和商业销售的都是收工工艺品。

如图3-9所示，自然体验营则是一个公益提供的产品和商业提供的产品不完全一致，但公益服务对象和商业服务对象完全一致的社会企业组织。商业行为（如落叶纪念册和旅行社联络收费）面对的对象和公益环保教育面对的对象是完全一致的，都是参加活动的孩子或者家庭，而商业提供的产品和公益提供的产品则不完全一致，自然体验营目前在环保教育方面主要提供环保教育（包括懂环保懂教育的大学生）为主，而商业服务则主要通过与外部合作的方式来提供其他产品（如落叶纪念册和旅行社联络收费），所以这两个产品是相对分离的。

五 案例的数据编码

在对案例进行全面描述和分析的基础上，针对各案例的实际情况，分别对社会创业动机、社会创业的机会识别和社会创业的决策绩效分别进行了评判打分，并请被采访人员或者专家做出审核和修正，用很强（很高）、较强（较高）、中等、较弱（较低）、很弱（很低）等5个级别从高到低表示案例中各社会创业各项指标的水平（具体见表3-9、表3-10和表3-11）。由于本研究的一个重要内容是社会创业和商业创业动机的异同点，因此在创业动机中对商业创业动机和社会创业动机也进行了对比和比较。

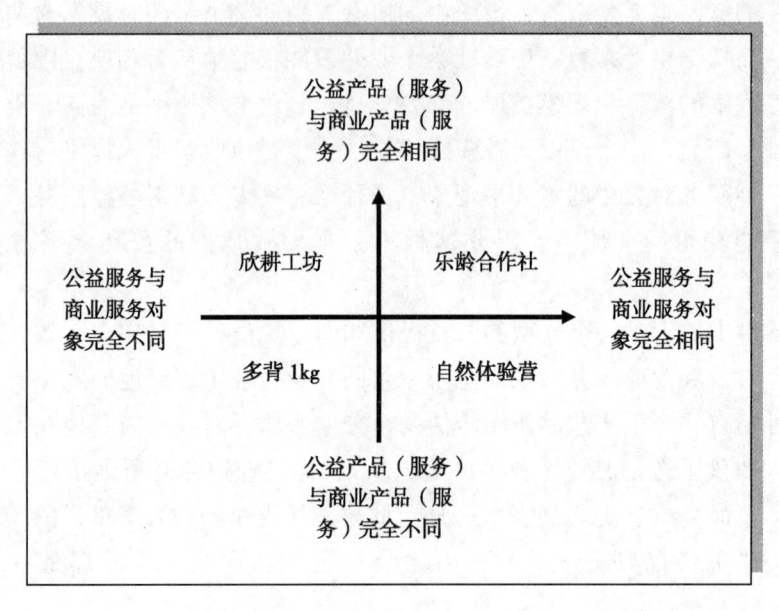

```
                公益产品（服务）
                与商业产品（服
                务）完全相同
                        ↑
                        │
公益服务与   欣耕工坊  │  乐龄合作社   公益服务与
商业服务对            │              商业服务对
象完全不同 ─────────┼───────────→ 象完全相同
            多背1kg   │  自然体验营
                        │
                公益产品（服务）
                与商业产品（服
                务）完全不同
```

图 3-9 案例的社会创业机会模式

在进行编码的过程中，本研究充分和专家和被访人员进行了深入的交流，以保证主要结论和编码的准确性。为了保证编码的效度和信度，笔者反复通过不同角度的提问和不同案例间的交叉提问（因为不同项目创业者在业内互相了解），验证案例研究中得出主要结论的一致性，从而保证后面研究的准确性。

表3-10　　　　社会创业动机及其与商业创业动机的比较

	变量	余志海 （多背1公斤）	林颖 （欣耕工坊）	王艳蕊 乐龄合作社	胡卉哲 自然体验营	潘小口 （新航地产中介）
利他	公共利益	很强	很强	很强	很强	中等
	正义感	很强	很强	较强	很强	较弱
	牺牲精神	很强	较强	很强	很强	较强
	公共政策	较强	较强	较强	较强	中等
利己	自我实现	中等	较强	中等	中等	很强
	风险和不确定	加强	较强	中等	中等	很强
	自我控制	较强	较强	较强	较强	很强

表 3-11　　　　　　　　　社会创业的机会特征识别

变量		余志海 （多背1公斤）	林颖 （欣耕工坊）	王艳蕊 （乐龄合作社）	胡卉哲 （自然体验营）
营利性	持续性	很强	很强	较强	很强
	可获性	很强	较强	中等	很强
	独占性	中等	中等	中等	较强
社会性	多元性	很强	很强	很强	较强
	可行性	很强	很强	很强	很强
	公平性	很强	很强	较强	很强

表 3-12　　　　　　　　　社会创业的决策绩效

变量		余志海 （多背1公斤）	林颖 （欣耕工坊）	王艳蕊 （乐龄合作社）	胡卉哲 （自然体验营）
决策 绩效	社会影响力	很强	较强	较强	中等
	满意度	很高	很高	很高	很高
	社会投入产出 比（SROI）	很高	很高	较高	较高

第五节　讨论和命题提出

一　社会创业动机与商业创业动机的异同

在前面的理论预设中，本研究提出的社会创业动机和商业创业动机具有相同的结构维度（利己和利他）基本得到初步验证和支持（见图 3-10）。

通过案例研究我们发现，就像理论预设研究中所假设的一样，商业创业动机与社会创业实质上具有相同的动机结构，都由利己动机和利他动机组成，而且利他动机包括公共利益、社会正义、牺牲精神和公共政策等4项，而利己动机则包括创业的风险和不确定倾向、自我实现和自我控制等3项。从案例的分析来看，对于商业企业家的利己动机要强于利他动机，而社会企业家的利己动机显著性要强于利他动机；社会企业家的利他动机要强于社会企业家的利他动机，商业企业家的利己动机要强于社会企业家。因此通过分析，我们提出如下命题：

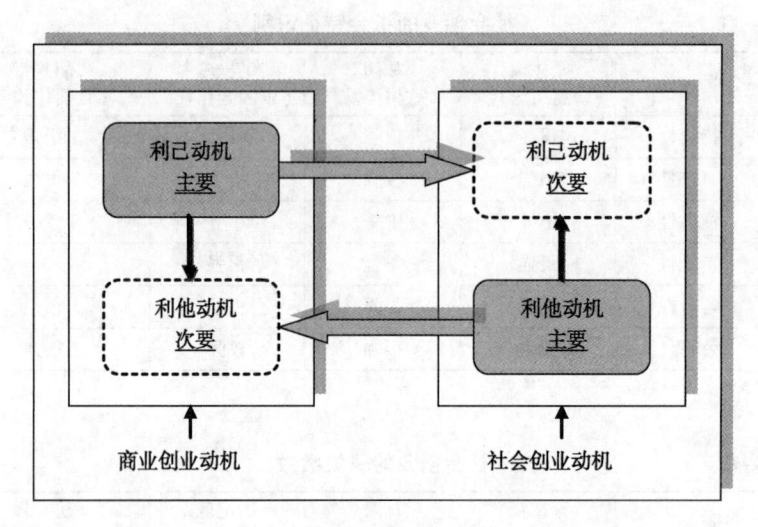

图 3-10　社会创业动机与商业创业动机的关系

命题 1：社会企业家和商业企业家都具有相同的动机结构，包括利他和利己，这个结构中，利他动机包括公共利益、社会正义、牺牲精神和公共政策，利己动机包括风险和不确定倾向、自我实现和自我控制。

命题 2：商业企业家的利己动机要强于利他动机，而社会企业家的利他动机要强于利己动机。

命题 3：社会企业家的利他动机要强于商业企业家，商业企业家的利己动机要强于社会企业家。

二　社会创业动机与机会识别的关系

在前面的理论预设中，本研究提出的社会创业动机对机会识别的影响作用在案例研究中也初步得到了验证和支持（见图 3-11）。

从前面的案例分析当中，我们发现，4 个社会企业家都具有较高的利他动机，而且都能够较好地识别社会创业的机会，而利己动机也表现出正向的作用，利己动机越强，社会创业机会识别越好。

根据以上这些分析和发现，我们提出了这样的问题：社会企业家的利他动机越强，那么他越能够识别社会创业的动机；社会企业家利己动机越强，他越不能准确识别社会创业动机。因此研究提出以下命题：

命题 4：社会创业的利己动机正向影响社会创业的机会识别（包括营利性和社会性识别）。

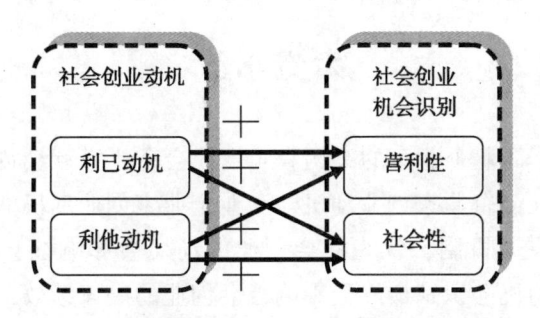

图 3-11　社会创业动机与社会创业机会的识别

命题 5：社会创业的利他动机正向影响社会创业的机会识别（包括营利性和社会性识别）。

三　社会创业机会识别与创业决策绩效的关系

从表中的数据和探索性案例研究的结果中我们发现，机会识别得越准确，创业决策的绩效也就越高。从已有的 4 个案例来看，所有的四位社会企业家都对社会创业机会识别得很准确，而他们的创业决策绩效除了最后的第四位之外，其他三位都表现得认为他们的决策非常好（见图 3-12）。

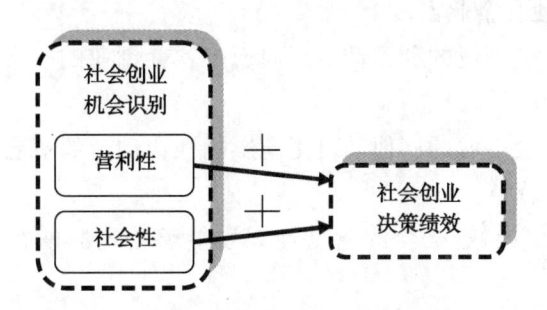

图 3-12　社会创业机会识别与创业决策绩效

根据案例的分析，我们认为机会识别得越准确，决策就会越准确，由于社会创业的双重底线，因此缺一不可，要有一个很好的创业决策，那么对营利性和社会性的识别都非常重要。因此本书提出以下命题：

命题 6：社会创业机会的营利性识别能够正向影响社会创业的决策绩效。

命题 7：社会创业机会的社会性识别能够正向影响社会创业的决策绩效。

本章小结

本章通过个商业企业家的案例和4个社会企业家社会创业的探索性案例研究，探索社会企业家创业动机与商业企业家创业动机的异同，并且探索社会创业的决策机制，认为社会创业的动机会影响社会创业的机会识别，社会创业的机会识别最终会影响社会创业的决策绩效，机会识别起到中介作用。而在案例研究了以后我们把创业动机细化为利己和利他两个维度，机会识别细化为社会性和营利性两个维度。以下是由探索性案例研究推导出的初始假设命题：

命题1：社会企业家和商业企业家都具有相同的动机结构，包括利他和利己，这个结构中，利他动机包括公共利益、社会正义、牺牲精神和公共政策，利己动机包括风险和不确定倾向、自我实现和自我控制。

命题2：商业企业家的利己动机要强于利他动机，而社会企业家的利他动机要强于利己动机。

命题3：社会企业家的利他动机要强于商业企业家，商业企业家的利己动机要强于社会企业家。

命题4：社会创业的利己动机正向影响社会创业的机会识别（包括营利性和社会性识别）。

命题5：社会创业的利他动机正向影响社会创业的机会识别（包括营利性和社会性识别）。

命题6：社会创业机会的营利性识别能够正向影响社会创业的决策绩效。

命题7：社会创业机会的社会性识别能够正向影响社会创业的决策绩效。

以上初始命题是对现有研究的拓展和补充，也是下文提出研究假设检验和基本概念模型的基础。本研究将在下文对这些假设命题做进一步的展开，并进行详细的实证研究。

第四章

研究设计与方法论

社会创业动机与商业创业动机的差别和社会创业动机通过机会识别影响决策的机制研究，前文除了进行深入的文献分析和理论推演，还进行了基于基本逻辑的案例研究并通过论证理论推演的分析结果。除了以上两种递进的定性研究之外，本书更重要的是进行了大量的定量实证研究，本书希望能够通过深入、有效的实证研究得出更为准确的结论。由于本书的研究对象是社会企业家的个体，主要针对个体进行的动机、识别和决策研究，这类数据在普通数据库和公开资料中是无法获得的，因此采用了大规模的调查问卷的方法开展。问卷调查研究的主要环节包括问卷的设计、数据收集、数据录入和数据分析几个过程。而在本书的研究内容中将主要包括问卷的设计、数据收集的过程、实证研究变量的测度以及定量分析的方法和程序四个方面，下文就将从这四个方面展开。

第一节 问卷的设计

一 问卷的构思和设计过程

问卷设计的最高层次是问卷量表的构思与目的，不同的目的和理论依据决定了问卷项目的总体安排、内容和量表的构成（王重鸣，2001），因此研究方法（问卷）的构思将很大程度上决定研究的质量以及研究的信度和效度。为了更准确地得出结论和增加区分度，本研究采用里克特7分量表进行设计。研究的题项应该具有一定的数量，如果题项过少将增加受访者理解误差所导致的回答偏差分析，而指向同一问题的多个题项更能提高研究的信度（Churchill，1979）。本研究就采用这个方法进行，对于同一指向的问题在问卷中采用多个题项不同角度和正反向测量，而同一指向是指回答者对某个事物具有一致的陈述态度和看法（李怀祖，2004）。

本书设计的问卷具有大量的文献研究支撑，并且在社会企业家访谈结果和国内外一些比较著名和优秀的调查问卷的基础上逐渐形成。本问卷的设计实际上参考了优秀研究的一些主要问卷的题项及设计，因此本研究的问卷设计具有一定的合理性、效度和信度。

（1）文献检索分析和初步构思。通过检索查阅有关社会创业（还包括商业企业家）、社会影响力、创业认知理论、创业动机、创业机会理论和创业决策等领域的研究文献，特别是高影响因子的国外管理期刊（如 *Journal of Business Venturing*），将相关文献的社会创业与社会创业动机进行归并，找到机会识别理论下的社会创业双重底线文献，并且从社会影响力的角度来界定决策的绩效，经过对这些文献的吸收和整理，初步形成了调查思路。

（2）通过实地调研和专家采访征求意见及建议。笔者先后前往北京、上海、浙江等地的4个社会创业项目对社会企业家进行实地的项目决策和运行考察调研，对浙江40多个社会创业项目进行访谈，访谈对象核心是社会企业家本人、主要管理人员和项目执行的部分志愿者，目的是多方位了解社会企业家在创业之初的动机、如何判断创业机会并选择创业机会及最后的决策效果和社会影响力又是怎么样等问题。访谈目的包括三个方面：一是验证初步研究思路，就初始假设征询社会企业家等被访问者的意见，检验研究思路是否与实际情况相互吻合；二是主要征询部分社会企业家对本研究重要内容的建议，检查本研究主体的意义；三是与社会企业家研讨研究问题的概念范围，征求他们的意见，并进一步询问各个变量之间的关系是否符合实际情况，进而修改和完善问卷。

通过实地调研发现，首先，社会企业家们进行社会创业大多出于各种不同的利他动机，他们不是那种典型的利己主义者，虽然有一定的风险倾向和自我实现倾向，但是当他们谈到别人的利益和公共服务和公共利益的时候，就会表现出极强的语调和语音，在他们的内心所传递出来的声音与普通商业企业家完全不同。其次，他们对于社会创业机会的判断也几乎表现得非常一致，通常他们对于社会问题的识别非常准确，而头疼的往往是如何才能获得资金的支持和商业化，因为这两者的结合非常关键，这从某种程度上说明社会创业的机会应该由社会性和营利性两个方面组成。再次，在创业的决策绩效上，被访者的看法并不一致，由于各种原因，有的被访者认为社会创业的惠及人群真正得到了实惠，而且规模在扩大，社会影响力越来越大；而有的因为创业实践太短、社会影响力还太小。当然不论什么项目，社会影响力仍然是他们主要的话题。通过以上的实地访谈，对我们问卷的设计有较大的启发，而且对问卷的修正也大有裨益。通过社会创业项目和社会企业家的实地调研，我们逐渐发现了实践中存在的问题，通过考察逐步形成了最初的调查问卷。

（3）征求专家的意见和建议。本研究自从选题开始就在社会创业理论和实践领域结交了大量的良师益友，包括美国杜克大学的教授 Dees 和澳大利亚大学的 Mira 教授等，而且与他们建立了长期的学术交流关系，还成了欧洲社会企业研究网络（EMES）的会员，本研究的问卷通过向他们询问修改意见，获益颇多。在征求意见以后，根据学术专家的意见，笔者对研究的初始问卷进行了大幅的修正，并且咨询了社会心理学研究团队专家的意见，进行调整。对修改以后的问卷，笔者又向浙江省民政局的民间组织管理处和法政处的负责人征询意见，访谈结果显示，问卷中的量表设计和项目选择基本上得到了认可，根据他们的修改意见，笔者进一步完善了调查问卷的部分内容。

（4）最后对完善后的问卷进行小范围测试并钝化，定稿。对修改后的调查问卷进行小范围预测试，以验证调查问卷中指标设置和问卷表述的合理性。预测试的范围主要是选择长三角地区（上海、杭州和南京）的社会企业家（包括商业企业家）进行的，根据被测试者的反馈和建议，对一些测度题项的表述方式和语言进行了修改，在此基础上形成了最终的调查问卷（参见附录）。

二　问卷的基本内容

由于本研究的两个主题是：为什么作为创业者的一类社会企业家选择社会创业而没有选择商业创业，他们在动机上有什么差别；社会企业家选择社会创业是如何进行决策的，机会识别在动机和决策中是一个怎样的中介作用。因此，研究的问卷也因此分为两个。由于问卷的内容往往为各部分的研究内容提供有效的依据，因此两个问卷的主要内容如下：

问卷一（社会企业家和商业企业家动机比较）的主要内容：

（1）创业基本背景信息。

（2）创业的利己动机。创业的利己动机包括创业的风险偏好，创业的自我控制偏好，创业的自我成就倾向三个方面。

（3）创业的利他动机。创业的利他动机包括公共利益的承诺、社会正义感、自我牺牲和公共政策的改变等四个方面。

问卷二（社会企业家社会创业动机、机会识别和创业决策机制）的主要内容：

（1）社会企业家社会创业基本背景信息。

（2）社会企业家社会创业动机的二阶题项。（社会创业动机包括利他和利己动机；利己动机包括创业的风险偏好，创业的自我控制偏好，创业的自我成就倾向三个方面；利他动机包括公共利益的承诺、社会正义感、自我牺牲和公共政策的改变等四个方面。）

（3）社会创业的机会特征的二阶题项。（社会创业动机包括社会性和营利性；社会性包括公平性、可行性和多元性；营利性包括持续性、可获性和独占性）。

（4）社会创业的决策绩效。（研究主要通过决策的结果来衡量社会创业的决策绩效，而没有对决策本身进行衡量，因为决策本身最关键的是创业还是不创业，决策绩效主要包括社会影响力、社会投资回报和社会责任共计 8 个题项）。

三 问卷的可靠性问题

问卷设计的可靠性即问卷的合理性和科学性。王重鸣（2001）认为问卷量表的设计应该包含问卷的理论构思与目的、问卷格式、问卷项目的语句和问卷用词。在进行问卷设计时，问卷的内容和子量表构成要始终与问卷的目标保持一致；问卷的用语应该尽可能地直接和明确，减少比较不确定性、复杂和带有引导性的语句和问题；问卷的语言和句式在题项上要显得明确和具体，不要让被访者以为有多重含义或隐含假设；选词的态度上要避免过于抽象，尽量使用中性词，这样可以控制反应的偏离和误差。问卷的问题要紧扣主题，问项的设置必须无偏；问项的设置必须符合被访者的特征和特质；得不到诚实回答的问题尽可能删除；对于有可能得不到诚实回答而又必须了解的内容可以通过改变问题的问法获得（马庆国，2002）。

本研究的调查问卷采用 Likert 7 级量表，答题者的回答建立在主观评价基础上。王重鸣（2001）认为四个因素带来答题的负面效果：答题者不了解相关信息带来负面偏差；答题者无法回忆起相关信息带来偏差；答题者面对过多问题不愿答题；答题者不能理解问题。为了减少这四个问题的影响，本研究采取以下措施降低影响效果：

（1）为了使答题者了解问卷的意图和相关信息，本研究只选择社会创业的领袖填写，一般一个社会创业项目的领袖不超过 3 个，实际上主要的发起者也就是这 3 个人，但是从案例问卷的实际情况来看，很多社会创业项目都只有 1 个创业者，因此 200 多份的问卷，笔者整整花了半年的时间才做完。

（2）为了使答题者回忆起当初的社会创业动机和创业机会判断以及创业的决策，问卷的问题基本上集中在该创业的三年以内，实际情况是大多数创业项目不到 3 年，毕竟社会创业是一个新兴的创业类型。

（3）为了使答题者更愿意答题，本研究通过 sife（全国大学生公益创业联盟）和联想公益创业基金帮忙联络到大量的社会企业家和社会创业项目，以保证他们愿意答题。

（4）为了使答题者可以理解问卷中的内容，本问卷在设计上尽可能地在题项的选择上进行多方面的推敲、修改和完善，尽可能排除难以理解的内容和措辞。

（5）为了使答题者降低期待，本研究尽可能采用基于访谈的问卷填写方法。由于本研究的"动机"内容有一部分是针对带有引导性倾向的题项，而且在以往研究中，对于个人自我报告的动机态度，其有效性同样受到社会期待效应的威胁，社会期待效应就是在回答别人自我真实想法的时候往往倾向于回答符合社会整体期望和社会整体利益的结果，因此不论题项如何设计，都会产生这种效应。本研究为了获得更加准确的结果，不仅在题项的设计上采用简洁的提问方法和转换提问角度，而且通过问卷的收集方式改变这种情况，本研究的问卷收集绝大多数采用基于访谈的问卷方式，通过两小时以上的访谈内容设计，间接了解他们的想法。

本研究的问卷尽可能不揭示研究的内容和逻辑，以排除因果关系暗示带来的影响，保证问卷结果的准确和可靠。

第二节 数据收集的过程

数据收集的过程实际上包括调查对象确定和答卷者选择、问卷发放和回收两个过程,这两个过程的谨慎操作将直接影响到数据的采集和结果,同时问卷合理设计之后也需要这两个过程来保障数据的有效和准确性,因为这将关系到本书研究的最终质量。马庆国(2002)的 SPSS 的统计研究方法曾经对研究样本的采集过程进行了仔细的划分,共分为三个阶段:第一是确定总体样本范围,明确和定义总体;第二是从总体中抽取样本,并用合适的方法;第三是通过仔细的发放和回收确保统计结果与实际情况的一致性。

由于本次研究的问卷分为问卷一(社会企业家和商业企业家动机比较)和问卷二(社会企业家社会创业动机、机会识别和创业决策机制)两个,因此问卷研究总体确定和答卷者的选择以及问卷发放回收的结果都有所不同。以下将从两个问卷的角度分别予以说明。

一 调查总体的确定和答卷者选择

1. 问卷一(主要内容:社会企业家和商业企业家动机比较)

问卷一的主要目的是研究社会企业家和商业企业家的创业动机的异同,因此发放的对象主要选择社会企业家和商业企业家两类。问卷发放的区域选择方面,为了尽可能降低不同区域的影响,问卷面向全国发放,主要包括浙江、上海、北京、福建和江苏等地。从发放的渠道来说,本问卷主要通过两种渠道发放,一种是当面发放,另一种是在知己知彼(zhijizhibi.com)的统计问卷网站上进行调查,给不能当面填写问卷的社会企业家填写,当然问卷是有访问权限的,能阻止普通人填写。问卷填写对象的选择方面,此次问卷调查只有两类:社会企业家和商业企业家,主要包括创业的核心领导者和发起者。

2. 问卷二(主要内容:社会企业家社会创业动机、机会识别和创业决策机制)

问卷二的主要目的是研究社会企业家社会创业动机对创业决策的影响,以及机会识别的中介作用,因此发放的对象只选择社会企业家一类。问卷发放的区域选择方面,为了尽可能降低不同区域的影响,问卷面向全国发放,主要包括浙江、上海、北京、福建和江苏等地。从发放的渠道来说,本问卷主要通过两种渠道发放,一种是当面发放,还有一种是在知己知彼(zhijizhibi.com)的统计问卷网站上进行调查,给不能当面填写问卷的社会企业家填写,当然问卷是有访问权限的,能阻止普通人填写。问卷填写对象的选择方面，此次问卷调查只有一类：社会企业家，只有社会创业的核心领导者和发起者可以填写，普通志愿者不能填写。

二 问卷的发放与回收

1. 问卷一（主要内容：社会企业家和商业企业家动机比较）

问卷一通过网络回收 107 份，由于设置了必须回答所有问题才能提交，因此 107 份问卷全部完整，但是有 2 份问卷选项全部一致，为无效问卷，因此剔除，所以有效问卷 105 份。这部分问卷中社会企业家 60 人，占 57.14%；商业企业家 45 人，占 42.86%。另一个途径就是基于访谈的当面发放，这部分问卷共发放 131 份，回收 131 份，其中 130 份为完整问卷，但是 130 份中有 16 份选项从头到尾完全一致，因此有效问卷 114 份。这 114 份中有 44 人是社会企业家，占 38.6%；70 人是商业企业家，占 61.4%。问卷一回收的总共有效问卷 219 份，商业企业家 115 份，社会企业家 104 份。由于采用网络定向发放和填写设置，以及基于访谈的当面发放两种主要发放方式，回收率都达到 100%，有效率也达到 98% 和 87%，因此基本不用考虑问卷回收的未答复偏差（nonresponse bias）。

表 4-1　　　　　　　　问卷一发放与回收情况汇总

问卷发放与回收方式	发放数量	回收数量	回收率	填写完整数量	有效数量	有效率
网络（填写定向控制）	107	107	100%	107	105	98%
基于访谈的当面发放	131	131	100%	130	114	87%

说明：回收率 = 问卷回收数量/问卷发放数量；

有效率 = 问卷有效数量/问卷发放数量；

104 社会企业家，115 商业企业家。

2. 问卷二（主要内容：社会企业家社会创业动机、机会识别和创业决策机制）

问卷二通过网络回收 82 份，由于设置了必须回答所有问题才能提交，因此 82 份问卷全部完整，但是有 6 份问卷选项全部一致，为无效问卷因此剔除，所以有效问卷 76 份。另一个途径就是基于访谈的当面发放，这部分问卷共发放 230 份，回收 205 份，其中 198 份为完整问卷，7 份问卷不完整，而且 198 份中有 31 份选项从头到尾完全一致，因此有效问卷 167 份。问卷二共回收有效问卷 243 份，网络 76 份，当面发放 167 份。由于采用网络定向发放和填写设置，以及基于访谈的当面发放两种主要发放方式，回收率分别达到 100% 和 89.13%，有效率也达到 92.68% 和 72.6%，因此基本不用考虑问卷回收的未答复偏差（nonresponse bias）。

表 4-2　　　　　　　　问卷二发放与回收情况汇总

问卷发放与回收方式	发放数量	回收数量	回收率	填写完整数量	有效数量	有效率
网络（填写定向控制）	82	82	100%	82	76	92.68%
基于访谈的当面发放	230	205	89.13%	198	167	72.6%

说明：回收率 = 问卷回收数量/问卷发放数量；
有效率 = 问卷有效数量/问卷发放数量。

第三节　数据整理与样本基本特征的描述性统计

在回收问卷以后，我们对样本的基本特征进行了描述性统计和分析，由于问卷一中，我们的重点纯粹在于分析研究社会企业家创业动机和商业企业家创业动机的差别，因此我们只是简单设置了年龄、性别和从业时间等，而这些变量并未对研究结果直接起到作用，因此我们在这里就放弃了对这些数据的统计分析。而问卷二是本研究的重点，因此着重对于问卷二重点的样本特征进行描述性统计，而这些统计的结果在后面的实证研究中也将使用到，因此这里的分析就是一个简单的铺垫。（以下的描述性统计主要针对问卷二）

一　社会企业家的性别分布

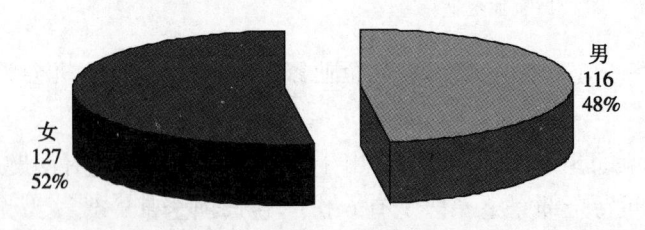

男 116 48%
女 127 52%

图 4-1　社会企业家性别分布

从图 4-1 的性别比例来看，在研究样本达到 243 的大样本情况下，男女比例的分布并没有显示出显著性的差别，男性为 116 人，占总人数的

48%；女性比例为 127 人，略多于男性，占总人数的 52%。这样的差距不足以说明社会企业家中女性显著性地多于男性，因此选择成为社会企业家的人中，性别没有显著性的差异，也就是说性别与创业决策没有显著性的关系。

二 社会企业家的学历分布

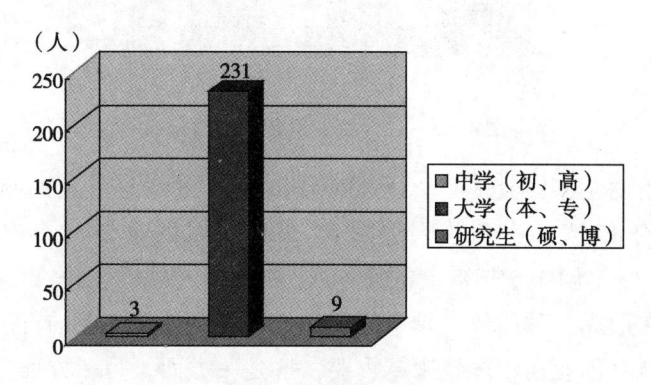

图 4-2 社会企业家的学历分布

从图 4-2 的学历分布来看，被调查的 243 位社会企业家绝大多数拥有大学（本、专）学历，人数有 231 人，占到总人数的 95%，而中学（初、高）学历的仅有 3 人，占到总人数的 1.2%，研究生（硕、博）学历在研究样本达到也仅有 9 人，仅占到 3.7%。从以上的数据可以看出，选择社会创业的创业者一般具有大学学历，这充分说明创业是需要一定的知识基础的，显然低学历的人不愿意选择社会创业，而且从访谈的结果来看，低学历的人往往连自己生存都很困难而且缺乏生存知识，很难去关注别人的需求，当然从研究的结果来看，研究生（硕、博）也非常少，其主要原因从调研的结果和以往的研究来看，硕士博士往往年纪超过 27 岁，随着年龄的增加，风险倾向逐渐降低，他们不愿意选择创业（不论是社会创业还是商业创业），而愿意选择较为稳定的工作，因此他们的比例也很低。因此从学历上来看，大学毕业是最适合进行社会创业的，这一点和商业创业的结论比较类似。

三 社会企业家的创业时间分布

从图 4-3 的创业时间分布来看，被调查的 243 位社会企业家绝大多

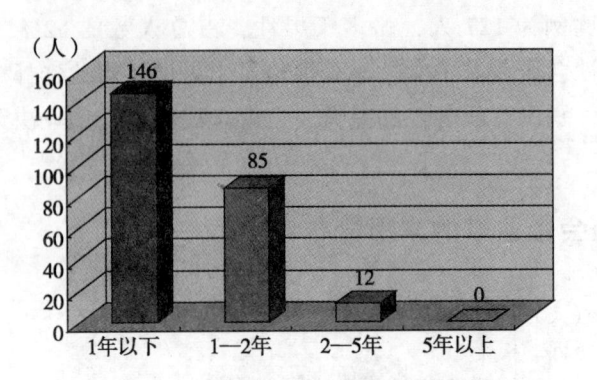

图 4-3 社会企业家创业时间分布

数刚刚开始创业，创业一年以下的有146人，占到总人数的60%；创业1—2年的有85人，占到总人数的34.98%；而创业2—5年的有12人，仅占到4.9%；创业5年以上的为0人。从以上数据可以看出，社会创业在中国正在形成一种趋势，越来越多的人加入到社会创业的行列中，同时这也说明社会创业在中国越来越重要，这是一方面。另一方面，创业时间较短，说明社会企业家们的项目大多都处于起步期和成长期，处于成熟阶段的还非常少，因此社会影响力都非常有限，整体来看，被访的社会企业家由于创业实践较短，都较为缺乏经验。

四 社会企业家创立组织的规模分布

图 4-4 社会企业家创立组织的规模分布

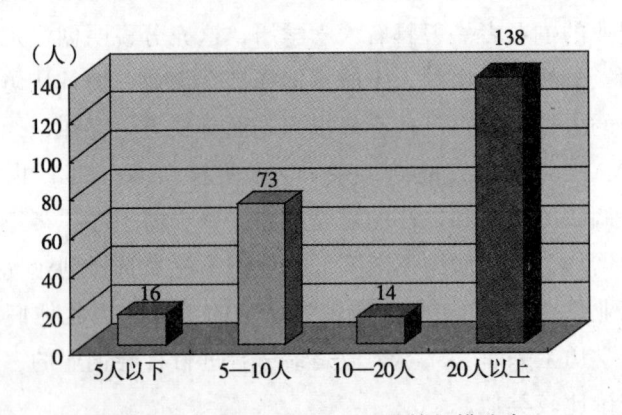

从图4-4社会企业家创立组织的规模分布来看，被调查的243位社会企业家创立的组织主要处于5—10人和20人以上的范围，而在20人以

上的组织为 138 个，占到 56.8%；其次就是 5—10 人的为 73 个，占到 30%，这两个规模的合计达到 86.8%；而 5 人以下的和 10—20 人的规模仅为 30 个，占总比例也仅为 13.2%。从规模上看，20 人以上占到了绝大多数，说明许多的社会创业项目需要一定的规模，因为社会创业既需要商业运作的人才，也需要大量的志愿者，因此往往具有一定的规模。

五　社会企业家创立组织的类型分布

图 4-5　社会企业家创立组织的类型分布

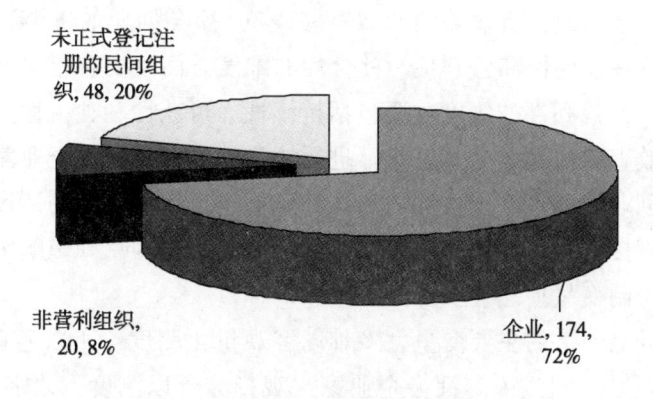

从图 4-5 社会企业家创立组织的类型分布来看，被调查的 243 位社会企业家创立的组织为企业的有 174 家，占 72%；未正式登记注册的民间组织为 48 个，占 20%；非营利组织占到 20 个，占 8%。这种状况恰恰说明，现有的非营利组织登记制度大大限制了社会企业的发展，我国的非营利组织的双重登记制度很大程度上把这种公益性质的社会创业组织排挤到了去企业进行登记注册，而企业在法律的激励下是一个典型的以营利为目的的组织，终极目标是非公益的，但是大多数社会创业组织却只能在企业中生存，这一点从某种意义上来说是公民社会的缺失，因此很多社会创业组织宁可选择不在任何部门登记，因为害怕受到负向激励和行政干预（有许多在工商管理局进行登记的社会创业组织最后由于各种原因被取缔）。

第四节　实证研究变量的测度

本研究所涉及的变量包括社会创业动机、社会创业的机会识别和社会创业决策绩效三个,社会创业动机和社会创业机会识别采用二阶指标,社会创业决策绩效采用一阶指标。

社会创业动机分为两个主要维度,利己动机和利他动机,而利他动机分为公共利益承诺、社会正义、牺牲精神和改变公共政策,利己动机则包括自我实现、自我控制和风险倾向。(本研究的动机侧重对内在动机的研究,因为从动机的过程理论来看,内在动机决定了内在报酬和外在报酬的作用机理。)

由于社会创业具有显著的"双重底线",社会创业的机会识别也分为两个维度——社会性和营利性。社会性的维度方面主要包括多元性、公平性和可行性,营利性的维度主要包括持续性、可获性和独占性。社会创业决策的绩效直接使用8个测度指标进行测量。本书对社会企业家的认知影响因素、创业敏感性、以往知识和认知风格也进行了定量的测度,但是都采用题项直接测量,而没有采用细分指标测量,因为认知影响因素在本书中只作为控制变量使用。

由于以上列举的主要变量大多难以客观量化测度,所以笔者采用 Likert 7 点式量表,通过被访社会企业家主观打分予以测度,数字 1—7 依次表示完全不同意到非常同意的从低到高梯度,5 代表完全中立,本研究采用了7分量表而不是5分目的就是增加区分度。本研究认为社会创业就是创业的一种,因此社会创业者的特质与商业创业者具有类似的特征,以待验证。

一 社会创业动机的测度

1. 利他动机与利己动机的区分

对于利己动机的解释,传统意义上的分析是采用基于理性人假设的经济分析,而对于利他动机的解释则主要有三个主要的理论。生物学的进化理论认为生物社区中合作、利他的个体更容易存活并且将这种利他基因传给下一代,经过数代的繁衍,人类的进化过程也就存在了利他动机(Wixson, 1976)。社会交换理论认为人与人交往基于基本的"社会经济"原则,人们交换金钱、权利、爱、服务、地位等,而且这种交换并非都是有意识的权衡和监控,表面上利他者只有付出、没有收益,但是他的收益实际上是内在的和心理的,是利他者实施利他行为后对自己的肯定和满意,它给利他者带来了快乐(Sober, 1988)。动机理论则认为利他是人类社会进化过程中发展出来的价值观,这种价值观是利他行为的源泉,利他行为的一种机源来自个体内心世界,以个体积极的自我形象的维护和提升,称为内在利他;另一种则来自外部世界,用以改善处于困境中的人的条件,称为外在利他(彭茹静,2003;路海东,2002)。

对于利他动机和利己动机的区分方式主要有两种观点:一元论和二元论。

一元论的基点是人类的理性动机,如果从效用分析,利他行为是一定程度和条件上的利己行为,因此利他也是理性的,只要是经纪人,利益最大化就是一个基本的条件,不管这个利益是经济利益还是情感利益或其他利益。这种一元动机驱动两种行为的分析认为利他行为也是为了自身的利益最大化(王玉珍,2003)。但是无论如何,这种观点认为人类最终是寻求理性地追求自身利益最大化,而利他只不过是一种方法和手段而已(张旭昆,2005)。董志勇(2005)年提出的经济人行为模型则把利己认为是利他的手段,并为认为利他行为产生于利他动机,同时他给出一个行为模型。

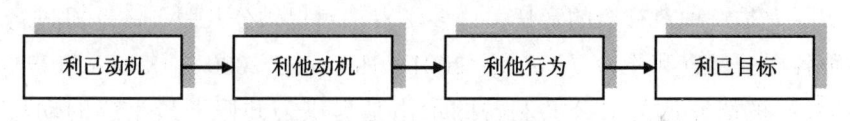

```
利己动机 → 利他动机 → 利他行为 → 利己目标
```

图 4-6 经济人行为动机模型

资料来源:董志勇:《行为经济学》,北京大学出版社 2005 年版,第 94—98 页。

二元论则持有一个更为多元化的论点,其基本出发点认为人并不是纯粹理性的,而且是一个混合的载体。这一观点符合目前流行的人类行为的社会化认知理论,因为人类的行为驱动是一种混合的过程。一个"社会人"具有原初的利己动机和新生的利他价值动机,因此是一个"双重动机"(汪和建,1999)。徐贵宏(2008)认为利他行为和利己行为是统一的,作为理性的行为人,既可以是利己的,也可以是利他的,利他行为可以是内部动机所要实现的利己目标的手段。内部动机可以导致利己行为,也可导致利他行为。

二元论观点的持有者,不仅认为利他动机从经济理性上来看既可以是内部动机,也可以是实现手段,利己动机可能既是内部动机,也是实现手段,把内部动机和实现手段都区分为利己和利他两个方向。因此,实际上真正的二元论者在这里就特别集中(叶航,2005)。

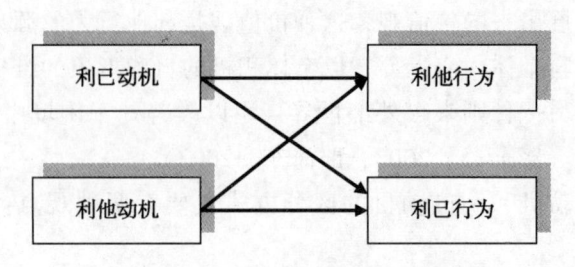

```
          ┌─────────┐         ┌─────────┐
          │ 利己动机 │────────▶│ 利他行为 │
          └─────────┘    ╲ ╱  └─────────┘
                          ╳
          ┌─────────┐    ╱ ╲  ┌─────────┐
          │ 利他动机 │────────▶│ 利己行为 │
          └─────────┘         └─────────┘
```

图4-7　二元论人类动机行为模型

资料来源：徐贵宏、贾志永、王晓燕：《经济人"利他"行为的经济分析》，《经济学家》2008年第1期。

本研究采用的观点是二元论的观点，人类并不是纯粹利己和纯粹理性的，利他作为内在动机是一个非常重要的存在，在后文的社会创业动机测量题项的二阶分类上，也采用了这个二元论的思想：社会创业动机（商业创业动机类似）包括利己和利他动机两个方面。

2. 社会创业利他动机的测度

社会创业利他动机的第一个维度就是对公共服务的承诺。提供公共服务实际上是一种对社会的责任，许多学者都对提供公共服务的动机进行了各种各样的调查和检验（Young，2001；Houston，2000）。Knoke和Wright（1982）的研究认为对公共利益的承诺是提供公共服务最重要的动机之一，这个动机表现出的是个人对他人或其他群体利益的关注和关怀。Downs（1967）认为，即使当公共利益符合个体主张，为公共利益服务的欲望本质上还是一种利他主义。Rainey（1983）把公共服务提供动机看成是一个多维度的概念，最重要的核心就是公共利益的承诺，Gene（2000）证实了Rainey的假设。

社会创业利他动机的第二个维度是社会正义。社会正义是对各种不公平现象的一种理性反映，每个人的社会正义感是不同的，产生的源泉也是不一样的。Perry（1990）对社会正义感进行了最仔细的定量研究，并且对提供公共服务的公务员和非营利组织成员进行了测量，发现社会正义感是促使他们从事公共服务提供的关键。Frederick Mosher（1968）的古典民主主义和公共服务理论认为公共服务道德与社会正义感有关。

社会创业利他动机的第三个维度是牺牲精神，牺牲精神是愿意牺牲自己的利益帮助他人的倾向，同时也是不为有形的个人奖励产生为他人服务的想法。这种动机是一种典型的社会创业动机，不论从已有的案例还是从文献中，社会企业家都具有典型的牺牲精神（Macy，1971）。Knoke 和 Wright（1982）的研究对牺牲精神进行了测量，显示牺牲精神是一个重要的提供公共服务的动机。Perry（1990）的重要研究显示牺牲精神是利他动机的重要组成部分。

社会创业的最后一个利他动机就是公共政策制定。Frederickson 和 Hart（1985）则认为公共服务提供者的动机是仁爱的"爱国主义"，他们将爱国主义定义为"在我们政治界限内的对所有人民的广泛热爱以及通过制定文件维护人民的基本权利"，他们提出的这个概念是建立在对制度价值和其他价值结合的基础上的。

表4-3　　　　　　　　　社会创业利他动机的测度题项

	测度题项	测度依据
公共利益承诺	你很关注社会或社区正发生的事	Downs, 1967; Knoke & Wright, 1982; Perry, 1990
	你愿意为社会公共的利益做出贡献	
	现在社会上很多人看上去关心公共利益，但是他们大多只关心自己	
	大多数人共同的利益才是应该关心的	
社会正义	你愿意用你的力量来使世界变成一个更加公平的地方	Bruce Buchanan, 1975; Frederick Mosher, 1968
	如果社会中有部分人无法享受到社会发展所带来繁荣的话，那么实际上社会在恶化	
	即使被某些人认为是很愚蠢的，我也要为弱势群体的权利而奋斗	
	社会上每一个人都有平等的机会生存和发展	
自我牺牲	对你来说，对社会有所贡献比取得个人成就更为重要	Macy, 1971; Perry, 1990; Macy, 1971; Perry, 1990
	你愿意自己承担损失来帮助别人	
	即使无法获得报酬，服务别人也会让你感觉良好	
	责任比自我实现更重要	
制定公共政策	你对制定（公共）政策很有兴趣	Macy, 1971; Perry, 1990
	政府的公共政策是改变社会现状重要的手段	
	参与公共政策制定能把一个好的想法变成法律和法规	
	你关注公共政策的最新变化和大众对于公共政策的态度	

3. 社会创业利己动机的测度

自我实现的成就感（Need for achievement，nAch）在创业的个人特质领域获得了广泛的关注。Johnson（1990）进行了23组研究来测度成就感取向（nAch），基于这些组别的研究，Johnson 发现在创业成就感和创业活动之间存在某种关系，通过案例发现成就感是区别企业创建者和其他社会成员的主要差别。在另一个类似的19组研究中，Fineman（1977）通过实验和问卷的方式发现自我成就感与创业有显著性的正向关系。Collins、Locke 和 Hanges（2000）首次对自我成就感进行了分解并对创业进行了研究，测试了63个自我成就感指标，结果发现，自我成就感与企业建立有显著的正向关系，创业者的自我成就感显著性地与其他人有差别（r = 0.21），而且自我成就感能够很好地预测企业的绩效（r = 0.28）。Collins（2000）发现自我成就感与创业活动的关系受到很多其他因素的影响，他认为自我成就感是一个区别创业者和普通人的有效工具，但是与管理者的区分度却不大，而且自我成就感在成功和不成功的创业者之间的区分度也很大，所以自我成就感是解释创业活动的重要动机。

风险倾向（risk – taking）和对模糊性的容忍（tolerance for ambiguity）是第二个主要利己动机。Liles（1974）则发现风险不确定性细分为经济上的风险、心理上的风险、职业安全稳定和家庭关系安全和稳定等几个方面，更为重要的是大多数的创业理论把创业者看成能够容忍风险的人（Venkataraman，1997）。只有 Brockhaus（1980）验证并且发现创业者更倾向中等程度的风险，但是与管理者没有显著差异。创业者在各类信息中辨识出，而银行家则认为这些信息是风险，因此面对同样的信息好风险倾向的时候，自我效能在起作用（Litzinger，1961；Babb，1992；Palich & Bagby，1995）。Schere（1982）认为对模糊性的容忍是创业者动机的特质之一，因为挑战潜在的创业成功可能性本质上来说是不可预测的（unpredictable）。在实证研究中，Begley 和 Boyd（1987）发现创业者对模糊性的容忍度显著高于管理者。在小样本的测试中，Schere（1982）与 Miller 和 Drodge（1986）也发现创业者对模糊性的容忍度显著高于管理者。Babb 和 Babb（1992）发现在北部佛罗里达，创业者和非创业者在对模糊性的容忍度上无显著差异；Begley（1995）也没有发现显著性的差异。

自我控制或者说控制点（Locus of control）是社会企业家的第三那个利己动机。自我控制是一种自我相信自己的行为和特质能够在某种程度上影响结果的。就像 McClelland（1961）早期研究一样，高成就感的个人更倾向于认为他们自己能够直接控制结果，这个研究结果被 Rotter（1966）

转化到控制点的研究上来。对控制点的研究认为创业者与非创业者在这个方面也显著不同。Shapero（1977）、Rotter（1966）、Bowen 和 Hisrich（1986）都发现创业者更倾向于内在控制。然而控制点研究同样没有发现创业者和管理者之间的显著区别，这一点和自我成就感相同（Babb, 1992；Brockhaus, 1982；Begley & Boyd, 1987）。

表 4-4　　　　　　　　社会创业利己动机的测度题项

	测度题项	测度依据
自我实现	你希望取得非凡的成就	Johnson, 1990；Fineman, 1977；Collins, Locke & Hanges, 2000
	你希望不断地进步和提高	
	你希望别人对你取得的成就有积极的反馈	
	你希望从成就和进步中不停地获得满足感	
风险倾向和不确定性偏好	如果可能的回报很高，你会毫不犹豫地去做那些即使很可能失败的事情	McClelland, 1961；Liles, 1974；Venkataraman, 1997；Litzinger, 1961；Babb, 1992；Schere, 1982；Babb & Babb, 1992；Begley, 1995
	你会借钱，如果投资的收益很高	
	解决一个复杂的问题要比简单的问题有意思得多	
	一个好工作是"做什么"和"怎么做"都很确定的事情	
自我控制	你觉得可以很好地掌控自己学习和工作的方向	Rotter, 1966, Bowen & Hisrich, 1986；Babb, 1992；Brockhaus, 1982；Begley & Boyd, 1987
	你现在取得的成就主要是靠运气	
	你喜欢自己思考，自己做决定	
	你不喜欢对别人的想法言听计从	

二　社会创业机会识别的测度

社会创业具有"双重底线"，社会创业的机会也有两个维度：社会性和营利性。（Dees, 1998；Reis, 1999；Mort et al., 2002；Mair & Marti, 2006a；Peredo & McLean, 2006；Martin & Osberg, 2007）。

1. 社会创业机会的社会性识别

社会公正显然是社会创业最为重要的目标之一，实现社会公正（Thake & Zadek, 1997）是实现社会平等的基本途径之一，也是针对弱势群体的保障。在平等方面，靳海山（2005）提出了从权利平等、机会平等和结果平等三个维度来具体分析关系中的平等问题；Guildford（2003）在美国社会项目影响力评价中对社会项目的机会特点提出了4个特点：（1）获得项目影响地区广泛的理解和支持（主要的利益相关者）；（2）这个机会必须聚焦在人类社会与文化环境的关键因素上（与利益相关者最为直接接近的）；（3）保证环境正义（对于社会影响力的分布特别是社会、经济、空气质量和健康等在社会人群中的影响要均衡）；（4）有评估和监督机制（第三方的评估和监督对社会项目的实施大有益处）。Finsterbusch（1980）、Branch（1986）、Taylor（1990）、Brudge（1994），也提到了社会项目社会性的几个重要方面：（1）多元化的公众参与，确认所有潜在的受影响的群体或个体，并使之参与到评价之中；（2）分析影响的平等性，谁将得到什么？谁失去什么？弱势群体是否有代言人；（3）评价重点突出，是否处理公众真正关心的问题，而不是容易计算的问题，让公众来确认影响；Frank Vanclay（2003）则把社会项目的机会特征定义为以下几个方面：（1）尊重人类的基本权利；（2）推动人类社会各方面的平等；（3）项目决策公正、公平和透明；（4）项目要受到社区的广泛支持；（5）要能够有积极的社会产出；（6）方案要可行。

表4-5　　　　　　　　社会创业机会社会性识别的测度题项

	测度题项	测度依据
多元性	获得广泛支持（包括运营团队、政府和服务对象等）	Guildford, 2003; Frank Vanclay, 2003; Finsterbusch, 1980; Taylor, 1990; Brudge, 1994; Peredo & McLean, 2006; Martin & Osberg, 2007
	各利益相关者的诉求明确	
	外部监督或协调有效	
可行性	有成熟的社会问题解决方案	Guildford, 2003; Frank Vanclay, 2003; Finsterbusch, 1980; 陈海涛, 2008; Mair & Marti, 2006
	社会问题特征和社会需求比较明显	
	社会需求强烈	
	社会问题解决方案切合社会需求	
公平性	绝大多数公益目标受益	Thake & Zadek, 1997; 靳海山, 2005; Guildford, 2003; Frank Vanclay, 2003; Finsterbusch, 1980; Branch, 1986; Brudge, 1994; Dees, 1998; Reis, 1999
	公益目标之间受益的程度较均等	
	公益目标有平等的机会享受项目中的公益服务	
	公益目标有平等的机会获取公益服务的信息	

2. 社会创业机会的营利性识别

Timmons（1999）认为创业者抓住创业机会必须识别创业机会的特征，因此他把机会的特征从几个方面进行了界定：价值性（为顾客或最终用户创造或增加极大的价值);市场性(有需求旺盛的市场,利润很高);团队性(当时的创始人和管理团队配合得很好,也很适合市场状况和风险、回报平衡);针对性(能够解决一项重大问题,或者满足了某项重大需求或愿望)。傅家骥(2003)认为创业机会具有:(1)特定商业机会的原始市场规模;(2)特定商业机会将存在的时间跨度;(3)特定商业机会的市场规模将随时间增长的速度;(4)特定的商业机会是不是较好的商业机会;(5)特定商业机会对"某个创业者"自身的现实性。Ardichvili(2003)根据创业机会的来源和发展情况对创业机会进行了特征分类,包括创业机会的潜在价值和创造价值的能力两个维度。横轴维度维度代表创业机会的潜在价值,纵轴代表创业者的创造价值能力,这两个维度可以划分成四个类型:梦想型、尚待解决的问题、技术转移及市场形成。

表 4 - 6   社会创业机会营利性识别的测度题项

	测度题项	测度依据
可获性	营利活动的对象接受产品(或服务),愿意为此付费	Timmons, 1999; Mullins, 2002; Ardichvili, 2003; 苗青, 2006; 陈海涛, 2008
	有一定市场规模能达到盈亏平衡以上	
	产品(或服务)有较低的成本	
	产品(或服务)有一定附加值	
持续性	有可持续的收入	Timmons, 1999; Mullins, 2002; 傅家骥, 2003; 苗青, 2006; 陈海涛, 2008
	有良好稳定的现金流支撑	
	市场规模较为稳定	
	销售渠道较为稳定	
独占性	有某种专利或者某种独占性	Mullins, 2002; 傅家骥, 2003; Ardichvili, 2003; 苗青, 2006; 陈海涛, 2008
	有杰出的管理团队和关键人员	
	有独特的运营模式	
	竞争者较少	

三 社会创业决策绩效的测度

在创业决策测度的研究中,以往的研究往往是根据决策的内容来确定的。苗青(2006)首次提出了通过三种途径来测量决策的绩效:决策的过程绩效、决策的结果绩效和决策的效果绩效。

表 4-7　　　　　　　　　　创业决策的决策绩效

步骤		活动	操作定义
决策过程	客观指标	决策的速度/时间	决策过程中使用的时间
	主观指标	决策的自信度	决策过程中的自信度水平
	周边指标	决策的互动	决策中的人际互动与信息沟通
决策结果	客观指标	采纳和选择的结果	决策的最终判断或选择与否
	主观指标	结果的自我满意度	决策者对结果的满意程度
	周边指标	结果的他人认同度	决策结果是否得到他人认同
决策效果	客观指标	决策的回报率	决策的收益，如投资回报率
	主观指标	决策的正确程度	决策在事后被验证的正确性
	周边指标	决策的执行度	决策实施过程的履行和执行度

本研究对社会创业的决策绩效测度主要通过决策的结果来进行衡量。由于社会创业的决策好不好，最为重要的就是决策结果，因此本研究最终选择决策结果而非决策过程和决策效果来进行衡量。在对社会创业决策结果的评价中，主要有两种评价标准：社会影响力评价和责任评价。

表 4-8　　　　　　　　社会创业决策绩效的测度题项

	测度题项	测度依据
社会创业决策绩效	你们的创业决策是一个能积极促进劳动和就业的决策	Costanza, 1995; Nicholson, 1985; Taylor, 2004; King, 1998; 唐勇 & 徐玉红, 2007; Arnstein, 1969; Botes, 2000; Morgan, 2001; Speer, 2000
	你们的创业决策是一个能积极促进生活环境和生活质量（物质和精神）提升的决策	
	你们的创业决策是一个能积极促进社会公共服务水平提升的决策	
	你们的创业决策是一个能积极促进受益群体收入提高决策	
	你们的创业决策是一个能积极提升社会产出和社会投入比率决策	
	你们的创业决策是一个能积极增加受益群体满意度的决策	
	你们的创业决策是一个能积极增加其他利益相关者（政府、投资者、运营者和监督者）满意度的决策	
	你们的创业决策使得受益群体获得了"获益的能力"而不是单纯的"获益"	

四 社会创业机会识别认知的影响因素

创业的敏感性（alertness）是社会创业机会识别认知的第一个重要因素，也是一个很好的切入点（Arthur，2008）。Kirzner（1979）最早提出创业警觉性概念，他认为创业警觉性对于机会识别具有重要的作用，他认为创业警觉性是"一种注意到迄今尚未发掘的市场机会的能力，是一种激发人们大胆构想未来的倾向性"。他对创业警觉性的概念界定收到后来研究者的重视和接受。Kaish（1991）认为敏感的实质就是把自己放在信息流（information flow）中，从而扩大遇见机会的概率，他在实证研究中创业者对创业信息比管理人员具有更高的敏感性，他们更倾向在信息的收集和整理上花很多的时间。Buzenitz（1996）的实证研究却并不支持这一观点，这种差异主要是源自于创业者个人特征的衡量指标的选取，这也正是创业者个人特征研究的难点之一。

以往知识存量是社会创业机会识别的第二个认知影响因素。Casson（1983）从资源配置的角度分析了创业者的知识对资源配置的重要性，创业者需要具有正确的和准确的知识以及敏锐的眼光使资源配置更加准确。Venkataraman（1997）最为著名的就是对知识的界定，他认为个体具有独特的以往知识（prior knowledge），而不同时段和时点上的知识就形成了知识走廊（knowledge corridor）对机会识别具有重大影响。Shane（2000）认为创业的知识包括发现新技术所必需的丰富知识背景和管理能力，有助于创业者准确快速辨别创业机会。

认知的风格（cognitive styles）是社会创业机会识别的第三个认知影响因素。在认知风格的研究中，与创业最为接近的就是 Kirton（1976，1980）的"创新—适应"认知风格（Kirton - Adaptive - Innovative style，KAI）。这个理论假设创新与适应处于这个认知风格的两个极端，处在一端的认知者是适应者（adaptor），决策的依据往往是框架（framework）和情境（context），而创新者决策的依据往往是打破框架和情景做出完全不同的选择。Foxall 和 Hackett（1992）对 KAI 进行了验证并对 KAI 的维度进行了划分，包括：原创度、细节效率和遵从权威。原创度指的是做出的选择与众不同的程度，细节效率是指工作仔细的程度，遵从权威则是指工作原则是否以打破常规或墨守成规为标准。

表4-9　　　　　　社会创业机会认知影响因素的测度题项

	测度题项	测度依据
创业敏感性	你能够吸取他人对你有益的建议	Arthur, 2008; Kirzner, 1979; Kaish, 1991; Buzenitz, 1996; Gaglio & Katz, 2001
	你通过各种关系网络来寻找公益创业机会	
	你通过各种传播媒体来寻找公益创业机会	
	你会投入较多的时间来思考如何运营公益事业	
	你能够发现他人没发现的问题	
	你能够看到有价值的资源	
	你可以将几个看上去不关联的事情关联思考	
	反常现象出现你也会认为是必然性在起作用	
	看似不经意的东西,你也保持关注和思考	
	你觉得未来充满了新奇,而不是周而复始	
	你预见到某些既具有商业潜质又蕴含社会目的事物	
	你完全能够在较短时间里,对运营做出判断	
创业知识	你对关注的领域充满好奇和兴趣感	Kirzner, 1973; Casson, 1983; Fiet, 1996; Venkataraman, 1997; Shane, 2000
	你投入大量的精力和时间来学习商业技能和公益策略	
	你不断培育自身能力来获取兴趣领域的综合知识	
	通过一定的积累,你对商业运营具备了足够的知识经验	
	通过一定的积累,你对公益事业运营足够的知识和经验	
认知风格	你做事总是以规章为主要标准	Allport, 1937; Tennant, 1988; Witkin, 1964, 1997a, 1997b, 1997c; Kagan, 1964; Jung, 1923; Gregorc, 1982; Kirton, 1976, 198; Foxall & Hackett, 1992
	你面对权威时总是小心谨慎	
	没有得到正式允许,绝不开始工作	
	领导说什么就是什么	
	你喜欢做具体细节的工作	
	你不知疲倦地获取各种细节信息	
	你思考问题总是十分彻底	
	如果方案不能考虑到细节就不能执行	
	你有原创性的点子	
	你可以被激发出很多不同的设想	
	你容易受到信息激发而感到兴奋	
	你用全新的观点看待老问题	

第五节 定量分析的方法和程序

正确的方法加上优良的数据才能产生优质的结果。在前面的理论分析中，已经对本研究的主要测度的数据、量表和题项进行了简单的介绍，为了对本书提出的理论模型和研究假设进行科学的分析，选择恰当的研究方法和程序非常重要。本研究利用根据全部有效问卷的调查数据建立数据库，验证理论分析所提出的假设模型及各种假设所预期的理论假设。统计分析主要运用 SPSS11.5 统计软件包对模型中各要素进行描述统计分析、相关分析、回归分析和因子分析，因子分析包括探索性因子分析（Exploratory Factor Analysis）和验证性因子分析（Confirmatory factor analysis），用以提炼和保障指标的信度和效度。本研究的模型拟合采用 AMOS 4.0 软件对本书提出的结构方程模型进行检验，以确定包含各种假设关系的最终结构方程模型。

一 方差分析

方差分析是一种检验多组相关样本均值之间差异性的方法，通过参数假设检验来分析两个总体或多个总体分布均值是否相同，单因素方差分析的基本思想就是用防范之间的方差（它服从 χ^2 分布）与所有方案内部的方差之和（它也服从 χ^2 分布）的壁纸（它服从 F 分布），与 f_a 的比较来判别 s 个方案的均值是否相同。其判断标准就是 F 统计值的显著性来判断样本均值是否有显著的差异。本研究将采用 SPSS 11.5 统计软件进行方差分析（马庆国，2002）。

二 回归分析

回归分析包括线性回归和非线性回归，而线性回归又包括一元回归和多元回归。回归是分析统计量之间统计关系的一种方法，一元线性回归就是一个自变量与一个因变量之间的统计关系，二元线性回归则是 2 个自变量与 1 个因变量之间的统计关系，非线性回归则是一种曲线回归，所采用的曲线预测模型在 SPSS 11.5 中达到 12 种，可以给出变量之间丰富的非线性关系的统计分析。回归统计分析的第一个关键指标是 F 统计值的显著性，这个指标说明是否存在显著的回归关系；第二个重要指标回归系数及其显著性，这个指标通常用来衡量多元回归中各个自变量对应变量的贡献度以及显著性水平（马庆国，2002）。

三　信度效度检验及探索性因子分析

本研究采用SPSS 11.5统计软件包对研究设计的所有模型及研究的各题项进行了描述性统计分析，并且进行信度效度和探索性因子分析。

信度（reliability）是指测量效果的一致性和稳定性；效度（validity）是指测量的正确性，也就是测量工具衡量的有效性指针。效度一般分为内容效度和构思效度两种。因子分析通常是验证构思效度的主要方法（吴明隆，2003）。探索性因子分析主要用于探讨经验型潜变量与观测变量之间的关系。观测变量组成了哪些潜变量，以及潜变量与观测变量之间的关系如何，是通过数据资料的主成分分析、最佳的因子结构确立等过程得到的（侯杰泰，2004）。探索性因子分析必须先验证KMO和巴雷特指标，当KMO大于0.7，Bartlett球形检验的显著水平为0.000时，表明参与因子分析的样本的数量是充足的，数据具有相关性，可以进行因子分析。在探索性因子得出的结果中，当各因子载荷均在0.4以上，且各测量项目跨因素载荷均小于0.4，累计方差解释量在60%以上，则表明量表整体结构具有良好的收敛和区别效度。也有学者认为，最低接受指标为0.5（马庆国，2002）。本研究采用主成分分析的因子提取法并且结合最大方差旋转，特征根大于1的方法提取因子。

在验证题项的内部一致性的时候，我们采用克罗巴赫的爱尔法（Cronbach's α）系数，来评估变量度量的信度。样本的最低要求是题项对总体的相关系数（CITC）大于0.35，Cronbach's α系数大于0.7（李怀祖，2005）。

四　验证性因子分析和结构方程的拟合

验证性因子分析主要用于检验已知的特定结构是否按照预期的方式产生作用。与探索性因子分析不同的是，验证性因子分析中潜变量的概念和内涵是基于理论的推导，然后通过概念模型与观察到的资料之间的差异性，来决定研究者对潜变量所提出假设性看法是否适当（林嵩，2008）。因此，验证性因子分析是一种理论导向的建构效度检验方法（黄芳铭，2005），主要用于检验概念模型的建构效度，即先建立一个理论建构模型，依据这一建构界定一组与建构相关联的指标，而后使用资料来证明理论模型的可接受性。本研究采用 Amos 4.0 进行验证性因子分析。

利用结构方程进行验证性因子分析还需要进行所假设的概念模型的建构效度的考察，即考察全模型与概念模型的拟合效果。通常采用的绝对拟合效果检验的指标包括：χ^2 卡方值，当显著性水平高于 0.05 时，可以认为假设的模型和测量的数据具有较好的拟合度。χ^2/df 卡方自由度比小于 2 时，往往认为模型的拟合效果良好。SRMR（Standardized root mean square residul）指标越小，说明模型拟合得越好，通常小于 0.1。RMSEA（Root Mean Square Error of Approximation），近似误差均方根越接近于 0，拟合的越好。GFI（goodness-of-fit index）类似于回归方程模型中的 R^2，GFI 大于 0.9 的时候模型拟合效果良好。NFI（normed fit index）位于 0—1 之间，通常认为大于 0.90 的时候模型拟合效果良好。IFI（incremmental fit index）位于 0—1 之间，通常认为大于 0.90 的时候模型拟合效果良好。TLI（Tucker-lewis index）通常认为大于 0.90 的时候模型拟合效果良好。此外，还有替代性指标和简约性指标用来进行模型间的比较和优化。替代性指标可以比较假设模型与理论上模型卡方值之间的差异，通常采用 NCP、RMSEA 等指标，可接受的标准为越小越好，PCFI 则要求大于 0.5。简约性指标用于比较不同模型的优化程度，通常采用 AIC、BCC、BIC、CAIC、ECVI、MECVI 等指标，可接受的标准为越小越好。

本书的实证研究开展主要采取以下步骤：（1）对题项进行探索性因子分析，检验各因子维度的信度；（2）对探索的因子结构进行验证性因子分析，进行假设验证；（3）通过结构方程对社会创业动机、机会识别和决策机制的整体模型进行效度分析、模型检验和路径拟合，从而完成模型验证。

本章小结

本章重点讨论的本研究的研究设计并对所采用的方法进行了详细的介绍和阐述。本研究的问卷设计经过了四个主要的阶段，在多次实地访谈的基础上，不断对问卷的题项设置和问卷的问题提法进行修正。为了减少被访者答题的负面效果，尽可能使被访者准确作答。本研究在问卷的发放过程中始终坚持采用能当面发放不委托发放，能访谈中填写就不让对方独立填写的原则,尽可能地采集有效数据。

  本章的第二部分还介绍了本研究所涉及的所有相关题项的设置及其依据,这些题项包括社会创业动机中的利己动机和利他动机,社会创业机会识别中的营利性识别和社会性识别,社会创业决策绩效指标以及社会创业机会识别的认知影响因素。本研究的社会创业动机和社会创业机会识别都采用了二阶指标,这些指标的聚合及拟合还需要在后续的研究中验证。本研究以问卷发放回收的调查为主体方法,利用这种方法收集数据,建立问卷题项数据库,并且在后文中将实际采用 SPSS 11.5 对样本进行有针对性的方差分析、线性和非线性回归分析等,在模型拟合的研究中首先用 SPSS 11.5 进行信度效度检验并进行探索性因子分析,而后采用 AMOS 4.0 进行验证性因子分析并对模型进行拟合。

第五章

社会创业动机与商业创业动机：结构与内容的比较

第一节 本章实证研究目的

本章实证研究的目的主要有实践和理论两个方面。

在实践的领域，我们在进行大量扎实的实地访谈和案例分析之后发现，从结果上来看社会企业家选择了社会创业，商业企业家选择了商业创业，这种行为的不同选择一定有其背后的原因，本章希望通过实证来寻找到影响创业者选择不同领域创业的动机性因素，这将有助于理解社会企业家为何会做出社会创业的选择而不是商业创业的选择。西方投资型的基金会（非营利组织）在确定社会投资之前，往往会尝试了解社会项目的社会性和社会企业家申请资助的动机，当然为了排除社会期待效应，问卷的填写会非常多元化，填写方式也会非常灵活，因此本研究的结果对于这样一类提供社会创业资助的组织来说异常重要，因为社会创业与商业创业不同，商业创业关注的是否能够获得可观的利润产出，而社会创业则关注社会产出的获得和社会企业家对于这种目标的动机正确性。本章研究的应用非常明确，就是为投资型的基金会（非营利组织）提供了解社会企业家对社会创业追求动机的一种工具。

在理论的领域，我们通过对以往商业创业的文献回顾，发现研究的基本的假设是利己主义（egoism），绝大多数的学者对于商业创业动机的定义基本上主要基于自我实现、自我控制、风险倾向、不确定性偏好等，这些无一例外的都是典型的利己动机（egoistic motivation），这种研究的前提就是商业创业的前提假设就是纯粹理性人利己的假设。虽然也有一些研究指出商业企业家在行为的过程和结果中也体现对多社会和雇员的服务，以及对家庭的保障等利他动机，但是但多数这种利他的行为结果都归结于利己的动机（Kuratko & Naffziger, 1997; Robichaud & Roger, 2001; Shane, 2003）。实际上经济学领域从经济伦理的角度给出了更加多样化的动机解释，以前的学者认为利他动机本质上还是利己的（张廷华，1999），因此利他行为是理性的（杨春学，2001），他们的观点认为人类动机是源于一元动机驱动而产生的两种行为，把各种因利他动机而产生的利他行为也解释为追求自身利益的最大化。实际上，在理性经济人假设之下，利他行为可以是内部动机所要实现的利己目标的手段，也可以是内部动机之下的利他偏好所要产生的行为。利他行为能够使行为人获得满足，并且行为人可能会因此得到物质收益和精神收益，这种"二元双重动机理论"得到了更多的支持和肯定（汪和建，1999；张旭昆，2005；董志勇，2005；管毅平，2002；叶航，2005）。本书正是从这个视角出发，认为在社会创业者和商业创业者的创业动机也存在这种结构，一方面商业企业家既有利他动机，也有利己动机，但是利己动机更强；另一方面社会企业家也既有利他动机，也有利己动机，但是更侧重利他动机。本研究实际上在理论上，从商业创业和社会创业动机的比较中，验证了这种"二元双重动机理论"。

总体上来说，本章研究的目的是：（1）通过实证研究分析社会创业动机与商业创业动机之间的异同；（2）发现创业者为什么选择了不同领域的创业；（3）在实践领域为投资型的基金会选择资助对象的时候，提供了解社会企业家对社会创业追求动机的一种工具。

第二节　本章实证研究的假设

通过前面的案例研究提出如下命题：

命题1：社会企业家和商业企业家都具有相同的动机结构，包括利他和利己，这个结构中，利他动机包括公共利益承诺社会正义牺牲精神和公共政策制定，利己动机包括风险倾向和不确定性偏好、自我实现和自我控制。

命题2：商业企业家的利己动机要强于利他动机，而社会企业家的利他动机要强于利己动机。

命题3：社会企业家的利他动机要强于商业企业家，商业企业家的利己动机要强于社会企业家。

由于这三个命题是通过案例分析得出的，还未通过实证进行检验。因此在这一章当中本研究依据这三个命题提出 7 个假设，这 7 个假设前 3 个是结构假设，后 4 个是内容假设：

结构假设：

假设 M1 – H1 社会创业动机和商业创业动机具有相同的一级动机结构，都包括利他动机和利己动机。

假设 M1 – H2 社会创业的利他动机和商业创业的利他动机一样，都由四个维度构成：公共利益承诺、社会正义、牺牲精神、公共政策制定。

假设 M1 – H3 社会创业的利己动机和商业创业的利己动机一样，都由三个维度构成：自我实现、风险和不确定性偏好、自我控制。

内容假设：

假设 M2 – H1 社会企业家的利他动机要强于商业企业家的利他动机。

假设 M2 – H2 商业企业家的利己动机要强于社会企业家的利己动机。

假设 M2 – H3 社会企业家的利他动机要强于利己动机。

假设 M2 – H4 商业企业家的利己动机要强于利他动机。

第三节 社会创业动机与商业创业动机的结构比较

对社会创业动机和商业创业动机的结构比较的实证研究遵循以下过程原则：

（1）首先对问卷一中的社会企业家样本进行探索性因子分析，观察其结构，然后采用 AMOS 4.0 进行验证性因子分析研究样本总体的结构是否符合假设。

（2）接着对问卷一中的商业企业家样本进行探索性因子分析，观察其结构，然后采用 AMOS 4.0 进行验证性因子分析研究样本总体的结构是否符合假设。

（3）通过对比商业企业家样本和社会企业家样本两组样本的对比研究来检验假设 M1 – H1、假设 M1 – H2 和假设 M1 – H3 是否成立。

一 社会创业动机的探索性因子分析

1. 信度检验

首先要对样本的利他和利己动机分别作信度检验，结果如表 5 – 1 和

表 5 – 2 所示。除了 Q40 "社会上的人只关心自己"和 Q41 "应该关心多数人利益"题项—总体相关系数小于 0.35，且删除该项目之后，各题项的 Cronbach's α 系数进一步提高到 0.897，同时考虑到由于与该题项测度内容类似的项目还有 Q38 和 Q39，因此可以肯定的是删除该题项不会对整体的测度产生明显的影响，因此删除 Q40 和 Q41。其他问项的题项—总体相关系数都大于 0.35，各变量的 Cronbach's α 系数大于 0.7，因此我们得出社会创业动机中利他动机各变量题项之间具有较好的内部一致性。

表 5 – 1　社会创业动机中利他动机的信度检验（N = 104）

变量名称	题项（简写）	题项—总体相关系数	删除该题项后 Cronbach's α 系数	Cronbach's α
公共利益承诺	Q38 关注社区	0.3834	0.8771	0.8790
	Q39 为公共的利益贡献	0.4573	0.8746	
	Q40 社会上的人只关心自己	0.3409	0.8783	
	Q41 应该关心多数人利益	0.3120	0.8793	
社会正义	Q42 愿意用你的力量使世界更加公平	0.6153	0.8678	
	Q43 社会中有人无法享受繁荣　社会在恶化	0.5763	0.8696	
	Q44 要为弱势群体的权利奋斗	0.6885	0.8642	
	Q45 每一个人都有平等的机会生存和发展	0.5246	0.8720	
牺牲精神	Q46 对社会有所贡献比取得个人成就重要	0.5869	0.8691	
	Q47 愿意自己承担损失来帮助别人	0.5221	0.8721	
	Q48 即使无报酬，服务别人让你感觉良好	0.6336	0.8672	
	Q49 责任比自我实现更重要	0.5849	0.8692	
公共政策制定	Q54 对制定（公共）政策很有兴趣	0.4709	0.8742	
	Q55 政府公共政策是改变社会现状的手段	0.4792	0.8738	
	Q56 公共政策制定能把好想法变成法律	0.5463	0.8711	
	Q57 关注公共政策的最新变化和大众的态度	0.5601	0.8704	

表 5 – 2 中，除了 Q67 "你现在取得的成就主要是靠运气"的题项—总体相关系数小于 0.35，且删除该项目之后，各题项的 Cronbach's α 系数进一步提高到 0.853，其主要原因可能是反向问题对答题者所造成的误导，因此删除 Q67。其他问项的题项—总体相关系数都大于 0.35，各变量的 Cronbach's α 系数大于 0.7，因此我们得出总体样本中，利己动机各变

第五章 社会创业动机与商业创业动机：结构与内容的比较

量的题项之间具有较好的内部一致性。

表 5-2 社会创业动机中利己动机的信度检验（N=104）

变量名称	题项（简写）	题项—总体相关系数	删除该题项后 Cronbach's α 系数	Cronbach's α
自我实现	Q58 希望取得非凡的成就	0.6831	0.8202	0.8441
	Q59 希望不断地进步和提高	0.6040	0.8262	
	Q60 希望别人对你的成就有积极反馈	0.6128	0.8249	
	Q61 希望从成就中不停获得满足感	0.6371	0.8233	
风险和不确定偏好	Q62 回报很高你会去做可能失败的事情	0.5401	0.8299	
	Q63 你会借钱，如果投资的收益很高	0.4804	0.8346	
	Q64 解决复杂的问题要比简单的有意思	0.6201	0.8246	
	Q65 好工作是做什么和怎么做都很确定的	0.4661	0.8383	
自我控制	Q66 可以很好掌控自己学习和工作的方向	0.4915	0.8338	
	Q67 你现在取得的成就主要是靠运气	0.1078	0.8607	
	Q68 你喜欢自己思考，自己做决定	0.6009	0.8253	
	Q69 你不喜欢对别人的想法言听计从	0.3782	0.8414	

2. 探索性因子分析

探索性因子分析的前提是样本数据的 KMO 值大于 0.7，且 Bartlett 统计值显著异于 0（马庆国，2002）。社会创业利他和利己动机的 KMO 和 Bartlett 球体检验均符合要求。将社会创业利他动机的公共利益承诺、社会正义、牺牲精神和公共政策制定的所有题项放在一起，进行利他动机因子分析。结果如表 5-3 所示。将社会创业利己动机的自我实现、风险和不确定偏好与自我控制的所有题项放在一起，进行利己动机因子分析。结果如表 5-4 所示。

表 5-3 社会创业动机中利他动机的探索性因子分析（N=104）

| 题项 | 因子载荷 | | | |
	因子1	因子2	因子3	因子4
Q38 关注社区	0.040	0.200	0.088	0.815
Q39 为公共的利益贡献	0.237	0.232	0.104	0.712
Q42 愿意用你的力量使世界更加公平	0.209	0.078	0.824	0.167
Q43 社会中有人无法享受繁荣　社会在恶化	0.184	0.082	0.831	0.072

续表

题项	因子载荷			
	因子1	因子2	因子3	因子4
Q44 要为弱势群体的权利奋斗	0.267	0.158	0.842	0.161
Q45 每一个人都有平等的机会生存和发展	0.189	0.156	0.820	-.081
Q46 对社会有所贡献比取得个人成就重要	0.839	0.083	0.219	0.072
Q47 愿意自己承担损失来帮助别人	0.882	0.006	0.153	0.078
Q48 即使无报酬,服务别人让你感觉良好	0.858	0.103	0.255	0.115
Q49 责任比自我实现更重要	0.850	0.079	0.218	0.102
Q54 对制定（公共）政策很有兴趣	0.011	0.793	0.131	0.242
Q55 政府公共政策是改变社会现状的手段	0.049	0.926	0.111	-.032
Q56 公共政策制定能把好想法变成法律	0.074	0.906	0.129	0.155
Q57 关注公共政策的最新变化和大众态度	0.137	0.810	0.086	0.263

说明：KMO 值为 0.853，Bartlett 统计值显著异于 0（$p<0.001$）；

4 个因子累计（cumulative）解释变差为 77.027%。

如表 5-3 所示，根据特征根大于 1，最大因子载荷大于 0.5 的要求，提取出 4 个因子。因子 4：公共利益的承诺；因子 3：社会正义；因子 1：牺牲精神；因子 2：公共政策制定。

根据因子载荷的分布来判断，社会创业中的利他动机通过了探索性因子分析，而且因子 1、因子 2、因子 3 和因子 4 很好地表征了利他动机的 4 个维度。本研究为了避免测度题项较多导致的拟合不良，每个维度选题题项不超过 5 项。

表 5-4 社会创业利己动机的探索性因子分析（N=104）

题项	因子载荷		
	因子1	因子2	因子3
Q58 希望取得非凡的成就	0.803	0.239	0.209
Q59 希望不断地进步和提高	0.907	0.094	0.128
Q60 希望别人对你的成就有积极反馈	0.891	0.095	0.203
Q61 希望从成就中不停获得满足感	0.831	0.235	0.156
Q62 回报很高你会去做可能失败的事情	0.232	0.836	-.066
Q63 你会借钱，如果投资的收益很高	0.090	0.811	0.094
Q64 解决复杂的问题要比简单的有意思	0.310	0.701	0.211

续表

题项	因子载荷		
	因子1	因子2	因子3
Q65 好工作是做什么和怎么做都很确定的	0.022	0.727	0.261
Q66 可以很好掌控自己学习和工作的方向	0.296	0.077	0.740
Q68 你喜欢自己思考，自己做决定	0.285	0.155	0.834
Q69 你不喜欢对别人的想法言听计从	0.026	0.145	0.801

说明：KMO值为0.821，Bartlett统计值显著异于0（$p < 0.001$）；

3个因子累计（cumulative）解释变差为72.46%。

如表5-4所示，根据特征根大于1，最大因子载荷大于0.5的要求，提取出3个因子。因子1：自我实现；因子2：风险和不确定偏好；因子3：自我控制。

根据因子载荷的分布来判断，社会创业的利己动机通过了探索性因子分析，而且因子1、因子2、因子3很好地表征了利己动机的3个维度。

二 社会创业动机的验证性因子分析

本研究对104个社会创业的样本的利他和利己动机的所有题项进行信度分析，分析结果如表5-5所示。结果显示，所有题项—总体相关系数都大于0.35，总体Cronbach's α系数为0.8721，大于0.7。因此社会创业动机各变量的题项之间具有良好的一致性。

表5-5　　社会创业动机维度结构的效度分析（N=104）

变量名称	题项（简写）	题项—总体相关系数	删除该题项后Cronbach's α系数	Cronbach's α
利他	Lt1 公共利益承诺	0.6944	0.8771	0.8721
	Lt2 社会正义	0.7251	0.8746	
	Lt3 牺牲精神	0.7229	0.8783	
	Lt4 政策制定	0.7036	0.8793	
利己	Lj1 自我实现	0.5861	0.8678	
	Lj2 风险和不确定性倾向	0.5653	0.8696	
	Lj3 自我控制	0.5739	0.8642	

利用AMOS 4.0进一步对社会创业动机的结构进行验证性因子分析，

分析结果如表 5-6 和图 5-1 所示。社会创业动机维度结构测量模型的拟合结果表明，χ^2 值为 406.955（自由度 267），χ^2/df 的值为 1.524，小于 2；CFI 和 TLI 都大于 0.9，RMSEA 的值为 0.071，小于 0.1；各路径系数均在 $p<0.05$，表示回归系数显著性不为 0。如表 5-6 所示，通过对比二阶和一阶 7 因素的模型，我们发现一阶 7 因素在 RMSEA、TLI、CFI 和 χ^2/df 指标上都差于二阶模型，因此我们接受二阶模型。

表 5-6　社会创业动机维度结构的验证性因子分析（N=104）

			标准化系数	路径系数	S. E.	C. R.	P
社会正义	←	利他	0.587	1.423	0.465	3.059	0.002
牺牲精神	←	利他	0.543	1.414	0.468	3.021	0.003
公共政策制定	←	利他	0.617	1.476	0.467	3.158	0.002
公共利益承诺	←	利他	0.881	1			
自我实现	←	利己	0.727	1			
风险不确定倾向	←	利己	0.545	0.769	0.229	3.357	0.001
自我控制	←	利己	0.745	0.724	0.199	3.646	0.00
卡方检验值 χ^2		406.955	比较拟合优度指数 CFI			0.911	
自由度 df		267	Tucker-Lewis 指数 TLI			0.902	
χ^2/df		1.524	近似误差均方根估计 RMSEA			0.071	
			一阶 7 因素拟合结果				
卡方检验值 χ^2		417.981	比较拟合优度指数 CFI			0.905	
自由度 df		268	Tucker-Lewis 指数 TLI			0.901	
χ^2/df		1.560	近似误差均方根估计 RMSEA			0.074	

三　商业创业动机的探索性因子分析

1. 信度检验

首先要对总体样本的利他和利己动机分别作信度检验，结果如表 5-7 和表 5-8 所示。除了 Q38、Q39、Q40、Q41 以及 Q42、Q45 的题项——总体相关系数小于 0.35，且删除该项目之后，各题项的 Cronbach's α 系数进一步提高，从结果来看商业企业家的整个题项公共利益承诺就被删除，而社会正义中也仅剩下 Q43 和 Q44，说明商业企业家对公共利益的承诺这个维度不成立。其他问项的题项——总体相关系数都大于 0.35，各变量的

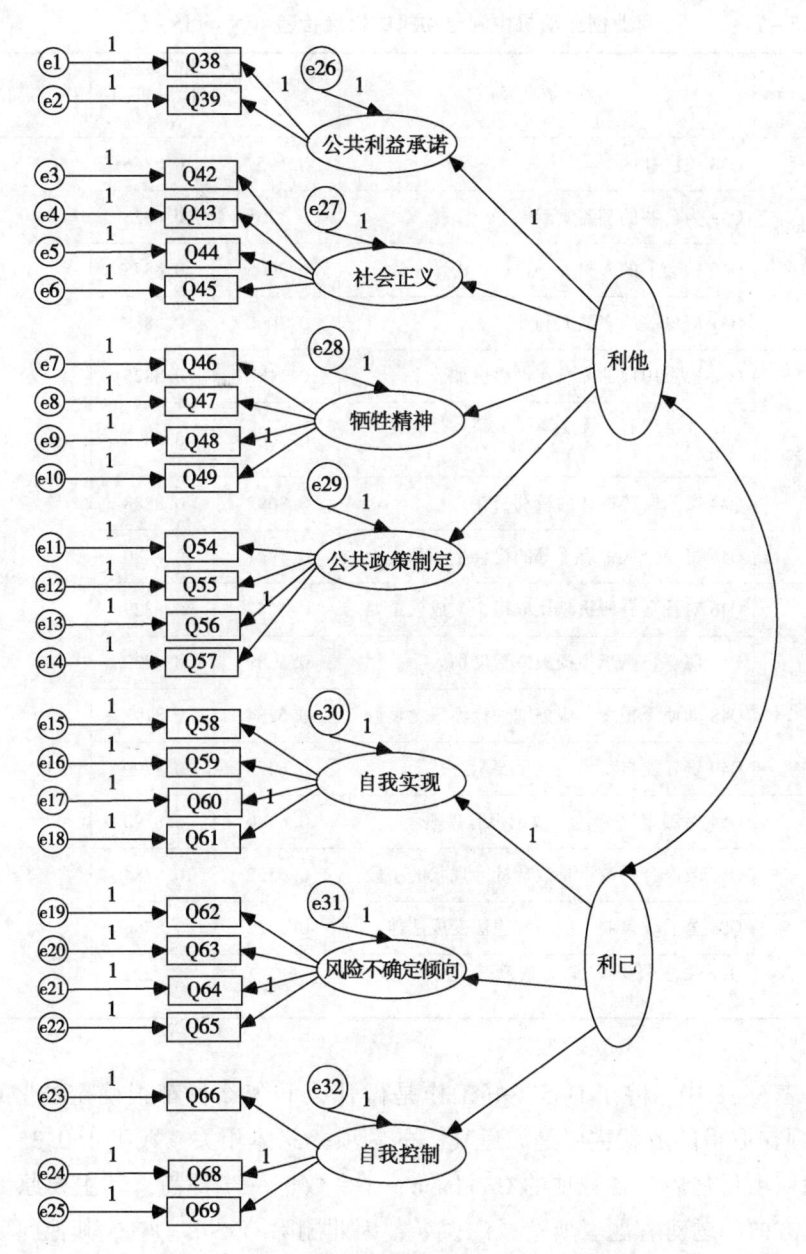

图 5-1 社会创业动机二阶结构维度的测量模型

Cronbach's α 系数大于 0.7,因此我们得出社会创业动机中利他动机各变量题项之间具有较好的内部一致性。

表 5-7　商业创业动机中利他动机的信度检验（N=115）

变量名称	题项（简写）	题项—总体相关系数	删除该题项后 Cronbach's α 系数	Cronbach's α
公共利益承诺	Q38 关注社区	0.1057	0.8846	0.8896
	Q39 为公共的利益贡献	0.1295	0.8825	
	Q40 社会上的人只关心自己	0.3005	0.8878	
	Q41 应该关心多数人利益	0.2090	0.8888	
社会正义	Q42 愿意用你的力量使世界更加公平	0.1102	0.8825	
	Q43 社会中有人无法享受繁荣 社会在恶化	0.4065	0.8878	
	Q44 要为弱势群体的权利奋斗	0.3692	0.8888	
	Q45 每一个人都有平等的机会生存和发展	0.1971	0.8880	
牺牲精神	Q46 对社会有所贡献比取得个人成就重要	0.5557	0.8829	
	Q47 愿意自己承担损失来帮助别人	0.5689	0.8822	
	Q48 即使无报酬，服务别人让你感觉良好	0.6284	0.8797	
	Q49 责任比自我实现更重要	0.6420	0.8790	
公共政策制定	Q54 对制定（公共）政策很有兴趣	0.6420	0.8790	
	Q55 政府公共政策是改变社会现状的手段	0.6552	0.8784	
	Q56 公共政策制定能把好想法变成法律	0.6522	0.8786	
	Q57 关注公共政策的最新变化和大众的态度	0.6841	0.8771	

表 5-8 中，除了 Q65 "好工作是做什么和怎么做都很确定的" Q67 "你现在取得的成就主要是靠运气" 的题项—总体相关系数小于 0.35，且删除该项目之后，各题项的 Cronbach's α 系数进一步提高，其主要原因可能是方向问题对答题者所造成的误导，因此删除 Q65 和 Q67。其他问项的题项—总体相关系数都大于 0.35，各变量的 Cronbach's α 系数大于 0.7，因此我们得出总体样本中，利己动机各变量的题项之间具有较好的内部一致性。

表 5-8　商业创业动机中利己动机的信度检验（N=115）

变量名称	题项（简写）	题项—总体相关系数	删除该题项后 Cronbach's α 系数	Cronbach's α
自我实现	Q58 希望取得非凡的成就	0.5378	0.7558	0.7798
	Q59 希望不断地进步和提高	0.5208	0.7617	
	Q60 希望别人对你的成就有积极反馈	0.5017	0.7590	
	Q61 希望从成就中不停获得满足感	0.4966	0.7585	
风险和不确定偏好	Q62 回报很高你会去做可能失败的事情	0.5905	0.7457	
	Q63 你会借钱，如果投资的收益很高	0.5522	0.7498	
	Q64 解决复杂的问题要比简单的有意思	0.5871	0.7463	
	Q65 好工作是做什么和怎么做都很确定的	0.2514	0.7990	
自我控制	Q66 可以很好掌控自己学习和工作的方向	0.4521	0.7612	
	Q67 你现在取得的成就主要是靠运气	0.0103	0.8109	
	Q68 你喜欢自己思考，自己做决定	0.4840	0.7573	
	Q69 你不喜欢对别人的想法言听计从	0.4453	0.7616	

2. 探索性因子分析

探索性因子分析的前提是样本数据的 KMO 值大于 0.7，且 Bartlett 统计值显著异于 0（马庆国，2002）。商业创业利他和利己动机的 KMO 和 Bartlett 球体检验均符合要求。将商业创业利他动机的社会正义、牺牲精神和公共政策制定的所有题项放在一起，进行利他动机因子分析。结果如表 5-9 所示。将社会创业利己动机的自我实现、风险和不确定偏好与自我控制的所有题项放在一起，进行利己动机因子分析。结果如表 5-10 所示。

表 5-9　商业创业利他动机的探索性因子分析（N=115）

题项	因子载荷		
	因子 1	因子 2	因子 3
Q43 社会中有人无法享受繁荣　社会在恶化	0.820	0.063	0.115
Q44 要为弱势群体的权利奋斗	0.823	0.081	0.102
Q46 对社会有所贡献比取得个人成就重要	0.104	0.860	0.113
Q47 愿意自己承担损失来帮助别人	0.096	0.884	0.128
Q48 即使无报酬，服务别人让你感觉良好	-0.035	0.874	0.262
Q49 责任比自我实现更重要	0.092	0.855	0.245

续表

题项	因子载荷		
	因子1	因子2	因子3
Q54 对制定（公共）政策很有兴趣	0.063	0.181	0.863
Q55 政府公共政策是改变社会现状的手段	0.158	0.162	0.891
Q56 公共政策制定能把好想法变成法律	0.080	0.140	0.896
Q57 关注公共政策的最新变化和大众态度	0.093	0.261	0.858

说明：KMO 值为 0.867，Bartlett 统计值显著异于 0（$p<0.001$）；
3 个因子累计（cumulative）解释变差为 78.537%。

如表 5-9 所示，根据特征根大于 1，最大因子载荷大于 0.5 的要求，提取出 3 个因子。

因子 1：社会正义

因子 2：牺牲精神

因子 3：公共政策制定

根据因子载荷的分布来判断，社会创业中的利他动机通过了探索性因子分析，而且因子 1、因子 2、因子 3 很好地表征了利他动机的 3 个维度。本研究为了避免测度题项较多导致的拟合不良，每个维度选题题项不超过 5 项。这里需要特别指出的是在删除公共利益承诺整个维度的情况下，3 个因子表现出较好的聚合性，充分说明商业企业家的利他动机中，对于公共利益的承诺相对较小，这一点我们将在内容对比中进行进一步分析，同时也将进行更多的讨论，相对于社会创业，我们也发现社会正义被删除了两个题项，因此从某种意义上说，商业企业家的社会正义题项虽然没有被完全删除，但是社会正义应该显著地小于商业企业家，这里也将在后文进行深度分析。

表 5-10　商业创业利己动机的探索性因子分析（N=115）

题项	因子载荷		
	因子1	因子2	因子3
Q58 希望取得非凡的成就	0.688	0.260	0.104
Q59 希望不断地进步和提高	0.767	0.160	0.204
Q60 希望别人对你的成就有积极反馈	0.815	0.123	0.171
Q61 希望从成就中不停获得满足感	0.815	0.127	0.123

第五章 社会创业动机与商业创业动机：结构与内容的比较

续表

题项	因子载荷		
	因子1	因子2	因子3
Q62 回报很高你会去做可能失败的事情	0.198	0.833	0.052
Q63 你会借钱，如果投资的收益很高	0.099	0.885	0.164
Q64 解决复杂的问题要比简单的有意思	0.307	0.835	0.106
Q66 可以很好掌控自己学习和工作的方向	0.216	0.004	0.843
Q68 你喜欢自己思考，自己做决定	0.244	0.043	0.864
Q69 你不喜欢对别人的想法言听计从	0.049	0.329	0.745

说明：KMO 值为 0.792，Bartlett 统计值显著异于 0（$p<0.001$）；
3 个因子累计（cumulative）解释变差为 71.987%。

如表 5-10 所示，根据特征根大于 1，最大因子载荷大于 0.5 的要求，提取出 3 个因子。

因子 1：自我实现

因子 2：风险和不确定偏好

因子 3：自我控制

根据因子载荷的分布来判断，商业创业的利己动机通过了探索性因子分析，而且因子 1、因子 2、因子 3 很好地表征了利己动机的 3 个维度。这个结构从某种意义上证明了社会企业家和商业企业家一样，都具有创业过程中一定程度的利己性，其结构相同。

四 商业创业动机的验证性因子分析

本研究对 115 个商业创业样本的利他和利己动机的所有题项进行信度分析，分析结果如表 5-5 所示。结果显示，所有题项—总体相关系数都大于 0.35，总体 Cronbach's α 系数为 0.8609，大于 0.7。因此社会创业动机各变量的题项之间具有良好的一致性。从结果来看，商业创业动机的维度结构总体具有良好的一致性。

表 5 – 11　　商业创业动机维度结构的效度分析（N = 115）

变量名称	题项（简写）	题项—总体相关系数	删除该题项后 Cronbach's α 系数	Cronbach's α
利他	Lt2 社会正义	0.5864	0.8654	0.8609
	Lt3 牺牲精神	0.5987	0.8691	
	Lt4 政策制定	0.6023	0.8671	
利己	Lj1 自我实现	0.6685	0.8593	
	Lj2 风险和不确定性倾向	0.6363	0.8536	
	Lj3 自我控制	0.6098	0.8533	

利用 AMOS 4.0 进一步对商业创业动机的结构进行验证性因子分析，分析结果如表 5 – 12 和图 5 – 2 所示。社会创业动机维度结构测量模型的拟合结果表明，χ^2 值为 241.147（自由度 163），χ^2/df 的值为 1.479，小于 2；CFI 和 TLI 都大于 0.9，；RMSEA 的值为 0.065，小于 0.1；各路径系数均在 P < 0.05，表示回归系数显著性不为 0。总体结果显示，商业创业动机（利他和利己）的二级模型拟合良好，证明商业创业动机和社会创业动机一样，都是一个二阶模型，且都由利己和利他动机组成。通过对比一阶段 7 因素模型和二阶模型，二阶模型在 CFI、TLI 和 χ^2/df 略微优于一阶 7 因素模型，因此我们选择二阶模型。

表 5 – 12　　商业创业动机维度结构的验证性因子分析（N = 115）

			标准化系数	路径系数	S.E.	C.R.	P
牺牲精神	←	利他	0.575	2.242	0.864	2.594	0.009
公共政策制定	←	利他	0.745	3.041	1.122	2.71	0.007
社会正义	←	利他	0.513	1			
自我实现	←	利己	0.551	1			
风险不确定倾向	←	利己	0.416	0.936	0.315	2.975	0.003
自我控制	←	利己	0.896	1.606	0.443	3.626	0.00
牺牲精神	←	利他	0.575	2.242	0.864	2.594	0.009
卡方检验值 χ^2	241.147		比较拟合优度指数 CFI	0.939			
自由度 df	163		Tucker – Lewis 指数 TLI	0.929			
χ^2/df	1.479		近似误差均方根估计 RMSEA	0.065			
			一阶 7 因素拟合结果				
卡方检验值 χ^2	242.776		比较拟合优度指数 CFI	0.938			
自由度 df	164		Tucker – Lewis 指数 TLI	0.928			
χ^2/df	1.480		近似误差均方根估计 RMSEA	0.065			

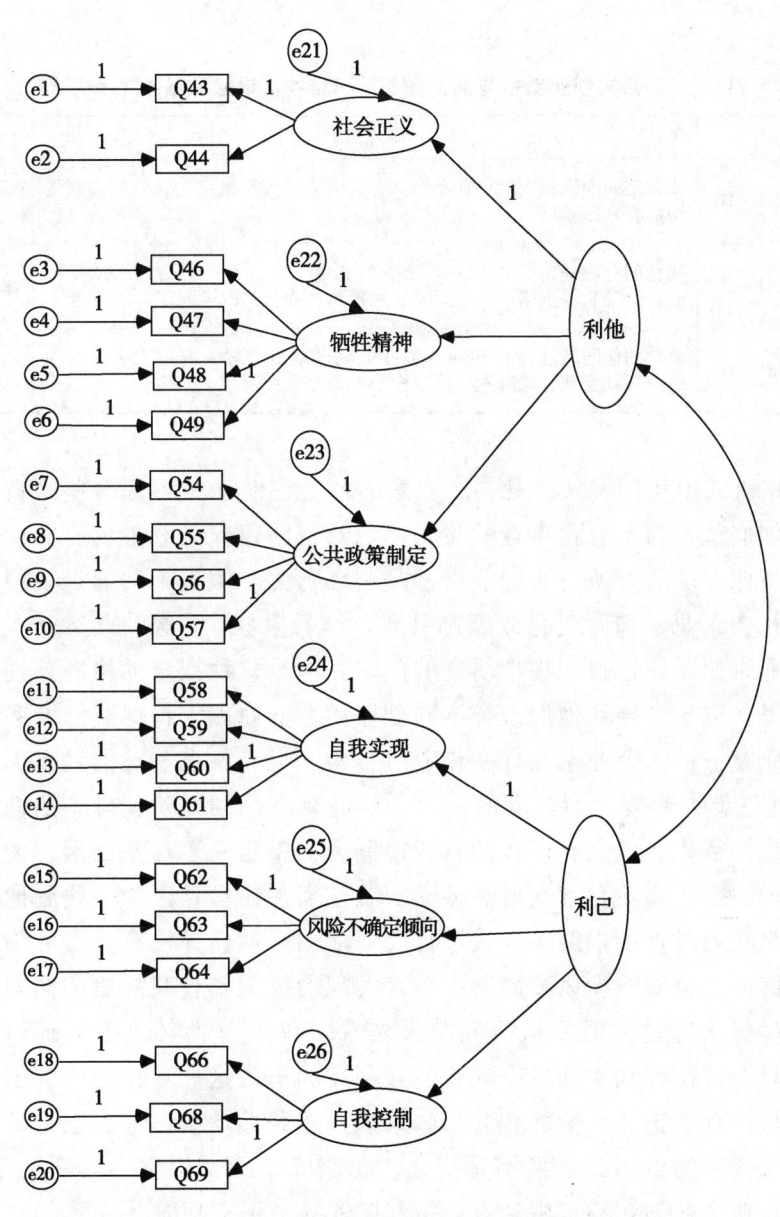

图 5-2　商业创业动机二阶结构维度的测量模型

五　分析与讨论

通过前面四个部分商业与社会创业动机结构的探索性和验证性因子分析,我们对先前提出的 7 个假设中的 3 个假设进行了检验,结果如表 5-

13 所示。

表 5-13　社会创业动机与商业创业动机结构假设检验结果

序号	研究假设	结果
假设 M1-H1	社会创业动机和商业创业动机具有相同的一级动机结构，都包括利他动机和利己动机	通过
假设 M1-H2	社会创业的利他动机和商业创业的利他动机一样，都由四个维度构成：公共利益承诺，社会正义，牺牲精神和公共政策制定	未通过
假设 M1-H3	社会创业的利己动机和商业创业的利己动机一样，都由三个维度构成：自我实现、风险和不确定性偏好和自我控制	通过

在研究中我们发现，社会企业家的社会创业动机不像有些学者指出的，他们就是为了公益事业而生，他们的行为仅仅是利他的，商业企业家也不像传统学者所持有的假设都是利己行为。假设 1 的通过说明了实际上社会企业家和商业企业家都具有"双重动机"，这一点突破了以往对商业企业家纯粹自利理性研究的假定，但是这种双重动机的差别究竟在哪里，这才是导致他们选择不同创业类型的原因。根据我们的案例和实证研究，社会企业家在社会创业过程中，也有很多利己的动机，假设 3 的通过就说明作为创业者的一种，他们有自己的风险偏好，他们有自我实现的欲望，他们有很强的自我控制力，正是由于这些因素，他们才成为创业家，而不是普通的慈善家。慈善家往往只是因为一些利他的动机，只是通过直接捐助等方式进行公益活动，他们并没有典型的创办事业的倾向，也即缺少风险倾向、自我实现的欲望和自我控制的倾向。假设 2 虽然未通过，但是从研究结果来看，商业企业家同样具有利他动机，只不过这种利他动机中缺少公共利益的承诺这一项，他们的创业也部分指向社会正义、牺牲和公共政策这三条利他动机。社会正义，这一点出乎我们的意料，虽然不是很强，也删除了两个问项，但还是存在，商业企业家的创业动机中带有一定程度的社会正义倾向。从案例的研究中发现，部分商业企业家之所以去选择创业是因为他们认为社会财富分配不公平，他们有义务去改变这种分配不公的现象，特别是采访那些比较成功的商业企业家，他们的社会正义感就特别强，他们很愿意投身慈善事业。从案例中发现，商业创业者并不单纯追求财富的数量，也追求财富分配的公正性，因为只有整体公正，才能保证自己获得财富是公

正的。商业创业者的牺牲精神其实还是非常突出的，他们的牺牲精神常常表现在创业初期对事业的投入和对同事的关照，比如马云，他们才能获得别人帮助而成功。他们对公共政策的制定同样关注，从传统意义上来说，公共政策是一种民主公平的政策，这种政策在民主国家制定的过程到最后的结果都体现了大众的利益，因此是纯粹的利他动机，而在我国测这个题项的高分值，实际上从潜在意义上来说，更加体现资源获取的动机，而不完全是希望通过改变公共政策来利他，在某种程度上这恰恰说明了不论是商业创业还是社会创业，政策都是一种重要的资源和手段。

总体上，社会创业动机和商业创业动机都由利他和利己"双重动机"构成，社会创业利己动机和商业创业利己动机表现出相同的结构，而在利他动机上则有差异，商业企业家缺少对公共利益的承诺，毕竟商业企业家创业的终极目标不是公益。

第四节 社会创业动机与商业创业动机的内容比较

对社会创业动机和商业创业动机内容比较的实证研究遵循以下过程原则：

1. 首先对问卷一中的社会企业家样本和商业企业家样本进行混合，以此为总体进行描述性统计研究。

2. 接着采用单因素方差分析把样本分两个对照（商业企业家和社会企业家）组检验假设 M2 – H1 和假设 M2 – H2。

3. 最后采用单因素方差分析，两个样本分别在样本内对比（利己动机和利他动机）检验假设 M2 – H3 和假设 M2 – H4。

一 社会创业动机和商业创业动机的描述性统计分析

从表 5 – 14 社会创业动机中各题项均值的描述性统计中，我们可以看出利他动机中得分最高的是为公共利益贡献自己的力量 6.1731，得分最低的是对制定的兴趣 5.1154，利他动机的整体均值 5.4389，利己动机的整体均值 5.6259，这个结果并不支持假设 7，但是本研究将通过单因素方差分析进一步验证。

表5-14　社会创业动机中各题项的均值

	题项	均值
利他动机	Q38 关注社区	5.7596
	Q39 为公共的利益贡献	6.1731
	Q42 愿意用你力量使世界更加公平	5.6058
	Q43 社会中有人无法享受繁荣　社会在恶化	5.2788
	Q44 要为弱势群体的权利奋斗	5.4423
	Q45 每一个人都有平等的机会生存和发展	5.5769
	Q46 对社会有所贡献比取得个人成就重要	5.2019
	Q47 愿意自己承担损失来帮助别人	5.1538
	Q48 即使无报酬，服务别人让你感觉良好	5.5000
	Q49 责任比自我实现更重要	5.4712
	Q54 对制定（公共）政策很有兴趣	5.1154
	Q55 政府公共政策是改变社会现状的手段	5.3750
	Q56 公共政策制定能把好想法变成法律	5.2981
	Q57 关注公共政策的最新变化和大众态度	5.1923
	利他动机均值	5.4389
利己动机	Q58 希望取得非凡的成就	6.0673
	Q59 希望不断地进步和提高	6.3077
	Q60 希望别人对你的成就有积极反馈	6.0673
	Q61 希望从成就中不停获得满足感	6.1058
	Q62 回报很高你会去做可能失败的事情	5.0962
	Q63 你会借钱，如果投资的收益很高	5.1731
	Q64 解决复杂的问题要比简单的有意思	5.4423
	Q65 好工作是做什么和怎么做都很确定的	5.2115
	Q66 可以很好掌控自己学习和工作的方向	5.3846
	Q68 你喜欢自己思考，自己做决定	5.5385
	Q69 你不喜欢对别人的想法言听计从	5.4904
	利己动机均值	5.6259

　　从表5-15商业创业动机中各题项均值的描述性统计中，我们可以看出利他动机中得分最高的是政府公共政策是改变社会现状的手段得分5.4870，得分最低的是愿意自己承担损失来帮助别人4.2，利他动机的整体均值4.8330，利己动机的整体均值5.7852，这个结果初步支持假设

M2 – H3，但是本研究将通过单因素方差分析进一步验证。

表 5 – 15　　　　　商业创业动机中各题项的均值

利他动机	Q43 社会中有人无法享受繁荣　社会在恶化	4.7478
	Q44 要为弱势群体的权利奋斗	4.7478
	Q46 对社会有所贡献比取得个人成就重要	4.2261
	Q47 愿意自己承担损失来帮助别人	4.2000
	Q48 即使无报酬，服务别人让你感觉良好	4.5652
	Q49 责任比自我实现更重要	4.4870
	Q54 对制定（公共）政策很有兴趣	5.1913
	Q55 政府公共政策是改变社会现状的手段	5.4870
	Q56 公共政策制定能把好想法变成法律	5.3565
	Q57 关注公共政策的最新变化和大众态度	5.3217
	利他动机均值	4.8330
利己动机	Q58 希望取得非凡的成就	6.3565
	Q59 希望不断地进步和提高	6.6348
	Q60 希望别人对你的成就有积极反馈	6.3217
	Q61 希望从成就中不停获得满足感	6.3652
	Q62 回报很高你会去做可能失败的事情	5.1652
	Q63 你会借钱，如果投资的收益很高	5.2174
	Q64 解决复杂的问题要比简单的有意思	5.5217
	Q66 可以很好掌控自己学习和工作的方向	5.3043
	Q68 你喜欢自己思考，自己做决定	5.5391
	Q69 你不喜欢对别人的想法言听计从	5.4261
	利己动机均值	5.7852

从表 5 – 15 和表 5 – 16 的交叉对比来看，社会企业家的利他动机均值 5.4389 大于商业企业家的利他动机均值 4.8330，初步支持假设 4；社会企业家的利己动机均值 5.6259 小于商业企业家的利己动机均值 5.7852，初步支持假设 M2 – H2。

二　社会创业动机和商业创业动机的组间比较

1. 社会创业与商业创业的利他动机比较

由于比较对象是一个二阶模型，因此首先对验证性因子分析之后的题项做均值处理，得到每个样本（包括商业企业家和社会企业家）的利他动机和利己动机均值。而后按照商业企业家和社会企业家两个组别进行单因素方差分析。分析结果如表 5-16 和表 5-17 所示。

表 5-16　社会创业与商业创业利他动机比较的描述性统计

	样本数	均值	标准差	标准误	95%置信区间		最小值	最大值
					下限	上限		
1	104	5.44	0.535	0.052	5.33	5.54	4.2143	7.0000
2	115	4.83	0.582	0.054	4.73	4.94	3.5000	6.4000
总计	219	5.12	0.636	0.043	5.04	5.2	3.5000	7.0000

说明：1 社会创业动机（社会企业家）；2 商业创业动机（商业企业家）。

表 5-17　社会创业与商业创业利他动机比较的单因素方差分析结果

	变差	自由度	方差	F 值	Sig.
组间	20.044	1	20.044	63.845	0.000
组内	68.128	217	0.314		
总计	88.172	218			

从表 5-17 的分析结果可以看到，$p = 0.000 < 0.01$，因此社会创业和商业创业的利他动机有显著性区别，结合表 5-16 的组内均值分析，社会创业利他动机均值 5.44，商业创业利他动机均值 4.83，因此研究结果表明假设 M2-H1 得到支持。

2. 社会创业与商业创业的利己动机比较

表 5-18　社会创业与商业创业利己动机比较的单因素方差分析结果

	变差	自由度	方差	F 值	Sig.
组间	1.387	1	1.387	4.732	0.031
组内	63.589	217	0.293		
总计	64.976	218			

从表 5-18 的分析结果可以看到，$p = 0.031 > 0.01$，因此社会创业和商业创业的利他动机没有显著性区别，因此研究结果表明假设 M2-H2 没有得到支持。

三 社会创业动机和商业创业动机的组内比较

1. 社会创业的利他动机与利己动机比较

表 5-19　社会创业的利他与利己动机的单因素方差分析结果

	变差	自由度	方差	F 值	Sig.
组间	1.818	1	1.818	6.290	0.013
组内	59.558	206	0.289		
总计	61.376	207			

从表 5-19 的分析结果可以看到，$p=0.013>0.01$，因此社会企业家的利他动机与利己动机没有显著性区别，因此研究结果表明假设 M2-H3 没有得到支持，说明社会企业家的利己和利他动机非常均衡，没有显著性的差别。

2. 商业创业的利他动机与利己动机比较

表 5-20　商业创业的利他动机与利己动机的描述性统计

	样本数	均值	标准差	标准误	95% 置信区间		最小值	最大值
					下限	上限		
1	115	5.785	0.5420	0.0505	5.685	5.885	4.7	7.0
2	115	4.833	0.5825	0.0543	4.725	4.941	3.5	6.4
总计	230	5.309	0.7367	0.0486	5.213	5.405	3.5	7.0

表 5-21　商业创业的利他动机与利己动机的单因素方差分析结果

	变差	自由度	方差	F 值	Sig.
组间	52.132	1	52.132	164.719	0.000
组内	72.159	228	0.316		
总计	124.291	229			

从表 5-21 的分析结果可以看到，$p=0.000<0.01$，因此商业创业的利他和利己动机有显著性区别，结合表 5-20 的组内均值分析，商业创业利己动机均值 5.785，商业创业利他动机均值 4.833，因此研究结果表明

假设 M2 - H4 得到支持。

四 分析与讨论

通过前面三个部分商业与社会创业动机内容的对比单因素方差检验，我们对先前提出的7个假设中的后4个假设进行了检验，结果如表5-22所示。

表 5-22　社会创业动机与商业创业动机内容假设检验结果

序号	研究假设	结果
假设 M2 - H1	社会企业家的利他动机要强于商业企业家的利他动机	通过
假设 M2 - H2	商业企业家的利己动机要强于社会企业家的利己动机	未通过（没有显著差异）
假设 M2 - H3	社会企业家的利他动机要强于利己动机	未通过（没有显著差异）
假设 M2 - H4	商业企业家的利己动机要强于利他动机	通过

通过对社会创业动机和商业创业动机内容的对比，我们发现假设M2-H1通过验证社会企业家的利他动机显著性地强于商业企业家的利他动机，而假设M2-H2未通过验证社会企业家的利己动机和商业企业家的利己动机没有显著差异，因此假设4和假设5的验证结果实际上可以得出如下结论：同为创业者，如果从动机上来看，是利他动机的强弱决定了他们对创业领域的选择，这一点恰恰回答了本章最为重要的目的，就是究竟是什么因素驱动社会企业家和商业企业家选择不同的领域创业。假设M2-H3未通过，结果显示社会企业家的利他动机和利己动机没有显著性的差异；假设M2-H4通过，结果显示商业企业家的利己动机要强于利他动机。这两个假设检验的结果，又从另一个角度回答了为什么他们会选择不同领域的创业，本研究的结论是利己动机和利他动机更趋向平衡的创业者倾向选择社会创业，而利他动机显著小于利己动机的创业者倾向选择商业创业。

上述分析可以从动机的角度回答为什么有些创业者选择了社会创业，有些创业者选择了商业创业，结果如图5-3所示。

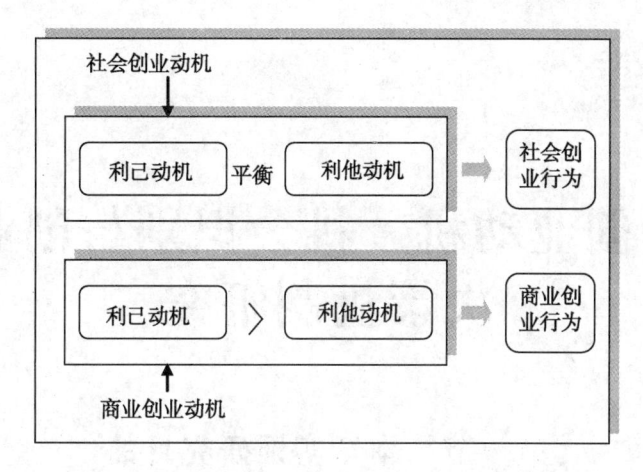

图 5-3　社会创业动机与商业创业动机结构的比较

本章小结

本章从创业动机的结构和内容两个角度对比分析了社会创业动机与商业创业动机的差别，最终目的是要回答为什么同为创业者，有些选择了社会创业，有些选择了商业创业。本章研究首先通过探索性因子分析和验证性因子分析，发现社会创业动机和商业创业动机具有相同的一阶结构，都具有利他和利己两个维度，在二阶结构上，商业创业和社会创业的利己都具有自我控制、风险和不确定倾向和自我实现三个维度，而商业创业和社会创业的利他维度则有所差别，社会创业动机中有四个维度，公共利益承诺、社会正义、牺牲精神和公共政策制定，而商业创业动机则缺少公共利益承诺这个维度。本章研究的第二个部分通过单因素方差分析，研究得到四个主要的结论，社会企业家的利他动机显著强于商业企业家的利他动机，商业企业家的利己动机和社会企业家的利己动机没有显著差别，社会企业家的利己动机与利他动机没有显著差别，商业企业家的利他动机显著性地强于利己动机。

通过本章的研究，我们得出这样的结论，从动机的角度来研究创业者对商业创业或社会创业的选择，社会企业家之所以选择社会创业而没有选择商业创业是因为他们有显著性高于商业企业家的利他动机，社会企业家拥有利他和利己更加平衡的动机结构，而商业企业家利己动机是主要驱动。

第六章

社会创业动机、机会识别与创业的决策机制研究

第一节 本章实证研究目的

第五章实证研究回答了创业者在什么样的动机驱使下分化成为社会企业家和商业企业家，本章要研究的问题与第五章的研究在逻辑上紧紧衔接：在动机的驱动下想要成为一个社会企业家，仅仅是一个良好的想法，但是只有良好的想法是不够的，这个良好的想法如何形成一个良好的社会创业决策？这中间的影响机制究竟是怎样的？带着这两个重要的问题展开本章的研究。

要回答上面提出的这两个重要问题，首先要解决的就是什么样的决策才算是一个好的社会创业决策，社会创业决策的绩效究竟如何来衡量。传统的社会创业研究更多借鉴商业创业的决策绩效来评价社会创业的绩效，这些标准包括：（1）社会创业决策是否达到了预期的目的（如利润增长率或者雇员数量增长率）（Kalleberg & Leicht, 1991）；（2）是否有持续获取资源的能力，从而保证社会服务可持续的提供（McGee & Dowling, 1995; Merz & sauber, 1995）；（3）获取创业所需资源的测度（Van De Ven, 1984）。然而，社会创业的目的和使命与商业创业截然不同，因此决策的绩效评价标准也就完全不同了，本研究期望通过采用社会影响力（social impact）评价和责任（accountability）评价理论来分析究竟如何才能算是一个好的社会创业决策。

其次要回答的就是什么样的机会是一个好的社会创业机会。创业的机会论者认为只有正确识别创业机会本身的特质才能进行良好的创业，那么社会创业的机会特征就成为一个非常重要的研究问题。社会创业的机会是具有双重底线（社会价值和经济价值）的私营、公共和志愿部门与创新

性活动的机会（CCSE，2001）。在社会创业领域最重要的内涵和标准就是双重底线，这个观点把社会创业的社会和经济面放在了平等的立足点上（Dees，1998；Reis，1999；Mort et al.，2002；Mair & Marti，2006a；Peredo & McLean，2006；Martin & Osberg，2007）。本章的研究就是希望通过实证验证社会创业的机会是否具有社会性和营利性特征，以及找到这两个特征中的二阶具体特征。

最后要回答的就是社会创业动机对决策究竟是如何产生影响的，从传统的"动机—行为"论出发，我们认为社会创业动机会对决策产生影响，但是这种影响有待实证检验。而在创业理论中，典型的机会论者认为在创业的动机与行为之间，还有对机会的判断过程，只有判断出好的机会才会做出决策，而如果机会并不是很好，那么决策是不会进行的，这就给本研究一个重要的启示，社会创业动机对行为的影响机制是否是"社会创业动机—机会识别—决策行为"，机会识别在这里就是一个中介作用。在理论上这个逻辑是成立的，但是究竟这个中介是部分中介、完全中介或是无中介作用有待本章的实证研究。

总体来说，本章研究的目的：（1）社会创业决策绩效的测量（什么样的社会创业决策才是一个好决策）；（2）社会创业机会特征的识别（什么样的机会特征才构成一个好的社会创业机会）；（3）"社会创业动机—机会识别—决策行为"的决策机制的内在逻辑和关系研究（机会识别是部分中介、完全中介还是无中介作用）；（4）从实践意义上来说，机会特征的识别研究可以为社会企业家提供一套创业机会识别判断的初步工具和方法，保证他们能够较为准确地判断机会；而且能够告诉社会企业家，如何寻找具有特定特征的机会才能提高决策绩效。

第二节　模型的构建

从探索性案例分析的结论来看，我们初步得出了社会创业动机对创业决策的影响机制模型。也即社会创业动机通过机会识别的中介机制影响社会创业的决策绩效，即"社会创业动机—机会识别—决策绩效"。

社会创业的动机实际上就是社会企业家选择社会领域进行创业的根本驱动力，如果没有正确的驱动或者强有力的利他动机的推动是不会选择社会领域进行创业的，这一点在第五章已经得到了验证。选择不一定就等于会做好，社会企业家选择了社会创业之后，必然面临决策的问题，决策是一个复杂的行为，社会创业的决策究竟好不好，能不能产生足够的社会影响力，能不能体现出足够责任都是十分重要的，社会创业的动机显然会影响到决策的绩效。然而，从创业过程的理论来看，在决策之前，社会企业家必然面临一个要不要做、怎么做和做什么的思考和判断过程，而不是随意和仓促地决策，这实际上就是对外在机会的一个判断过程。换句话说，社会创业的动机不是直接对创业决策绩效产生影响的，而是有一个机会判断的过程。

我们把社会创业动机分为利他和利己两个一阶维度，利他动机包括公共利益承诺、社会正义、牺牲精神和公共政策制定四个二阶维度，利己动机包括自我实现、风险和不确定性倾向以及自我控制三个二阶维度（这个已经在第五章进行了验证，本章还将再次验证）。社会创业的机会识别分为社会性和营利性两个一阶维度，社会性包括多元性、可行性和公平性三个二阶维度，营利性包括可获性、持续性和独占性三个二阶维度。社会创业决策绩效则直接由 8 个问项构成。

在探索性案例分析的基础上，构建社会创业动机对创业决策绩效的影响机制模型。基于研究模型的结构，接下去将从三类关系展开分析：社会创业动机与创业决策绩效，社会创业动机与机会识别，机会识别与社会创业决策绩效。

一 社会创业动机与创业决策绩效

在创业领域的研究中，动机和行为的研究也非常关注环境、个人特质、目标设定和以决策为核心的创业行为之间的关系。家庭、性别等都会影响到创业的决策。与动机有关的第一个因素是外在环境，在这方面的研究中，Martin（1984）指出个人创业是一种自主的选择，有五大因素促成创业：（1）社会疏离（Social alienation）；（2）心理满足；（3）创业成功的示范作用；（4）家庭因素；（5）突发事件的影响。Greenberger 和 Sexton（1988）批评了 Martin 的研究和假设太过于"个人化"，实际上创业者在某些时候是由于外在环境和社会因素推动进行创业决策的。Cooper 和 Dunkelberg（1987）对 890 位创业者研究发现创业者创业的平均工作年限是 8 年，其他影响创业决策的环境因素包括社会和创业网络（Smeltzer & Fanny, 1989; Aldrich & Zimmer, 1986; Reynolds, 1991），还有教育背景

(Ronstadt, 1985)。

创业动机中的第二个因素是个人外部报酬，创业者设定了一系列的外部报酬目标去完成，有些人寻求公司增长套现、创业后退休或者继续，总之是想自己做老板（Knight, 1987）。也有一些是为家庭考虑。Bird（1988）认为创业者的意图在最开始的时候就决定了组织的形式和发展方向。组织的成功、发展和增长都是基于这些意图（intension）和动机的。Katz 和 Gartner（1988）认为创业者的意图和动机往往是基于组织的。因此，创业者的目的应该被包括在创业过程中，然而，对于特定的商业模式，每一个创业者都有一套独特的动机结构和体系。

第三个与创业动议有关的因素是商业的意愿，Mitton（1989）认为创业者能够识别出唯一的创业机会，而别人则看不到。创业者能把普通平常变成唯一和无法预测的。Olson（1985）指出创业最开始的一个过程就是意愿的产生，Cooper 和 Dunkelberg（1987）发现58%的员工离开了他们以前的公司，因为创业的想法推动了他们去创业。因此动机是一个推动创业决策的重要因素。

在社会创业中，利己动机是创业决策的一个重要推动力，作为一个典型的创业者，他们拥有对自我实现（成就感）。Johnson（1990）进行了23组研究来测度成就感取向（nAch），基于这些组别的研究，Johnson发现在创业成就感和创业活动之间存在某种关系，通过案例他发现成就感是区别企业创建者和其他社会成员的主要差别。在另一个类似的19组研究中，Fineman（1977）通过实验和问卷的方式发现自我成就感与创业有显著性的正向关系。Collins、Locke 和 Hanges（2000）首次对自我成就感进行了分解并对创业进行了研究，并测试了63个自我成就感指标，而且自我成就感能够很好地预测企业的绩效。风险倾向和模糊性的容忍是另一个创业的主要动机，Liles（1974）发现风险不确定性细分为经济上的风险、心理上的风险、职业安全稳定和家庭关系安全稳定等几个方面。更为重要的是大多数的创业理论把创业者看成能够容忍风险的人（Venkataraman, 1997）。Schere（1982）认为对模糊性的容忍是创业者动机的特质之一，因为挑战潜在的创业成功可能性本质上来说是不可预测的（unpredictable）。Begley 和 Boyd（1987）发现创业者对模糊性的容忍度显著高于管理者，在小样本的测试中，Schere（1982）和 Miller、Drodge（1986）也发现创业者对模糊性的容忍度显著高于管理者。控制点（Locus of control）

作为创业的特质动机也引起了广泛的关注。自我控制是一种自我相信自己的行为和特质能够在某种程度上影响结果。Shapero（1977）、Rotter（1966）以及 Bowen 和 Hisrich（1986）都发现创业者更倾向于内在控制，这种内在控制导致了创业的决策。其他学者也有类似的发现（Babb, 1992；Brockhaus, 1982；Begley & Boyd, 1987）。

在社会创业中利他动机主要的决策是利他的，他们追求社会公正（Thake & Zadek, 1997），解决某些社会问题使公共利益得到保证，公共福利增加（Drayton, 2002；Alford et al., 2004；Said School, 2005），社会企业家往往同时拥护经济和公益目标（Dorado, 2006；Thompson & Doherty, 2006），社会企业家的动机中最为核心的就是社会创业，就是利用机会来进行社会变革和改善（Shaker, 2009）。在如此多的文献中，社会企业家利他动机相辅相成的就是他们提供的核心产品（服务），是公共服务。他们追求社会创业的机会，追求社会影响的广泛性，以及制度的变革（Pearce & Doh, 2005；Zahra et al., in press）。这些动机最终促成了他们的创业决策。

因此，社会创业的利他动机和利己动机对创业决策都会产生影响。

二 社会创业动机与机会识别

社会企业家是在利他和利己混合动机驱使下去发现和识别机会并尝试转化机会。社会企业家尝试去把这个想法转化成为一个富有吸引力的机会，这时的社会企业家所进行的活动更加富有创造力，而且是一个纯粹分析（analytic）和逻辑（logic）的思考。机会发现和机会转化这两个过程都融合了大量灵感（inspiration）、洞察力（insight）和想象力（imagination），通过这些创造性的活动，想法会被系统地转化为社会创业机会（Drucker, 1985）。同时，社会企业家在这个过程中创造了价值，而且只有少数想法才能通过创造性的发展转化为值得追求的长期机会。

在 Guclu（2002）的社会创业机会识别过程模型中指出，社会创业的想法也就是动机来源于两种情况，一种是社会需求，在商业创业中，消费者未满足的需求是非常重要的（Levitt, 1975），在社会创业中情况也非常类似。社会需求就是在社会现实和社会满意之间的鸿沟（gap），这种社会需求的识别建立在不同价值观念和视野基础上，只有一定道德水准的人才能看到这些机会，才愿意去帮助那些弱势群

第六章 社会创业动机、机会识别与创业的决策机制研究

体；另一种是社会资产（social assets），由于对社会需求的关注往往侧重于负面的现象（如弱势群体等），而且是通过创业（也就是建立一个新的事业）的方式来解决这些问题。而社会上往往还存在一些社会问题并不以需求的形式存在，但是需要解决的社会问题，往往在社区中展现出来，因此社会作为社会资产的一个部分也是社会创业机会的主要来源（Mcknight，1993）。他的这种对动机的分类主要来自动机的外在属性，强调外在的推力。在通过机会运作和机会的资源组合将一个社会创业机会转化为具有社会影响力的社会创业项目，最终对社会形成社会影响力。

Lindsay（2002）对创业机会识别过程从认知的角度进行了划分，分为了三个阶段。第一个阶段是机会搜索（opportunity searching）这一个阶段创业者对整个系统中可能的创意展开搜索，一旦他意识到某一创意可能是潜在的创业机会或者具有创业价值，那么他就会进入机会识别的下一阶段，她认为这个阶段的推动力就是社会企业家的利他行为动机；第二个阶段是机会的识别（opportunity recognition），相对于整体意义上的机会识别，这个机会识别的含义在于筛选合适的机会，包括三个步骤对环境的判断（normative opportunity recognition）以及基于个人价值和特质的判断（individualize fit opportunity recognition）；第三个阶段就是机会的评价（opportunity evaluation），这个机会评价的含义更多的是具有相对真实的调查的含义（Craig，2002）。

因此，基于探索性案例研究，社会企业家的动机对机会识别会产生影响，这个影响关系的逻辑来自于创业认知的过程，但是以往的研究对于创业的动机更多的是侧重动机的外部性，强调不同来源的机会推动了社会企业家的动机，而本研究侧重基于内在报酬的动机研究。

综上所述，结合探索性案例的研究结论，我们提出下述假设。

S1 – H1 利他动机对社会创业机会识别有正向影响。

S1 – H1a 利他动机对社会性识别有正向影响。

S1 – H1b 利他动机对营利性识别有正向影响。

S1 – H2 利己动机对社会创业机会识别有正向影响。

S1 – H2a 利己动机对社会性识别有正向影响。

S1 – H2b 利己动机对营利性识别有正向影响。

三 机会识别与社会创业决策绩效

由于社会创业过程研究很少,特别是从机会论的角度研究社会创业认知过程的就更少了,最为经典的就是 Guclu(2002)的社会创业过程研究和 Lindsay(2002)的社会创业认知过程研究,当然他们的研究都是基于认知论的。

Guclu(2002)实际上把创业的过程分为想法产生和机会发展两个阶段,机会识别是在想法产生阶段,而创业决策则在机会发展阶段,这个阶段属于行为阶段。他的研究认为实际上社会企业家的决策分为资源策略决策和运作模式决策两个重要的维度,一个重要的社会创业机会被识别出来了以后,必然面临这两种类型的决策。Gulcu(2002)的研究虽然没有进行实证研究,但是他的研究是在大量的案例研究基础上得出的。他还认为在资源策略决策中社会企业家主要关注创业环境,这构成了机会识别过程中很大一部分内容,因为机会识别中运作环境的判断直接会影响到资源获取的决策,比如究竟是采取更多自营获利模式还是混合经营获利模式的选择。他的研究还拓展了运作模式的决策,他认为运作模式的决策取决于机会识别过程中对于商业模式适应性的判断,这种适应性主要是指运营的模式,究竟公益事业在多大程度上与营利事业进行混合。他的模型对后来的社会创业研究具有很深刻的影响。

另一位重要学者 Lindsay(2002)把创业机会识别的过程从认知的角度进行了划分,分为三个阶段。这三个阶段是机会的搜索、机会的识别和机会的评价,她实际上把机会识别这个过程进一步做了细分,她认为社会企业家必定开始于对整个系统中可能的创意展开搜索,一旦他意识到某一创意可能是潜在的创业机会或者具有创业价值,那么他就会进入机会识别的下一阶段,她认为这个阶段的推动力就是社会企业家的利他行为动机。机会识别作为一个中间过程相对于整体意义上的机会识别,这个机会识别的含义在于筛选合适的机会,包括环境的判断以及基于个人价值和特质的判断,而后就是机会的评价,实际上本研究的机会识别就是机会的评价。她认为只有经过这三个仔细的过程,一个理性的社会企业家才会进行决策,否则是缺乏决策依据的。她的这个研究相对于 Gulcu(2002)的研究更加侧重对认知的研究,而 Gulcu(2002)更侧重对决策内容的研究,他们两个人的研究正好形成了互补。

第六章 社会创业动机、机会识别与创业的决策机制研究

因此，在探索性案例研究和文献研究的基础上，社会企业家机会识别会对创业决策产生影响，这个影响关系的逻辑来自于创业认知过程理论和动机行为理论的结合，本研究的这个部分也拥有良好的理论基础。

综上所述，结合探索性案例的研究结论，我们提出下述假设：

S2 – H1 社会性识别对社会创业决策绩效有正向影响。

S2 – H2 营利性识别对社会创业决策绩效有正向影响。

结合假设 S1 和 S2，我们又进一步提出假设。

S3 – H1 社会创业利他动机对创业决策绩效有正向影响。

S3 – H2 社会创业利己动机对创业决策绩效有正向影响。

S4 – H1 社会创业的机会识别是社会创业动机对创业决策影响的完全中介。

四 研究模型与研究假设总结

为了更加清晰地分析社会创业动机、机会识别和决策机制研究的路径机制，基于对社会创业动机的二阶分类、机会识别的二阶分类，我们认为这样细致的分类将有助于更加深入地考察利他动机、利己动机内在关系的维度，以及机会识别营利性和社会性的维度区分对决策绩效的影响机制，以及在机会识别中介作用下，通过实证研究，希望找到社会创业决策绩效提升更有效的途径。

我们认为社会创业动机对社会创业决策并不是直接作用的，而是通过机会识别的因子作用的，这种作用具有典型的中介意义，社会创业动机对社会创业决策影响及机会识别的中介作用如图 6 – 1 所示。

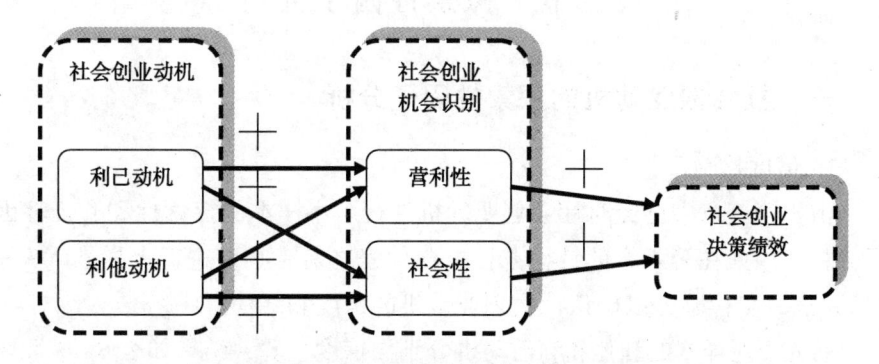

图 6 – 1 社会创业动机对创业决策的影响机制及机会识别的中介作用

表 6 – 1　社会创业动机对创业决策的影响机制及机会识别的完全中介作用假设汇总

序号	研究假设
假设 S1 – H1	利他动机对社会创业机会识别有正向影响
S1 – H1a	利他动机对社会性识别有正向影响
S1 – H1b	利他动机对营利性识别有正向影响
假设 S1 – H2	利己动机对社会创业机会识别有正向影响
S1 – H2a	利己动机对社会性识别有正向影响
S1 – H2b	利己动机对营利性识别有正向影响
假设 S2 – H1	社会性识别对社会创业决策绩效有正向影响
假设 S2 – H2	营利性识别对社会创业决策绩效有正向影响
假设 S3 – H1	社会创业利他动机对创业决策绩效有正向影响
假设 S3 – H2	社会创业利己动机对创业决策绩效有正向影响
假设 S4 – H1	社会创业的机会识别是社会创业决策机制的完全中介

表 6 – 1 总结了与模型（图 6 – 1）对应的假设检验，研究的总体框架是社会创业动机—社会创业机会识别—社会创业决策绩效。在接下去的实证研究中，将围绕着以上提出的模型和假设进行有针对性的验证。以下的研究过程将通过探索性因子分析来再次验证社会创业动机的维度、机会识别的维度和创业决策的维度，然后使用验证性因子分析检验社会创业动机的二阶维度、机会识别的二阶维度和创业决策的一阶维度，最后对全模拟性进行结构方程拟合。

第三节　探索性因子分析

一　社会创业动机的探索性因子分析

1. 信度检验

由于第五章中已经对社会创业动机进行了小样本的探索性和验证性因子分析，因此在第六章的结构方程拟合过程之前有必要进行大样本（N = 243）进一步检验，以确认社会创业动机的维度和结构。

首先要对样本的利他和利己动机分别作信度检验，结果如表 6 – 2 和表 6 – 3 所示。除了 Q40 "社会上的人只关心自己" 和 Q41 "应该关心多数人利益题" 项—总体相关系数小于 0.35，且删除该项目之后，各题项的

Cronbach's α 系数进一步提高到 0.923。Q40 "社会上的人只关心自己"的问项是一个反向问题，因此容易造成误导，所以删除，而 Q41 "应该关心多数人利益"这个题项所隐含的意思是多数人的利益才是重要的，而少数人的利益不重要，这种公共利益的文献实际上是一个社会正义的反向问题，因为不论少数和多数人的利益都是重要的，因此 Q41 这个题项没有通过也可能是问项设置的隐含太深导致，所以也删除。另外考虑到由于与该题项测度内容类似的项目还有 Q38 和 Q39，因此可以肯定的是删除该题项不会对整体的测度产生明显的影响，因此删除 Q40 和 Q41。其他问项的题项—总体相关系数都大于 0.35，各变量的 Cronbach's α 系数大于 0.7，因此我们得出社会创业动机中利他动机各变量题项之间具有较好的内部一致性。

从表 6–2 验证的结果来看，进行大样本（N = 243）的检验之后，发现与先前小样本的信度检验完全一致，都删除了 Q40 "社会上的人只关心自己"和 Q41 "应该关心多数人利益"两个题项，说明小样本和大样本的数据均能体现总体的特征。

表 6–2　社会创业动机中利他动机的信度检验 （N = 243）

变量名称	题项（简写）	题项—总体相关系数	删除该题项后 Cronbach's α 系数	Cronbach's α
公共利益承诺	Q38 关注社区	0.3955	0.9206	0.9210
	Q39 为公共的利益贡献	0.4813	0.9192	
	Q40 社会上的人只关心自己	0.2562	0.9228	
	Q41 应该关心多数人利益	0.2852	0.9223	
社会正义	Q42 愿意用你力量使世界更加公平	0.6599	0.9153	
	Q43 社会中有人无法享受繁荣社会在恶化	0.5843	0.9171	
	Q44 要为弱势群体的权利奋斗	0.6906	0.9146	
	Q45 每一个人都有平等的机会生存和发展	0.5888	0.9171	
牺牲精神	Q46 对社会有所贡献比取得个人成就重要	0.6128	0.9165	
	Q47 愿意自己承担损失来帮助别人	0.5624	0.9176	
	Q48 即使无报酬，服务别人让你感觉良好	0.6763	0.9151	
	Q49 责任比自我实现更重要	0.6478	0.9157	
公共政策制定	Q54 对制定（公共）政策很有兴趣	0.5491	0.9179	
	Q55 政府公共政策是改变社会现状的手段	0.5504	0.9179	
	Q56 公共政策制定能把好想法变成法律	0.5760	0.9174	
	Q57 关注公共政策的最新变化和大众的态度	0.6034	0.9167	

表 6-3 中,除了 Q65 "好工作是做什么和怎么做都很确定的"和 Q67 "你现在取得的成就主要是靠运气"的题项—总体相关系数小于 0.35,且删除该项目之后,各题项的 Cronbach's α 系数进一步提高到 0.847,Q67 的主要原因可能是反向问题对答题者所造成的误导,因此删除 Q67。Q65 也存在同样的问题,由于方向问题并不是非常明显,所以题项—总体相关系数仍然达到 0.3241,但是由于仍然达不到 0.35 的标准,因此也将删除该题项。其他问项的题项—总体相关系数都大于 0.35,各变量的 Cronbach's α 系数大于 0.7,因此我们得出总体样本中,利己动机各变量的题项之间具有较好的内部一致性。

从表 6-3 验证的结果来看,和小样本分析的结果基本一致,说明小样本和大样本均能体现总体的特征。除了 Q65 "好工作是做什么和怎么做都很确定"的在大样本的分析中,该题项被删除了,这可能和中国的文化很有关系,在中国的传统文化和教育方式中,稳定的仕途被认为是很好的职业,因此在大样本中这一项被剔除了出来,因为这一项和文化有关。

表 6-3　　社会创业动机中利己动机的信度检验（N=243）

变量名称	题项（简写）	题项—总体相关系数	删除该题项后 Cronbach's α 系数	Cronbach's α
自我实现	Q58 希望取得非凡的成就	0.6672	0.8022	0.8280
	Q59 希望不断地进步和提高	0.6048	0.8078	
	Q60 希望别人对你的成就有积极反馈	0.6212	0.8050	
	Q61 希望从成就中不停获得满足感	0.6252	0.8049	
风险和不确定偏好	Q62 回报很高你会去做可能失败的事情	0.5843	0.8068	
	Q63 你会借钱,如果投资的收益很高	0.5144	0.8127	
	Q64 解决复杂的问题要比简单的有意思	0.6140	0.8048	
	Q65 好工作是做什么和怎么做都很确定的	0.3241	0.8378	
自我控制	Q66 可以很好掌控自己学习和工作的方向	0.4644	0.8170	
	Q67 你现在取得的成就主要是靠运气	0.0401	0.8515	
	Q68 你喜欢自己思考,自己做决定	0.5573	0.8092	
	Q69 你不喜欢对别人的想法言听计从	0.4505	0.8179	

2. 探索性因子分析

探索性因子分析的前提是样本数据的 KMO 值大于 0.7,且 Bartlett 统计值显著异于 0（马庆国，2002）。社会创业利他动机的 KMO 和 Bartlett 球体检验符合要求，KMO 值为 0.904，Bartlett 统计值显著异于 0（$p < 0.001$）；社会创业利己动机的 KMO 和 Bartlett 球体检验符合要求，KMO 值为 0.833，Bartlett 统计值显著异于 0（$p < 0.001$）。将社会创业利他动机的公共利益承诺、社会正义、牺牲精神和公共政策制定的所有题项放在一起，进行利他动机因子分析，结果如表 6-4 所示，因子聚合成了 4 类。将社会创业利己动机的自我实现、风险和不确定偏好和自我控制的所有题项放在一起，进行利己动机因子分析，结果如表 6-5 所示，因子聚合成了 3 类。这两个分析的结果与理论预设基本一致。

表 6-4　社会创业动机中利他动机的探索性因子分析（N=243）

题项	因子载荷			
	因子 1	因子 2	因子 3	因子 4
Q38 关注社区	0.221	0.048	0.100	0.819
Q39 为公共的利益贡献	0.222	0.190	0.113	0.736
Q42 愿意用你力量使世界更加公平	0.095	0.204	0.802	0.161
Q43 社会中有人无法享受繁荣社会在恶化	0.099	0.182	0.855	0.029
Q44 要为弱势群体的权利奋斗	0.128	0.224	0.792	0.193
Q45 每一个人都有平等的机会生存和发展	0.163	0.160	0.789	-0.013
Q46 对社会有所贡献比取得个人成就重要	0.069	0.791	0.218	0.058
Q47 愿意自己承担损失来帮助别人	0.075	0.876	0.181	0.057
Q48 即使无报酬，服务别人让你感觉良好	0.143	0.814	0.194	0.122
Q49 责任比自我实现更重要	0.151	0.811	0.172	0.118
Q54 对制定（公共）政策很有兴趣	0.818	0.083	0.185	0.207
Q55 政府公共政策是改变社会现状的手段	0.910	0.072	0.105	0.022
Q56 公共政策制定能把好想法变成法律	0.878	0.108	0.139	0.202
Q57 关注公共政策的最新变化和大众态度	0.799	0.162	0.038	0.190

说明：KMO 值为 0.904，Bartlett 统计值显著异于 0（$p < 0.001$）；
4 个因子累计（cumulative）解释变差为 78.586%。

如表 6-4 所示，根据特征根大于 1，最大因子载荷大于 0.5 的要求，提取出 4 个因子。

因子 4：公共利益的承诺

因子 3：社会正义

因子 2：牺牲精神

因子 1：公共政策制定

根据因子载荷的分布来判断，社会创业中的利他动机通过了探索性因子分析，而且因子 1、因子 2、因子 3 和因子 4 很好地表征了利他动机的 4 个维度。本研究为了避免测度题项较多导致的拟合不良，每个维度选题题项不超过 5 项。该探索性因子的检验结果可以进入下一步验证性因子分析。

表 6-5　社会创业利己动机的探索性因子分析（N=243）

题项	因子载荷		
	因子 1	因子 2	因子 3
Q58 希望取得非凡的成就	0.763	0.280	0.186
Q59 希望不断地进步和提高	0.843	0.161	0.189
Q60 希望别人对你的成就有积极反馈	0.876	0.138	0.196
Q61 希望从成就中不停获得满足感	0.813	0.207	0.190
Q62 回报很高你会去做可能失败的事情	0.248	0.812	0.016
Q63 你会借钱，如果投资的收益很高	0.077	0.877	0.168
Q64 解决复杂的问题要比简单的有意思	0.321	0.782	0.170
Q66 可以很好掌控自己学习和工作的方向	0.230	0.025	0.813
Q68 你喜欢自己思考，自己做决定	0.295	0.070	0.841
Q69 你不喜欢对别人的想法言听计从	0.079	0.249	0.770

说明：KMO 值为 0.833，Bartlett 统计值显著异于 0（$p<0.001$）；
　　　3 个因子累计（cumulative）解释变差为 74.727%。

如表 5-4 所示，根据特征根大于 1，最大因子载荷大于 0.5 的要求，提取出 3 个因子。

因子 1：自我实现

因子 2：风险和不确定偏好

因子 3：自我控制

根据因子载荷的分布来判断，社会创业的利己动机通过了探索性因子分析，而且因子 1、因子 2、因子 3 很好地表征了利己动机的 3 个维度。

二　社会创业机会识别的探索性因子分析

1. 信度检验

首先要对社会创业机会识别的营利性和社会性分别作信度检验，结果

第六章 社会创业动机、机会识别与创业的决策机制研究

如表 6-6 和表 6-7 所示。在表 6-6 中，除了 Q70 营利活动的对象接受产品（或服务），愿意为此付费、Q71 有一定市场规模能达到盈亏平衡以上、Q78 有某种专利或者某种独占性和 Q81 竞争者较少这 4 个题项—总体相关系数小于 0.35，且删除该项目之后，各题项的 Cronbach's α 系数进一步提高。Q70 问项没有通过检验的原因是社会创业中有一种模式是营利活动服务对象和商业活动服务对象一致，提供的产品也一致，这种差异造成部分对象不愿意付费或者"搭便车"的现象。这种现象一旦出现，营利市场规模也会萎缩，因此 Q71 也没有通过检验。社会创业中基本上都没有专利，因为专利需要大量的研发成本投入，而对于一个公益事业来说，前期的大量资本投入是不太现实的，而这就造成了行业壁垒低、竞争非常激烈，因此 Q78 和 Q81 没有通过。但是考虑到由于与该题项测度内容类似的项目各还有 2 项，因此可以肯定的是删除该题项不会对整体的测度产生明显的影响，因此删除 Q70、Q71、Q78 和 Q81。其他问项的题项—总体相关系数都大于 0.35，各变量的 Cronbach's α 系数大于 0.7，因此我们得出社会创业机会识别中营利性各变量题项之间具有较好的内部一致性。

表 6-6　社会创业机会识别中营利性的信度检验（N=243）

变量名称	题项（简写）	题项—总体相关系数	删除该题项后 Cronbach's α 系数	Cronbach's α
可获性	Q70 营利活动的对象接受产品（或服务），愿意为此付费	0.3341	0.9299	0.9383
	Q71 有一定市场规模，能达到盈亏平衡以上	0.2396	0.9295	
	Q72 产品（或服务）有较低的成本	0.8027	0.9315	
	Q73 产品（或服务）有一定附加值	0.7906	0.9315	
持续性	Q74 有可持续的收入	0.8445	0.9285	
	Q75 有良好稳定的现金流支撑	0.8401	0.9286	
	Q76 市场规模较为稳定	0.8542	0.9282	
	Q77 销售渠道较为稳定	0.8169	0.9296	
独占性	Q78 有某种专利或者某种独占性	0.3198	0.9396	
	Q79 有杰出的管理团队和关键人员	0.7110	0.9336	
	Q80 有独特的运营模式	0.6522	0.9355	
	Q81 竞争者较少	0.3388	0.9499	

表 6-7 中,除了 Q88 社会问题解决方案切合社会需求和 Q89 绝大多数公益目标受益的题项—总体相关系数小于 0.35,且删除该项目之后,各题项的 Cronbach's α 系数进一步提高,Q88 的主要原因可能是社会问题解决方案并不能真正切合社会需求,因为社会需求有的时候是隐性的,而 Q89 则体现出许多项目的特点,只有一部分公益目标收益,特别是受到规模限制的时候更是这样。因此删除 Q88、Q89 两个题项。其他问项的题项—总体相关系数都大于 0.35,各变量的 Cronbach's α 系数大于 0.7,因此我们得出社会创业机会识别中社会性各变量题项之间具有较好的内部一致性。

表 6-7　社会创业机会识别中社会性的信度检验（N=243）

变量名称	题项（简写）	题项—总体相关系数	删除该题项后 Cronbach's α 系数	Cronbach's α
多元性	Q82 获得广泛支持（包括运营团队、政府和服务对象等）	0.8063	0.9550	0.9590
	Q83 各利益相关者的诉求明确	0.8150	0.9548	
	Q84 外部监督或协调有效	0.8086	0.9549	
可行性	Q85 有成熟的社会问题解决方案	0.7837	0.9558	
	Q86 社会问题的特征和社会需求比较明显	0.7964	0.9554	
	Q87 社会需求强烈	0.8137	0.9548	
	Q88 社会问题解决方案切合社会需求	0.3298	0.9542	
	Q89 绝大多数公益目标受益	0.3281	0.9543	
公平性	Q90 公益目标之间受益的程度较均等	0.7882	0.9556	
	Q91 公益目标有平等的机会享受项目中的公益服务	0.8168	0.9547	
	Q92 公益目标有平等的机会获取公益服务的信息	0.7823	0.9558	

2. 探索性因子分析

探索性因子分析的前提是样本数据的 KMO 值大于 0.7,且 Bartlett 统计值显著异于 0（马庆国,2002）。社会创业机会识别中营利性的 KMO 和 Bartlett 球体检验符合要求,KMO 值为 0.921,Bartlett 统计值显著异于 0（$p<0.001$）;社会创业机会识别中社会性的 KMO 和 Bartlett 球体检验符合要求,KMO 值为 0.942,Bartlett 统计值显著异于 0（$p<0.001$）。将社会创业机会识别营利性的可获性、持续性和独占性放在一起,进行营利性因

子分析，结果如表6-8所示，因子聚合成了3类。将社会创业机会识别社会性的多元性、可行性和公平性的所有题项放在一起，进行社会性因子分析，结果如表6-9所示，因子聚合成了3类。这两个分析的结果与理论预设基本一致。

表6-8 社会创业机会识别中营利性的探索性因子分析（N=243）

题项	因子载荷		
	因子1	因子2	因子3
Q72 产品（或服务）有较低的成本	0.456	0.329	0.727
Q73 产品（或服务）有一定附加值	0.389	0.381	0.751
Q74 有可持续的收入	0.725	0.269	0.499
Q75 有良好稳定的现金流支撑	0.836	0.328	0.283
Q76 市场规模较为稳定	0.835	0.318	0.345
Q77 销售渠道较为稳定	0.876	0.197	0.289
Q79 有杰出的管理团队和关键人员	0.338	0.830	0.253
Q80 有独特的运营模式	0.212	0.870	0.283

说明：KMO值为0.921，Bartlett统计值显著异于0（$p<0.001$）；
4个因子累计（cumulative）解释变差为87.468%。

如表6-8所示，根据特征根大于1，最大因子载荷大于0.5的要求，提取出3个因子。

因子3：可获性

因子1：持续性

因子2：独占性

根据因子载荷的分布来判断，社会创业中的营利性通过了探索性因子分析，而且因子1、因子2和因子3很好地表征了营利性的3个维度。本研究为了避免测度题项较多导致的拟合不良，每个维度选题题项不超过5项。该探索性因子的检验结果可以进入下一步验证性因子分析。值得注意的是，独占性中Q79和Q80很好地体现了目前社会创业的优势所在，杰出的运营团队和管理人员，他们都具有很强的公益意识和创业精神，而且机会中，独特的营运模式也非常重要，因为营运模式直接决定了公益事业目标达成的程度，事实上社会创业机会营利性的特征不在于营利的多少，而在于持续的时间，公益项目本身的特点也有别于商业项目的营利性机会特点，只需要达到有利润，而且利润是可持续的，而并不像商业创业项目营利的最大化，这一点是非常大的区别，因此本研究在题项设计上也很大程度区别了 Timmons 商业创业机会识别的特征维度。

表 6-9　社会创业机会识别中社会性的探索性因子分析（N=243）

题项	因子载荷		
	因子 1	因子 2	因子 3
Q82 获得广泛支持（包括运营团队、政府和服务对象等）	0.687	0.391	0.392
Q83 各利益相关者的诉求明确	0.763	0.362	0.352
Q84 外部监督或协调有效	0.798	0.296	0.368
Q85 有成熟的社会问题解决方案	0.428	0.260	0.749
Q86 社会问题的特征和社会需求比较明显	0.312	0.342	0.799
Q87 社会需求强烈	0.351	0.416	0.707
Q90 公益目标之间受益的程度较均等	0.471	0.730	0.243
Q91 公益目标有平等的机会享受项目中的公益服务	0.376	0.772	0.320
Q92 公益目标有平等的机会获取公益服务的信息	0.224	0.801	0.415

说明：KMO 值为 0.942，Bartlett 统计值显著异于 0（$p<0.001$）；
3 个因子累计（cumulative）解释变差为 82.819%。

如表 6-9 所示，根据特征根大于 1，最大因子载荷大于 0.5 的要求，提取出 3 个因子。

因子 1：多元性

因子 2：可行性

因子 3：公平性

根据因子载荷的分布来判断，社会创业机会识别的社会性通过了探索性因子分析，而且因子 1、因子 2、因子 3 很好地表征了社会性的 3 个维度。值得注意的是，我们发现社会创业 3 个因子的累积解释变量达到 82.819%，这么高的解释度很好地说明了我们问卷设计、理论预设与实际情况之间的一致性，问卷得到的结论符合理论预设。

三　社会创业决策绩效的探索性因子分析

1. 信度检验

对社会创业决策绩效的测量维度做信度检验，结果如表 6-10 所示。所有 8 个题项都通过了信度检验。所有的题项——总体相关系数都大于 0.35，各变量的 Cronbach's α 系数都大于 0.7。可见，社会创业决策绩效

第六章 社会创业动机、机会识别与创业的决策机制研究

各变量的题项之间具有较好的内部一致性。

表 6–10　社会创业决策绩效的信度检验（N=243）

变量名称	题项（简写）	题项—总体相关系数	删除该题项后 Cronbach's α 系数	Cronbach's α
决策绩效	Q93 你们的创业决策是一个能积极促进劳动和就业的决策	0.5986	0.9011	0.9051
	Q94 你们的创业决策是一个能积极促进生活环境和生活质量（物质和精神）提升的决策	0.6934	0.8933	
	Q95 你们的创业决策是一个能积极促进社会公共服务水平提升的决策	0.7352	0.8895	
	Q96 你们的创业决策是一个能积极促进受益群体收入提高的决策	0.7020	0.8928	
	Q97 你们的创业决策是一个能积极提升社会产出和社会投入比率的决策（社会投入包括商业投入和公益投入，社会产出包括商业产出和社会产出）	0.7522	0.8880	
	Q98 你们的创业决策是一个能积极增加受益群体满意度的决策	0.7221	0.8911	
	Q99 你们的创业决策是一个能积极增加其他利益相关者（政府、投资者、运营者和监督者）满意度的决策	0.7265	0.8905	
	Q100 你们的创业决策使得受益群体获得了"获益的能力"而不是单纯的"获益"	6556	0.8970	

2. 探索性因子分析

对社会创业决策绩效进行探索性因子分析，结果如表 6–11 所示。

表 6–11　社会创业机会识别中社会性的探索性因子分析（N=243）

题项	因子载荷
Q93 你们的创业决策是一个能积极促进劳动和就业的决策	0.684
Q94 你们的创业决策是一个能积极促进生活环境和生活质量（物质和精神）提升的决策	0.773
Q95 你们的创业决策是一个能积极促进社会公共服务水平提升的决策	0.809
Q96 你们的创业决策是一个能积极促进受益群体收入提高的决策	0.778
Q97 你们的创业决策是一个能积极提升社会产出和社会投入比率的决策（社会投入包括商业投入和公益投入，社会产出包括商业产出和社会产出）	0.822
Q98 你们的创业决策是一个能积极增加受益群体满意度的决策	0.798
Q99 你们的创业决策是一个能积极增加其他利益相关者（政府、投资者、运营者和监督者）满意度的决策	0.802

续表

题项	因子载荷
Q100 你们的创业决策使得受益群体获得了"获益能力"而不是单纯"获益"	0.739

说明：KMO 值为 0.913，Bartlett 统计值显著异于 0（p<0.001）；
因子累计（cumulative）解释变差为 60.321%。

如表 6-11 所示，根据特征根大于 1、最大因子载荷大于 0.5 的要求，提取出 1 个因子。根据因子载荷的分布来判断，社会创业决策绩效通过了探索性因子分析，结果显示 8 个题项共同构成了社会创业的决策绩效。问卷结果与题项设计一致性良好。

第四节 验证性因子分析

在前文对所使用的量表进行了信度检验和探索性因子分析之后，将对所有变量进一步进行验证性因子分析，以确保所测量变量的因子结构与先前的构思相符。本研究分析的依据是大样本 243 份有效问卷。

一 社会创业动机的验证性因子分析

利用 AMOS 4.0 进一步对社会创业动机的结构进行验证性因子分析，分析结果如表 6-12 和图 6-2 所示。社会创业动机维度结构测量模型的拟合结果表明，χ^2 值为 470.188（自由度 244），χ^2/df 的值为 1.927，小于 2；CFI 和 TLI 都大于 0.9；RMSEA 的值为 0.079，小于 0.1；各路径系数均在 $p<0.05$，表示回归系数显著性不为 0。二阶模型通过与一阶 7 因素模型对比，结果显示二阶模型更优。

表 6-12 社会创业动机二阶结构的验证性因子分析（N=243）

			标准化系数	路径系数	S.E.	C.R.	P
社会正义	←	利他	0.633	1.489	0.28	5.321	0
牺牲精神	←	利他	0.602	1.445	0.271	5.325	0
公共政策制定	←	利他	0.657	1.552	0.282	5.502	0
公共利益承诺	←	利他	0.845	1			
自我实现	←	利己	0.748	1			
风险不确定倾向	←	利己	0.597	0.805	0.138	5.852	0
自我控制	←	利己	0.743	0.813	0.136	5.986	0
卡方检验值 χ^2		470.188	比较拟合优度指数 CFI			0.902	

续表

		标准化系数	路径系数	S. E.	C. R.	P
自由度 df	244	Tucker–Lewis 指数 TLI			0.910	
χ^2/df	1.927	近似误差均方根估计 RMSEA			0.079	
一阶 7 因素拟合结果						
卡方检验值 χ^2	479.71	比较拟合优度指数 CFI			0.900	
自由度 df	245	Tucker–Lewis 指数 TLI			0.902	
χ^2/df	1.958	近似误差均方根估计 RMSEA			0.084	

二　社会创业机会识别的验证性因子分析

利用 AMOS 4.0 进一步对社会创业机会识别的结构进行验证性因子分析，分析结果如表 6–13 和图 6–3 所示。社会创业动机维度结构测量模型的拟合结果表明，χ^2 值为 216.272（自由度 112），χ^2/df 的值为 1.931，小于 2；CFI 和 TLI 都大于 0.9，RMSEA 的值为 0.083，小于 0.1；各路径系数均在 $p<0.05$，表示回归系数显著性不为 0。二阶模型通过与一阶 6 因素模型进行对比，我们发现一阶模型的 RMSEA 指标未通过检验，大于 1，因此我们接受二阶模型。

表 6–13　社会创业机会识别二阶结构的验证性因子分析（N = 243）

			标准化系数	路径系数	S. E.	C. R.	P
可获性	←	营利性	0.977	1			
持续性	←	营利性	0.895	1.237	0.082	15.022	0
独占性	←	营利性	0.831	0.957	0.081	11.839	0
多元性	←	社会性	0.983	1			
可行性	←	社会性	0.92	0.957	0.067	14.247	0
公平性	←	社会性	0.91	0.927	0.065	14.188	0
卡方检验值 χ^2	216.272	比较拟合优度指数 CFI				0.953	
自由度 df	112	Tucker–Lewis 指数 TLI				0.943	
χ^2/df	1.931	近似误差均方根估计 RMSEA				0.083	
一阶 6 因素拟合结果							
卡方检验值 χ^2	273.686	比较拟合优度指数 CFI				0.931	
自由度 df	113	Tucker–Lewis 指数 TLI				0.917	
χ^2/df	2.422	近似误差均方根估计 RMSEA				0.101	

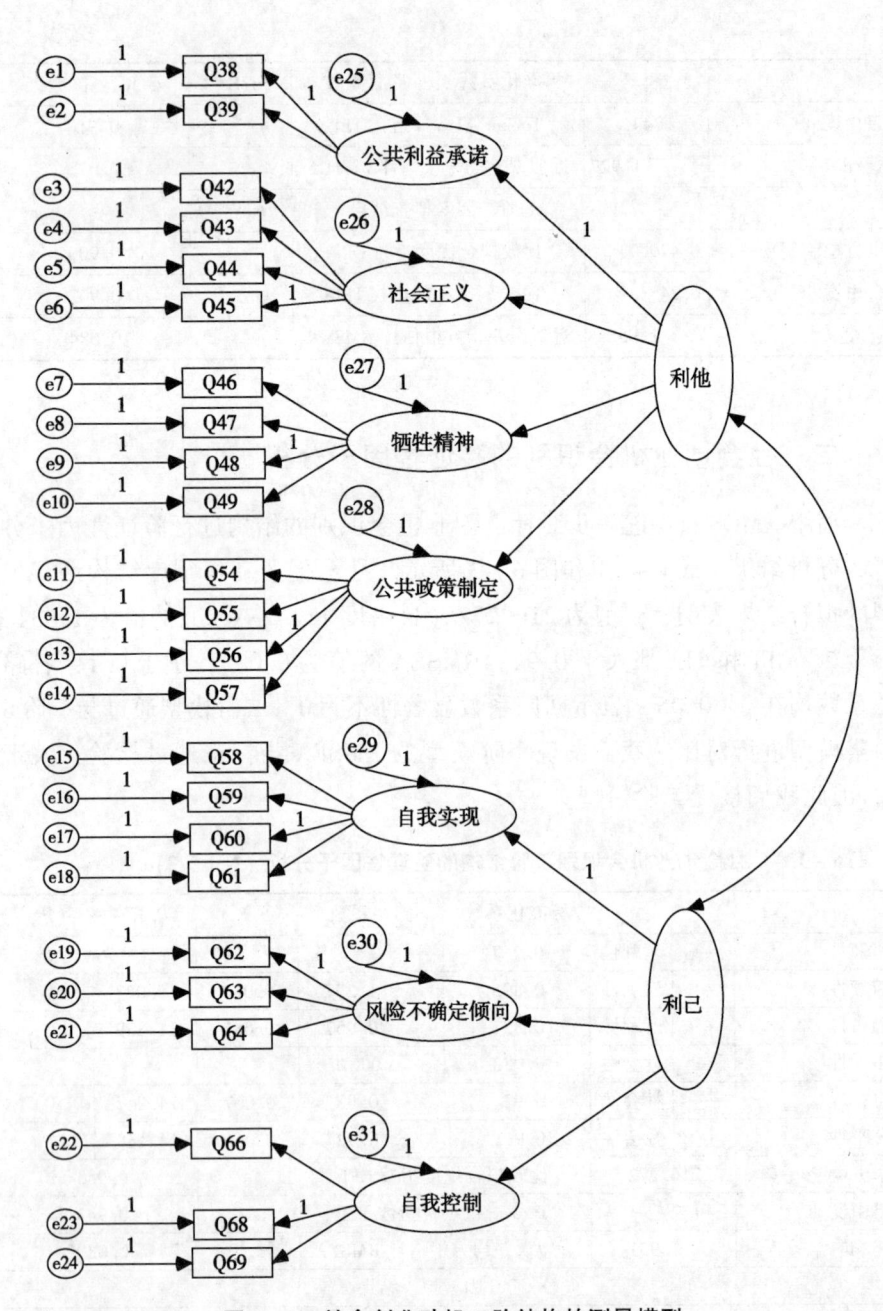

图 6-2 社会创业动机二阶结构的测量模型

三 社会创业决策绩效的验证性因子分析

利用 AMOS 4.0 进一步对社会创业决策绩效的结构进行验证性因子分析，分析结果如表 6-14 和图 6-4 所示。社会创业动机维度结构测量模型的拟合结果表明，χ^2 值为 39.54（自由度 20），χ^2/df 的值为 1.977，小于 2；CFI 和 TLI 都大于 0.9，RMSEA 的值为 0.096，小于 0.1；各路径系数均在 $p<0.05$，表示回归系数显著性不为 0。

从验证性因子的结果来看，样本数据很好地验证了假设的社会创业决策绩效。

表 6-14　社会创业决策绩效的验证性因子分析（N=243）

			标准化系数	路径系数	S. E.	C. R.	P
Q96	←	社会创业决策绩效	0.731	1			
Q95	←	社会创业决策绩效	0.778	1.016	0.086	11.834	0
Q94	←	社会创业决策绩效	0.735	0.953	0.085	11.162	0
Q93	←	社会创业决策绩效	0.624	0.702	0.075	9.421	0
Q97	←	社会创业决策绩效	0.798	1.032	0.085	12.147	0
Q98	←	社会创业决策绩效	0.775	0.912	0.077	11.781	0
Q99	←	社会创业决策绩效	0.772	0.944	0.08	11.741	0
Q100	←	社会创业决策绩效	0.692	0.93	0.089	10.474	0
卡方检验值 χ^2		39.54	比较拟合优度指数 CFI			0.956	
自由度 df		20	Tucker-Lewis 指数 TLI			0.938	
χ^2/df		1.977	近似误差均方根估计 RMSEA			0.096	

第五节　结构方程模型检验——社会创业决策机制的路径分析

通过探索性和验证性因子分析，说明我们采用和建构的测量工具和模型具有较好的测量效果，可以用来进行更进一步的结构分析。接下来，我们将运用结构方程建模的方法对图 6-2 提出的概念模型与研究假设进行检验和验证，从而打开社会创业的决策机制。

一　初步数据分析

在对结构方程模型进行分析之前，需要对数据进行合理性和有效性的

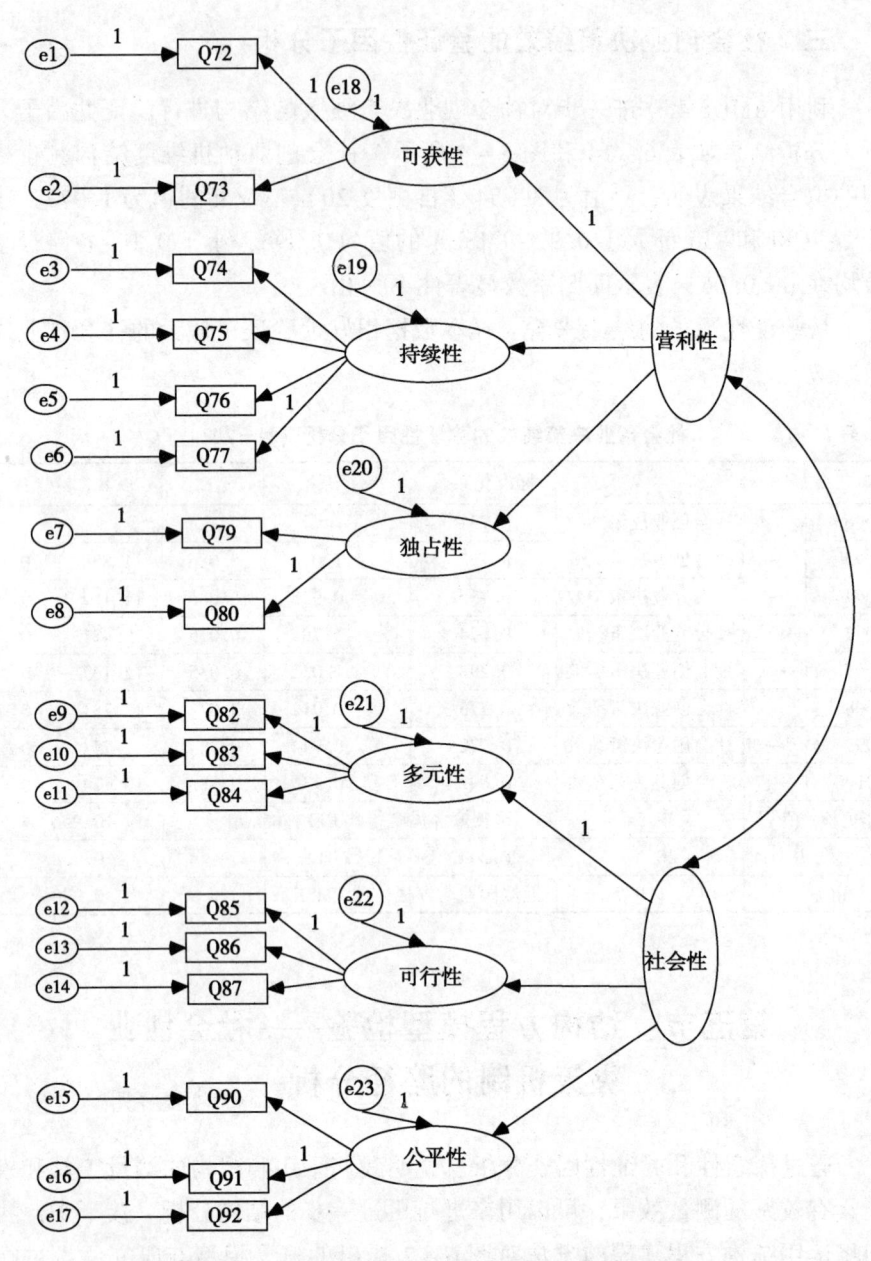

图6-3 社会创业机会识别二阶结构的测量模型

检验,一般研究显示样本的容量在100—150之间,才能使用极大似然法(ML)对结构模型进行估计(Ding et al., 1995)。本研究的样本数量为243份,达到了最低样本的要求。同时样本信度效度检验在前面的研究中

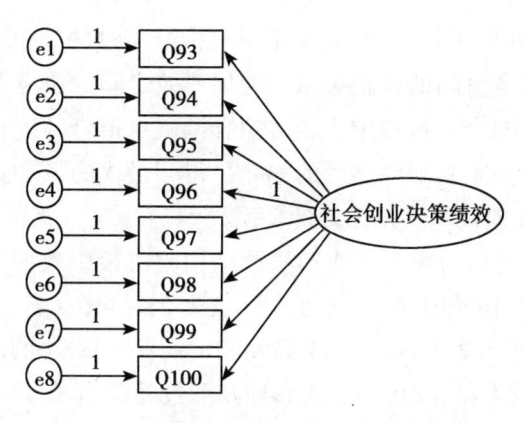

第六章　社会创业动机、机会识别与创业的决策机制研究

图 6-4　社会创业决策绩效的测量模型

也已经得到了检验。因此，本研究的样本容量、信度效度和样本的分布状态都达到了建模的要求。

二　初始 SEM 模型构建

SEM 是一种综合运用多元回归分析、路径分析而形成的一种模型分析工具（李怀祖，2004）。传统的管理学研究着重采用问卷调查的数据采集方法，结构方程能够对传统回归的多重共线性等问题进行很好的解决和调整。结构方程可以为每个估计的参数值的适合程度进行显著性的检验，并且能够解释若干组观测变量协方差的潜变量检验（朱朝晖，2008）。

结构方程就是对模型的拟合性进行评价，主要包括研究者所提出的变量之间的模式是否与实际数据拟合以及拟合的程度如何。模型整体拟合优度指标主要由 4 类：绝对拟合优度指标（χ^2，χ^2/df，GFI，AGFI）、增量拟合优度指标（TLI，CFI）和近似误差指数（RMR 和 RMSEA）。参考前面的研究成果，本研究的就够方程拟合指标也采用前面验证性因子分析的指标 χ^2/df，RMSEA，TLI 和 CFI 四个拟合指标来判断拟合程度。

表 6-15　本研究结构方程采用的拟合判断指标

简称	指标名称	判断标准
χ^2/df	卡方值与自由度之比	<5（<3 更优）
RMSEA	近似误差均方根估计	<=0.1
TLI	Tucker-Lewis 指数	>=0.9
CFI	比较拟合优度指数	>=0.9

资料来源：根据黄芳铭（2005），伍蓓（2009）整理而成。

AMOS 4.0 的修正指标 MI 对于本研究拟合见过的修正将带来巨大的好处，它能够发现变量间的修正关系，增加残差之间的协方差。所以，我们在结构方程实证拟合的过程中也尽力拟合调整再拟合的过程，从而从建立变量之间的相互关系来消除路径的偏差，得到最优的拟合效果。

1. 社会创业动机与决策绩效的关系模型

利用 AMOS 对初始社会创业动机的结构与决策绩效的关系模型，拟合结果利用如表 6 - 16 和图 6 - 5 所示。χ^2 值为 862.146（自由度 454），χ^2/df 的值为 1.899，小于 2；CFI 和 TLI 都大于 0.9，；RMSEA 的值为 0.08，小于 0.1；各路径系数均在 $p < 0.05$，表示回归系数显著性不为 0。因此，社会创业动机结构对决策绩效的模型拟合指标在可接受范围内，模型拟合良好。

从表 6 - 16 中，我们可以发现，模型拟合的结果和前面验证性因子分析的结果保持一致，由于 C. R. 值都显著大于 1.96，所以社会正义、牺牲精神和公共政策制定以及公共利益承诺构成了利他动机，自我实现、风险不确定性和自我控制构成了利己动机。

从表 6 - 16 来看，C. R. 之都大于 1.96，表示参数估计的标准差都大于 0，模型基本符合拟合标准。其中利他动机对决策绩效的影响标准化路径系数为 0.478，同时 p 值有显著性（< 0.05），表明利他动机对决策绩效有显著的影响；但是利己动机对决策绩效的标准化路径系数为 0.246，p 值为 0.001，因此利己动机对决策绩效的影响显著可以接受，所以假设 S3 - H2 和 S3 - H1 都能得到支持。

表 6 - 16 社会创业动机结构与决策绩效关系的模型拟合情况（N = 243）

			标准化系数	路径系数	S. E.	C. R.	P
社会正义	←	利他	0.613	1.416	0.254	5.58	0
牺牲精神	←	利他	0.573	1.347	0.244	5.523	0
公共政策制定	←	利他	0.7	1.616	0.268	6.03	0
公共利益承诺	←	利他	0.84	1			
自我实现	←	利己	0.661	1			
风险不确定倾向	←	利己	0.568	0.863	0.153	5.644	0
自我控制	←	利己	0.82	1.012	0.164	6.156	0
决策绩效	←	利他	0.478	0.678	0.202	3.356	0.001
决策绩效	←	利己	0.246	0.126	0.198	2.212	0.002
卡方检验值 χ^2		862.146	比较拟合优度指数 CFI			0.925	
自由度 df		454	Tucker - Lewis 指数 TLI			0.912	
χ^2/df		1.899	近似误差均方根估计 RMSEA			0.08	

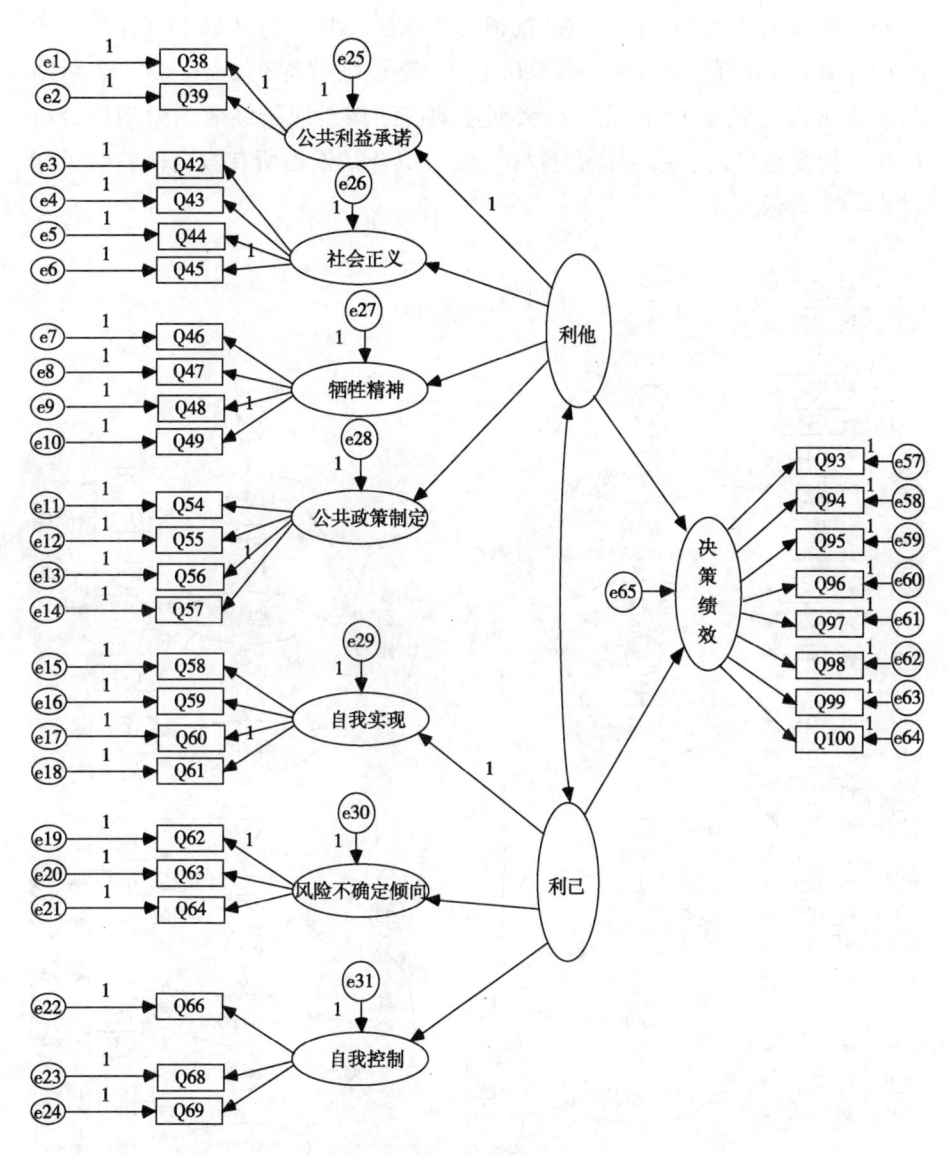

图 6-5 社会创业动机的结构与决策绩效的关系模型

2. 社会创业动机与机会识别的关系模型

利用 AMOS 对社会创业动机与机会识别的关系模型进行分析运算，拟合的初步结果不能令人满意，特别是路径"利己—社会性"和"利己—营利性"的 C.R. 值分别为 0.757 和 0.892，显著性小于 1.965，p 值分别为 0.449 和 0.372，显著性大于 0.05，表示回归系数非常显著为 0。因此在去除这两条路径之后重新进行拟合，得到表 6-18 和图 6-6。χ^2 值为

1490.139（自由度 763），χ^2/df 的值为 1.953，小于 2；CFI 和 TLI 都大于 0.9，RMSEA 的值为 0.08，小于 0.1；各路径系数均在 $p < 0.05$，表示回归系数显著性不为 0。因此，社会创业动机结构对决策绩效的模型拟合指标在可接受范围内，模型拟合良好。模型拟合结果与所有假设检验结果如表 6-17 所示。

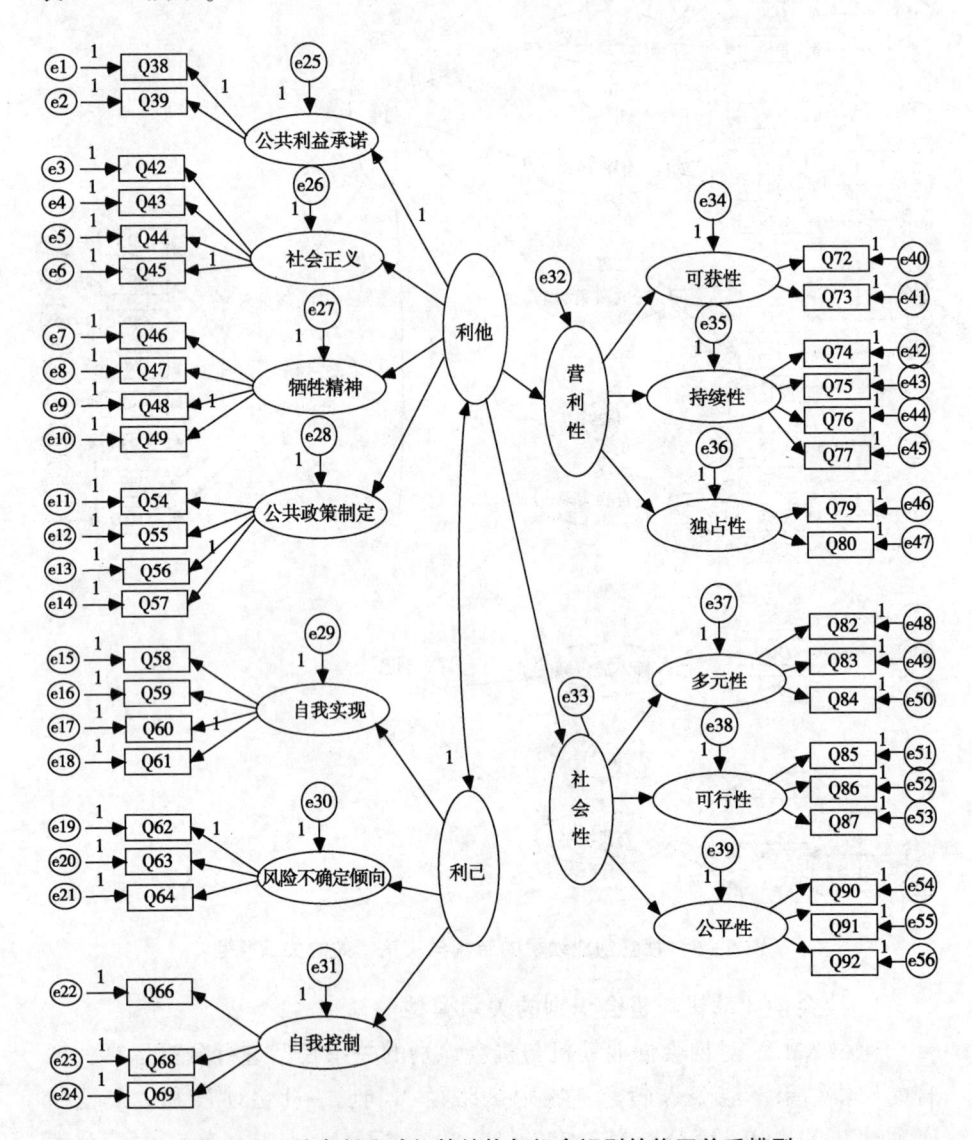

图 6-6 社会创业动机的结构与机会识别的修正关系模型

表 6 – 17　　社会创业动机与机会识别关系假设检验结果

研究假设	检验结果
假设 S1 – H1 利他动机对社会创业机会识别有正向影响	通过
S1 – H1a 利他动机对社会性识别有正向影响	通过
S1 – H1b 利他动机对营利性识别有正向影响	通过
假设 S1 – H2 利己动机对社会创业机会识别有正向影响	未通过
S1 – H2a 利己动机对社会性识别有正向影响	未通过
S1 – H2b 利己动机对营利性识别有正向影响	未通过

表 6 – 18　　社会创业动机结构与机会识别关系的修正模型拟合情况（N = 243）

			标准化系数	路径系数	S. E.	C. R.	P
营利性	←	利他	0.832	2.653	0.509	5.208	0
社会性	←	利他	0.943	2.864	0.53	5.405	0
社会正义	←	利他	0.496	1.55	0.345	4.488	0
牺牲精神	←	利他	0.489	1.559	0.344	4.536	0
公共政策制定	←	利他	0.593	1.851	0.379	4.881	0
公共利益承诺	←	利他	0.619	1			
自我实现	←	利己	0.583	1			
风险不确定倾向	←	利己	0.47	0.81	0.165	4.908	0
自我控制	←	利己	0.933	1.329	0.228	5.828	0
卡方检验值 χ^2		1490.139	比较拟合优度指数 CFI			0.916	
自由度 df		763	Tucker – Lewis 指数 TLI			0.902	
χ^2/df		1.953	近似误差均方根估计 RMSEA			0.08	

3. 社会创业机会识别与决策绩效的关系模型

利用 AMOS 对社会创业机会识别与决策绩效的关系模型进行分析运算，拟合的初步结果如表 6 – 19 和图 6 – 7 所示。χ^2 值为 501.693（自由度 267），χ^2/df 的值为 1.879，小于 2；CFI 和 TLI 都大于 0.9；RMSEA 的值为 0.09，小于 0.1；各路径系数均在 $p < 0.05$，表示回归系数显著性不为 0。因此，社会创业机会识别结构对决策绩效的模型拟合指标在可接受范围内，模型拟合良好。

表 6-19　社会创业动机会识别与决策绩效关系的模型拟合情况（N=243）

			标准化系数	路径系数	S.E.	C.R.	P
可获性	←	营利性	0.934	1.015	0.08	12.704	0
独占性	←	营利性	0.821	1			
公平性	←	社会性	0.927	1			
持续性	←	营利性	0.878	1.19	0.097	12.236	0
多元性	←	社会性	0.95	1.072	0.078	13.686	0
可行性	←	社会性	0.944	1.075	0.081	13.264	0
决策绩效	←	社会性	0.408	0.244	0.045	5.434	0
决策绩效	←	营利性	0.334	0.185	0.04	4.638	0
卡方检验值 χ^2		501.693	比较拟合优度指数 CFI			0.93	
自由度 df		267	Tucker-Lewis 指数 TLI			0.923	
χ^2/df		1.879	近似误差均方根估计 RMSEA			0.09	

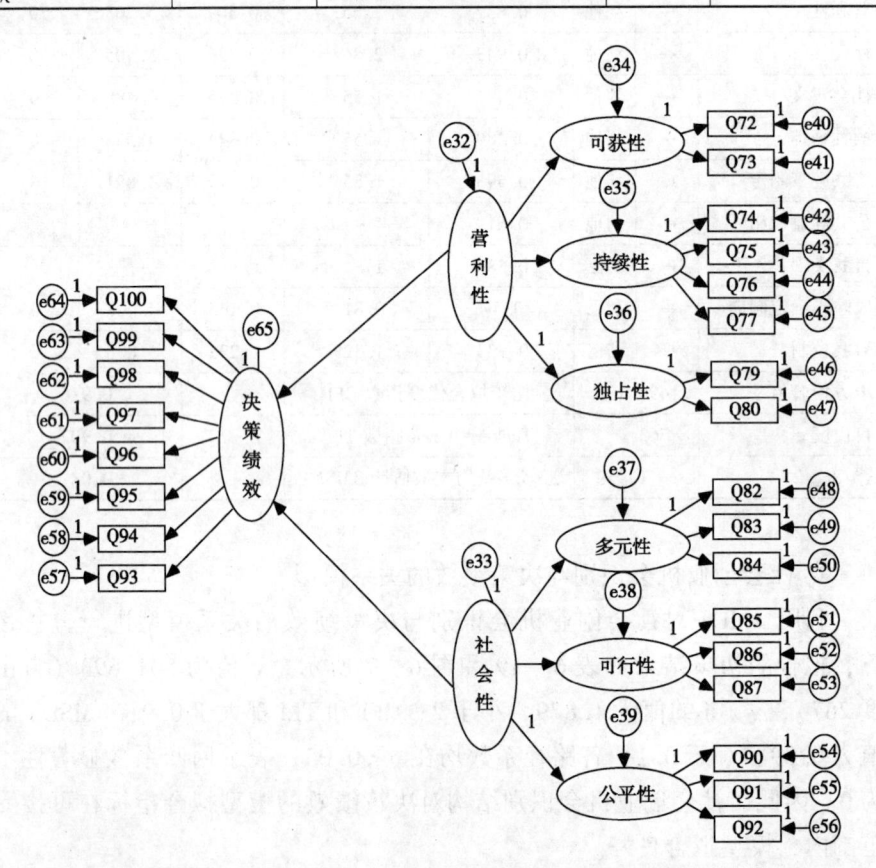

图 6-7　社会创业机会识别与决策绩效的关系模型

从模型拟合的结果来看，C. R. 值都大于1.96表示参数估计的标准差都大于0，模型基本符合拟合标准。其中营利性对决策绩效的影响标准化路径系数为0.334，同时p值有显著性（<0.05），表明营利性对决策绩效有显著的影响；社会性对决策绩效的标准化路径系数为0.408，同时p值有显著性（<0.05），因此社会性对决策绩效的影响显著可以接受，所以假设S2－H1（社会性识别对社会创业决策绩效有正向影响）和S2－H2（营利性识别对社会创业决策绩效有正向影响）都得到支持。

从初始结构方程模型构建的情况来看，利他动机对决策绩效有正向影响（0.478）和利己动机对决策绩效也有正向影响（0.246），但是利己动机对机会识别却没有显著性的影响，这说明利己动机对决策绩效直接产生影响，而没有通过机会识别来产生作用，因此初步结果显示在利己动机上，整体应该是一个部分中介模型，但是由于利他动机是否部分中介还不清楚，因此需要全模型的拟合才能得出结论，但是初步结论是S4－H1假设不予支持。

三 整体模型初步拟合

在验证完社会创业动机、社会创业机会识别和社会创业决策绩效的两两关系之后，本研究将对模型进行整体的拟合和检验。基于图6－1所构建的概念模型如图6－8所示。

该模型通过24个外生显变量测量对（二阶的）一级外生潜变量（利他动机和利己动机）进行测量，设置16个内生显变量对（二阶的）一级内生潜变量（营利性识别和社会性识别）进行测量，并且设置8个内生显变量对一级内生潜变量（社会创业决策绩效）进行测量。此外模型还有8个控制变量（主要是社会企业家的个人基本特征和创业基本特征），由于模型的复杂性，在结构方程的总模型中对这8个控制变量选择暂时不考虑。

表6－20　　社会创业决策机制的全模型拟合情况（N=243）

			标准化系数	路径系数	S. E.	C. R.	P
营利性	←	利他	0.144	0.607	0.28	2.907	0.003
社会性	←	利他	0.228	0.714	0.253	2.985	0.005
营利性	←	利己	0.645	0.608	0.359	0.828	0.407

续表

			标准化系数	路径系数	S. E.	C. R.	P
社会性	←	利己	0.545	0.587	0.332	0.875	0.382
社会正义	←	利他	0.548	1.431	0.28	5.119	0
牺牲精神	←	利他	0.536	1.426	0.276	5.171	0
公共政策制定	←	利他	0.679	1.772	0.31	5.72	0
公共利益承诺	←	利他	0.756	1			
自我实现	←	利己	0.529	1			
风险不确定倾向	←	利己	0.458	0.875	0.187	4.671	0
自我控制	←	利己	0.795	1.194	0.209	5.711	0
可获性	←	营利性	0.975	0.964	0.072	13.343	0
持续性	←	营利性	0.889	1.178	0.092	12.737	0
独占性	←	营利性	0.837	1			
多元性	←	社会性	0.946	1.045	0.073	14.375	0
可行性	←	社会性	0.916	1.023	0.076	13.49	0
公平性	←	社会性	0.948	1			
决策绩效	←	营利性	0.187	0.111	0.076	2.458	0
决策绩效	←	社会性	0.482	0.308	0.086	3.591	0
卡方检验值 χ^2		2221.749	比较拟合优度指数 CFI			0.816	
自由度 df		1107	Tucker-Lewis 指数 TLI			0.827	
χ^2/df		2.007	近似误差均方根估计 RMSEA			0.097	

AMOS 4.0 对初始社会创业决策机制的全模型进行了运算和分析，得出结果如表 6-20 所示。χ^2 值为 2221.749（自由度 1107），χ^2/df 的值为 2.007，大于 2，未通过检验；CFI 为 0.816，TLI 为 0.827 都小于 0.9，也未通过检验；RMSEA 的值为 0.097，小于 0.1，通过检验。因此，从整体来看初始的社会创业决策机制的全模型拟合模型不能通过检验。

四 整体模型修正与中介效应分析

初步模型未拟合成功是常见现象，可以通过模型修正来产生较为满意的结果。Amos 所计算的修正指数（Modification Index）可以提供 χ^2 拟合指数减少的有用信息。最常用的办法就是去掉最大修正指数的路径，然后再观察新模型的拟合情况。

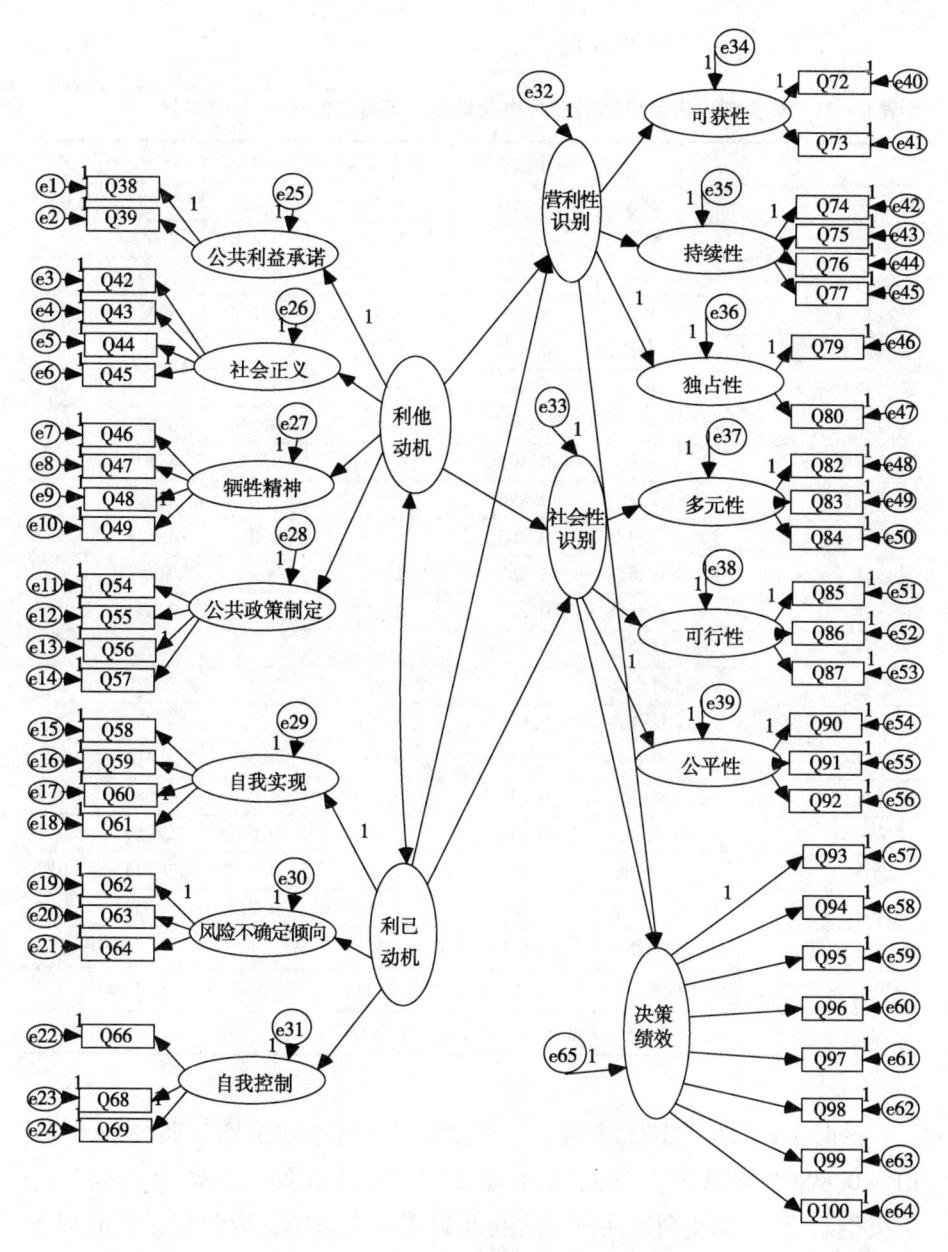

图6-8 社会创业决策机制的全模型

1. 部分中介修正模型检验

表6-21 社会创业决策机制的部分中介模型修正拟合情况（N=243）

			标准化系数	路径系数	S. E.	C. R.	P
社会性	←	利他	0.966	1.846	0.255	7.233	0
营利性	←	利他	0.843	1.966	0.278	7.058	0
社会正义	←	利他	0.486	0.934	0.175	5.35	0
牺牲精神	←	利他	0.475	0.93	0.172	5.395	0
公共政策制定	←	利他	0.524	1			
公共利益承诺	←	利他	0.582	0.596	0.107	5.577	0
自我实现	←	利己	0.6	0.839	0.139	6.02	0
风险不确定倾向	←	利己	0.505	0.704	0.137	5.128	0
自我控制	←	利己	0.886	1			
可获性	←	营利性	0.985	0.826	0.057	14.618	0
持续性	←	营利性	0.885	1			
独占性	←	营利性	0.837	0.851	0.067	12.643	0
多元性	←	社会性	0.938	1			
可行性	←	社会性	0.92	0.989	0.073	13.522	0
公平性	←	社会性	0.956	0.974	0.068	14.27	0
决策绩效	←	营利性	0.259	0.132	0.057	2.318	0.01
决策绩效	←	社会性	0.211	0.131	0.078	1.989	0.016
决策绩效	←	利己	0.313	0.287	0.097	2.969	0.003
社会性	←	利他	0.966	1.846	0.255	7.233	0
营利性	←	利他	0.843	1.966	0.278	7.058	0
卡方检验值 χ^2		2193.425	比较拟合优度指数 CFI			0.901	
自由度 df		1105	Tucker–Lewis 指数 TLI			0.909	
χ^2/df		1.985	近似误差均方根估计 RMSEA			0.081	

根据表6-20的情况来看，"利己动机—营利性识别"路径的 C. R. 值为0.828显著低于1.965，而且该路径的标准化回归系数为0.407（p值很不显著），说明利己动机对营利性识别没有影响，因此修正的时候把这条路径删除，再拟合；"利己—社会性识别"路径的 C. R. 值为0.875显著低于1.965，而且该路径的标准化回归系数为0.382（p值很不显著），说明利己动机对营利性识别没有影响，因此修正的时候也把这条路径删除，再拟合。由于卡方自由度比与2相差不大，因此根据 MI 修正指数，增加某些无常项之后的路径，从而使整个模型的拟合指数达到要求，

从而拟合指数达到要求（修正后模型如图 6 - 9 所示）。

由于在前面的初步模型研究中，我们发现利己动机对决策绩效具有影响，但是不通过机会识别的中介作用，因此我们在全模型修正的过程中把利己变量对决策绩效的影响放了进去。

修正后的模型 χ^2 值为 2193.425（自由度 1105），χ^2/df 的值为 1.985，小于 2，通过检验；CFI 为 0.901，TLI 为 0.909 都正好大于 0.9，通过检验；RMSEA 的值为 0.081，小于 0.1，通过检验。因此，部分中介作用的修正后模型通过了检验。

2. 全中介修正模型检验

为了验证机会识别究竟是部分中介还是全中介作用，接下去本研究还对全中介模型进行了检验。

表 6 - 22　社会创业决策机制的全中介模型修正拟合情况（N = 243）

			标准化系数	路径系数	S. E.	C. R.	P
社会性	←	利他	0.98	1.841	0.251	7.339	0
营利性	←	利他	0.839	1.933	0.27	7.16	0
社会正义	←	利他	0.48	0.912	0.17	5.371	0
牺牲精神	←	利他	0.472	0.914	0.168	5.441	0
公共政策制定	←	利他	0.53	1			
公共利益承诺	←	利他	0.573	0.578	0.104	5.539	0
自我实现	←	利己	0.587	0.774	0.133	5.822	0
风险不确定倾向	←	利己	0.461	0.609	0.127	4.786	0
自我控制	←	利己	0.923	1			
可获性	←	营利性	0.956	0.825	0.056	14.641	0
持续性	←	营利性	0.886	1			
独占性	←	营利性	0.835	0.849	0.067	12.636	0
多元性	←	社会性	0.932	1			
可行性	←	社会性	0.915	0.989	0.074	13.39	0
公平性	←	社会性	0.959	0.981	0.069	14.24	0
决策绩效	←	营利性	0.218	0.11	0.059	1.98	0.041
决策绩效	←	社会性	0.464	0.288	0.076	3.799	0
社会性	←	利他	0.98	1.841	0.251	7.339	0
营利性	←	利他	0.839	1.933	0.27	7.16	0
卡方检验值 χ^2		2203.152	比较拟合优度指数 CFI		0.894		
自由度 df		1106	Tucker – Lewis 指数 TLI		0.902		
χ^2/df		1.992	近似误差均方根估计 RMSEA		0.081		

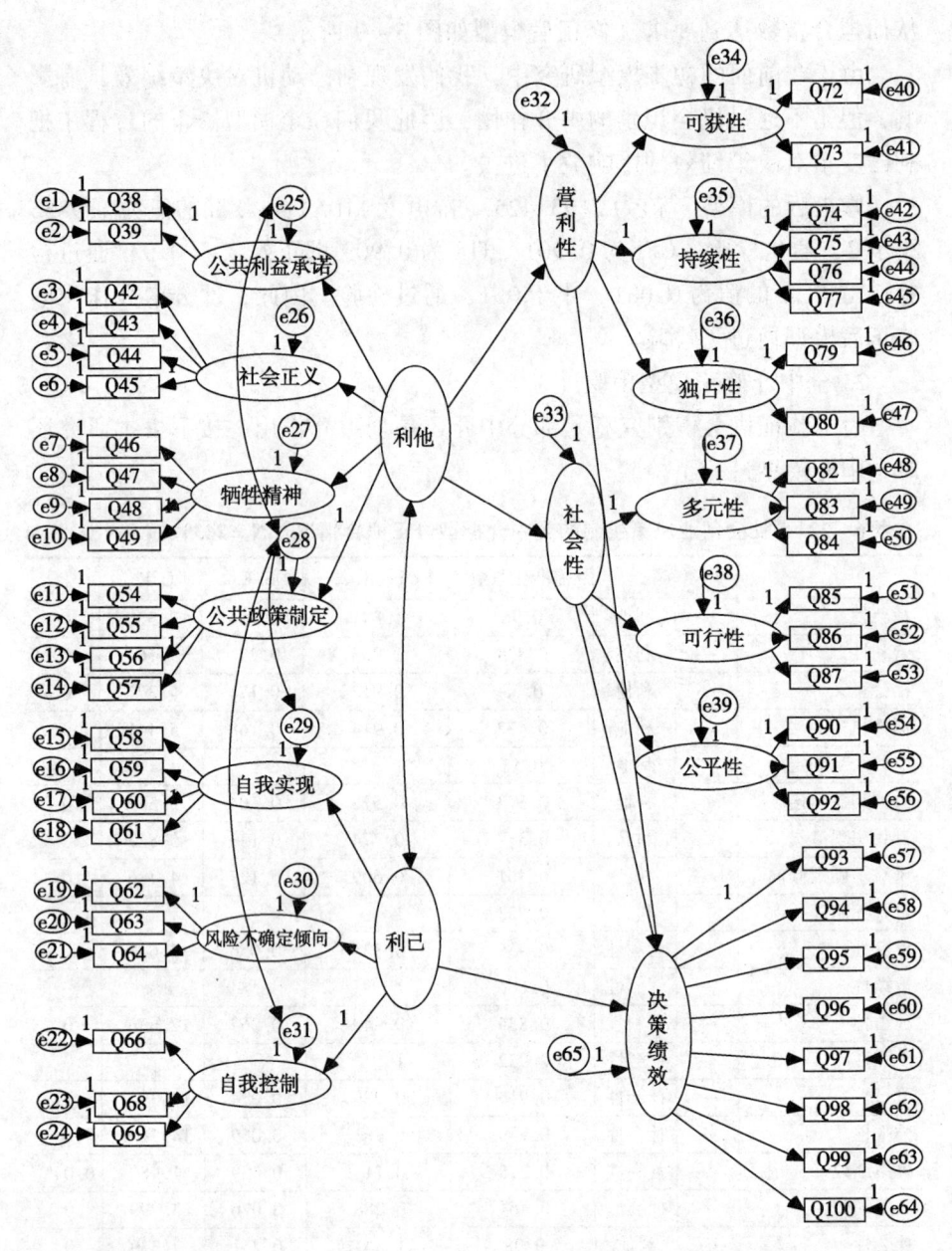

图 6-9 社会创业决策机制的部分中介修正全模型

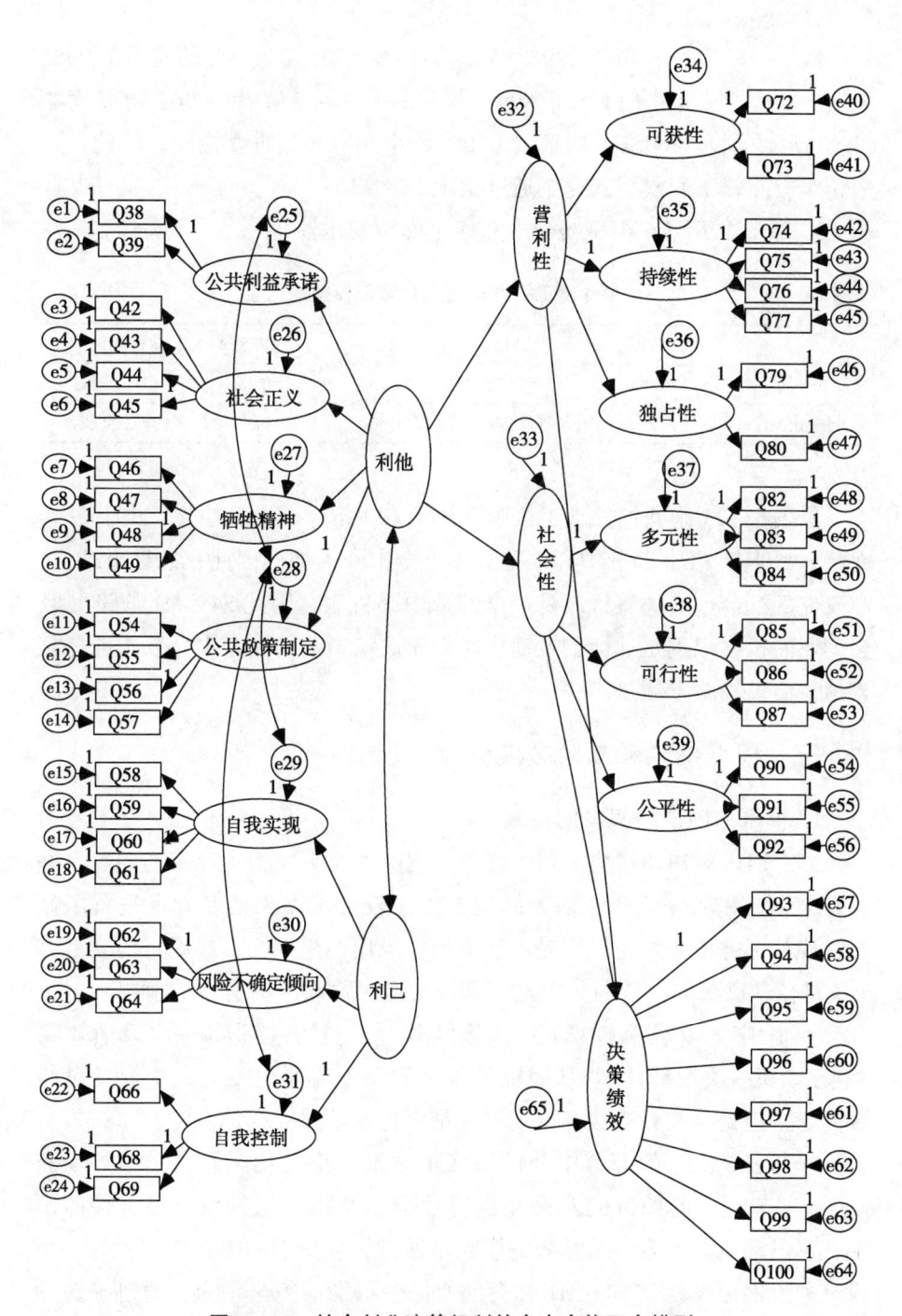

图 6-10 社会创业决策机制的全中介修正全模型

修正后的模型 χ^2 值为 2203.152（自由度 1106），χ^2/df 的值为 1.992，小于 2，通过检验；CFI 为 0.894，未通过检验；TLI 为 0.902 刚好大于 0.9，通过检验；RMSEA 的值为 0.081，小于 0.1，通过检验。因此，全中介作用的修正后模型未完全通过检验。

3. 部分中介修正模型与全中介修正模型的比较

表 6-23　　　　部分中介修正模型与全中介修正模型的比较

	χ^2/df	CFI	TLI	RMSEA	检验结果
部分中介模型	1.985	0.901	0.909	0.081	完全通过
全中介模型	1.992	0.894	0.902	0.081	未完全通过

从表 6-23 中我们发现，全中介模型 CFI 指标未通过检验，小于 0.9，而且 χ^2/df 值、TLI 部分中介模型都优于全中介模型，因此我们得出结论，本研究的社会创业决策机制是一个部分中介机制，因此 S4-H1 假设（社会创业的机会识别是社会创业动机对创业决策影响的完全中介）未能得到支持，假设检验未通过。

五　模型确认和二阶效应分解

1. 模型的确认与假设的检验

以上通过对初始结构方程的修正，解决了原来模型中存在的问题，并且在全中介和部分中介在初始结构方程比较分析结果的基础上进行了修正，确认部分中介修正模型是本研究最后采用的模型。最终确定的模型有 5 条路径是显著的，它们分别是"利他动机—营利性识别"、"利己动机—社会性识别"、"营利性识别—决策绩效"、"社会性识别—决策绩效"、"利己动机—决策绩效"。从研究结果来看，不管是自变量、中介变量与因变量，还是自变量直接与因变量，都有这 5 条路径。

根据表 6-21 的部分中介模型修正结果，我们发现假设 s1-H1a 和 s1-H2a 未通过的原因是利己动机对社会创业机会识别没有显著性的影响，利己动机对社会决策绩效的影响不通过机会识别的中介作用；另一个没有通过的假设就是 S4-H1 社会创业机会识别的完全中介，通过模型的拟合，我们发现，机会识别不是完全中介，对于利己动机来说，这就是一个部分中介的作用机制。

2. 二阶效应分解

为了更进一步说明概念模型的所有路径的全部影响，本研究又进行了效应分解，确认模型的直接、间接和总影响（effect）的显著性关系。从总效应的分解来看，利他动机对营利性和社会性的识别影响非常强烈，而营利性和社会性对决策绩效的影响也达到了较为显著的水平，因此利他动机对决策绩效的总影响还是非常可观的达到 0.423。总影响的 Amos 输出结果显示，机会识别的营利性和社会性是利他动机对决策绩效的中介变量，而利己动机则直接影响决策绩效。通过影响的分解，再一次验证了利他动机和利己动机以及社会创业机会识别的与社会创业决策的关联性，解释了社会产业决策机制的机理。

表 6-24　　各变量对社会创业决策绩效的影响汇总

路径	直接影响	间接影响	总影响
利他动机——营利性	0.843	0	0.843
利他动机——社会性	0.966	0	0.966
营利性　——决策绩效	0.259	0	0.259
社会性　——决策绩效	0.211	0	0.211
利他动机——决策绩效	0	0.423	0.423
利己动机——决策绩效	0.313	0	0.313

说明：标准数据未标准化效应，从 AMOS 的模型拟合分析结果中输出。

通过这一节模型确认和效应分解的双重分析，我们进一步确认了社会创业动机对社会创业决策的影响机制，以及社会创业机会识别的部分中介作用机制，在这个机制过程中我们暂且只讨论一阶的收敛指标，而不具体探讨一阶指标的关系，在下一个部分的研究当中我们将较为细致地探讨一阶指标的关系并最终得出一阶指标的全模型，这部分的模型拟合侧重对二阶的全模型拟合，侧重提出总体的逻辑和路径关系，只有确定了总体的逻辑和路径关系，才能对具体的一阶指标进行更为具体的探讨和分析，因此绘制图 6-11 社会创业决策机制的路径图作为总体二阶指标的分析结论。

六　模型的一阶效应分解

为了更进一步在图 6-11 的基础上探寻一阶因子之间的关系，更为细致地解析它们之间的逻辑和路径，这里我们将继续进行讨论。由于已经采

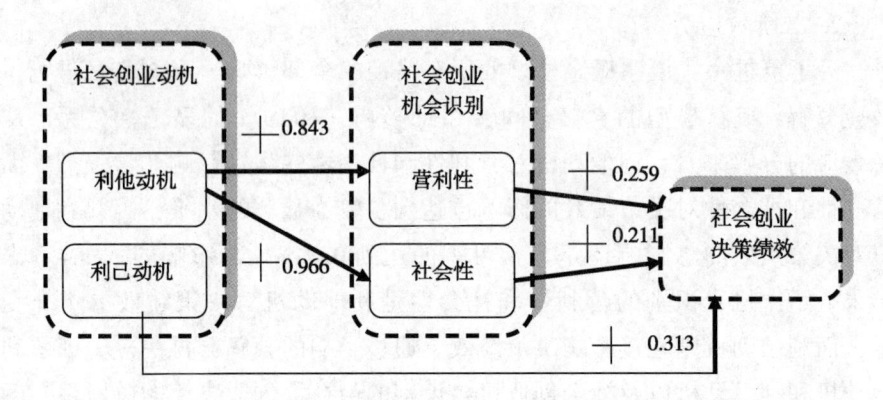

图 6-11 社会创业决策机制的二阶指标整体模型路径权重

用结构方程（SEM）验证了总体模型中利他动机与营利性识别的二阶影响因素之间的关系，接下去我们就用 SPSS 11.5 的多元线性回归进一步分析一阶因素之间的具体关系，并进行比较、分析和探讨。

Durbin - Watson 是检验自相关的重要指标，指标显示越接近 2，越没有自相关（2002）。多重共线性问题也是多元回归的一个重要检验，但是由于在前面使用结构方程的时候，已经通过结构方程检验和排除了多重共线性，因此这里就不做检验。

1. 利他动机对社会创业机会识别的一阶影响

利他动机对营利性识别的一阶影响机制，实际上判断的就是利他动机对机会识别营利性的影响，以营利性识别的三个一阶指标分布为因变量，利他动机的四个指标分别为自变量进行多元回归进行分析。

表 6-25　利他动机对营利性识别影响的一阶多元回归（N=243）

		可获性	持续性	独占性
利他动机	公共利益承诺	0.182**	0.119	0.097
	社会正义	0.103	0.124	0.155*
	牺牲精神	0.071	0.017	0.070
	公共政策制定	0.248***	0.228**	0.202**
	Durbin - Watson	2.177	1.979	2.027
	F	15.763***	9.858***	10.762***
	Adj. R^2	0.196	0.128	0.139

说明：* $p<0.05$，** $p<0.01$，*** $p<0.001$。

第六章 社会创业动机、机会识别与创业的决策机制研究

利他动机对社会性识别的一阶影响机制，实际上判断的就是利他动机对机会识别社会性的影响，以社会性识别的三个一阶指标分布为因变量，利他动机的四个指标分别为自变量进行多元回归进行分析。

表 6-26 利他动机对社会性识别影响的一阶多元回归（N=243）

		多元性	可行性	公平性
利他动机	公共利益承诺	0.179**	0.061	0.063
	社会正义	0.086	0.196**	0.155**
	牺牲精神	0.159*	0.153*	0.239***
	公共政策制定	0.161*	0.261***	0.381***
	Durbin–Watson	1.824	1.801	1.951
	F	13.526***	20.089***	40.219***
	Adj. R^2	0.172	0.240	0.393

说明：* $p<0.05$，** $p<0.01$，*** $p<0.001$。

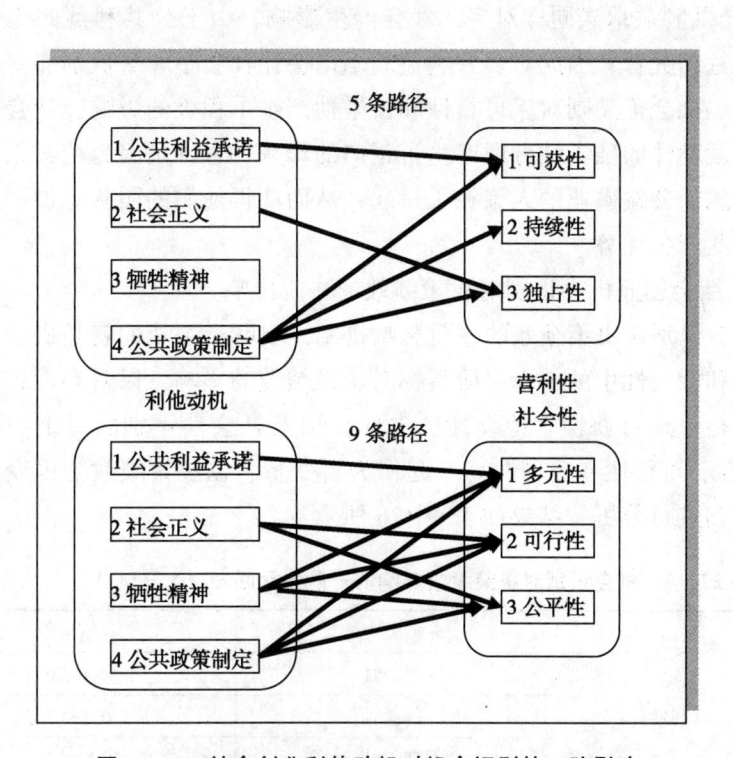

图 6-12 社会创业利他动机对机会识别的一阶影响

从图 6-12 中，我们可以显著地发现利他动机对机会识别一阶影响机

制。我们粗略地梳理一下发现,公正政策制定是唯一对所有机会识别一阶维度都有影响的利他动机,这说明在中国社会创业要识别一个很好的社会创业机会,改变公共政策的动机影响非常强烈;反过来说正因为中国的公共政策制定问题存在大量的缺陷,导致每一个创业机会的特征维度都有改变当前公共政策的前因,这确实是当前中国社会的一个显著的问题。牺牲精神对机会营利性的识别没有一点影响,而对社会性三个维度的识别都有显著影响,说明牺牲精神是一个发现社会问题的重要个体动机因素,如果没有牺牲精神,不愿意把自己的利益让渡给别人,他的关注点就会侧重自己的利益,而不是公共的利益,因此具有牺牲精神就会对社会性的识别产生影响。对公共利益的承诺,我们发现对营利可获性具有影响,因为他对公共利益有所承诺,因此知道要社会创业成功就必须有营利,那么他首先关注的就一定是营利是否可以获得,对于持续性和独占性的影响就没有(对这两个因素影响最大的还是公共政策制定,这充分体现了中国的国情),公共利益承诺同样对多元性会产生影响,由于公共利益的主体是所有的利益相关者,因此对公共利益的承诺会让社会企业家识别那些多元化的机会。社会正义则对于可行性和公平性产生了积极的影响,社会正义感同样对营利性的独占性方面产生了正向的影响,也许是因为社会正义感让一群有志于公益事业的人聚在了一起,从而使得他们团队更加一致和敬业,因此产生优势。

2. 社会创业机会识别对决策绩效的一阶影响

机会识别对决策绩效的一阶影响机制,实际上判断的就是机会识别的营利性和社会性中的 6 个一阶指标对决策绩效的影响,以营利性识别的三个一阶指标(可获性、持续性独占性)以及社会性识别的三个一阶指标(多元性、可行性和公平性)一起作为自变量,以决策绩效为因变量进行多元回归进行分析,结果如表 6 – 26 所示。

表 6 – 27　　机会识别对决策绩效影响的一阶多元回归（N = 243）

		决策绩效
	可获性	– 0.20
营利性	持续性	0.164 *
	独占性	0.391 ***

第六章　社会创业动机、机会识别与创业的决策机制研究

续表

		决策绩效
社会性	多元性	0.190*
	可行性	0.162*
	公平性	0.256**
Durbin – Watson		1.835
F		31.390***
Adj. R^2		0.430

说明：* $p < 0.05$，** $p < 0.01$，*** $p < 0.001$。

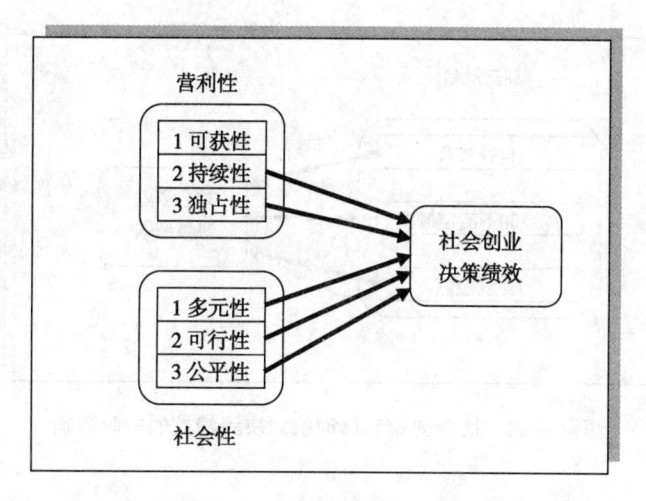

图 6 – 13　社会创业机会识别对决策绩效的一阶影响

从图 6 – 13 中，我们发现除了可获性对决策绩效没有影响之外，其他都对社会创业决策绩效有显著的影响。可获性识别的提高并不能显著提高决策的绩效，因为可获性只是一种状态，只要可以获得营利就可以了，而决定获得多少的是持续性和独占性，这点从结果上来看完全符合先前的逻辑；而社会性中的多元性、公平性和可行性都会显著影响到社会创业的决策绩效。

3. 社会创业利己动机对决策绩效的一阶影响机制

社会创业利己动机对决策绩效的一阶影响机制，实际上判断的就是利己动机的三个维度（自我实现、风险和不确定倾向和自我控制）对决策绩效的影响，以这三个维度作为自变量，以决策绩效为因变量进行多元回归进行分析，结果如表 6 – 27 所示。

表6-28　利己动机对决策绩效影响的一阶多元回归（N=243）

利己动机		决策绩效
	自我实现	-0.05*
	风险和不确定倾向	0.228***
	自我控制	0.432***
Durbin-Watson		1.741
F		24.483***
Adj. R^2		0.218

说明：* $p<0.05$，*** $p<0.001$。

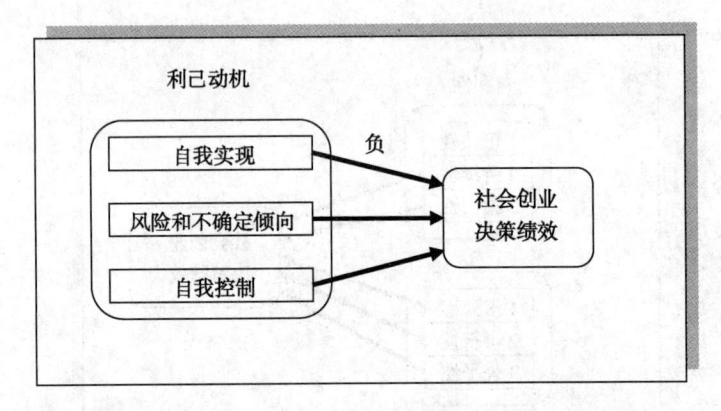

图6-14　社会创业利己动机对决策绩效的一阶影响

从图6-14可以看出，三个利己动机都对社会创业决策绩效有显著影响，但是自我实现的影响是负的，这也就是说自我实现越强烈决策绩效越差。实际上对于一个社会企业家来说，追求的往往是社会整体利益的实现，而不是单纯的自我实现，如果自我实现欲望很强，实际上他就不会选择社会创业了，这一点实际上在第五章已经进行了分析和研究。作为创业的一种，风险和不确定性始终存在，因此对于社会企业家来说，"风险越大收益越大"的定理同样成立，自我控制倾向越强的决策绩效也越高，这说明那些自我控制欲望强的人会主动去争取资源，去主动改善，因此一定比自我控制能力弱的人更加能够获得社会创业的成功。

第六节 分析与讨论

本章首先运用探索性和验证性因子分析,验证了社会创业的动机、机会识别和决策绩效的维度和结构,并在此基础上,进一步采用结构方程(SEM)工具 AMOS 4.0 对社会创业动机对创业决策的影响机制及机会识别的中介作用进行了机制和路径分析,对前文提出的假设进行了验证并且得出了许多有趣的结论。

一 社会创业动机与创业过程关系的讨论

从我们的分析结果来看,社会企业家的动机显著影响他们的创业行为过程和认知,但是我们的研究发现,社会创业动机在创业过程中呈现出差异性,这种差异性主要体现在创业不同过程、不同动机的作用上。我们的研究结果显示,社会创业的利他动机与利己动机共同构成了社会创业动机,但是利他动机却在机会识别的时候就显示出了强烈的作用,结合第五章的研究结果,我们发现商业企业家和社会企业家的差别就在于动机结构中的利他动机,是利他动机让社会企业家选择了社会创业,而这个动机也是社会创业机会识别的前因,换句话说,利他动机驱使社会创业的机会识别,而利己动机在这个时候还没有发挥作用,而当看到了机会之后,利己动机的三个维度自我实现、自我控制和风险倾向才驱动了创业的决策本身,因此我们的研究结果显示社会创业动机在创业过程中呈现出不同的作用。在结合第五章研究得出的结论:利己动机和利他动机更趋向平衡的创业者倾向选择社会创业,而利他动机显著小于利己动机的创业者倾向选择商业创业。

Shane(2003)提出了迄今为止最为全面的创业动机与创业过程的模型,他认为与创业过程中,创业动机对每一个创业过程都有影响,但他仅仅提出商业创业中具有的自我实现、自我控制、风险和不确定倾向以及任务导向的自我效能这些动机构成了创业动机,但是对于在每一个创业阶段究竟哪种动机会占到主导地位对创业过程中的认知和行为产生影响,并没有说明。本研究特别在社会创业领域拓展了 Shane(2003)提出的动机与创业过程关系的理论,将动机分为利他和利己动机,并且对不同的创业过程中什么动机起作用进行了更为细致的分析。

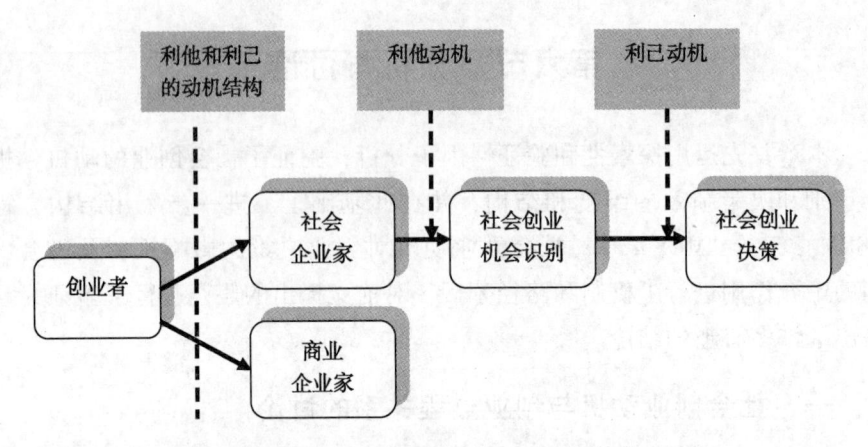

图 6-15　社会创业动机与社会创业过程的关系示意

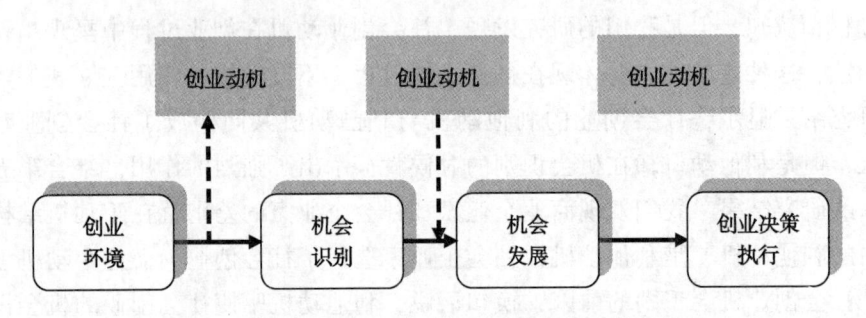

图 6-16　Shane（2003）创业动机与创业过程关系

综上所述，结合第五章的研究，在社会创业动机和创业过程的关系上我们得出四个结论：（1）动机的结构决定了创业者是选择社会创业还是选择商业创业，利己动机和利他动机更趋向平衡的创业者倾向选择社会创业，而利他动机显著小于利己动机的创业者倾向选择商业创业；（2）选择社会创业以后，利他动机在机会识别是产生显著作用，实际上对公共利益的承诺、社会正义感、牺牲精神和公共政策制定才是社会企业家发现和识别机会的动力；（3）识别机会以后，社会企业家的利己动机在决策行为的过程中产生了非常积极的作用，自我实现、自我控制欲望和风险倾向最终促使社会企业家做出创业的决策并产生创业效果，反过来说，利己动机并不能帮助社会企业家去识别社会创业机会；（4）本研究很好地验证了社会创业的决策过程机制"社会创业动机—机会识别—创业决策"模型。

二 利他动机通过机会识别影响社会创业决策的讨论

在我们的结构分析中，利他动机对机会识别有显著性的驱动作用，正是利他动机的存在驱使社会企业家去识别社会创业的机会，才能发现究竟社会在哪些地方不公平，社会在哪些地方有公共利益的缺失，本章的研究并未对构成利他动机的四个维度如何影响机会识别做一阶分析（这个研究将在下一章中进行），但是本章研究的结果却很明显地将这四个维度构成的利他动机作为主要的社会创业机会识别的驱动因素。

而社会创业的机会识别特征维度包括个：社会性和营利性。这两个因素来源于社会创业机会的"双重底线"（Dees，1998；Reis，1999；Mort et al.，2002；Mair & Marti，2006a；Peredo & McLean，2006；Martin & Osberg，2007）。社会创业利己动机对营利性识别和社会性识别的双重正向关系证明了社会创业机会必须具有"双重底线"，只有同时符合这两个特征的才是一个很好的创业机会。一方面利他动机显著性地驱使社会企业家去识别创业机会的社会性；另一方面利他动机也显著性地驱使社会企业家去识别社会创业机会的营利性，因为他们知道如果没有营利能力的支持，仅仅依赖慈善捐款（在中国只有国务院指定的非营利组织才能公开接受捐款）这种资源是难以为继的，因此他们在识别机会同时也特别注重对营利性的识别。因此，我们发现利他动机对社会创业机会的营利性和社会性识别具有较强的驱动力。

社会创业的利己动机对社会创业的机会识别没有显著性影响，而是对决策绩效有显著性影响。实际上，自我实现对社会创业的机会识别确实没有显著的影响，因为看到机会是不需要自我实现驱动的，而真正要去做这个决定的时候才需要自我实现去驱动，同样的情况也发生在自我控制和风险倾向上，这两点就更加突出，机会识别是一个内在的心理过程，不存在行为的自我控制程度和行为的风险偏好问题，实际上这三个利己动机都是直接指向创业行为的动机，所以对于机会识别就没有显著的影响。只有真正决定开始创业了，这三个利他动机才开始起作用。

（1）公共政策制定动机对所有机会识别维度的显著性作用

研究结果显示，公共政策制定作为一个非常重要的动机对每一个机会识别维度都产生作用充分说明，社会企业家认为要进行有效的社会创业，在现行中国的社会体制中，改变公共服务提供的制度是一个非常重要的问题，因为社会需求的满足往往要改变某些制度。一方面，中国目前非营利组织登记制度（双重登记制度）大大限制了社会企业作为非营利组织进行正式登记和注册（社会创业和非营利组织的最终使命都是社会目的），而企业则由于受到税收和企业法等制度的激励，使企业就是一个主要追求经济利益的组织，所以这个制度是需要改变的。另一方面，在具体的创业项目中，公共政策制定和改变仍然是一个非常重要的因素，比如乐龄的老年人服务项目，他们的创业虽然在模式上并不成功，但是他们通过努力改变了北京市社区老年服务运营的模式，并且根本性地改变了社区老年服务的缺失，并且在制度上将组织嵌入到整个北京社区老年服务体系中去了，他们就是抱着一种改变养老院和居家养老两种并不理想的模式，而通过进入政府体系来在运作的一个项目，他们就是希望"走进政府再走出政府"。

（2）利他动机对社会性的识别还是强于对营利性的识别

从路径上来看，利他动机对社会性识别有 9 条路径，而对营利性识别仅有 5 条路径，这说明利他动机并不能很好地识别营利性的机会，实际上利他动机对营利性机会的识别缺失是天然性的，因为出于利他性的动机最关注的当然是公益的社会性，只有心中知道获取营利收入也同样重要的人才能识别营利性，这说明在某种程度上，社会企业家由于各种原因识别营利性的动机不强。这一方面可能是教育导致的，由于缺少社会创业专门的教育，因此来自其他各类专业的人能够看到社会机会，但是却无法识别机会的营利性；另一方面可能是由于创业初期社会企业家普遍没有预计到营利的重要性，往往许多社会企业家只有到了创业由于资源缺乏才开始关注营利性的识别。

（3）机会性作为机会营利性的状态特征对决策绩效没有影响

可获性识别的提高并不能显著提高决策的绩效，因为可获只是一种状态，只要可以获得营利就可以了，而决定获得的多少的是持续性和独占性，这点从结果上来看完全符合先前的逻辑；而社会性中的多元性、公平性和可行性都会显著影响到社会创业的决策绩效。

综上所述，利他动机对社会创业机会识别的驱动我们得出以下几个结论：（1）本研究很好地证明了社会创业机会的"双重底线"，一个很好的创业机会必须要同时具有社会性和营利性，因此社会性和营利性识别对决策绩效产生积极的影响；（2）本研究认为利他动机才是驱动机会识别的真正动因，利他的动机不仅能识别社会性，而且社会企业家往往认为如果没有很好的营利能力支撑，很难维持社会项目的运营，因此社会企业家的利他动机对社会性和营利性识别能够产生积极的影响；（3）改变公共政策成为影响机会识别进而影响决策绩效的关键利他动机。

三 利己动机直接影响社会创业决策绩效的讨论

社会创业的利己动机并没有通过机会识别对决策绩效产生影响，而是直接对社会创业决策绩效产生影响。这个结果实际上体现了利己动机的行为直接指向性。社会创业的自我实现、自我控制和风险倾向，实际上是对于创业行为而言的，机会识别是一个内在的心理过程，不存在通过行为自我实现、行为自我控制程度和行为的风险偏好问题，实际上这三个利己动机都是直接指向创业行为的动机。因此社会创业的利己动机三个维度形成的总体对于机会识别就没有显著的影响，这是很好理解的。只有真正决定开始创业了，这三个利他动机才开始起作用。这个部分的研究同样拓展和修正了 Shane（2003）的创业动机的理论，在他的理论中他认为自我实现、自我控制和风险倾向对每一个创业过程都有影响，在我们的研究中得出的结论不支持他的观点，我们认为不同的动机在不同的创业过程中起不同的作用，而这三个利己动机是直接指向行为的动机。同时，利己动机对社会创业决策绩效有正向影响也修正了许多学者对于社会企业家特质的一些看法，他们认为社会企业家是一个利他的载体（Dees，1998；Reis，1999；Mort et al.，2002；Mair & Marti，2006a；Peredo & McLean，2006），他们的创业行为就是一个利他的行为，而忽略了他们也有利己之心。

自我实现作为利己动机对决策绩效产生负向影响。由于自我实现是一个直接指向自我的利己动机，而这种动机对社会创业的影响可以说是显著负向的，自我实现越强烈，社会实现就会显著降低，在这一点上，风险和不确定倾向以及自我控制的利己性仍然会对社会创业决策绩效产生积极和正向的影响，因为自我控制越强烈，越善于通过积极的行为改变自我和社会，而风险倾向本身就体现出创业的高风险性。

综上所述，通过利己动机对社会创业决策绩效影响的分析，我们得出以下结论：（1）利己动机的三个维度都是直接指向行为的动机，无法通过机会识别的认知过程对决策绩效产生作用；（2）利己动机总体对社会创业决策能够产生正向的影响，这修正了许多传统的社会创业领域研究认为社会企业家是纯粹利他驱动的观点；（3）在利己中，自我实现与社会创业决策呈现反向关系；（4）通过本章研究，我们证明了有积极的社会影响力，SROI（社会投资回报）和社会责任的决策才是一个好的社会创业决策。

本章小结

本章在第五章研究商业企业家创业动机和社会企业家创业动机区别的基础上进一步深入研究社会创业动机对创业决策的影响机制及社会创业机会识别的中介作用。本研究通过 243 份社会企业家问卷，综合运用探索性因子分析和验证性因子分析以及结构方程建模等分析方法，深入探讨了社会创业动机、机会识别和决策绩效的维度和结构，并且挖掘了这三个变量的内在逻辑关系和机理路径。综合文献研究，探索性案例研究的成果，通过结构方程建模形成初始模型，并对模型进行修正，讨论了机会识别的中介作用并最后得出部分中介的结论。除了 3 个假设未通过以外，其余假设检验都通过了。另外，虽然我们对一阶指标之间的互相影响也在文中作了积极的讨论，但是我们更加关注模型的二阶整体逻辑，因此，如图 6 – 14 所示，利他动机通过营利性识别和社会性识别对决策绩效有正向影响，利己动机直接对决策绩效有正向影响，这个模型才是本章最终所得到的重要结论。

表 6 – 29　　　　　社会创业决策机制假设检验结果汇总

序号	研究假设	检验结果
假设 S1 – H1	利他动机对社会创业机会识别有正向影响	通过
S1 – H1a	利他动机对社会性识别有正向影响	通过
S1 – H1b	利他动机对营利性识别有正向影响	通过
假设 S1 – H2	利己动机对社会创业机会识别有正向影响	未通过
S1 – H2a	利己动机对社会性识别有正向影响	未通过
S1 – H2b	利己动机对营利性识别有正向影响	未通过
假设 S2 – H1	社会性识别对社会创业决策绩效有正向影响	通过
假设 S2 – H2	营利性识别对社会创业决策绩效有正向影响	通过
假设 S3 – H1	社会创业利他动机对创业决策绩效有正向影响	通过
假设 S3 – H2	社会创业利己动机对创业决策绩效有正向影响	通过
假设 S4 – H1	社会创业的机会识别是社会创业决策机制的完全中介	未通过

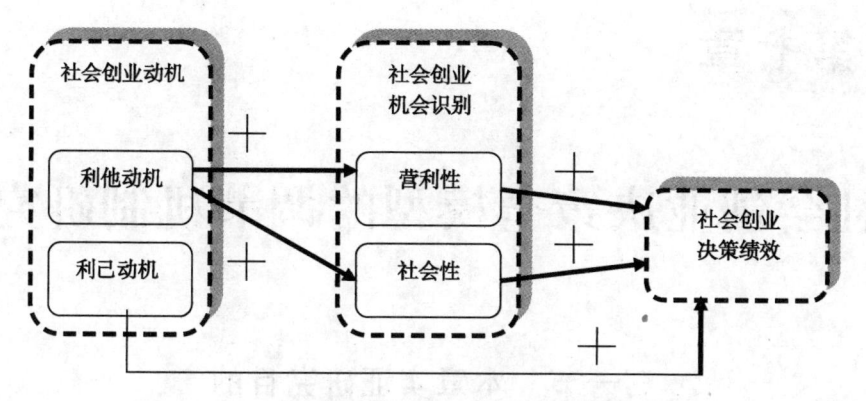

第六章 社会创业动机、机会识别与创业的决策机制研究

图 6-17 社会创业决策机制的二阶指标整体模型路径

第七章

社会创业决策全模型的调节机制研究

第一节 本章实证研究目的

在第六章的实证研究中,我们找到了社会创业动机通过机会识别对决策产生影响的部分中介全过程模型,我们的研究发现了两条关键的路径值,"利他动机—机会识别—决策绩效"和"利己动机—决策绩效",并且回答了一个重要的问题:一个良好的社会创业决策是如何形成的?那么本章的研究内容就与第六章形成一个较为紧密的逻辑关系:如何提高创业者的决策绩效?如果说动机是一个人的特质的话,那么要提升决策绩效就不能指望社会企业家自己去推动形成良好的创业决策,实际上影响创业机会正确识别的还有许多其他因素,这些因素能够显著地提升"动机对机会识别的影响",也有一些因素能够提升"机会识别对决策绩效的影响",本章将围绕如何提升创业决策绩效这一问题开展研究。

要回答上面提出的问题,首先要厘清还有哪些认知因素会影响到社会创业的机会识别。从以往的文献来看,创业敏感性是一个影响社会创业机会识别的重要因素(Arthur,2008)。Kirzner(1979)最早提出创业敏感性概念,他认为创业敏感性对于机会识别具有重要的作用,他认为创业警觉性是"一种注意到迄今尚未发掘的机会的能力,是一种激发人们大胆构想未来的倾向性"。Kaish(1991)认为敏感的实质就是把自己放在信息流(information flow)中,从而扩大遇见机会的概率。第二个影响创业机会识别的因素是创业的知识,所有的创业者都必须充分了解各类创业信息和其他参与者的信息,并对其他参与者的策略做出判断(Kirzner,1973)。Venkataraman(1997)最为著名的就是对创业以往知识的界定,他认为个体具有独特的以往知识,而不同时段和时点上的知识就形成了知识走廊对机会识别具有重大影响。第三个影响社会创业机会识别的因素就是认知风格,Kirton(1976,

1980) 的"创新—适应"认知风格认为创业者的认知风格都在创新与适应这个认知风格的极端，处在一端的认知者是适应者（adaptor），决策的依据往往是框架（framework）和情境（context），而创新者决策的依据往往是打破框架和情景做出完全不同的选择。

因此本章研究的第一个目的就是：由这三个因素构成的认知因素是否会对"利他创业动机—社会创业机会识别—决策绩效"路径有调节作用，基于这三个认知因素所区分出来的"局部改善型"和"系统变革型"两类社会企业家，他们在对社会创业机会识别是否所有差别？他们的决策绩效是否有所差别？

在前面的探索性案例研究中，本书把社会创业根据公益提供的产品和商业提供的产品是否分离，以及公益服务对象和商业服务对象是否分离两个标准，把社会创业的机会模式分为了四个类型。实际上，这四种类型的机会模式选择对于决策绩效，从案例的研究上来看是有一定差别的。在社会创业机会识别出来以后，影响决策绩效的就是机会模式的选择。四种不同的模式，商业与公益混合的程度也是不一样的，有完全分离的，也有完全合并的，本章希望能够实证研究探寻不同社会创业机会模式对决策绩效的影响。

因此，本章研究的第二个目的就是：将243个样本分为四种机会模式，分别观察他们对影响决策绩效路径的作用，从而研究机会模式的选择是否会造成决策绩效上的差别。

总体来说，本章研究的目的：（1）以三个认知因素（创业敏感性、以往知识和认知风格）综合构成区分的两类社会企业家（局部改善型和系统变革型）的社会创业决策机制是否有所差异；（2）四种社会创业机会模式下的社会创业的决策机制是否有所差异；（3）通过以上两点分析，提出提升决策绩效的管理建议。

第二节 调节模型建构和假设提出

一 不同社会企业家类型对决策机制的影响

（1）基于认知的社会企业家的分类

作为研究社会企业家类型的一个出发点，必须找到理论的源泉，他们分别来自 Hayek (1945) 和 Schumpepter (1942)。以往的文献显示，虽然企业家追求社会创业的机会具有很高的热情，但是我们发现了两种社会企业家，他们在发现社会需求（例如，搜索过程）、追求社会创业机会和影响的广泛性上（如是否会引起社会制度变革）存在着许多不同，实际上他们在追求特殊的机会时，取得和使用的资源的种类上也存在着不同。

Hayek (1945) 的研究认为私营的性质、地方性和情境性 (contextual) 的知识和信息结构在创业过程中扮演的重要角色。哈耶克并没有关注市场的理性，而是强调外在环境的多变性以及人类认知外部因素的困难，他认为识别"广泛"的创业机会是一个不可能任务，因为大多数创业者所拥有的知识仅仅存在和来源于创业者周边的情境中。在这个假设前提下，他认为创业机会仅仅只能在局部 (local) 被识别，这一点暗示了远离当地的创业者 (distant actors) 缺少足够的知识和信息来识别和评价一个潜在的创业机会，而且通常这些知识都是隐性的，他们严重限制了外部者 (outsiders) 对机会的识别。这一知识的隐性特征导致外部创业者创业的时候仅仅凭借直觉就做出判断 (Nelson & Winter, 1982; Conner & Prahalad; 1996)，因此创业机会识别的敏感性较低。作为对哈耶克创业理论中局部隐性知识观点的补充，Levi - Strauss (1966) 提出了 bricolage 的概念。Weick (1993) 把 bricolage 定义为"使用一切已有的资源和个人的全部能力去完成一项任务和使命"，因此本研究把这类人翻译为"执行和改善者"。Baker 和 Nelson (2005) 把 bricolage 的特征描述为运用已有资源和能力去解决问题和发现机会。与哈耶克知识不对称性理论相一致，成功的"改善者"需要非常熟悉本地和局部关于环境、资源等的知识，本书称这一类社会企业家为"局部改善者执行者"。社会创业局部改善者实际上扮演者重要的作用，如果缺少了他们，很多无形或无法识别的社会需求将继续无法得到满足。即使他们的解决方案有时规模很小，范围也很有限，但是他们帮助解决各类严重的当地社会问题。因此，我们更易理解 Parsons (1971) 描述的"社会平衡"。这些社会创业局部改善者运用他们现有的能力和技能，直接解决身边人们的需要，而比较少关注本地或者社区以外的人的需求，他们更较少采用变革的方式，不论这种变革是在市场领域还是在政治领域。

Schumpeter (1942) 认为企业家在创业的世界中，通过创新和变革引领了发展，而社会企业家中也有一类人如熊彼特所提出的企业家一样，对社会变革产生了巨大的影响，并通过一种"创造性的破坏"（creative destruction）来改变旧的系统、结构和流程，代之以新的和更加合适的。他们可以成为社会变革的强大力量，由于他们的目标问题的"系统"性质，因此这一类社会企业家常常通过"变革市场"和"变革制度"来达到解决社会问题的目的。变革的思想和他们提出改革的性质，通常都会对既定机构的利益构成威胁，而且有时被视为颠覆和非法的。大范围和大规模的野心，以及他们可能面对的合法性的障碍以及需要大众的支持才能完成其使命。因此，他们的行动能力有的时候就在于他们积累足够的政治资本以及其他必要的资源等（Carney & Gedajlovic, 2002）。

这类社会变革者的社会创业机会不一定来自创业者本地和局部的地方性知识，而是对市场变革的敏感性，比如他们改善产品以及服务的提供方式，他们对市场的目标和方法进行了系统性的变化（Kirzner, 1973），这种系统性的变化实际上要求这类社会企业家具有较为丰富的创业知识。通过引入创新和变革，商业企业家通过快速识别和利用市场机会来创造利润，而社会企业家则通过同样的方式重点在于创造社会财富并且填补社会系统中的结构洞（Structure Hole）（Fowler, 2000; Teegen, 2004）。

本研究认为这一类社会企业家应该称为"系统变革者"，不管他们变革的领域是在"市场"还是在"制度"，他们的特质决定了他们更倾向于做系统性的改变，解决那些没有被现有市场、非营利组织和政府机构充分解决的社会需求。成功的社会变革者往往有相同的特质（Dees, 1998; Prabhu, 1999; Johnson, 2002）。结合前面提出的"局部改善型"社会企业家概念，基于认知提出了类社会企业家，如表7-1所示。

表7-1　　　　　　　　基于认知的社会企业家类型

	局部改善型	系统变革型
理论先驱	Hayek	Schumpeter
以往知识	较为狭窄，主要来源于生活经历	知识较为丰富，系统变革要求具有各类知识
认知风格	适应保守型	变革创新型
创业敏感性	较低，只能发现身边问题	较高，能发现系统问题

(2) 不同类型社会企业家对"利他动机—机会识别—决策绩效"的影响

表7-1对不同类型的社会企业家进行了分类,而分类的标准有三个:认知特征、以往知识、认知风格和创业敏感性。

创业的敏感性是社会创业机会识别的第一个重要因素,也是一个很好的切入点(Arthur,2008)。Kirzner(1979)最早提出创业警觉性概念,他认为创业警觉性对于机会识别具有重要的作用,他认为创业警觉性是"一种注意到迄今尚未发掘的市场机会的能力,是一种激发人们大胆构想未来的倾向性"。他对创业警觉性的概念界定受到后来研究者的重视和接受。Kaish(1991)认为敏感的实质就是把自己放在信息流(information flow)中,从而扩大遇见机会的概率,他在实证研究中证实创业者对创业信息比管理人员具有更高的敏感性,他们更倾向在信息的收集和整理上花很多的时间。Gaglio 和 Katz(2001)也对敏感性进行了研究和比较,发现敏感性不仅仅体现在信息收集的努力程度上,更以一种对机会"非常精明的评价"(very shrewd assessment)来促进社会创业者的"灵光闪现"(flash of insight)。创业的敏感性实际上表现为"对创业事件和局势的一个动态评估",创业者具有更强的把握现实的能力,对机会把握更加准确,善于发现。创业敏感性的研究虽然迄今为止较为局限,但是创业敏感性的研究指出其对社会创业的机会识别有积极的作用。

以往知识是社会创业机会识别的第二个认知影响因素。社会创业者获取信息后,他们将合理利用这些信息产生创意,并形成社会企业的核心思想。市场本身的交易过程中存在着大量的信息,而信息具有不完整和不对称性,因此所有的市场参加者都必须充分了解市场信息和其他参与者的信息,并对其他参与者的策略做出判断(Kirzner,1973)。Casson(1983)则从资源配置的角度分析了创业者的知识对资源配置的重要性,创业者需要具有正确的和准确的知识以及敏锐的眼光可以使资源配置更加准确,一旦资源配置错误就很难进行调整。创业者看到创业的机会和营利的可能需要足够的信息,而不了解信息的人就可能加大成本,缩减利润和销售量,从而创业失败(Fiet,1996)。对于社会创业来说,创业知识包括商业技巧和慈善服务两个方面的知识。Venkataraman(1997)最为著名的就是对知识的界定,他认为个体具有独特的以往知识,而不同时段和时点上的知识就形成了知识走廊对机会识别具有重大影响。知识走廊则包括工作经历、学历、经验等各个方面，这些因素使创业者的各种思考能力、分析和逻辑能力显著增强，进而准确识别创业机会。Shane（2000）认为创业的知识包括发现新技术所必需的丰富知识背景和管理能力，有助于创业者准确快速辨别创业机会，他认为个体的技术和商业知识对进入哪种市场、生产哪种产品和服务以及如何能够生产产品和服务。在获取知识的途径上面，研究的学者们认为教育、工作和生活经验都是获取知识的重要途径。以往知识的研究指出其对机会识别也有积极的正向作用。

认知的风格和特征是社会创业机会识别的第三个认知影响因素。认知风格就是个体在认知方面表现出来的相对稳定的收集、处理信息的个人化特征，实际上认知范式就是个人收集和加工信息的个体化和一贯性风格（Tennant，1988）。Kirton（1976，1980）的"创新—适应"认知风格很好地解释了创业者的认知特征，他认为创业者的认知风格往往处于这个认知风格的两个极端，处在一端的认知者是适应者，决策的依据往往是框架和情境，而创新者决策的依据往往是打破框架和情景做出完全不同的选择。Foxall 和 Hackett（1992）对 KAI 进行了验证并对 KAI 的维度进行了划分，包括原创度、细节效率和遵从权威。原创度指的是做出的选择与众不同的程度，细节效率是指工作仔细的程度，遵从权威则是指工作原则是否以打破常规或墨守成规为标准。

从以上三个方面（认知风格、以往知识和创业敏感性）的研究我们发现作为认知的特征，它们更多的是对机会识别这个认知过程产生影响，因此实际上就会对社会创业决策绩效产生间接的影响。其影响机制如图 7-1 所示。

由于系统变革型社会企业家具有更高的创业敏感性、以往知识和创新型认知风格，而局部改善型社会企业家则具有相对较低的创业敏感性，较少的创业知识和适应型的认知风格，因此我们提出以下假设：

C1-H1 系统变革型社会企业家利他动机对决策绩效影响呈现线性关系，利他动机越强决策绩效越高。

C1-H2 局部改善型社会企业家利他动机对决策绩效影响呈现倒 U 形关系，随着利他动机的增强，受到创业低敏感性、较少创业知识和适应型认识风格的局限，决策绩效达到顶峰后逐渐下降。

C1-H3 系统变革型社会企业家利他动机对机会营利性识别影响呈现

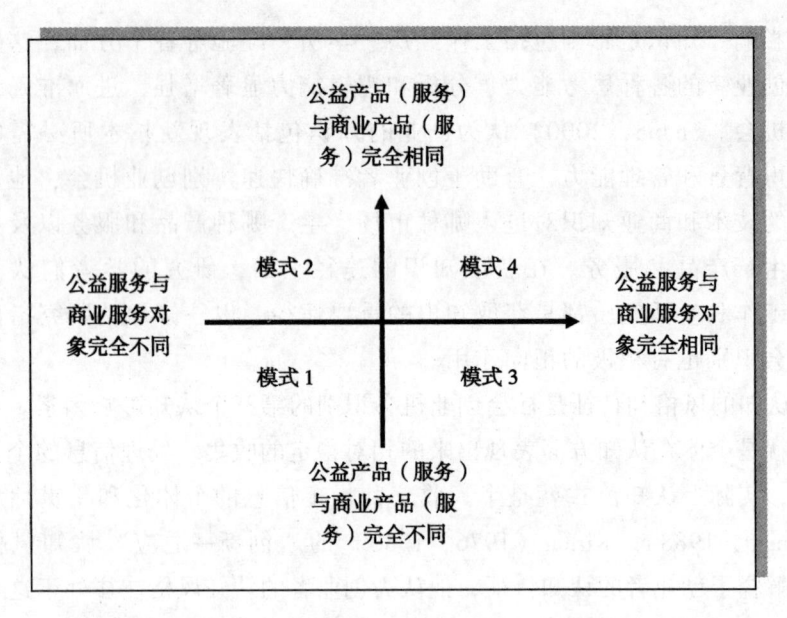

```
                公益产品（服务）
                与商业产品（服务）完全相同
                        │
                        │
          模式 2        │      模式 4
                        │
公益服务与 ─────────────┼───────────── 公益服务与
商业服务对               │              商业服务对
象完全不同               │              象完全相同
          模式 1        │      模式 3
                        │
                        │
                公益产品（服务）
                与商业产品（服务）完全不同
```

图7-1 社会创业机会模式的4种类型

线性关系，利他动机越强机会营利性识别越好。

C1-H4 系统变革型社会企业家利他动机对机会社会性识别影响呈现线性关系，利他动机越强机会社会性识别越好。

C1-H5 局部改善型社会企业家利他动机对机会营利性识别呈现倒U形关系，随着利他动机的增强，受到创业低敏感性、较少创业知识和适应型认识风格的局限，机会营利性识别达到顶峰后逐渐下降。

C1-H6 局部改善型社会企业家利他动机对机会社会性识别呈现倒U形关系，随着利他动机的增强，受到创业低敏感性、较少创业知识和适应型认识风格的局限，机会社会性识别达到顶峰后逐渐下降。

C1-H7 系统变革型社会企业家利己动机对决策绩效的影响呈线性关系。

C1-H8 局部改善型社会企业家利己动机对决策绩效的影响呈现倒U形关系。

二 社会创业机会模式对决策机制的影响

（1）社会创业机会模式的分类

依据探索性案例研究的发现，根据社会创业的机会模式中商业与公益结合的程度，按照两个标准（服务对象、提供的产品和服务）将社会创业的机会模式划分为四个类型，如图 7-2 所示。

（2）社会创业机会模式对"机会识别—创业决策绩效"的影响

在四种类型中，模式 1 是公益商业服务对象和公益商业提供产品（服务）均完全分离的模式，这种模式的特点就是商业归商业、公益归公益，在资源、人力甚至组织等各个方面都出现分离的现象，彻底分析实际上是最为常见的模式，因为较强的商业机会识别能力，为了获取最大的商业利润来支撑公益事业，商业服务对象和提供的产品往往是彻底分离的，因为最大利润来源往往和他所识别到的公益无关，模式 1 往往体现了社会企业家较强的社会机会识别能力和商业机会识别能力。模式 2 和模式 3 是半混合模式，一旦选择了这种模式实际上要么把服务对象限制在同一个群体，要么把提供的产品（服务）限制在同一产品（服务），这两种半混合模式的局限在于公益活动被限制在某一特定领域（要么是产品限制，要么是服务对象限制），实际上体现出的是较低的社会机会识别能力或者是较低的商业机会识别能力。这两种可能性都会导致决策绩效只和另一个机会识别能力有关，当然这有待验证。模式 4 是全混合模式，这种模式实际上是一种最为无效的模式，虽然在实践中存在，但是我们认为这种模式是很难创业成功的。因为模式 4 中，公益商业服务对象和公益商业（产品）服务都完全一致，比如在社区中给老年人（一部分）提供免费的公益上门服务，但是在同一小区中给同样的老年人（另一部分）提供收费的公益上门服务（与免费服务一样），这种情况实际上就是对公益群体的歧视，显然失去了社会创业的公正性和公平性，从案例分析的结果来看，乐龄目前面临重重困难，其中之一就是无法收费，他们的服务只能免费，因为他们采用的是全混合模式。

根据文献总结和以上分析，我们提出以下假设：

C2-H1 社会创业采用机会模式 1，营利性识别和社会性识别都会对决策绩效产生正向影响。

C2-H2 社会创业采用机会模式 2，营利性识别会对决策绩效产生正向影响，而社会性识别则没有影响。

C2-H3 社会创业采用机会模式 3，营利性识别会对决策绩效产生正向影响，而社会性识别则没有影响。

C2-H4 社会创业采用机会模式 4，营利性识别和社会性识别都不会对决策绩效产生任何影响。

(3) 社会创业机会模式对"利己动机—创业决策绩效"的影响

由于在第六章的研究中我们发现利己动机直接对社会创业决策绩效产生影响,因此机会模式对这条路径实际上也会产生调节作用。根据上面对四种模式本身特质的分析,我们认为模式4,利己动机对决策绩效没有影响,因为这是一种最无效的模式,不管利己动机如何变化,决策绩效通常都很低,因此无相关性;在模式1、模式2和模式3中,利他动机都会对决策绩效产生影响。根据以上分析,我们提出以下假设:

C3 – H1 社会创业采用机会模式4,利己动机对社会创业决策绩效没有影响。

三 社会创业决策机制的调节模型

根据以上的研究和分析,我们绘制了社会创业决策机制的调节模型,并通过图7-2显示,其中社会企业家类型调节对决策绩效会产生间接影响。

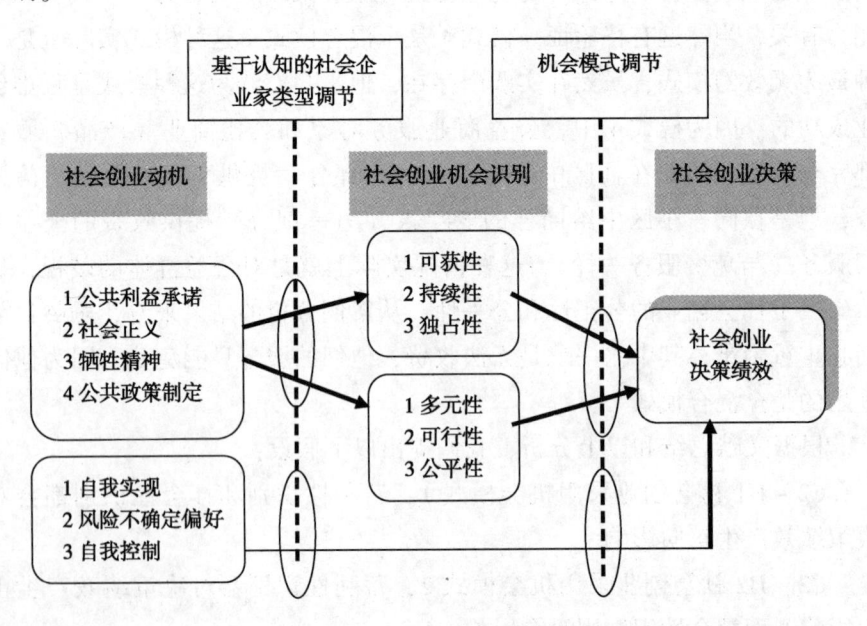

图7-2 社会创业决策全模型的调节机制

第三节 不同社会企业家类型对决策机制的影响

一 不同社会企业家分类标准和样本分布

通过验证性和探索性因子分析,我们发现,社会创业敏感性、以往知识和认知风格的各题项均通过了探索性和验证性因子分析。

表7-2 社会创业敏感性、以往知识和认知风格探索性和验证性因子分析（N=243）

变量名称	题项（简写）	题项—总体相关系数	删除该题项后Cronbach's α 系数	因子载荷
创业敏感性	1 你能够吸取他人对你有益的建议	0.5986	0.9021	0.684
	2 你通过各种关系网络来寻找公益创业机会	0.6934	0.8934	0.773
	3 你通过各种传播媒体来寻找公益创业机会	0.7362	0.8897	0.809
	4 你会投入较多时间思考如何运营公益事业	0.7120	0.8938	0.778
	5 你能够发现他人没发现的问题	0.7522	0.8890	0.822
	6 你能够看到有价值的资源	0.7221	0.8921	0.798
	7 你可以将几个看上去不关联事情关联思考	0.7265	0.8935	0.802
	8 反常现象出现你会认为是必然性在起作用	0.6556	0.8670	0.739
	9 看似不经意的东西，你也保持关注和思考	0.6583	0.8943	0.693
	10 你觉得未来充满了新奇而不是周而复始	0.6846	0.8345	0.801
	11 你预见到既有商业又有社会目的事物	0.7109	0.8354	0.821
	12 你完全能够在短时间里对运营做出判断	0.6532	0.8111	0.799
以往知识	13 你对关注的领域充满好奇和兴趣感	0.6599	0.9153	0.722
	14 你投入大量精力学习商业技能公益策略	0.5843	0.9171	0.723
	15 你培育自身能力获取兴趣的综合知识	0.6906	0.9146	0.754
	16 通过积累你对商业具备足够知识经验	0.5888	0.9171	0.803
	17 通过积累你对公益具备足够知识和经验	0.6858	0.9075	0.823
认知风格	18 你做事总是以规章为主要标准	0.6128	0.9165	0.812
	19 你面对权威时总是小心谨慎	0.5624	0.9176	0.829
	20 没有得到正式允许，绝不开始工作	0.6764	0.9051	0.778
	21 领导说什么就是什么	0.6478	0.9057	0.798
	22 你喜欢做具体细节的工作	0.6543	0.9052	0.802

续表

变量名称	题项（简写）	题项—总体相关系数	删除该题项后Cronbach's α系数	因子载荷
认知风格	23 你不知疲倦地获取各种细节信息	0.5982	0.9086	0.882
	24 你思考问题总是十分彻底	0.5493	0.9279	0.901
	25 如果方案不能考虑到细节就不能执行	0.5514	0.9189	0.792
	26 你有原创性的点子	0.5770	0.9184	0.823
	27 你可以被激发出很多不同的设想	0.6134	0.9167	0.692
	28 你容易受到信息激发而感到兴奋	0.6192	0.9221	0.792
	29 你用全新的观点看待老问题	0.6197	0.9111	0.823

本研究对社会企业家的分类标准采用创业敏感性、以往知识和认知风格三个标准对其进行分类，我们按照这三类问项认定所有均值4以上的为系统变革型社会企业家，4以下则为局部改善型社会企业家（本研究问卷采用7分量表）。经过这样的分类处理以后，我们得到如表7-2所示的样本分布。

表7-3　　　　　　　　社会企业家类型的样本分布

	系统变革型	局部改善型
样本数	152	91
样本总计	243	

二　不同社会企业家利他动机对机会识别的影响

（1）系统变革型社会企业家利他动机对机会识别的影响

根据图7-3的散点图显示，我们初步判断系统变革型社会企业家利他动机对社会性机会识别的影响为线性关系。通过线性回归模型我们得到表7-4的统计数据。

表7-4　　　系统变革型社会企业家利他动机对社会性
　　　　　　识别的线性回归分析（N=152）

F	Adj. R^2	回归系数	T值	标准化回归系数
59.048***	0.278	0.742***	7.684	0.531***

说明：*** $p < 0.001$。

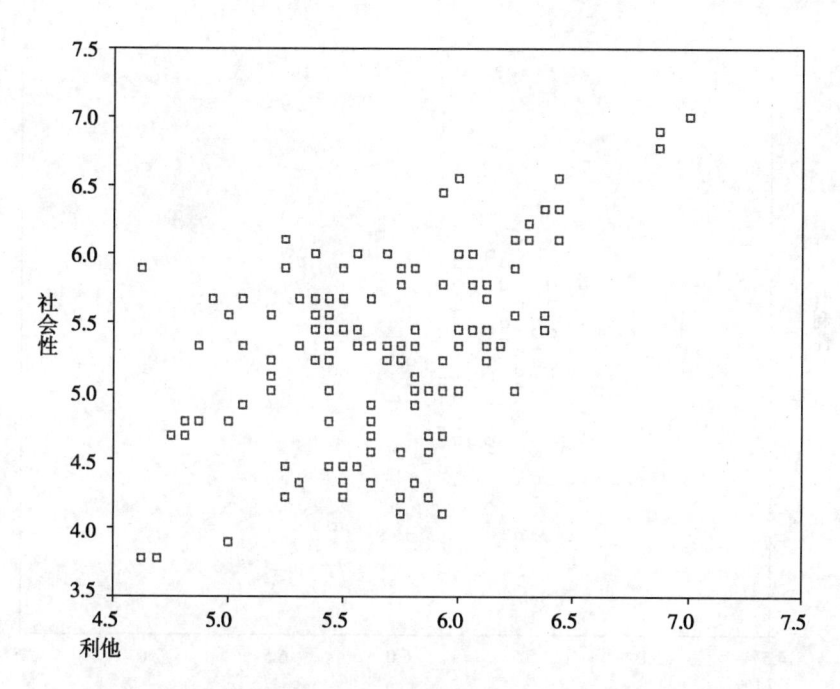

图 7-3　系统变革型社会企业家利他动机对社会性识别的影响

根据表 7-4 显示，F 值在 p（0.000）<0.001 的水平上通过检验表明回归显著回归方程有意义，回归系数 0.742 在显著性概率为 0.0000 水平上，T 值检验为 7.684，因此存在正相关关系，利他动机每增加 1 个单位，社会性机会识别就增加 0.742 个单位。假设 C1-H4 得到支持。

根据图 7-4 的散点图显示，我们初步判断系统变革型社会企业家利他动机对影响机会识别的影响为线性关系。通过线性回归模型我们得到表 7-5 的统计数据。

表 7-5　系统变革型社会企业家利他动机对营利性识别的线性回归分析（N=152）

F	Adj. R^2	回归系数	T 值	标准化回归系数
23.167***	0.128	0.619***	4.813	0.366***

说明：*** $p<0.001$。

根据表 7-5 显示，F 值在 P（0.000）<0.001 的水平上通过检验表明回归显著回归方程有意义，回归系数 0.619 在显著性概率为 0.0000 水平上，T 值检验为 4.813，因此存在正相关关系，利他动机每增加 1 个单

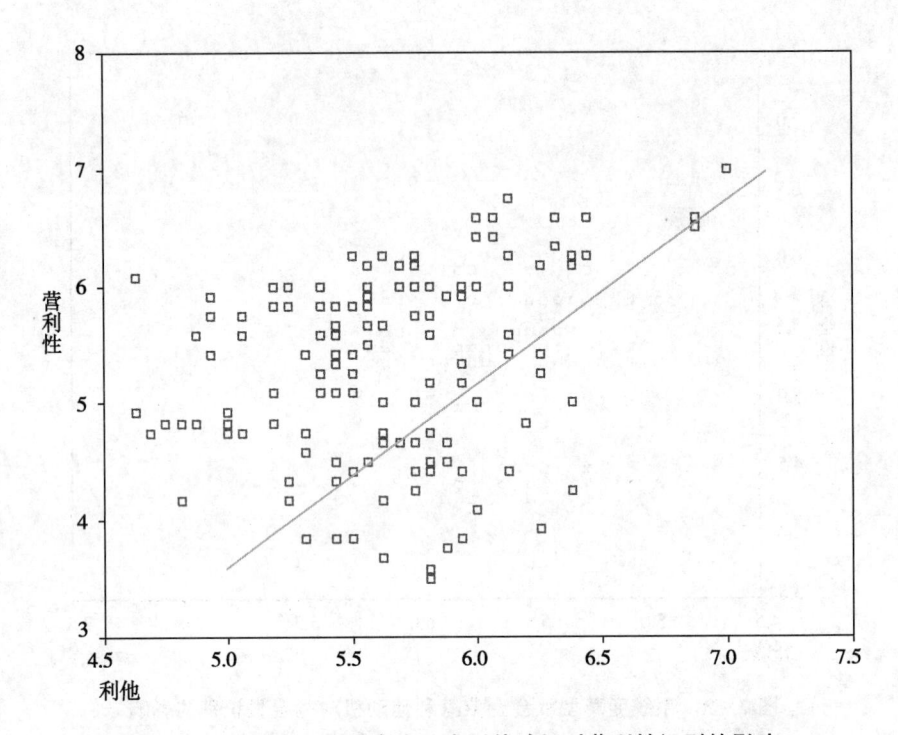

图 7-4　系统变革型社会企业家利他动机对营利性识别的影响

位,营利性机会识别就增加 0.619 个单位。假设 C1-H3 得到支持。

(2) 局部改善型社会企业家利他动机对机会识别的影响

根据图 7-5 的散点图显示,我们初步判断局部改善型社会企业家利他动机对社会性机会识别的影响为线性关系。通过线性回归模型我们得到表 7-6 的统计数据。

表 7-6　　　　　局部改善型社会企业家利他动机对

社会性识别的线性回归分析 (N = 91)

F	Adj. R^2	回归系数	T 值	标准化回归系数
107.595***	0.547	0.989***	10.373	0.740***

说明:*** $p < 0.001$。

根据表 7-6 显示,F 值在 p (0.000) < 0.001 的水平上通过检验表明回归显著回归方程有意义,回归系数 0.989 在显著性概率为 0.0000 水平上,T 值检验为 10.373,因此存在正相关关系,利他动机每增加 1 个单位,社会性机会识别就增加 0.989 个单位。假设 C1-H6 未得到支持。

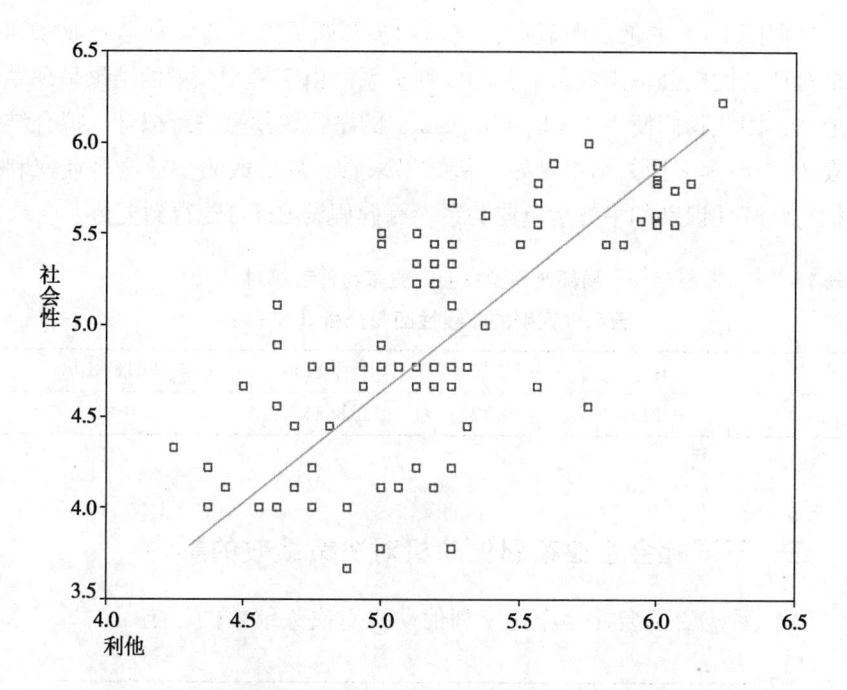

图 7－5 局部改善型社会企业家利他动机对社会性识别的影响

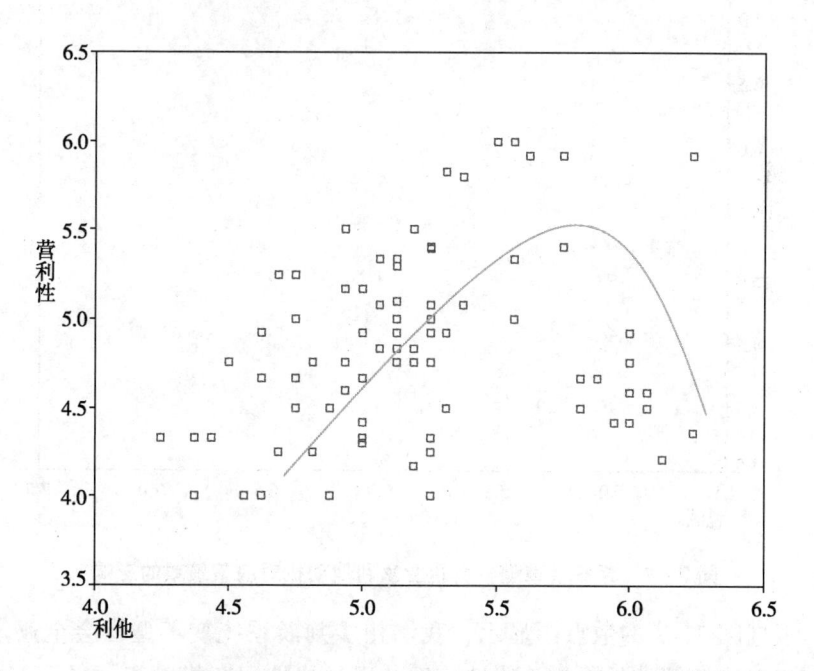

图 7－6 局部改善型社会企业家利他动机对营利性识别的影响

根据图 7-6 的散点图显示,我们初步判断局部改善型社会企业家利他动机对社会性机会识别的影响为非线性关系。由于模型预测的结果呈现抛物线形状,因此我们使用 $Y = b_0 + b_1 x + b_2 x^2$ 的抛物线模型进行拟合,拟合结果如表 7-7 所示,回归结果良好。从结果来看,局部改善型社会企业家利他动机与营利性识别的平方呈负向关系。因此假设 C1-H5 得到支持。

表 7-7　　　　　局部改善型社会企业家利他动机对营利性识别的非线性回归分析（N=91）

F	R^2	回归系数 b_0	回归系数 b_1	回归系数 b_2
13.84***	0.239	-19.127	8.8684	-0.8113

说明：*** $p < 0.001$。

三　不同社会企业家利他动机对决策绩效的影响

（1）系统变革型社会企业家利他动机对决策绩效的影响

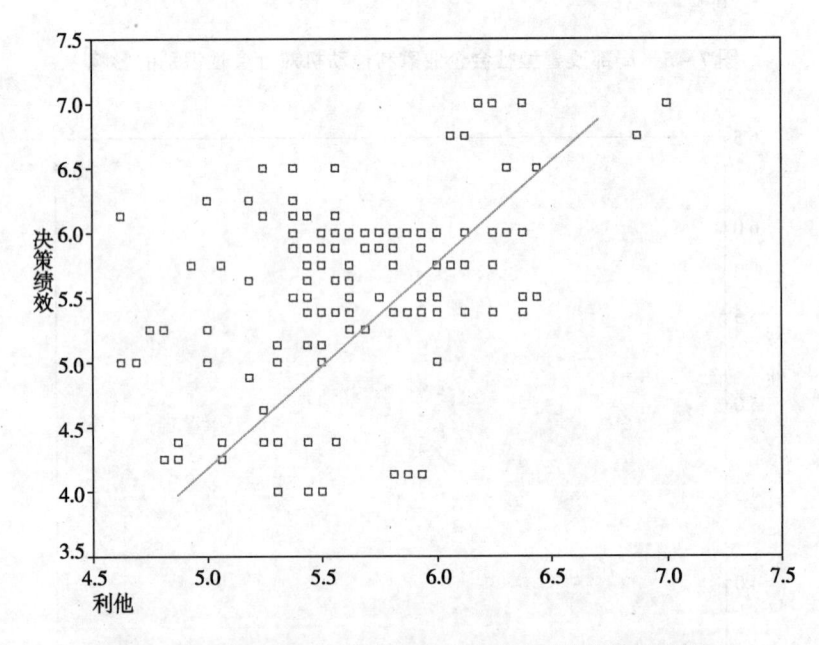

图 7-7　系统变革型社会企业家利他动机对决策绩效的影响

根据图 7-7 的散点图显示,我们初步判断系统变革型社会企业家利他动机对决策绩效的影响为线性关系。通过线性回归模型我们得到表 7-8 的统计数据。

第七章 社会创业决策全模型的调节机制研究

表7-8　　系统变革型社会企业家利他动机对
决策绩效的线性回归分析（N=152）

F	Adj. R²	回归系数	T值	标准化回归系数
47.689***	0.241	0.694***	6.906	0.491***

说明：*** p<0.001。

根据表7-8显示，F值在p（0.000）<0.001的水平上通过检验表明回归显著回归方程有意义，回归系数0.694在显著性概率为0.0000水平上，T值检验为6.904，因此存在正相关关系，利他动机每增加1个单位，决策绩效就增加0.694个单位。假设C1-H1得到支持。

（2）局部改善型社会企业家他动机对决策绩效的影响

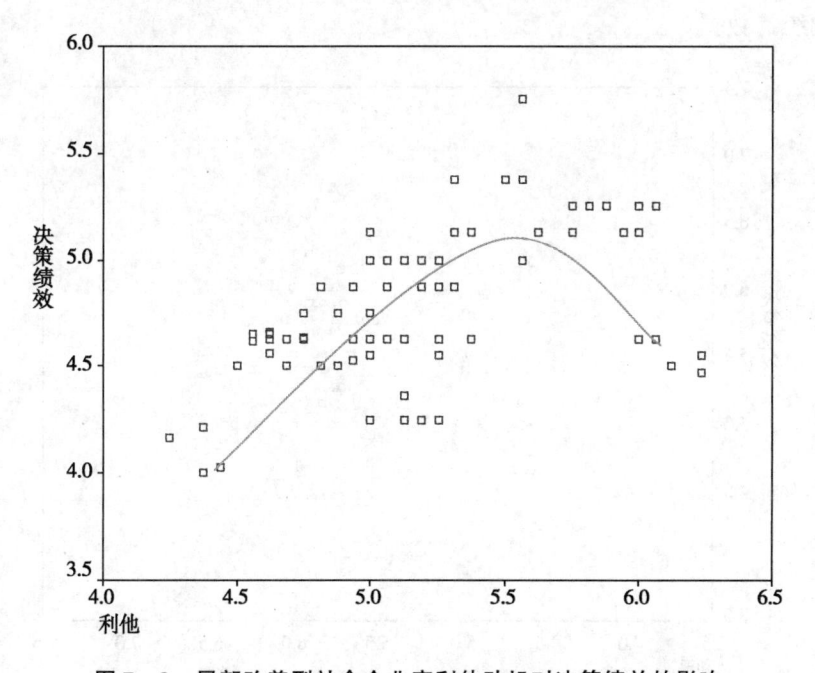

图7-8　局部改善型社会企业家利他动机对决策绩效的影响

根据图7-8的散点图显示，我们初步判断局部改善型社会企业家利他动机对决策绩效的影响为非线性关系。由于模型预测的结果呈现抛物线形状，因此我们使用 $Y = b_0 + b_1 x + b_2 x^2$ 的抛物线模型进行拟合，F值显示拟合结果如表7-8所示，回归结果良好。从结果来看，局部改善型社会企业家利他动机与决策绩效的平方呈负向关系。因此假设C1-H2得到支持。

表7-9　　　　　　　局部改善型社会企业家利他动机对
　　　　　　　　　决策绩效的非线性回归分析（N=91）

F	R^2	回归系数 b_0	回归系数 b_1	回归系数 b_2
31.92***	0.42	-12.052	6.0406	-0.5340

说明：*** $p<0.001$。

四　不同社会企业家利己动机对决策绩效的影响

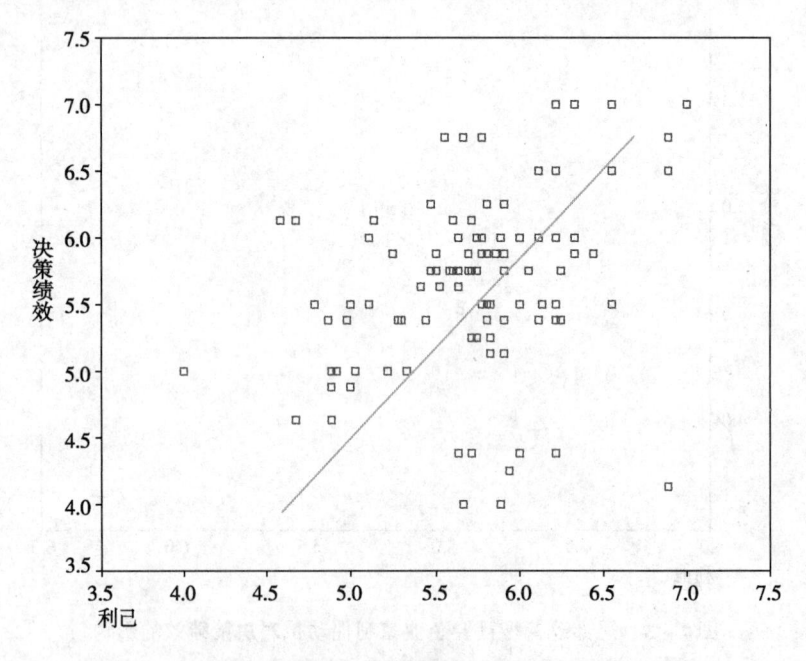

（1）系统变革型社会企业家利己动机对决策绩效的影响

根据图7-9的散点图显示，我们初步判断系统变革型社会企业家利他动机对决策绩效的影响为线性关系。通过线性回归模型我们得到表7-9的统计数据。

图7-9　系统变革型社会企业家利己动机对决策绩效的影响

表7-10　　　　　　　系统变革型社会企业家利他动机对
　　　　　　　　　决策绩效的线性回归分析（N=152）

F	Adj. R^2	回归系数	T值	标准化回归系数
14.470***	0.082	0.356***	3.804	0.297***

说明：*** $p<0.001$。

第七章 社会创业决策全模型的调节机制研究

根据表 7-10 显示，F 值在 p (0.000) < 0.001 的水平上通过检验表明回归显著回归方程有意义，回归系数 0.356 在显著性概率为 0.0000 水平上，T 值检验为 3.804，因此存在正相关关系，利己动机每增加 1 个单位，决策绩效就增加 0.356 个单位。假设 C1-H7 得到支持。

（2）局部改善型社会企业家利己动机对决策绩效的影响

根据图 7-10 的散点图显示，我们无法判断局部改善型社会企业家，因此我们采用线性和非线性回归共计 11 种回归模型对其进行检验，检验结果如表 7-11 所示，所有的模型的显著性水平说明两者之间不呈现这 11 种关系，因此 C1-H8 假设未得到支持。

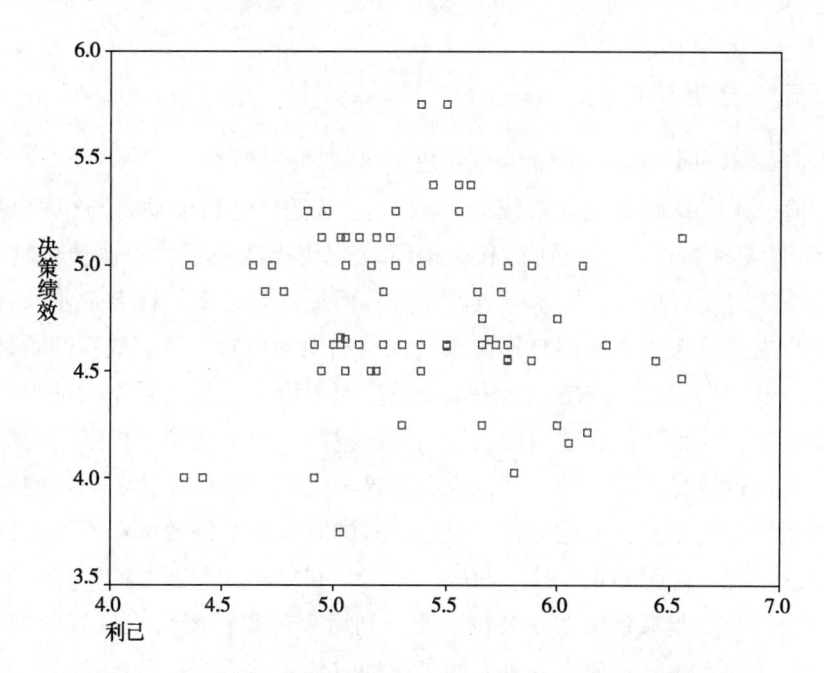

图 7-10 局部改善型社会企业家利己动机对决策绩效的影响

表 7-11 局部型社会企业家利他动机对决策绩效的回归分析（N = 91）

模型	F	R^2	回归系数 b_0	回归系数 b_1	回归系数 b_2	回归系数 b_3
LIN	0.05	0.001	4.6461	0.0214		
LOG	0.1	0.001	4.4963	0.1576		
INV	0.16	0.002	4.9609	-1.0683		
GUA	0.92	0.02	-0.6795	1.9941	-0.1812	

续表

模型	F	R^2	回归系数 b_0	回归系数 b_1	回归系数 b_2	回归系数 b_3
CUB	0.92	0.02	-0.6795	1.9941	-0.1812	
COM	0.1	0.001	4.5862	1.0062		
POW	0.16	0.002	4.4159	0.0424		
S	0.23	0.003	1.6077	-0.274		
GRO	0.1	0.001	1.5231	0.0062		
EXP	0.1	0.001	4.5862	0.0062		
LGS	0.1	0.001	0.2180	0.9938		

五 分析与讨论

（1）不同类型社会企业家创业决策机制的差异讨论

通过研究我们发现，系统变革型社会企业家的利他动机与机会识别（营利性识别和社会性识别）和决策绩效呈现线性关系，利他动机越强，决策绩效越高，机会识别水平也就越好；而局部改善型的社会企业家利他动机与决策绩效则呈现倒 U 形关系，说明利他动机对决策绩效一开始是正向，随着动机的进一步增强，决策绩效反而下降了，其主要原因是受到创业知识少、敏感性低和适应性认知风格的限制，能力达到了极限，因此才会产生这种情况。实际的案例也说明了这个情况，许多在社区创业的局部改善型社会企业家，他们的初衷很好，有的时候创业的效果却不好。这个现象的出现，说明知识欠缺、敏感性低、认知风格非创新型的时候，局部改善型社会企业家越想做好公益事业，到后来却越不能形成良好的绩效，当这类社会企业家想要完成更大的事业的时候，他需要提升自己的创业知识，提升自己的创业敏感性以及改变自己的认知风格（这三个认知因素都可以通过教育来改变），使自己向系统变革型企业家转变，因为实际上在局部进行改善最终很难形成更大的社会创业决策绩效。

局部改善型社会企业家决策绩效受到这三个认知因素的瓶颈限制，但实际上从深度意义上来考虑，由于这三个限制，包括知识的限制，他们只能看到本地的社会需求（当然本地的社会需求对于他们来说并不是特别大的问题），他们更愿意在社区内或者本地进行社会创业，他们不愿意做系统性的变革，因此决策绩效到后来就越来越小了。如果结合实证研究的结果，我们发现这种现象的出现还与机会识别有关系，局部改善型社会企业家利他动机对社会机会识别的影响呈现线性关系，这说明实际上他们很好地把握了社区和本地的社会需求，因为这些需求的发现对他知识和其他方面的要求并不高，而商业性的机会识别却呈现出很大的问题。

通过案例我们发现，局部改善型的社会创业者往往集中在社区，他们往往学历不高，但是有很强的利他动机（包括社会正义感等4个因素）。一方面，他们受到内在的限制，受到的教育不好，因此他们虽然能很好地识别社会性但是缺少商业领域的知识技能等，对商业性的识别呈现倒U形；另一方面，他们受到外部限制，对机会商业性识别的欠缺从外部环境上来说，也反映了社会创业本身的困境，不是他们不能识别机会商业性，而本身的创业环境并没有提供这样的社会创业支持，从我们先前的实地调研来看，实际上公民社会制度性的缺失就是一个最大的问题。

而作为社会企业家的另一种类型，系统变革型则由于知识存量较大、创新型认知和较强的创业敏感性，利他动机对商业性、营利性识别都呈现线性关系，对决策绩效也呈现线性关系，这充分显示系统变革型社会企业家往往期望改变制度，这也在过程中反映出他们并不愿意接受制度限制的局限，而勇于去改变制度，因此决策绩效既没有受到内在的限制也没有受到外部制度环境的限制。

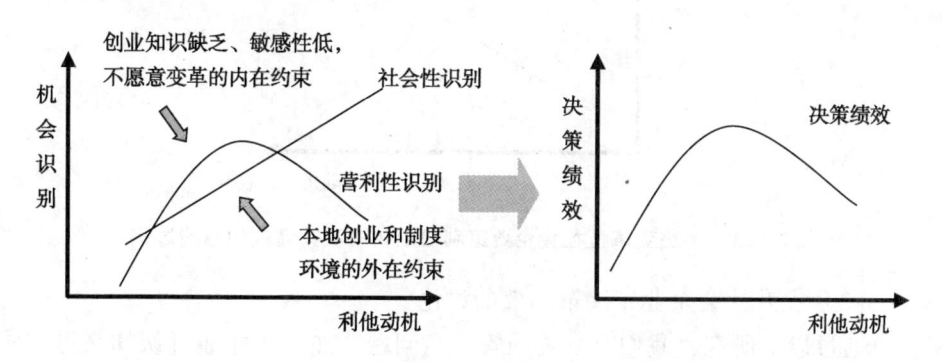

图 7-11　局部改善型社会企业家利他动机对决策绩效的影响过程

在第六章结构方程拟合过程中，我们发现利己动机直接对决策绩效产生影响，在经过不同社会企业家类型分类以后，我们发现系统变革型社会企业家利己动机与决策绩效是正向线性关系，而局部改善型社会企业家则显示出没有显著的回归关系。这一点可以理解为，系统变革型社会企业家有较强的风险意识，因为他要做的是社会系统的变革，他要有较强的自我

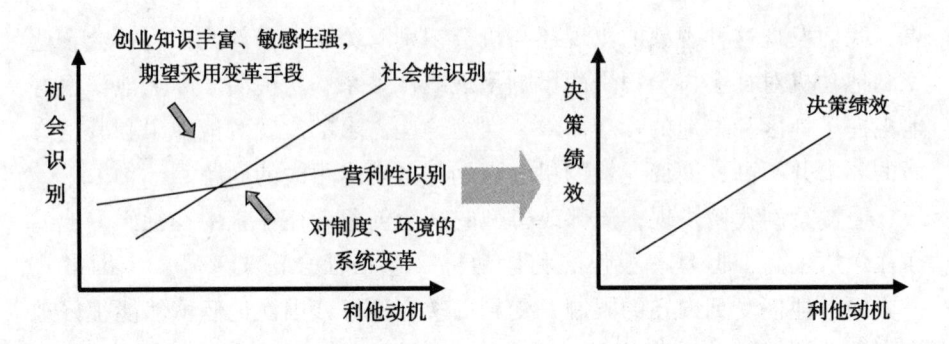

图 7-12　系统变革型社会企业家利他动机对决策绩效的影响过程

控制能力，因为只有自我控制越强的人，才会认为自己可以做那些改变系统的事情（反过来，如果是外在控制型的人，他们几乎不会去做那些看上去几乎无法改变的系统）；而局部改善型社会企业家由于他们创业的领域局限在当地，不管他们的决策绩效是高是低，他们始终是风险意识较低、自我控制较弱（只愿意做看上去能够实现的事情），因此利己动机和决策绩效没有显著性的关系。

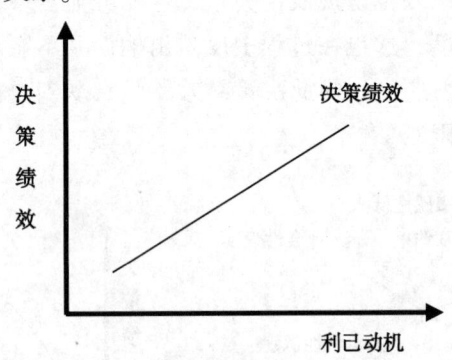

图 7-13　系统变革型社会企业家利己动机对决策绩效的影响过程

（2）提升社会企业家决策绩效的讨论

通过以上研究，我们有必要回答一个问题：如何才能通过认知来提高社会企业家的决策绩效。我们发现，系统变革型社会企业家拥有较丰富的以往知识、较强创业敏感性和创新型的认知风格，局部改善型的社会企业家则知识较少，创业敏感性较低，认知风格趋于适应和保守。实际上现在我们发现，要突破局部改善型社会企业家利他动机对决策绩效的倒 U 形关系，他们就必须学习社会创业知识，强化对创业机会的敏感性以及改变自己的认知风格，这样才能突破这种决策绩效下降的趋势。

因此,我们的结论是社会企业家要提高自己的社会创业决策绩效:(1)首先局部改善型社会企业家自身应该认识到,在本地社区中创业不能有过高的公益期望,否则社会创业的决策绩效会显著下降,因为自己的认知能力与想达到的公益目标已经不能匹配。(2)如果局部改善型社会企业家利他动机非常强烈,那么他应该知道想要匹配自己的认知能力和想达到的公益目标,就必须进行学习,提高自己的创业知识,进行观察训练提高自己对创业机会识别的敏感性,以及尝试改变自己的认知风格,更愿意做变革的事而不是保守的事情。因此对局部改善型社会企业家进行经常性的培训是非常必要的,这有助于提高他们的决策绩效。

第四节 社会创业机会模式对决策机制的影响

一 社会创业机会模式的分类

按照四种不同机会模式对243个社会企业家的样本进行分类,我们可以发现,模式1、模式2和模式3都有一定的数量,但是模式4数量最少只有16个,这说明模式4在实践中被采纳的概率很小,仅仅占到总样本的6.6%,这从一个侧面反映了这种模式的无效性,因为缺乏基本社会创业所必须具有的公正和公平。

表7-12 社会创业机会模式的不同类型及样本分布

公益活动和商业活动对象和产品(服务)是否一致	模式1	模式2	模式3	模式4
	对象不一致	对象不一致	对象一致	对象一致
	产品(服务)不一致	产品(服务)一致	产品(服务)不一致	产品(服务)一致
样本数	72	91	64	16
样本总计	243			

二 社会创业机会模式对决策绩效的影响

(1)不同机会模式下机会识别对决策绩效的影响

用机会识别的两个维度社会性和营利性作为自变量,决策绩效作为因变量,分别对四种不同的模式进行多元回归分析,回归结果如表7-13所示。模式1、模式2和模式3中,DW值分别为1.897、2.094和1.681,

都接近2，不太可能存在自相关。在模式1中，F值（71.264）在$p<0.001$的水平下显示回归良好，并且显示社会性和营利性识别对决策绩效都有显著性的影响，其中营利性识别影响较大；模式2中，F值（25.330）在$p<0.001$的水平下显示回归良好，但是仅有营利性识别对决策绩效产生正向影响；模式3中，F值（25.330）在$p<0.001$的水平下显示回归良好，但是仅有营利性识别对决策绩效产生正向影响；模式4中，F值（3.837）在$p<0.05$的水平下勉强通过，但是营利性识别和社会性识别都对决策绩效无影响。因此假设C2-H1、C2-H2、C2-H3和C2-H4都得到支持。

表7-13　　　　不同社会创业机会模式下机会识别对决策绩效的多元回归

模式		决策绩效			
		模式1	模式2	模式3	模式4
样本数		72	91	64	16
机会识别	社会性识别	0.212*	-0.003	0.062	0.378
	营利性识别	0.669***	0.607***	0.508***	0.243
Durbin-Watson		1.897	2.094	1.681	2.992
F		71.264***	25.330***	11.022***	3.837*
Adj. R^2		0.664	0.351	0.241	0.274

说明：* $p<0.05$，** $p<0.01$，*** $p<0.001$。

（2）不同机会模式下利己动机对决策绩效的影响

从表7-14的检验结果来看，C3-H1的假设得到支持，这也进一步验证了模式4是一种无效模式。值得注意的是，与第六章的结论一样，自我实现对于决策绩效是负向影响的。

表7-14　　不同社会创业机会模式下利己动机对决策绩效的多元回归

模式		决策绩效			
		模式1	模式2	模式3	模式4
样本数		72	91	64	16
利己动机	自我实现	-0.428***	-0.043	-0.193	0.532
	风险和不确定倾向	0.445***	0.089	0.432***	0.673
	自我控制	0.681***	0.35**	0.294*	0.02

续表

模式	决策绩效			
	模式1	模式2	模式3	模式4
Durbin – Watson	1.475	1.491	1.622	1.974
F	24.149***	4.612**	9.324***	4.839
Adj. R²	0.494	0.107	0.284	0.434

说明：* $p < 0.05$，** $p < 0.01$，*** $p < 0.001$。

三 分析与讨论

（1）不同机会模式社会企业家创业决策机制的差异

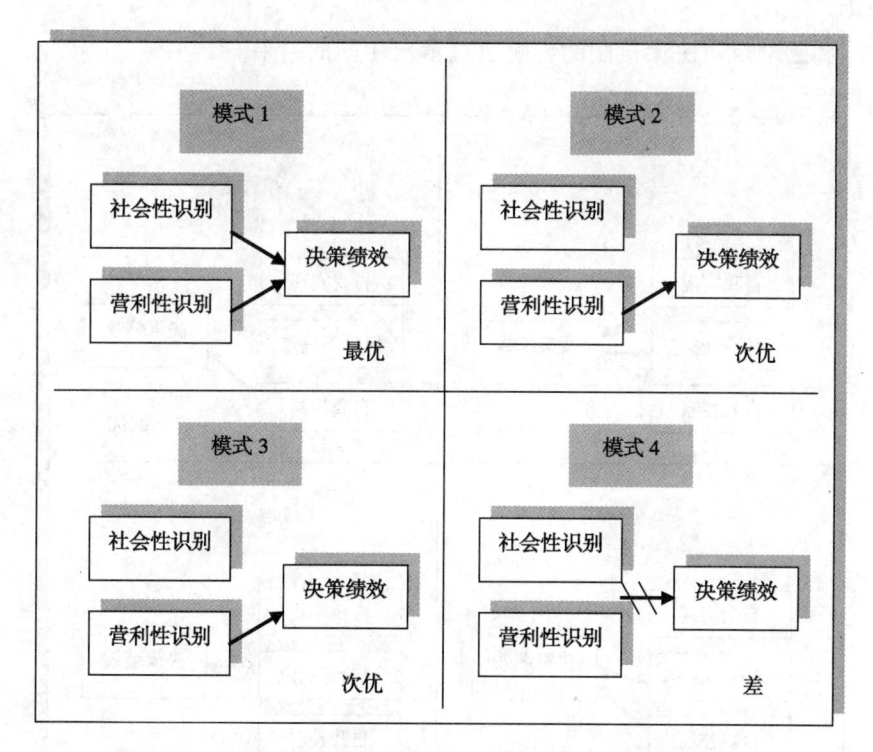

图7-14 不同机会模式下社会创业机会识别对决策绩效的影响

从图7-14中我们可以发现，模式1的完全分离使社会性识别和营利性识别对决策绩效产生了直接的作用，而这种模式使社会企业家更容易识别最佳创业机会，可以很好地找到赢利点支撑非营利事业；模式2和模式3，由于最佳机会识别可能性降低，由于半混合的方式使公益项目和商业项目互相制约了服务对象范围和提供的产品范围，因此决策绩效相对较差。由于前面的假设并不知道模式 2 和模式 3 中究竟是商业制约了公益还是公益制约了商业，从实证的结果来看，是商业制约了社会性识别导致社会性识别无法对决策绩效产生影响，这也就是说 2 和模式 3 两种模式下，之所以采用半混合的模式是因为社会企业家由于资源的缺乏，过度关注商业性项目以及其所产生的利润，导致社会性识别不足从而社会公益事业附着在商业项目之上，实际情况也显示了类似的结果。模式 4 被认为是最差的一种社会创业模式，因为在这种模式下，机会识别与决策绩效完全无关。因为就像前面的讨论一样，对同一个公益对象群体提供两种相同的服务，但是有些收费、有些免费，这显然有悖社会创业公平性和公正性的原则。

利己动机对决策机制的影响也显示出相同的结果。

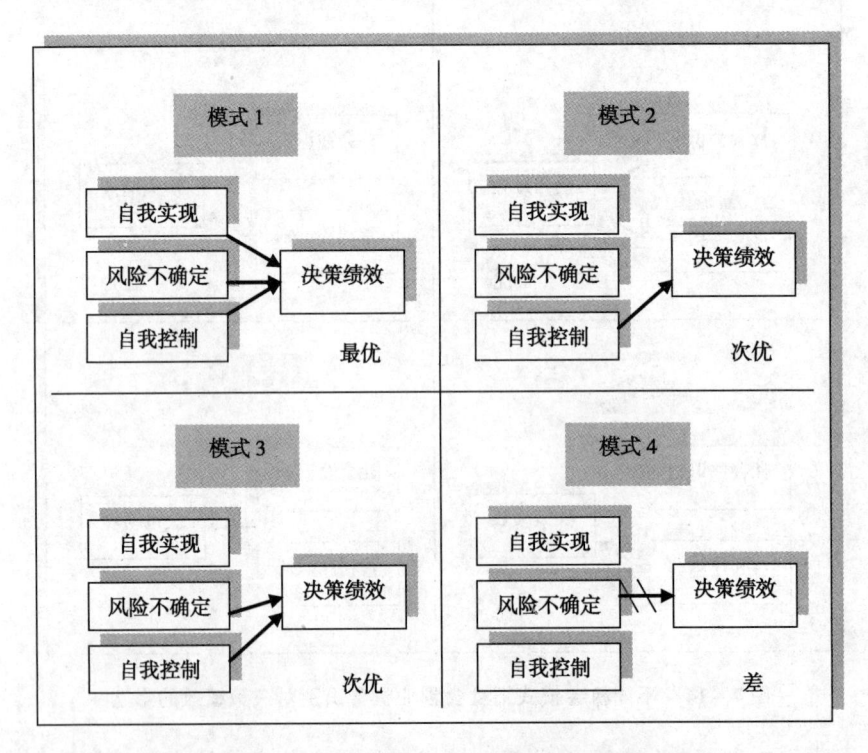

图 7 - 15　不同机会模式下利己动机对决策绩效的影响

从图 7 - 15 中可以看出，模式 4 仍然是最差的模式，利己动机对决策绩效没有影响，而模式 1 全分离仍然是最好的模式，自我实现、风险不确定性和自我控制对决策绩效有显著性的影响。而模式 2 和模式 3 则介于中间。

(2) 提升社会创业决策绩效机会模式选择的讨论

从机会识别和利己动机对决策绩效的影响来看,全混合模式 4 是最差模式,半混合模式 2 和模式 3 也只是次优的模式,而全分离模式 1 是最理想的社会创业模式。无论是局部改善型社会企业家还是系统变革型社会企业家,要想提升社会创业的决策绩效,那么他们应该尽可能地选择模式 1,其次是模式 2 或模式 3,最后才是模式 4。表 7-14 显示了不同机会模式下决策绩效的均值,但是由于模式 4 下机会识别对决策绩效没有影响,因此即使达到 5.2344 也毫无意义。

表 7-15　　　　不同社会创业机会模式下决策绩效的均值

	决策绩效
模式 1	5.4277
模式 2	5.3668
模式 3	5.3021
模式 4	(5.2344)

本章小结

本章在第六章研究社会创业决策机制发现的"利他动机—机会识别—决策绩效"和"利己动机—决策绩效"两条路径的基础上,进一步深入研究了全模型的调节机制。分别从基于认知的社会企业家和机会的四种模式对社会创业决策机制的调节进行了深入的探索。本研究通过 243 份社会企业家问卷,综合运用 SPSS 11.5 一元线性回归、多元线性回归和非线性回归等分析方法,深入探讨了机会识别三个认知因素(以往知识、创业敏感性和认知风格)以及四类机会模式下决策机制的不同作用。除了一小部分,大部分研究的假设都通过了检验。假设检验汇总如表 7-15 所示。

综合文献研究、探索性案例研究的成果,通过各种回归分析方法,我们得出以下重要结论:局部改善型社会企业家的利他动机对决策绩效的影响为倒 U 形,系统变革型社会企业家的利他动机对决策绩效的影响为正线性关系;社会创业机会模式对决策绩效的影响,模式 1 优于模式 2 和模式 3,模式 2 和模式 3 优于模式 4。

要提高创业者的决策绩效,我们认为有两个主要的结论:(1)局部改善型社会企业家如果希望从事影响力非常大的公益事业(利他动机很强),那么他就必须注重社会创业知识的学习、提高自己的观察学习能力以提升自己的机会识别敏感性并且尝试进行创新性的变革,这些都是可以通过后天学习和努力得到的,当然社会创业的教育就显得非常重要了;(2)为了提高社会创业决策绩效,要选择机会模式1,无法选择模式1就选择模式2或者模式3,尽量不要选择无效模式4。

表7-16　　　　社会创业决策全模型调节机制假设检验结果

序号	假设	结果
C1-H1	系统变革型社会企业家利他动机对决策绩效影响呈现线性关系,利他动机越强决策绩效越高	通过
C1-H2	局部改善型社会企业家利他动机对决策绩效影响呈现倒U形关系,随着利他动机的增强,受到创业低敏感性、较少创业知识和适应型认识风格的局限,决策绩效达到顶峰后逐渐下降	通过
C1-H3	系统变革型社会企业家利他动机对机会营利性识别影响呈现线性关系,利他动机越强机会营利性识别越好	通过
C1-H4	系统变革型社会企业家利他动机对机会社会性识别影响呈现线性关系,利他动机越强机会社会性识别越好	通过
C1-H5	局部改善型社会企业家利他动机对机会营利性识别呈现倒U形关系,随着利他动机的增强,受到创业低敏感性、较少创业知识和适应型认识风格的局限,机会营利性识别达到顶峰后逐渐下降	通过
C1-H6	局部改善型社会企业家利他动机对机会社会性识别呈现倒U形关系,随着利他动机的增强,受到创业低敏感性、较少创业知识和适应型认识风格的局限,机会社会性识别达到顶峰后逐渐下降	通过
C1-H7	系统变革型社会企业家利己动机对决策绩效的影响呈线性关系	通过
C1-H8	局部改善型社会企业家利己动机对决策绩效的影响呈现倒U形关系	未通过
C2-H1	社会创业采用机会模式1,营利性识别和社会性识别都会对决策绩效产生正向影响	通过
C2-H2	社会创业采用机会模式2,营利性识别会对决策绩效产生正向影响,而社会性识别则没有影响	通过
C2-H3	社会创业采用机会模式3,营利性识别会对决策绩效产生正向影响,而社会性识别则没有影响	通过
C2-H4	社会创业采用机会模式4,营利性识别和社会性识别都不会对决策绩效产生任何影响	通过
C3-H1	社会创业采用机会模式4,利己动机对社会创业决策绩效没有影响	通过

第八章

结论与展望

通过前面七章，本研究在社会创业理论的基础上，首先基于"双重动机"理论研究了同为创业者，为什么社会企业家选择社会创业而商业企业家选择商业创业，接着分析了社会企业家的创业动机如何通过机会识别最终影响创业决策的机制路径，最后研究了社会企业家类型和社会创业机会模式两个控制变量对决策机制的调节作用。本章将对前文的研究进行总结，阐述通过这三个研究得出的主要结论、理论贡献和实践启示，并对本书研究存在的局限性和不足之处进行说明，明确未来的可能研究方向。

第一节 主要研究结论

中国自从 20 世纪 90 年代以来，进入了急剧的社会转型，出现了大量社会问题，这些社会问题包括失业、贫富差距扩大、公平缺失、社会保障不健全、环境破坏等各类社会问题。公民社会在我国的逐渐兴起，大量 NPO（非营利组织）和 NGO（非政府组织）开始发挥积极的作用，但是由于种种制度原因（双重登记制度）它们无法发挥作用，因此社会创业组织就开始出现了（虽然它们具有不同的组织身份，但是它们拥有组织社会终极目的和企业营利性的双重特征），而领导社会创业的就是社会企业家，那么社会企业家为什么选择了社会创业、他们又如何做出具有积极社会影响力的决策，就是一个具有微观实践意义和理论探索意义的课题。

本书以社会企业家为研究主体，社会创业决策为研究对象，由社会创业的决策认知过程角度切入，研究社会创业动机如何通过机会识别来影响决策绩效的。本书围绕这个思路进行了三个研究，如图 8-1 所示，得出的结论分别回答了以下三个问题：

研究 1：创业者为什么选择社会创业？

研究 2：社会企业家是如何做出决策的？

研究 3：社会企业家如何提高决策绩效使社会创业更具有社会影响力？

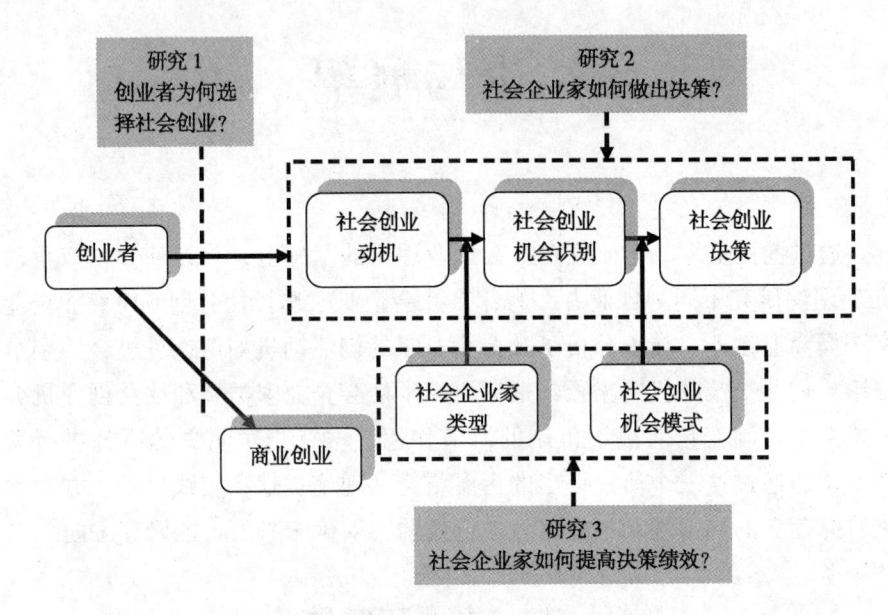

图 8－1　本书的三个研究问题

通过全书的论证分析，本书分别对图 8－1 所指出的三个研究问题进行了回答，并得出了以下主要结论：

（1）商业企业家利己动机明显强于利他动机，社会企业家利他动机和利己动机趋于均衡，创业领域选择分化的标准是"利他"动机

具体而言，本书基于"双重"动机理论，论证了社会企业家和商业企业家都具有利他动机和利己动机，在动机的结构构成上并没有显著的差别，而且社会企业家并不像先前学者们所认为的完全出于公益目的才进行社会创业，他们显然也有自利（自我实现、自我控制和风险不确定偏好）的动机，商业企业家也并非没有利他动机，在这一点上也修正了传统创业理论中对于驱动商业创业纯粹自利的假设，提出部分利他动机（社会正义、牺牲精神和公共政策制定）也是他们创业行为的一个驱动。

社会创业和商业创业分化选择的关键在于"利他"，由于我们得出社会企业家利他动机和利己动机没有显著性的差别，社会企业家利己动机与商业企业家利己动机没有显著差别。因此，只有商业企业家的利他动机相对来说特别低，实质上通过比较我们发现，利己动机并不是选择社会创业

和商业创业的驱动力，利他动机才是，利他动机显著性弱的创业者选择了商业创业，而利他动机较强的选择了社会创业。

(2) 社会创业动机通过机会识别的部分中介机制影响决策绩效

具体而言，是通过三条主体路径产生作用的，路径1：利他动机→机会营利性识别→决策绩效，路径2：利他动机→机会社会性识别→决策绩效，路径3：利己动机→决策绩效。因此这就形成了决策机制中机会识别的部分中介作用。这个研究的关键是发现利他动机和利己动机在创业决策机制过程中，在不同的环节起作用。利他动机有利于社会企业家发掘机会，进而正向提升决策绩效，而利己动机对机会发掘没有任何影响，而是在决策行为之前才产生作用，对决策绩效产生正向影响。

(3) 根据创业敏感性、以往知识存量和（适应—创新）认知风格三个标准区分的系统变革型社会企业家和局部改善型社会企业家，在利他动机对决策绩效的影响机制上呈现不同特征

①局部改善型社会企业家，利他动机与营利性识别的倒U形关系影响了利他动机与决策绩效的倒U形关系。

局部改善型社会企业家利他动机与营利性机会识别呈现倒U形关系，利他动机与社会性识别呈现线性关系，利他动机对决策绩效呈现倒U形关系。因此，利他动机营利性识别的倒U形关系影响了利他动机与决策绩效的倒U形关系。当局部改善型社会企业家中的一些人在社会创业经历了一个过程产生了一定规模的社会影响力的时候，他们会希望从事更大的公益事业，但是创业的决策绩效却下降了，这说明由于创业知识较少、敏感性不够、不愿意从事变革这三个特征使局部改善型社会企业家容易遇到绩效瓶颈。从原因来看，由于利他动机对社会性识别呈现线性关系，说明社会性识别并不受认知能力瓶颈限制，而对营利性的识别则受到认知瓶颈限制。因此，这时他们应该注重社会创业营利性活动知识的学习、提升营利性识别的创业敏感并且从事一些改变系统和制度的创业，才能取得更大的创业决策绩效。

②系统变革型社会企业家，利他动机与营利性识别、社会性识别和决策绩效都呈现显著的正相关线性关系。

系统变革型社会企业家，由于他们具有较强的社会创业营利性和社会性知识，对营利性和社会性机会的敏感性也很高，同时具有创新和变革的倾向，因此利他动机与决策绩效的正相关线性关系不受这三个因素的

影响。

（4）社会创业机会模式对与决策绩效的影响：全分离型优于半混合型，半混合型优于全混合型

实证结果显示，公益和商业服务对象以及提供的产品（服务）两者都分离的全分离型，营利性和社会性机会识别对决策绩效都有显著影响，由于完全分离提高了识别最佳机会的可能性，决策绩效较优；两种半混合型（一种是对象分离，产品混合；一种是产品混合，对象分离）使识别最佳机会的可能性降低，只有营利性识别对决策绩效产生影响，因为社会企业家由于资源缺乏，过度关注商业营利性及其所产生的利润，导致社会性识别不足从而使决策绩效较完全分离型差；完全混合型则使识别最佳机会的可能性进一步降低，营利性识别和社会性识别对决策绩效都没影响，这说明完全混合型的机会模式是无效模式，对同一公益服务对象群体提供的产品（服务）既有收费也有免费本身就是一种不公平和不公正所以决策绩效最差。

第二节 本研究的理论贡献和实践意义

一 本研究的理论贡献

本书通过社会创业动机通过机会识别对决策产生影响的研究，在社会创业理论、创业机会论、认知心理学和创业动机理论之间架起了联系的桥梁，对相关理论进行了拓展和深化，主要的理论贡献包括下述几个方面：

（1）在创业领域验证并丰富了"双重动机"理论

本书通过提出社会企业家和商业企业家都具有利他动机和利己动机的假设，并通过实证研究从结构上验证了这两种创业者的双重动机。本研究不仅验证了这两种创业者的双重动机，更把社会企业家和商业企业家的利他和利己动机进行了比较，发现时利他动机决定了他们选择不同创业领域的关键，因此本书从深度上丰富了创业领域的"双重动机"理论。

（2）在社会创业领域验证并深化了 Shane（2003）提出的创业动机对创业过程影响的理论

本书通过实证发现，社会创业动机在决策机制的不同过程都有作用，这符合 Shane（2003）年提出创业动机对每一个创业过程都有影响的理

论。但是 Shane 并没有指出在每一个创业过程中究竟哪个动机会产生作用个。本研究通过第六章的社会创业决策机制研究，发现利他动机在最开始对机会识别有影响进而对决策绩效产生影响，而利己动机直接对决策绩效产生影响，因此本书在社会创业领域深化了 Shane 的理论，找到了在不同创业阶段究竟是哪种动机在产生作用。

（3）在社会创业领域丰富了 Timmons（1999）的创业机会特征理论

Timmons（1999）对创业机会的特征进行了到目前为止最为丰富和完整的商业创业机会特征的分类，以后的创业机会研究大多沿用 Timmons 的机会特征结构，但是对于社会创业而言机会不仅具有商业性，而且具有社会性，因此本书通过对社会性因素的添加，从而形成了独特的"社会性""营利性"双重机会结构，这也符合社会产业双重底线的最重要特征。本书在这一点上丰富了 Timmons 的理论。

（4）在 Kim（2003）对社会创业机会模式进行分类的基础上，依据"双重底线"，首次提出了四种社会创业的机会模式

Kim（2003）对社会创业机会模式的分类来源于实践，但是并没有提出准确的区分标准，本书在探索性案例研究的基础上运用"双重底线"将社会产业的运营的实质区分为公益项目和商业项目，按照两类产品和服务对象是否一致两个标准，将社会创业的机会模式区分为四种类型：完全分离型，半混合型（两种）和全混合型。

本书主要在以上四个方面对理论研究做出了贡献。

二 本研究的实践意义

社会企业家是社会创业的主体，是通过社会创业解决中国不断涌现社会问题的关键执行者，他们所进行的社会创业在很大程度上弥补了政府和非营利组织提供公共服务的天然缺陷。对社会创业决策机制的研究将有助于社会企业家发现如何通过正确决策提升社会影响力。本书的研究内容是社会创业，但是出发点是社会企业家，因此本书的实践意义主要还是从社会企业家进行社会创业实践的角度提出。

（1）在社会创业融资时为社会项目投资者提供了解社会企业家创业的工具

在国外，特别是欧洲和美国，社会项目融资过程中，为了保证社会企业家能够真正地做到他嘴上所说的公益，资助者常常要测试社会企业家真

正的动机，虽然存在"社会期待效应"，但是通过问卷的合理设计和填写过程的合理设计仍然能够得到很多真实的社会企业家创业动机。本书的社会创业动机结构问卷就是一个工具。

（2）为社会企业家识别社会创业机会提供了一套判断的标准

本书在"双重底线"的基础上，提出了社会创业机会应该兼具有社会性和营利性两个方面。本书对社会性还提出了三个维度，分别是公平性、可行性和多元性；本书对营利性也提出了三个维度，分别是可获性、持续性和独占性。这些维度都有更加具体的指标支撑，这些维度及其背后的指标实际上就构成了一个什么是真正好的社会创业机会的标准。社会企业家可以依据这个标准来选择创业机会，并进行比较之后做出创业与否的决策。

（3）对局部改善型社会企业家要加强社会创业的再教育和培训

在研究中我们发现，局部改善型社会企业家，由于社会知识存量少，机会敏感性低，不愿进行变革，结果利他动机对决策绩效就产生了倒U形的关系，因此通过社会创业教育能够显著地提高他们的机会识别认知能力，从而使这种关系转化到正线性相关上，是他们利他的动机对决策绩效产生更加强的作用。这种培训和学习应该在社会创业综合知识观察能力提升和认知风格的改变及学习上。

（4）社会企业家要提高自己的决策绩效，就应尽可能选择完全分离的机会模式，而尽量不要选择完全混合的机会模式

在研究中我们发现，公益和商业服务对象、公益和商业提供的产品（服务）都分离的全分离型，营利性和社会性机会识别对决策绩效都有显著影响，由于完全分离提高了最佳机会识别的可能性，决策绩效较优；而完全混合型则显示营利性识别和社会性识别对决策绩效都没影响，这说明不仅最佳机会识别的可能性降到最低而且完全混合型的机会模式是无效模式，因为对同一公益服务对象群体提供的产品（服务）既有收费也有免费本身就是一种不公平和不公正，所以决策绩效最差。在不能选择完全分离模式的情况下，选择半混合模式。

本研究对社会创业实践的意义主要集中在以上四个方面。

第三节　本研究的不足

社会企业家如何进行更好的社会创业决策是社会创业领域一个重要的

课题，因为如果没有一个很好的决策，具体的创业行为将迷失在起点。本书针对上述提到的理论缺口，围绕社会企业家这一个决策核心，有针对性地对社会创业、创业机会、认知心理学和创业动机理论等相关研究的前沿理论进行展开的分析和讨论，继承并综合运用了这些领域内顶级的研究成果。通过本书的撰写，笔者在中国社会创业领域进行实践，进行实地调查，深入到社会企业家创业的过程中去分析和发现他们创业的动机，他们如何识别社会创业的机会，他们又是如何进行决策的，在严密的逻辑推演和理论分析下，构建了社会创业的决策机制模型。通过大样本的调查研究获取足够的数据，并运用 SPSS 和 AMOS 数理统计软件对模型和以模型为基础的观点的正确性和有效性进行过了验证，并且得到了一些较为新颖和具有实践意义的结论。

但是，由于所研究问题的复杂性和笔者的能力局限，本书研究仍存在许多不足和有待改善的地方，主要表现在以下几个方面：

（1）本书并未深入探究社会创业的外在环境，这个外在环境很可能是影响社会企业家动机形成和改变的关键

本书从社会创业动机出发进行研究，研究其通过机会识别对创业决策的影响机制，但是并未研究形成动机的外在环境因素和内在形成过程。学术界在动机究竟是内生（与生俱来的特质）的还是外生的（主要受到环境驱动）仍然存在一定的争论，在实践中也存在外在驱动的自救型社会企业家和内在驱动的慈善型社会企业家。本书并没有对这种争论进行深度的研究就是一个缺陷，本研究的后续研究将从这里展开。

（2）受到研究方法的限制，"社会期待效应"仍然难以完全排除

由于本书测量个体动机采用的是主观打分法，因此在被问及与社会总体期望一致的选项时，被访者往往会考虑与社会期望保持一致，而没有反映出自己的真实动机和想法，虽然本研究采用纯访谈式的问卷填写方法为主，但是社会期待效应仍然显著，这从利他动机的分值上可以明显判断。这是本书研究方法的一个缺陷，希望在以后的研究方法中采用心理实验的方法予以再验证。

（3）本书使用的动机量表和机会识别量表均为二阶，研究结果中缺少对一阶指标之间关系的深入探讨

由于一阶指标之间关系模型实在庞大与复杂，如果在本书中一一进行分析和回答，那么研究的工作量将非常大，本书仅仅选取了其中的一些重

要一阶相关指标关系进行深入的研究。这在一定程度上减少了结论,因此细化的研究将在未来一个一个展开。

(4) 本研究未对社会创业决策后的创业行为进行研究,也未区分组织类型

之所以未对决策之后的创业行为进行研究,主要原因是因为社会创业的组织类型有三种:企业,非营利组织和未正式登记的组织。这三种组织具有不同的法律框架和组织结构,在组织资源的获取、创业能力和创业绩效等各方面都有显著差异,因此,对这三类组织社会创业进行分开细化的研究是非常有必要和必需的。

第四节 未来研究展望

对于社会创业的研究,在学术界实际上还没有一个完整的研究框架,也很少有相应的实证研究。本书在以往经典研究的基础上对社会企业家创业动机通过机会识别对决策绩效的影响机制进行了一些创新的研究和探讨,除了得出一些较为新颖和有实践意义的结论外,同时也发现了一些值得更加深入探讨和分析的方向。

(1) 外部环境对社会创业动机的影响,验证究竟是外部主导还是内部主导

由于本研究并没有对动机产生的原因进行深入的研究,因此后续研究可以从外在环境和内在激发两个方面来验证对社会创业动机的影响,从而确定究竟是外在主导还是内在主导,抑或是双重主导。同时,可进一步研究动机与外部环境的交互作用,也就是环境对动机影响进而改变环境。

(2) 社会创业动机对机会识别一阶指标的细分影响研究

本书的研究仅仅验证了一个大的模型和结构,而对于一阶指标仍然需要更为细致的关系研究才能发现其中的相互影响关系。所以接下来笔者一定会对数据进行深度挖掘和研究。期待获得更多、更有实践和理论价值的结论。

(3) 对社会创业决策后展开决策后的完全行为研究,并且按照组织类型进行细分研究

创业过程理论将创业分为前创业和后创业,决策之前称为前创业,以创业认知理论研究为主;决策之后为后创业,以创业行为理论研究为主。

由于本研究集中在前创业阶段，接下来就需要对后创业进行展开的实证研究。由于社会创业和商业创业在组织类型的分布上表现出不同的特征，因此不能不区分组织类型。对社会创业后创业阶段，应该区分组织类型进行深度的研究，可以从战略理论研究的资源和能力观进行研究，也可以从社会学领域的"社会经济"理论进行研究——社会经济理论源于法国，是社会企业产生的一个重要理论源泉。

（4）随着中国社会创业的逐渐展开，成熟的社会创业项目逐渐形成，可以通过组织生命周期理论对其进行研究和分析

本研究主要还是集中在创业初期和早期的社会企业家，对他们的社会创业进行研究，随着实践的推进，理论必须要和实践紧密结合，因此生命周期理论的引入也是一个重要的研究方向。

综上所述，实际上社会创业本身作为一个全新的实践和研究领域，任何对其深入的研究都会对这个领域的研究具有很大的推动力，显然作者列举的这四个深入研究和展开方向仅仅是冰山一角，社会创业领域中极具理论价值和现实意义的主题还有很多很多，非常值得未来的研究深入钻研。

附录一

社会企业家社会创业的访谈提纲

一 调研对象

社会创业组织的核心创业领导者、主要管理者以及部分志愿者。

二 基本概念

社会创业：以营利性的手段来支撑社会目的，组织的终极目的是社会使命。

三 访谈提纲

1. 简单介绍一下目前您从事的公益事业，主要的工作、困难和主要的成果（针对所有被访人）。

2. 您为什么要进行社会创业？当初您的出发点是什么？发生了什么事情使您产生这样的想法？（针对社会企业家）

3. 您是如何发现社会创业机会的？您认为一个很好的社会创业机会应该包括哪些要素（比如很强的公益性，公平性，政府和企业的参与，要有独立的营利能力等）（针对社会企业家）？

4. 您从事的公益事业目前的绩效如何？（如社会影响力、社会投入产出比等）

5. 您认为造成某些社会弱势群体的弱势和某些不公平的社会现象是什么原因导致的？您认为如果要改变是要通过什么手段？（如直接给他们帮助，形成一种社会压力或者改变社会制度等）

您的社会创业公益提供的产品和商业提供的产品是否一致？公益服务对象和商业服务对象是否一致？

附录二

社会企业家与商业企业家创业动机调查问卷

尊敬的创业者:

您好!

本调查主要研究您创业的最终驱动力。问卷仅作为学术研究,您提供的任何信息我们都将会严格保密,不会对您个人和组织造成任何影响。劳烦您花费几分钟时间,根据实际经历或想法真实回答。您的回答对我们的研究十分重要,非常感谢您的合作。在您认为合适的选项上打"√"或者打"○"。

填写人(联系人):
邮件:
电话:

基本信息

1. 性别: □男 □女
2. 文化程度: □中学(初、高) □大学(本、专) □研究生(硕、博)
3. 创业的时间:□1年以下 □1—2年 □2—5年 □5年以上
4. 组织名称(具体组织或项目):
5. 组织规模:□5人以下 □5—10人 □10—20人 □20人以上

以下的问题是基于您进行创业行为源动力的分析,请您回答下列问题并进行选择。以下题项(1—7分)的分值分别表示1完全不同意、2不同意、3 较不同意、4 中立、5 较为同意、6 同意、7 完全同意。

题项	不同意——同意						
1 你很关注社会或社区正发生的事	1	2	3	4	5	6	7
2 你愿意通过创业为社会公共的利益做出贡献	1	2	3	4	5	6	7
3 现在社会上很多人看上去关心公共利益，但是他们大多只关心自己	1	2	3	4	5	6	7
4 大多数人共同的利益才是应该关心的	1	2	3	4	5	6	7
5 你愿意通过创业用你的力量来使世界变成一个更加公平的地方	1	2	3	4	5	6	7
6 如果社会中有部分人无法享受到社会发展所带来繁荣的话，那么实际上社会在恶化	1	2	3	4	5	6	7
7 即使被某些人认为是很愚蠢的，我也要通过创业为弱势群体的权利而奋斗	1	2	3	4	5	6	7
8 社会上每一个人都有平等的机会生存和发展	1	2	3	4	5	6	7
9 对你来说，对社会有所贡献比取得个人成就更为重要	1	2	3	4	5	6	7
10 你愿意自己承担损失来帮助别人	1	2	3	4	5	6	7
11 即使无法获得报酬，服务别人也会让你感觉良好	1	2	3	4	5	6	7
12 责任比自我实现更重要	1	2	3	4	5	6	7
13 你对制定（公共）政策很有兴趣	1	2	3	4	5	6	7
14 政府的公共政策是改变社会现状重要的手段	1	2	3	4	5	6	7
15 参与公共政策制定能把一个好的想法变成法律和法规	1	2	3	4	5	6	7
16 你关注公共政策的最新变化和大众对于公共政策的态度	1	2	3	4	5	6	7
17 你希望取得非凡的成就	1	2	3	4	5	6	7
18 你希望不断地进步和提高	1	2	3	4	5	6	7
19 你希望别人对你取得的成就有积极的反馈	1	2	3	4	5	6	7
20 你希望从成就和进步中不停地获得满足感	1	2	3	4	5	6	7
21 如果可能的回报很高，你会毫不犹豫地去做那些即使很可能失败的事情	1	2	3	4	5	6	7
22 你会借钱，如果投资的收益很高	1	2	3	4	5	6	7
23 解决一个复杂的问题要比简单的问题有意思得多	1	2	3	4	5	6	7
24 一个好工作是"做什么"和"怎么做"都很确定的事情	1	2	3	4	5	6	7
25 你觉得可以很好地掌控自己学习和工作的方向	1	2	3	4	5	6	7
26 你现在取得的成就主要是靠运气	1	2	3	4	5	6	7
27 你喜欢自己思考，自己做决定	1	2	3	4	5	6	7
28 你不喜欢对别人的想法言听计从	1	2	3	4	5	6	7

附录三

社会创业动机、机会识别与决策机制研究问卷

尊敬的公益创业者：

您好

本问卷调查主要对社会创业的动机、机会识别和创业的决策进行研究，目的是了解"面对复杂的社会需求，您为什么会选择社会创业，并且如何判断这些机会和进行创业决策的"。问卷仅作为学术研究，您提供的任何信息我们都将会严格保密，不会对您个人和组织造成任何影响。劳烦您花费几分钟时间，根据实际经历或想法真实回答。您的回答对我们的研究十分重要，非常感谢您的合作。在您认为合适的选项上打"√"或者打"○"。

【几个关键概念】

社会创业：通过创业活动并经过创业的过程，采用营利性的手段和方法来实现公益和社会性的目标。

非营利组织：经上级主管部门批准，在民政局登记注册的不以营利为目的的社会组织（包括事业单位）。

企业：在工商局登记注册，需要履行企业法律义务（如纳税）的经济组织。

未正式登记注册的民间组织：无法人和法律地位的民间自发组织。

【前提】（在答题前，请确认是否满足以下两个条件）

(1) 被调查人是（曾是）组织（项目）的主要运作人员或主要成员。

(2) 目前公益创业（项目）已经正式开始运营（而不是处于策划阶段）。

　　　　　　　　　　　　　　填写人（联系人）：

　　　　　　　　　　　　　　　　　　邮件：

　　　　　　　　　　　　　　　　　　电话：

第一部分 基本信息

1. 性别： □男 □女
2. 文化程度： □中学（初、高） □大学（本、专） □研究生（硕、博）
3. 从事公益创业的时间：□1年以下 □1—2年 □2—5年 □5年以上
4. 组织名称（具体组织或项目）：
5. 组织规模：□5人以下 □5—10人 □10—20人 □20人以上
6. 组织类型：□非营利组织 □企业 □未正式登记注册的民间组织
7. 你们公益项目与创业营利活动的关系：

公益目标群体和营利目标客户： □不同 □一致

公益提供的服务（产品）与营利提供的服务（产品）：□不同 □一致

（说明：比如社区公益食堂，既给老年人提供廉价的不营利饭菜，也给普通住户提供营利性的饭菜，那么这个情况就是目标群体不一致，但提供产品一致）

第二部分 个人特质调查

以下题项（1—7分）的分值分别表示1完全不同意、2不同意、3较不同意、4中立、5较为同意、6同意、7完全同意。

题项	不同意——→同意						
创业的敏感性							
1 你能够吸取他人对你有益的建议	1	2	3	4	5	6	7
2 你通过各种关系网络来寻找公益创业机会	1	2	3	4	5	6	7
3 你通过各种传播媒体来寻找公益创业机会	1	2	3	4	5	6	7
4 你会投入较多的时间来思考如何运营公益事业	1	2	3	4	5	6	7
5 你能够发现他人没发现的问题	1	2	3	4	5	6	7
6 你能够看到有价值的资源	1	2	3	4	5	6	7
7 你可以将几个看上去不关联的事情关联思考	1	2	3	4	5	6	7

续表

题项	不同意——→同意						
8 反常现象出现你也会认为是必然性在起作用	1	2	3	4	5	6	7
9 看似不经意的东西，你也保持关注和思考	1	2	3	4	5	6	7
10 你觉得未来充满了新奇，而不是周而复始	1	2	3	4	5	6	7
11 你预见到了既具有商业潜质又蕴含社会目的事物	1	2	3	4	5	6	7
12 你完全能够在较短时间里，对运营做出判断	1	2	3	4	5	6	7
创业的知识							
13 你对关注的领域充满好奇和兴趣感	1	2	3	4	5	6	7
14 你投入大量精力时间来学习商业技能和公益策略	1	2	3	4	5	6	7
15 你不断培育自身能力来获取兴趣领域的综合知识	1	2	3	4	5	6	7
16 通过积累你对商业运营具备了足够知识和经验	1	2	3	4	5	6	7
17 通过积累你对公益事业运营足够的知识和经验	1	2	3	4	5	6	7
认知的风格							
18 你做事总是以规章为主要标准	1	2	3	4	5	6	7
19 你面对权威时总是小心谨慎	1	2	3	4	5	6	7
20 没有得到正式允许，绝不开始工作	1	2	3	4	5	6	7
21 领导说什么就是什么	1	2	3	4	5	6	7
22 你喜欢做具体细节的工作	1	2	3	4	5	6	7
23 你不知疲倦地获取各种细节信息	1	2	3	4	5	6	7
24 你思考问题总是十分彻底	1	2	3	4	5	6	7
25 如果方案不能考虑到细节就不能执行	1	2	3	4	5	6	7
26 你有原创性的点子	1	2	3	4	5	6	7
27 你可以被激发出很多不同的设想	1	2	3	4	5	6	7
28 你容易受到信息激发而感到兴奋	1	2	3	4	5	6	7
29 你用全新的观点看待老问题	1	2	3	4	5	6	7

第三部分 社会创业的驱动力

以下题项（1—7 分）的分值分别表示 1 完全不同意、2 不同意、3 较不同意、4 中立、5 较为同意、6 同意、7 完全同意。

题项	不同意——同意						
1 你很关注社会或社区正发生的事	1	2	3	4	5	6	7
2 你愿意为社会公共的利益做出贡献	1	2	3	4	5	6	7
3 现在社会上很多人看上去关心公共利益,但是他们大多只关心自己	1	2	3	4	5	6	7
4 大多数人共同的利益才是应该关心的	1	2	3	4	5	6	7
5 你愿意用你的力量使世界变成一个更加公平的地方	1	2	3	4	5	6	7
6 如果社会中有部分人无法享受到社会发展所带来繁荣的话,那么实际上社会在恶化	1	2	3	4	5	6	7
7 即使被人认为是很愚蠢也要为弱势群体的权利奋斗	1	2	3	4	5	6	7
8 社会上每一个人都有平等的机会生存和发展	1	2	3	4	5	6	7
9 对你来说对社会有所贡献比取得个人成就更为重要	1	2	3	4	5	6	7
10 你愿意自己承担损失来帮助别人	1	2	3	4	5	6	7
11 即使无法获得报酬,服务别人也会让你感觉良好	1	2	3	4	5	6	7
12 责任比自我实现更重要	1	2	3	4	5	6	7
13 你对制定(公共)政策很有兴趣	1	2	3	4	5	6	7
14 政府的公共政策是改变社会现状重要的手段	1	2	3	4	5	6	7
15 参与公共政策制定能把一个好想法变成法律法规	1	2	3	4	5	6	7
16 你关注公共政策最新变化和大众对公共政策态度	1	2	3	4	5	6	7
17 你希望取得非凡的成就	1	2	3	4	5	6	7
18 你希望不断地进步和提高	1	2	3	4	5	6	7
19 你希望别人对你取得的成就有积极的反馈	1	2	3	4	5	6	7
20 你希望从成就和进步中不停地获得满足感	1	2	3	4	5	6	7
21 如果可能的回报很高,你会毫不犹豫地去做那些即使很可能失败的事情	1	2	3	4	5	6	7
22 你会借钱,如果投资的收益很高	1	2	3	4	5	6	7
23 解决一个复杂的问题要比简单的问题有意思得多	1	2	3	4	5	6	7
24 好工作是"做什么"和"怎么做"都很确定	1	2	3	4	5	6	7
25 你觉得可以很好地掌控自己学习和工作的方向	1	2	3	4	5	6	7
26 你现在取得的成就主要是靠运气	1	2	3	4	5	6	7
27 你喜欢自己思考,自己做决定	1	2	3	4	5	6	7
28 你不喜欢对别人的想法言听计从	1	2	3	4	5	6	7

第四部分 社会创业的机会识别

以下题项（1—7 分）的分值分别表示 1 完全不同意、2 不同意、3 较不同意、4 中立、5 较为同意、6 同意、7 完全同意。请就你们目前社会创业（项目）的实际情况进行回答。

题项	不同意——→同意						
1 营利活动对象接受产品（或服务），愿意为此付费	1	2	3	4	5	6	7
2 有一定的市场规模，能达到盈亏平衡以上	1	2	3	4	5	6	7
3 产品（或服务）有较低的成本	1	2	3	4	5	6	7
4 产品（或服务）有一定附加值	1	2	3	4	5	6	7
5 有可持续的收入	1	2	3	4	5	6	7
6 有良好稳定的现金流支撑	1	2	3	4	5	6	7
7 市场规模较为稳定	1	2	3	4	5	6	7
8 销售渠道较为稳定	1	2	3	4	5	6	7
9 有某种专利或者某种独占性	1	2	3	4	5	6	7
10 有杰出的管理团队和关键人员	1	2	3	4	5	6	7
11 有独特的运营模式	1	2	3	4	5	6	7
12 竞争者较少	1	2	3	4	5	6	7
13 获广泛支持（包括运营团队、政府和服务对象等）	1	2	3	4	5	6	7
14 各利益相关者的诉求明确	1	2	3	4	5	6	7
15 外部监督或协调有效	1	2	3	4	5	6	7
16 有成熟的社会问题解决方案	1	2	3	4	5	6	7
17 社会问题的特征和社会需求比较明显	1	2	3	4	5	6	7
18 社会需求强烈	1	2	3	4	5	6	7
19 社会问题解决方案切合社会需求	1	2	3	4	5	6	7
20 绝大多数公益目标受益	1	2	3	4	5	6	7
21 公益目标之间受益的程度较均等	1	2	3	4	5	6	7
22 公益目标有平等的机会享受项目中的公益服务	1	2	3	4	5	6	7
23 公益目标有平等的机会获取公益服务的信息	1	2	3	4	5	6	7

第五部分 公益创业的决策

请您根据你们社会创业决策的实际情况进行填写，该题项操作与前相同。

题项	不同意——→同意						
1 你们的创业决策是一个能积极促进劳动和就业的决策	1	2	3	4	5	6	7
2 你们的创业决策是一个能积极促进生活环境和生活质量（物质和精神）提升的决策	1	2	3	4	5	6	7
3 你们的创业决策是一个能积极促进社会公共服务水平提升的决策	1	2	3	4	5	6	7
4 你们的创业决策是一个能积极促进受益群体收入提高的决策	1	2	3	4	5	6	7
5 你们的创业决策是一个能积极提升社会产出和社会投入比率的决策（社会投入包括商业投入和公益投入，社会产出包括商业产出和社会产出）	1	2	3	4	5	6	7
6 你们的创业决策是一个能积极增加受益群体满意度的决策	1	2	3	4	5	6	7
7 你们的创业决策是一个能积极增加其他利益相关者（政府、投资者、运营者和监督者）满意度的决策	1	2	3	4	5	6	7
8 你们的创业决策使得受益群体获得了"获益的能力"而不是单纯的"获益"	1	2	3	4	5	6	7

参考文献

[1] Alford, S. H., Brown, L. D., Letts, C. W. Social Entrepreneurship: Leadership that Facilitates Societal Transformation. Working paper, Center for Public Leadership, In John F. Kennedy School of Government, 2004.

[2] Ana Maria Peredo, Murdith McLean. Social Entrepreneurship: A Critical Review of the Concept. Journal of World Business, 2006, 41, 56 – 65.

[3] Andrew Wolk. Social Entrepreneurship and Government: A New Breed of Entrepreneurs Developing Solutions to Social Problems. www. sba. gov. Working Paper. 2006.

[4] Ardichvili A., Cardozob R. Theory of Entrepreneurial Opportunity Identification and Development. Journal of Business Venturing, 2003, 18 (2), 105 – 123.

[5] Arnold, M. Emotion and Personality: Psychological Aspects. New York: Columbia University Press, 1960.

[6] Arnstein, S. R. A Ladder of Citizen Participation. Journal of the American Institute of Planners, 1969, 35, 216 – 224.

[7] Arthur C. Brooks. Social Entrepreneurship A Modern Approach to Social Value Creation. New York: Prentice Hall, 2008.

[8] Asthana, S. Women's Health and Women's Empowerment: A Locality Perspective. Health and Place, 1996, 2 (1), 1 – 13.

[9] Ayse Guclu, J. Gregory Dees, Beth Battle Anderson. The Process of Social Entrepreneurship: Creating Opportunities Worthy of Serious Pursuit. www. faculty. fuqua. duke. edu/ ~ gdees/bio/deesvita. pdf, 2002.

[10] Austin, J., Stevenson, H., Wei – Skillern, J. Social and Commercial Entrepreneurship: Same, Different or Both? Entrepreneurship: Theory

& Practice, 2006, 30 (1), 1 - 22.

[11] Baldwin J. M. Public versus Private: Not That Different, Not that Consequential. Public Personnel Management, 1987, 16 (2), 181 - 193.

[12] Bandura, A. Elf - Efficacy. The Exercise of Control. New York: W. H. Freeman, 1997.

[13] Baker, T., Nelson, R. Creating Something from Nothing: Resource Construction through Entrepreneurial Bricolage. Administrative Science Quarterly, 2005, 50, 329 - 366.

[14] Baker, T., Gedjlovic, E., Lubatkin, M. A Framework for Comparing Entrepreneurial Processes across Nations. Journal of International Business Studies, 2005, 36, 492 - 504.

[15] Barber, K. The Canadian Oxford Dictionary. Toronto, Oxford, New York: Oxford University Press, 1998.

[16] Baron, R. A. Markman, G. D. Cognitive Mechanism: Potential Differences between Entrepreneurs and Non - entrepreneurs. Frontiers of Entrepreneurship Research. Wellesley MA: Babson College, 2005.

[17] Baron, R. A. Markman, G. D. Person - entrepreneurship Fit: the Role of Individual Difference Factors in New Venture Formation. Journal of Business Venturing, 2003, 18 (1), 41 - 60.

[18] Baron, R. A. Ward, T. B. Expanding Entrepreneurial Cognition's Toolbox: Potential Contributions from the Field of Cognitive Science. Entrepreneurship Theory and Practice, 2004, 28 (6), 553 - 575.

[19] Baron, R. A. Cognitive Foundations of Opportunity Recognition: Identifying the Cognitive Prototypes of Repeat Entrepreneurs. Frontiers of Entrepreneurship Research, Wellesley MA: Babson College, 2005.

[20] Baron, R. A. Counterfactual Thinking and Venture Formation: the Potential Effects of Thinking about What might have been. Journal of Business Venturing, 2000, 15 (1), 79 - 92.

[21] Baron, R. A. Opportunity Recognition: a Valuable Tool for Answering Entrepreneurship's Basic Why Questions. Entrepreneurship Conference, 2004.

[22] Baron, R. M. Kenny, D. A. The Moderator - mediator Variable Dis-

tinction in Social Psychological Research: Conceptual, Strategic, and Statistical Considerations. Journal of Personality and Social Psychology, 1986, 51 (6), 1173 – 1182.

[23] Barrow C. J. Social Impact Assessment: an Introduction. London: Am old, 2000.

[24] Bassey. Case Study Research in Educational Settings. Buckingham and Philadelphia: Open University Press, 1999.

[25] Ben & Jerry's Homemade Holdings Inc. Ben and Jerry's. http: // www. benjerry. com/our_ company/ur_ mission/, Retrieved 4 June 2005.

[26] Binswanger, H. Volition as Cognitive Self – regulation. Organizational Behavior and Human Decision Processes, 1991, 50 (3), 154 – 178.

[27] Bird, B. Implementing Entrepreneurial Ideas: The Case for Intention. Academy of Management Review, 1988, 13 (3), 442 – 453.

[28] Borins, S. Loose Cannons and Rule Breakers, or Enterprising Leaders? Some Evidence about Innovative Public Managers. Public Administration Review, 2000 (60), 498 – 507.

[29] Bornstein, D. The Price of a Dream, The Story of the Grameen Bank. Chicago: University of Chicago, 1996.

[30] Bornstein, D. Changing the World on a Shoestring. The Atlantic Monthly, 1998, 281 (1), 34 – 39.

[31] Botes, L. , & van Rensburg, D. Community Participation in Development: Nine Plagues and Twelve Commandments. Community Development Journal, 2000, 35, 41 – 58.

[32] Branch, Kristi, Hooper, Douglas A. , Thompson, James and Creighton, James C. Guide to Social Impact Assessment. Boulder, CO: Westview Press, 1983.

[33] Branch, Kristi M. and Ross, Helen. Scoping for Social Impact Assessment in Social Impact Analysis, An Applied Anthropology Manual edited by Laurence R. Goldman. Boulder, CO: New York, NY: Berg, 2000.

[34] Brewer A. Selden S C. Whistle Blowers in the Federal Civil Service: New Evidence of the Public Service Ethic. Journal of Public Administration Research and Theory, 1988, 8 (3), 413 – 440.

[35] Buchanan, Bruce II. Red Tape and the Service Ethic: Some Unexpected Differences between Public and Private Managers. Administration and Society, 1975, 4 (1), 423 – 444.

[36] Buehler, R., Griffin, D., Rposs, M. Exploring the Planning Fallacy: Why People Underestimate their Task Completion Times. Journal of Personality and Social Psychology, 1994, 67 (3), 984 – 996.

[37] Burdge, Rabel J., Helen. A Community Guide to Social Impact Assessment. Middleton, WI: Social Ecology Press, 1994.

[38] Burdge, Rabel J., Helen. A Conceptual Approach to Social Impact Assessment. Middleton, WI: Social Ecology Press, 1998.

[39] Burdge, Rabel J., Helen. A Brief History and Major Trends in the Field of Social Impact Assessment in a Conceptual Approach to Social Impact Assessment. Middleton, WI: Social Ecology Press, 1998b, 3 – 12.

[40] Burdge, Rabel J. and Johnson, Sue. Social Impact Assessment: Developing the Basic Model in a Conceptual Approach to Social Impact Assessment. Middleton, WI: Social Ecology Press, 1998, 13 – 29.

[41] Burdge, Rabel. J. and Robertson, Robert. A. Social Impact Assessment and The Public Involvement Process in a Conceptual Approach to Social Impact Assessment. Middleton, WI: Social Ecology Press, 1998, 183 – 192.

[42] Busenitz, L. Research on Entrepreneurial Alertness: Sampling, Measurement, and Theoretical Issues. Journal of Small Business Management, 1996, 34 (4), 35 – 44.

[43] Busenitz, L. W., Barney, J. B. Difference between Entrepreneurs and Managers in Large Organizations: Biases and Heuristics in Strategic Decision – making. Journal of Business Venturing, 1997, 12 (1), 9 – 30.

[44] Busenitz, L. W, West, P., Shepherd, D. Entrepreneurship in Emergence: Past Trends and Future Directions. Journal of Management, 2003, 29 (3), 295 – 308.

[45] Bygrave, D. W., D' Heilly, D., McMullen, M., & Taylor, N. Not – for – Profit Entrepreneurship: Towards an Analytical Framework. Paper presented at the Babson College Entrepreneurship Research Conference, Seattle, 1996.

[46] Calman, L. J. Towards Empowerment: Women and Movement Politics in India. Boulder, Colorado: Westview Press, 1992.

[47] Campbell, S. Social Entrepreneurship: How to Develop New Social – purpose Business Ventures. Health Care Strategic Management, 1997, 16 (5), 17 – 18.

[48] Carney, M. , Gedajlovic, E. The co – evolution of Institutional Environments and Organizational Strategies: The Rise of Family Business Groups in the ASEAN Region, Organizational Studies, 2002, 23 (1), 1 – 29.

[49] Casson, M. The Entrepreneur. Totowa, N. J: Barnes & Noble Books, 1982.

[50] CCSE (Canadian Centre for Social Entrepreneurship). Social Entrepreneurship Discussion Paper, www. ccsenet. org, 2001.

[51] Charles C. H. , Eric A. N. , William J. M. , Dennis R. B. Community based Social Impact Assessment: the Case of Salmon Recovery on the Lower Snake River. Impact Assessment and Project Appraisal, 2003 (6), 66 – 89.

[52] Christopher L. Shook, Richard L. Priem, Jeffrey E. McGee. Venture Creation and the Enterprising Individual: A Review and Synthesis. Journal of Management, 2003, 29 (3), 379 – 399.

[53] C. Nicholas Taylor. Social Assessment: Theory, Process and Techniques. Dog – Eared Publications (Subsidiary: Social Ecology Press), 2004.

[54] Conger, J. A. , & Kanungo, R. N. The Empowerment Process: Integrating Theory and Practice. Academy of Management Review, 1988, 3, 471 – 482.

[55] Cook, B. , Dodds, C. , & Mitchell, W. Social Entrepreneurship: False Premises and Dangerous Forebodings, Centre of Full Employment and Equity, University of Newcastle, Working Paper, www. edu. mah. se/OL602B/syllabus/, 2003.

[56] Conner, K. R. , Prahalad, C. K. A Resource – based Theory of the Firm: Knowledge versus Opportunism, 1996, 7, 477 – 501.

[57] Constanza, Robert, Cumberland, John, Daly, Herman, Goodland, Robert and Norgaard, Richard. An Introduction to Ecological Economics. St. Lucie Press, 1995.

[58] Cornwall, J. The Entrepreneur as Building Block for Community, Journal of Developmental Entrepreneurship, 1998, 3 (2), 141-148.

[59] Cooper, A. C., Dynkelberg, W. C. Entrepreneurial Research: Old Question, New Answers, and Methodological Issues. American Journal of Small Business, 1987, 11 (3), 11-23.

[60] Cooper, A., Woo, C. Dunkerlberg, W. Entrepreneurship and the Initial Size of Firms. Journal of Business Venturing, 1989, 3 (2), 97-108.

[61] COSMOS Corporation. National Evaluation of Local Law Enforcement Block Grant Pprogram: Final Report for Phase I. Bethesda, MD: Author, 2001, 3.

[62] Couto, R. A. Community Coalitions and Grassroots Policies of Empowerment. Administration and Society, 1998, 30 (5), 569-594.

[63] Crewson P. E. Public Service Motivation: Building Empirical Evidence of Incidence and Effect. Journal of Public Administration Research and Theory, 2005, 2 (2), 117-131.

[64] Crowne, D., Marlowe, D. The Approval Motive. New York: Wiley, 1964, 117-131.

[65] Cyert, R. A., March, J. G. Behaviourial Theory of the Firm. Toronto, Oxford, Englewood Cliffs, NJ: Prentice Hall, Inc., 1963.

[66] Cunningham, B., & Lischeron, J. Defining Entrepreneurship, Journal of Small Business Management, 1991, 29 (1), 45-61.

[67] Day, P., & Klein, R. Accountabilities: Five Public Services. London: Tavistock, 1987.

[68] Dees, J. Gregory. The Meaning of Social Entrepreneurship, www.gpnnet.com/perspective/social_ entrepreneurship.htm, 21 June, 2001.

[69] Dees, J. Gregory. Enterprising Nonprofits. Harvard Business Review, 1998 (76), 55-67.

[70] Dees, J. Gregory. Taking Social Entrepreneurship Seriously. Society, 2007 (44), 24-31.

[71] Dees, J. G., & Elias, J. The Challenges of Combining Social and Commercial Enterprise. Business Ethics Quarterly, 2007 (44), 24-31.

[72] Dennis R. B., Charles C. H., Eric A. N., William J. M. An Com-

parison of a Technical and a Participatory Application of Social Impact Assessment. Impact Assessment and Project Appraisal, 2004 (9), 112 - 145.

[73] Dorado, S. Social Entrepreneurial Ventures: Different Values so Different Process of Creations, No. Journal of Developmental Entrepreneurship, 2006, 319 - 343.

[74] Downs, Anthony. Inside Bureaucracy. Boston: Little, Brown, 1967.

[75] Douglas W. Naffziger, Jeffrey. S. Hornsby, Donald F. Kuratko. A Proposed Research Model of Entrepreneurial Motivation. Entrepreneurship Theory and Practice, 1994, 15 (1), 45 - 54.

[76] Drucker, P. F. Business, Innovation and Entrepreneurship. New York: Harper & Row Publishers, 1985.

[77] Drucker, P. Innovation and Entrepreneurship. New York: Prentice Hall, 1985.

[78] Drucker, P. The Practice of Management and Theodore Levitt Marketing Myopia. Harvard Business Review, 1975, 116 (5), 54 - 64.

[79] Duncan RB. Characteristics of Organizational Environments and Perceived Environmental Uncertainty. Administrative Science Quarterly, 1972, 17, 313 - 327.

[80] Dutton J. E. Jackson S. E. Categorizing Strategic Issues: Links to Organizational Action. Academy of Management Review, 1987, 1 (12), 76 - 90.

[81] Ebrahim, A. Accountability in Practice Mechanisms for NGOs. World Development, 2003, 31 (5), 813 - 829.

[82] Eckhardt, J. T., Shane, S. A. Opportunities and Entrepreneurship. Journal of Management, 2003, 29 (3), 333 - 349.

[83] Edwards, M., & Hulme, D. Business, Introduction and Overview. In M. Edwards, & D. Hulme (eds.), NGO Performance and Accountability. London: Earthscan, 1995.

[84] Edwin A. Locke. Motivation Cognition and Action: An Analysis of Studies of Task Goals and Knowledge. Applied Psychology: An International Review, 2000, 49 (3), 408 - 429.

[85] Eisenhardt, K. M. Building Theories from Case Study Research. Academy of Management Review, 1989, 14 (4), 532 – 550.

[86] Eisenhardt, K. M. & Martin J. A. Dynamic Capabilities: What are they. Strategic Management Journal, 2000, 21, 1105 – 1121.

[87] Emerson, J. The U. S. Non – Profit Capital Market: An Introductory Overview of Developmental Stages, Investors and Funding Instruments. American Philanthropy Review, 1998, 15 (34), 64 – 78.

[88] Emerson, J. Blended Value Map. www. blendedvalue. org, 2003 – 11 – 15.

[89] Ferejohn, J. Accountability and Authority: Towards a theory of political accountability. In Przeworski (ed.), Community, Accountability and Representation. London: Cambridge University Press, 1999.

[90] Forbes, D. P. Cognitive Approaches to New Venture Creation. International Journal of Management Reviews, 1999, 1 (4), 415 – 439.

[91] Forgas, J. P. Mood and Judgment: The affect Infusion Model. Psychological Bulletin, 1995, 117 (1), 39 – 66.

[92] Forlani, D., Mullins, J. W. Perceived Risks and Choices in Entrepreneurs' New Venture Decision. Journal Business Venturing, 2000, 15, 305 – 322.

[93] Fowler, A. NGOs as a Moment in History: Beyond aid to Social Entrepreneurship or Civic Innovation. Third World Quarterly, 2000, 21 (4), 637 – 654.

[94] Foxall, G. R., Hackett, P. M. The Factor Structure and Construct Validity of the Kirton Adaption – Innovation Inventory. Personality and Individual Difference, 1992, 13 (9), 967 – 975.

[95] Foxall, G. R. Cognitive Styles of Consumer Initiators. Technovation, 1995, 15 (5), 269 – 288.

[96] Frank Vanclay. Social Impact Assessment Method. Social Impact Assessment Special Publication, 2003, 2 (5), 269 – 288.

[97] Frank, V. International Principles for Social Impact Assessment. Impact Assessment and Project Appraisal, 2003 (3), 47 – 65.

[98] Frank Vanclay. Conceptualizing Social Impact. Environment Impact

Assessment Review, 2002 (22), 183 – 211.

[99] Frederickson H. G. Hart D. K. The Public Service and the Patriotism of Benevolence. Public Administration Review, 1985, 45 (5), 547 – 553.

[100] Gabris G., Simo G. Public Sector Motivation as an Independent Variable Affecting Career Decisions. Public Personnel Management, 1995, 24 (1), 33 – 51.

[101] Gartner, W., Bird, B. Starr, J. Acting as if: Differentiating Entrepreneurial From Organizational Behavior. Entrepreneurship Theory and Practice, 1992, 16 (3), 13 – 31.

[102] George A. Steiner & John F. Steiner. Business, Government and Society. Beijing: Huaxia Publishing Co., Ltd., 2002.

[103] Goldman, Laurence R. Social Impact Analysis: An Applied Anthropology Manual. New York, NY: Berg, 2000.

[104] Goldman, Laurence and Baum, Scott. Social Impact Analysis: An Applied Anthropology Manual. New York, NY: Berg, 2000, 1 – 34.

[105] Greenberger, D. B., Sexton, D. L. An Interactive Model of New Venture Creation. Journal of Small Business Management, 1988, 26 (3), 107.

[106] Hambrick, D. C. and D. Lei. Toward an Empirical Prioritization of Contingency Variables for Business Strategy. Academy of Management Journal, 1985, 2 (2), 11 – 13.

[107] Hansmann, Henry. The Role of Nonprofit Enterprise. Yale Law Journal, 1980 (89), 836 – 901.

[108] Hayek, F. A. The Use of Knowledge in Society. American Economic Review, 1945 (35), 519 – 530.

[109] Helen R., Tark M. Conceptual Frameworks for SIA Revised: a Cumulative Effects Study on Lead Contamination and Economic Change. Impact Assessment and Project Appraisal, 2006 (6), 156 – 197.

[110] Henk A. B., Frank V. The International Handbook of Social Impact Assessment. Cram, 2006.

[111] Henk A. B., Frank V. The International Handbook of Social Impact Assessment: Conceptual and Methodological Advances. Edward Elgar Pub,

2006.

[112] Henk A. B. Social Impact Assessment: Method and Experience in Europe, North America and the Developing World. Roufledge, 1997.

[113] Henton, D., Melville, J., & Walesh, K. The Age of the Civic Entrepreneur: Restoring Civil Society and Building Economic Community. National Civic Review, 1997 (86), 149–156.

[114] Hibbert, S. A., Hogg, G., & Quinn, T. Consumer Response to Social Entrepreneurship: The Case of the Big Issue in Scotland. International Journal of Nonprofit and Voluntary Sector Marketing, 2001 (7), 288–301.

[115] Higgins, E. T. Promotion and Prevention: Regulatory Focus as a Motivational Principle. New York: Academic Press, 1998.

[116] Higgins, E. T., Friedman, R. S., Harlow, R. E., Idson, L. C., Ayduk, O. N., Taylor, A. Achievement Orientations from Subjective Histories of Success: Promotion Pride versus Prevention Pride. European Journal of Social Psychology, 2001, 31 (3), 3–23.

[117] Houston D. J. Public Service Motivation: A Multivariate Test. Journal of Public Administration Research and Theory, 2000, 10 (4), 713–727.

[118] Howard H. Stevenson, David E. Gumpert. The Heart of Entrepreneurship. The Harvard Business Review, 1985.

[119] Inter-organizational Committee on Guidelines and Principles for Social Impact Assessment. Guidelines and Principles for Social Impact Assessment. Environment Impact Assessment Review, 1995 (15), 11–43.

[120] Jasper Ingersoll. "Social analysis in AID and the World Bank", see Methods for Social Analysis in Developing Countries, edited by Kurt Finsterbusch, Jasper Ingersoll and Lynn Llewellyn. Boulder and London: Westview Press, 1990.

[121] Jenkins, R., & Goetz, A. M. Accounts and Accountability: Theoretical Implications of the Right to Information Movement in India. Third World Quarterly, 1999, 20 (3), 603–622.

[122] Johanna Mair, Ignasi Marti. Social Entrepreneurship Research: A Source of Explanation, Prediction, and Delight. Journal of World Business,

2006 (41), 36 -44.

[123] Jorgensen, L. What are NGOs doing in Civil Society. In Clayton (ed.). NGOs, Civil Society and the State Building Democracy in Transition Societies, NGO Management and Policy Series, No. 5. Oxford: INTRAC, 1996.

[124] Joshi, A., & Moore, M. Enabling environments: Do Anti - poverty Programs Mobilize the Poor. The Journal of Development Studies, 2000, 37 (1), 25 -56.

[125] Kabeer, N. Resources, Agency, Achievements: Reflections on Measures of Women's Empowerment. Development and Change, 1999, 30 (3), 435 -464.

[126] Kahneman, D., Lovallo, D. Timid Choices and Bold Forecasts: A Cognitive Perspective on Risk - taking. Management Science, 1994, 39 (1), 17 -31.

[127] Kahneman, D., Tversky, A. Prospect Theory: an Analysis of Decision under Risk. Econometrica, 1979 (47), 263 -290.

[128] Kai Hockerts. Chapter submitted for Publication in Handbook of Research in Social Entrepreneurship (eds). Johanna Mair, Jeff Robertson, and Kai Hockerts, Palgrave, 2006.

[129] Kalleberg, A. L., & Leicht, K. T. Gender and Organizational Performance: Determinants of Small Business Survival and Success. Academy of Management Journal, 1991 (1), 136 -161.

[130] Kanter, R. M., & Summers, D. V. Doing Well while Doing Good: Dilemmas of Performance Measurement in Non - Profit Organizations and the Need for a Multiple - Constituency Approach. InW. W. Powell (ed.), Non - Profit Sector: A Research Handbook. New Haven, CN: Yale University Press, 1987.

[131] Katz, J., Gartner, W. B. Properties of Emerging Organizations. Academy of Management Reviews, 1988, 13 (3), 429 -441.

[132] Kelman, Steven. Public Choice and Public Spirit. Public Interest, 1987, 87, 80 -94.

[133] Keohane, R. O. Commentary on the Democratic Accountability of Non - governmental Organizations. Chicago Journal of International Law, 2002,

3 (2), 477 - 479.

[134] Kilby, P. Is Empowerment Possible under a New Public Management Environment? Some Lessons from India. International Public Management Journal, 2004, 7 (2), 207 - 225.

[135] Kim Alter. Social Enterprise: A Typology of the Field Contextualized in Latin America. Working Paper, www. socialedge. org, 2003.

[136] King, P. J., & Roberts, N. C. Policy Entrepreneurs: Catalysts for Policy Innovation. Journal of State Government, 1987 (60), 172 - 178.

[137] King, Thomas F. How the Archeologists Stole Culture: A Gap in American Environmental Impact Assessment Practice and How to Fill It. Environmental Impact Assessment Review, 1998 (18), 117 - 133.

[138] King, Thomas F. What should be the Cultural Resources Element of an EIA. Environmental Impact Assessment Review, 2000 (20), 5 - 30.

[139] Kirzner, I. Competition and Entrepreneurship. Chicago: The University of Chicago Press, 1973.

[140] Kirzner, I. M. Entrepreneurial Discovery and the Competitive Market Process: An Austrian Approach. Journal of Economic Literature, 1997, 35 (1), 60 - 85.

[141] Knight, F. H. Risk, Uncertainty, and Profit. Boston: Boston, 1921.

[142] Knight, G. A. Cross - Cultural Reliability and Validity of a Scale to Measure Firm Entrepreneurial Orientation. Journal of Business Venturing, 1997, 12 (3), 213 - 225.

[143] Knight, R. M. Corporate Innovation and Entrepreneurship: A Canadian Study. Journal of Product Innovation Management, 1987, 4 (4), 284 - 297.

[144] Knoke, David, Wright - Isak, Christine. Individual Motives and Organizational Incentive Systems. Research in the Sociology of Organizations, 1982, 1, 209 - 254.

[145] Kramer, Ralph. M. 3rd Sector in the third Millennium? Voluntas. International Journal of Voluntary and Nonprofit Organizations, 2000, 11 (1), 1 - 23.

[146] Krueger, N. F. Dickson, P. How Believing in Ourselves Increase Risk Taking: Self – efficacy and Perceptions of Opportunity and Threat. Decision Science, 1994, 25 (3), 385 – 400.

[147] Krueger, N. F. The Cognitive Infrastructure of Opportunity Emergence. Entrepreneurship Theory and Practice, 2000, 24 (3), 5 – 23.

[148] Krueger, N. F. The Impact of Entrepreneurship Exposure on Perceptions of New Venture Feasibility and Desirability. Entrepreneurship Theory and Practice, 1993, 18 (31), 5 – 21.

[149] Krueger, N. F. Relly, M. D. Carsrud, A. L. Competing Models of Entrepreneurial Intentions. Journal of Business Venturing, 2000, 15 (5 – 6), 411 – 432.

[150] Kuratko, D. E, Hornsby, J. S. Naffziger, D. W. An Examination of Owner Goals in Sustaining Entrepreneurship. Journal of Small Business Management, 1997, 1 (1), 24 – 32.

[151] Larsen, A., Bundesen, C. A Template – matching Pandemonium Recognizes Unconstrained Handwritten Characters with High Accuracy. Memorial Cognition, 1996, 24 (1), 136 – 143.

[152] Lazarus, R. Passion and Reason. New York: Oxford, 1994.

[153] Leadbeater, C. The Rise of the Social Entrepreneur. London: Demos. Law, K, 1997.

[154] Letts, C. W., Ryan, W. P., & Grossman, A. High Performance Non – Profit Organizations: Managing Upstream for Greater Impact. New York, NY: John Wiley & Sons Inc., 1999.

[155] Levi – Strauss, C. The Savage Mind. London: Weidenfeld and Nicolson, 1966.

[156] Lewis, E. Public Entrepreneurship: Toward a Theory of Bureaucratic Power. Bloomington, IN: Indiana University Press, 1980.

[157] Lindsay N J., Crmg J. A Framework for Understanding Opportunity Recognition: Entrepreneurs Private Equity Financiers. Journal of Private Equity, 2002, 6, 13 – 24.

[158] Macy, John. Public Service: The Human Side of Government. New York: Harper and Row, 1971.

［159］ Malaviya, P., Singhal, A., Svenkerud, P. J., & Srivastava, S. S Telenor in Bangladesh: the Prospect of Doing Good and Doing Well. INSEAD: Fontainebleau, 2004.

［160］ Markman, G., Balkin, D. B., Baron, R. A. Inventor's Cognitive Mechanisms as Predictors of New Venture Formation. Paper Presented at the Meeting of the Academy of Management, Washington, DC, 2001.

［161］ Martin, M. J. C. Managing Technological Innovation and Entrepreneurship. Reston, VA: Reston Publishing, 1984.

［162］ Martin, R. J., Osberg, S. Social Entrepreneurship: The Case for a Definition, Stanford Social Innovation Review, 2007, 29 – 39.

［163］ Matlin, M. W. Cognition, 5th ed. Harcourt College: Fort Worth, 2002.

［164］ McDonald, C. Internal Control and Accountability in Non – profit Human Service Organizations. Australian Journal of Public Administration, 1999, 58 (1), 11 – 22.

［165］ McGee, J. E., Dowling, M. J., & Megginson, W. L. Cooperative Strategy and New Venture Performance: The Role of Business Strategy and Management Experience. Strategic Management Journal, 1995, 16, 565 – 580.

［166］ McLelland, D. C. The Two Faces of Power. Journal of International Affairs, 1970, 24 (1), 29 – 47.

［167］ M. E. Porter & Claas van der Linde. Green and Competitive: Ending the Stalemate. Harvard Business Review, 1995, 73 (5), 165 – 178.

［168］ M. E. Porter & M. R. Kramer. The Link between Competitive Advantage and Corporate Social Responsibility. Harvard Business Review, 2006, 84 (12), 78 – 92.

［169］ M. E. Porter & M. R. Kramer. The Competitive Advantage of Corporate Philanthropy. Harvard Business Review, 2003, 2, 40 – 55.

［170］ Merz, G. R., & Sauber, M. H. Profiles of Managerial Activities in Small Firms. Strategic Management Journal, 1995, 16, 551 – 564.

［171］ Michael J Carley & Eduardo S Bustelo. Social Impact Assessment and Monitoring: a Guide to the Literature. Boulder and London: Westview

Press, 1990.

[172] Midaini E A. Comparative Study of Herzberg Two Factor Theory of Job Satisfaction among Public and Private Sectors. Public Personnel Management, 1991, 20 (4), 441 - 448.

[173] Milliken, F. J. Three Types of Perceived Uncertainty about the Environment: State, Effect and Response Uncertainty. Academy of Management Review, 1987, 12, 133 - 143.

[174] Mitchell, R. K., Busenitz, L. W., Lant, T. Toward a Theory of Entrepreneurial Cognition: Rethingking the People Side of Entrepreneurship Research. Entrepreneurship Theory and Practice, 2002, 27 (2), 93 - 104.

[175] Mitton, D. G. The Complete Entrepreneur. Entrepreneurship Theory and Practice, 1989, 13 (3), 9 - 19.

[176] Mohan Neill, S. The Influence of Firm's Age and Size on its Environmental Scanning Activities. Journal of Small Business Management, 1995, 33 (4), 10 - 21.

[177] Moshe Sharir, Miri Lerner. Gauging the Success of Social Venture Initiated by Individual Social Entrepreneurs. Journal of World Business, 2006, 41, 6 - 20.

[178] Mosher, Frederick C. Democracy and the Public Service. New York: Oxford University Press, 1968.

[179] Mulgan, R. Holding Power to Account: Accountability in Modern Democracies. New York: Palgrave MacMillan, 2003.

[180] Murthy, R. K. Introduction. In R. K. Murthy (ed.), Building Women's Capacities: Interventions in Gender Transformations. New Delhi: Sage, 2001.

[181] Naff K. C. Crum J. Working for America: Does Public Service Motivation Make a Difference. Public Personnel Management, 1999, 19 (3), 5 - 16.

[182] Najam, A. NGO Accountability: A Conceptual Framework. Development Policy Review, 1996, 14 (4), 39 - 353.

[183] Nelson, R. R., Winter, S. An Evolutionary Theory of Economic Change. London: The Belknap Press of Harvard University, 1982.

[184] Nelson, P. J. The World Bank and NGOs: The Limits of Apolitical development. London: MacMillan, 1995.

[185] Nicholson, Walter. Intermediate Economics and Its Application. London: Hinsdale, IL: Drydan Press, 1985.

[186] Noteboom, B. Learning and Innovation in Organizations and Economies. New York: Oxford Press, 2000.

[187] Olson, P. D. Entrepreneurship: Process and Abilities. American Journal of Small Business, 1985, 10 (1), 25-31.

[188] Palich, L. E., Bagby, D. R. Using Cognitive Theory to Explain Entrepreneurial Risk-taking: Challenging Conventional Wisdom. Journal of Business Venturing, 1995, 10 (6), 425-438.

[189] Patrick Kilby. Accountability for Empowerment: Dilemmas Facing Non-Governmental Organizations. World Development, 2006, 34 (6), 951-963.

[190] Peikoff L. Objectivism: The Philosophy of Ayn Rand. New York: Dutton, 1991.

[191] Pennings, J. M. Handbook of Organizational Design. Oxford and New York: Oxford University Press, 1981.

[192] Peredo, A. M. Emerging Strategies against Poverty: The Road Less Traveled. Journal of Management Inquiry, 2003, 12 (2), 155-166.

[193] Peredo, A. M., & Chrisman, J. J. Toward a Theory of Community-Based Enterprise. Academy of Management Review, 2006, 31 (2), 174-188.

[194] Perry J. L., Porter L. W. Factors Affecting the Context for Motivation in Public Organization. Academy of Management Review, 1982, 7 (1), 89-98.

[195] Perry J. L. Bringing Society in: Toward a Theory of Public Service Motivation. Journal of Public Administration Theory and Research, 2000, 10 (2), 471-488.

[196] Perry J. L. Antecedents of Public Service Motivation. Journal of Public Administration Research and Theory, 1997, 7 (2), 181-197.

[197] Perry J. L. Measuring Public Service Motivation: An Assessment of

Construct Reliability and Validity. Ournal of Public Administration Research and Theory, 1996, 6 (1), 5 – 22.

[198] Perry J. L., Wise L. R. The Motivational Bases of Public Service. Public Administration Review, 1990, 50 (3), 367 – 373.

[199] Peters, B. G., & Pierre, J. Citizen versus the New Public Manager. Administration and Society, 2000, 32 (1), 9 – 28.

[200] Peterson, R. Understanding and Encouraging Entrepreneurship Internationally. Journal of Small Business Management, 1998, 26 (2), 1 – 8.

[201] Pineda, R., Lerner, L., Miller, C. An Investigation of Factors Affecting the Information Search Activities of Small Business Managers. Journal of Small Business Management, 1998, 36 (1), 60 – 71.

[202] Pomerantz, M. The Business of Social Entrepreneurship in a Down Economy. In Business, 2003, 25 (3), 25 – 30.

[203] Prabhu, G. N. Social Entrepreneurial Management Leadership in Management, www. mcb. co. uk/services/conferenc/sept98/lim/paper _ a2. htm, Visited 21 June, 2001.

[204] Puroshothaman, S. The Empowerment of Women in India: Grassroots Women's Networks and the State. New Delhi: Sage, 1998.

[205] Putnam, Robert. Making Democracy Work: Civic Traditions in Modern Italy. Princeton, N. J. : Princeton University Press, 1993.

[206] Quadir, I. Bottom up Economics. Harvard Business Review, 2003, 81 (8), 18 – 20.

[207] Rabel, J. B. The Concepts, Process and Methods of Social Impact Assessment. Dog Eared Publications, 2004.

[208] Rabel, J. B & Robert A. Robertson. Social Impact Assessment and the Public Involvement Process. Environmental Impact Assessment Review, 1990, 10 (1 – 2), 81 – 90.

[209] Rainey H. G. Agencies and Private Firms: Incentive Structures, Goals and Individual Roles. Administration and Society, 1983, 15 (2), 207 – 242.

[210] Rainey, Hal G. Reward Preferences among Public and Private Managers: In Search of the Service Ethic. American Review of Public Administra-

tion, 1982, 16 (2), 288 – 302.

[211] Rajasekhar, D. Non – governmental Organizations (NGOs) in India: Opportunities and Challenges. Journal of Rural Development, 2000, 19 21), 249 – 275.

[212] Reis, T. Unleashing the New Resources and Entrepreneurship for the Common good: A Scan, Synthesis and Scenario for Action. Battle Creek, MI: W. K. Kellogg Foundation, 1999.

[213] Renolds, P. Predicting New Firm Births: Interations of Organizational and Human Populations. In D., L., Sexton (eds.), The State of the Art of Entrepreneurship. Boston: PWS – Kent Publishing, 1992.

[214] Review Panel on the Law of Negligence. Review of the Law of Negligence report. Canberra, Australia: Government of Australia, 2002.

[215] Roberts, G., Emerson, J., & Tuan, M. T. Social Purpose Enterprises and Venture. Harvard Business Review, 1999, 18 (6), 11 – 24.

[216] Robichaud, Y. Egbert, M. Roger, A. Toward the Development of a Measuring Instrument for Entrepreneurial Motivation. Journal of Developmental Entrepreneurship, 2001, 4 (2).

[217] Ronstadt, R., C. Entrepreneurship. Dover, MA: Lord Publishing, 1984.

[218] Ronstadt, R., C. The Education Entrepreneurs: A New Era of Entrepreneurial Education is beginning. American Journal of Small Business, 1985, 10 (1), 7 – 23.

[219] Rowe, A. J., Mason, R, O. Managing With Style: A Guide to Understanding, Assessing, and Improving Decision Making. California: Jossey Bass Inc, 1987.

[220] Ryan, W. P. The New Landscape for Nonprofits. Harvard Business Review, 1999, 77 (1), 127 – 136.

[221] Salamon Lester, M. Crisis of the Nonprofit Sector and the Challenge of Renewal. National Civic Review, 1996, 85 (4), 40 – 55.

[222] Salamon. Lester, M. Partners in Public Service: the Scope and Theory of Government—nonprofit Relations. Nonprofit Sector: A Research Handbook. New Haven: Yale University Press, 1987.

[223] Salamon. Lester, M. The Marketization of Welfare: Changing Nonprofit and For – Profit Roles in the American Welfare State. Social Service Review, 1993, 34 (2), 11 – 13.

[224] Salamon. Lester, M. Partners in Public Service: Government—nonprofit Relations in the Modem Welfare State. Baltimore, Maryland: The Johns Hopkins University Press, 1995.

[225] Sexton, D. L, Bowman, N. B. Validation of a Personality Index: Comparative Psychological Characteristics Analysis of Female Entrepreneurs, Managers and Entrepreneurship Students and Business Students. In R. Ronstadt, J., A. Hornaday, R., Peterson, & K. H. Vesper (eds.). Frontiers of Entrepreneurship Research. Wellesley, MA: Babson College, 1986.

[226] Schafer, S., Grant Pillow, H. Higgins, E. T. How Regulatory Fit Enhances Motivational Strength During Goal Pursuit. Journal of Social Psychology, 2004, 35 (1), 42 – 54.

[227] Schumpeter, J. A. The Theory of Economic Development. London: Oxford University Press, 1934.

[228] Schumpeter, J. A. Capitalism, Socialism, and Democracy. New York: Harper and Brothers, 1942.

[229] Seelos, C., & Mair, J. Entrepreneurs in Service of the Poor—Models for Business Contributions to Sustainable Development. Business Horizons, 2005a, 48 (3), 241 – 246.

[230] Seelos, C., & Mair, J. Sustainable Development, Sustainable Profit. European Business Forum, 2005b, 20, 49 – 53.

[231] Shaker Zahra & Eric Gedajlovic. A Typology of Social Entrepreneurs: Motives, Search processes and Ethical Challenges. Journal of Business Venturing, 2009, 24, 519 – 532.

[232] Shane, S., Venkataraman, S. The Premise of Entrepreneurship as a Field of Research. Academy of Management Review, 2000, 25 (1), 217 – 226.

[233] Shane, S. Prior Knowledge and the Discovery of Entrepreneurship opportunities. Organizational Science, 2000, 11 (4), 448 – 469.

[234] Shane, S., Locke, E. A., Collins, C. J. Entrepreneurial Moti-

vation. Human Resource Management, 2003, 13 (2), 257 – 279.

[235] Shapero, Sokol. The Social Dimensions of Entrepreneurship. Encyclopedia of Entrepreneurship. Englewood Cliffs, NJ: Prentice Hall 1982, 72 – 90.

[236] Shaw, E., Shaw, J., & Wilson, M. Unsung entrepreneurs: Entrepreneurship for social gain. Durham, UK: University of Durham Business School – The Barclays Centre for Entrepreneurship, 2002.

[237] Shepherd, D. A., Levesque, M. A Search Strategy for Assessing a Business Opportunity. IEEE Transactions on Engineer Management, 2002, 49 (1), 140 – 153.

[238] Shepherd, D. A., DeTienne, D. R. Prior Knowledge Potential Financial Reward and Opportunity Identification. Entrepreneurship Theory and Practice, 2005, 29 (1), 91 – 112.

[239] Simon, H. A. Bounded Rationality and Organizational Learning. In Organizational Learning, ed., MD Cohen & LS Sproull. London: Sage, 1996, 175 – 187.

[240] Simon, M., Houghton, S. M. Aquino, K. Cognitive Biases, Risk Perception and Venture Formation: How Individual Decide to Start Companies. Journal of Business Venturing, 2000, 15 (2), 113 – 134.

[241] Singh, R. P. A Comment on Developing the Field of Entrepreneurship through the Study of Opportunity Recognition and Exploitation. Academy of Management Review, 2001, 26 (1), 10 – 12.

[242] Smallbone, D., Evans, M., Ekanem, I., & Butters, S. Researching Social Enterprise: Final Report to the Small Business Service, Centre for Enterprise and Economic Development Research, Middlesex University Business School, Middlesex University, UK, 2001.

[243] Smeltzer, L. R., & Fann, G., L. Gender Differences in External Networks of Small Business Owner Managers. Journal of Small Business Management, 1989, 27 (2), 25 – 32.

[244] Smith – Sreen, P. Accountability in Development Organizations: Experiences of Women's Organizations in India. New Delhi: Sage, 1995.

[245] Sober, E. What is Evolution Altruism. Canada Journal of Philoso-

phy, 1988, 14 (2), 75-99.

[246] Spar, D. L., & La Mure, L. T. The Power of Activism: Assessing the Impact of NGOs on Global Business. California Management Review, 2003, 45 (3), 78-102.

[247] Speer, P. W. Intrapersonal and Interactional Empowerment: Implications for Theory. Journal of Community Psychology, 2000, 28 (1), 51-61.

[248] Spear, R. H. Social Entrepreneurship: a Different Model. International Journal of Social Economics, 33 (5/6), 399-410.

[249] Spiegel, S., Grant Pillow, H., Higgins, E. T. How Regulatory Enhances Motivational Strength During Goal Pursuit. European Journal of Social Psychology, 2004, 34 (1), 39-54.

[250] Sshamir B. Meaning. Self and Motivation in Organizations. Organization Studies, 1991, 12 (3), 405-424.

[251] Staats, Elmer B. Public Service and the Public Interest. Public Administration Review, 1988, 48, 601-605.

[252] Stephens, A. Ice Cream with a Mission. New Statesman, 132: 17-18.

[253] Stevenson, H. H., & Jarillo, C. J. A Paradigm of Entrepreneurship: Entrepreneurial Management. Strategic Management Journal, 1990, 11, 17-28.

[254] Stevenson, H. H., Roberts, M. J., & Grousbeck, H. I. New Business Ventures and the Entrepreneur. Homewood, IL: Irwin, 1989.

[255] Stewart, A. Team Entrepreneurship. Newbury Park: Sage Publications, 1989.

[256] Swets, J. A. The Science of Choosing the Right Decision Threshold in High-stakes Diagnostics. Psychol, 1992, 47, 522-532.

[257] S., Wong, C., & Mobley, W. Toward a Taxonomy of Multidimensional Constructs. Academy of Management Review, 1998, 23, 741-755.

[258] Sullivan Mort, G., Weerawardena, J., & Carnegie, K. Social Entrepreneurship: Towards Conceptualization. International Journal of Nonprofit

and Voluntary Sector Marketing, 2003, 8 (1), 76-88.

[259] Tandon, R. Board Games: Governance and Accountability. In M. Edwards, & D. Hulme (eds.), NGO Performance and Accountability. London: Earthscan, 1995.

[260] Tandon, R. Riding high or nosediving: Development NGOs in the new millennium. In D. Eade, & E. Ligteringen (eds.), Debating development. Oxford: Oxfam, 2001.

[261] Tan, W.-L., Williams, J., & Tan, T.-M. What is the "Social" in "Social Entrepreneurship"? Proceedings of the 48th World International Conference for Small Business, 2003.

[262] Tan, W.-L., Williams, J., & Tan, T.-M. Defining the "Social" in "Social Entrepreneurship": Altruism and Entrepreneurship. International Entrepreneurship and Management Journal, 2005, 1, 353-365.

[263] Taylor, N., Hobbs, R., Nilsson, F., et al. The Rise of the Term Social Entrepreneurship in Print Publications. Frontiers of Entrepreneurship Research: Proceedings of the annual Babson College Entrepreneurship Research Conference, 466, 2000.

[264] Teegen, H., Doh, J. P., Vachani, S. The Importance of Nongovernmental Organization (NGOs) in Global Governance and Value Creation: an International Business Research Agenda. Journal of International Business Studies, 2004, 35 (6), 463-483.

[265] T. Donaldson & P. Werhane. Ethical Issues in Business. Englewood Cliffs: Prentice Hall, 1983.

[266] Thake, S., Zadek, S. Practical People, Noble Causes: How to Support Community based Social Entrepreneurs. New Economic Foundation, 1997.

[267] Thompson, J., Doherty, B. The Diverse World of Social Enterprise: a Collection of Social Enterprise Stories. International Journal of Social Economics, 2006, 33 (56), 399-410.

[268] Thompson, J. L. The World of the Social Entrepreneur. The International Journal of Public Sector Management, 2002, 15, 412-431.

[269] Thompson, J. L., Alvy, G., & Lees, A. Social Entrepreneur-

ship: A New Look at the People and the Potential. Management Decision, 2000, 38, 328 – 338.

[270] Timmons, J. A. Characteristics and Role Demands of Entrepreneurship. American Journal of Small Business, 1978, 3 (2), 5 – 17.

[271] Timmons, J. A. New Business Opportunities: Getting to the Right Place at the Right Time. Acton, MA: Brick House Publishing Co, 1994a, 3 (2), 5 – 17.

[272] Timmons, J. A. New Venture Creation: Entrepreneurship for the 21st Century. Burr Ridge, IL: Irwin, 1994b.

[273] Uvin, P., Pankaj, S., Jain, L., & Brown, D. Think Large and Act Small: Toward a New Paradigm for NGOs Scaling up. World Development, 2000, 28 (8), 1409 – 1419.

[274] Van De Ven, A. H. Designing New Business Startups: Entrepreneurial, Organizational and Ecological Considerations. Journal of Management, 1984, 10 (1), 87 – 107.

[275] Waddock, S. A., & Post, J. E. Social Entrepreneurs and Catalytic Change. Public Administration Review, 1991, 51, 393 – 407.

[276] Wallace, S. L. Social Entrepreneurship: The Role of Social Purpose Enterprises in Facilitating Community Economic Development. Journal of Developmental Entrepreneurship, 1999, 4, 153 – 174.

[277] Ward, T. B. Cognition, Creativity, and Entrepreneurship. Journal of Business Venturing, 2004, 19 (23), 173 – 188.

[278] Weerawardena, J., & Sullivan Mort, G.. Learning, Innovation and Competitive Advantage in Not – for – Profit Aged Care Marketing: A Conceptual Model and Research Propositions. Journal of Nonprofit & Public Sector Marketing, 2001, 9 (3), 53 – 73.

[279] Weick, K. E. The Collapse of Sensemaking in Organizations: the Mann Gulch Disaster. Administrative Science Quarterly, 1993, 38, 628 – 652.

[280] Weisbrod, Burton A.. Toward a Theory of the Voluntary Nonprofit Sector in a Three Sector Economy: Altruism and Economy Theory. New York: Russel Sage, 1974.

[281] Western, J. and Lynch, M. Overview of the SIA Process in Social

Impact Analysis: An Applied Anthropology Manual. New York, NY: Berg, 2000: 35 - 62.

[282] Weissberg, R. The Vagaries of Empowerment. Society, 2000, 37 (2), 15 - 21.

[283] Witter D. Serving the People or Serving for Pay: Reward Preferences among Government, Hybrid Sector and Business Managers. Public Productivity and Management Review, 1991, 14 (4), 369 - 383.

[284] Wixson, E. O. The New Synthesis. Cambridge, Mass: Harvard University Press, 1976.

[285] World Vision. World Vision Job Description Program Manager—Uzbekistan. http: // www. worldvision. org/worldvision/wvusjobs. nsf, 2003.

[286] World Vision. Creating a Ministry of Presence. Washington: World Vision USA. http: //www. worldvision. org, 2005.

[287] Yin, R. K. Cross - case analysis of transformed firms. In More Transformed Firms Case Studies. Gaithersburg, MD: U. S. Department of Commerce, National Institute of Standards and Technology, 2000, 109 - 123.

[288] Yin, R. K. Case study research: Design and methods (3rd, ed.). Thousand Oaks, CA: Sage, 2003.

[289] Young J C. A Study of Public Service Motivation: the Korean Experience. Administration and Society, Idaho: University of Idaho, 2001.

[290] Zaidi, S. A. NGO Failure and the Need to Bring back the State. Journal of International Development, 1999, 11 (2), 259 - 271.

[291] Zahra, S. A., Dess, G. G. Entrepreneurship as a Field of Research: Encouraging Dialog and Debate. Academy of Management Review, 2001, 26 (1), 8 - 10.

[292] Zahra, S., Ireland, D., Guiterrez, I., Hitt, M. Privatization and Entrepreneurial Transformation: a Review and Research Agenda. Academy of Management Review, 2000, 25, 509 - 524.

[293] Zahra, S., Rawhouser, H., Bhawe, N., Neubaum, D. & Hayton, J. Globalization of Social Entrepreneurship. Strategic Entrepreneurship Journal, 2005, 2 (2), 117 - 131.

[294] 蔡宁、沈奇泰松、吴结兵：《经济理性、社会契约与制度规

范：企业慈善动机问题研究综述与扩展》,《浙江大学学报》(人文社会科学版) 2009 年第 3 期。

［295］陈海涛、蔡丽:《创业机会特征维度划分的实证研究》,《工业技术经济》2008 年第 2 期。

［296］陈震红、董俊武:《创业决策中创业者风险行为的影响因素——国外研究框架综述》,《国际经贸探索》2007 年第 9 期。

［297］丁明磊、王云峰、吴晓丹:《创业自我效能与企业家认知及创业行为关系研究》,《商业研究》2008 年第 11 期。

［298］丁明磊:《创业自我效能及其与创业意向关系研究》,博士学位论文,河北工业大学,2008 年。

［299］董志勇:《行为经济学》,北京大学出版社 2005 年版。

［300］傅家骥:《技术经济的前沿问题》,经济科学出版社 2003 年版。

［301］高喜珍、王莎:《公共项目的社会影响后评价》,《哈尔滨商业大学学报》(社会科学版) 2009 年第 3 期。

［302］管毅平:《理性动机与利他行为》,《中国社会科学评论》(香港) 2002 年第 2 期。

［303］侯杰泰、温忠麟、成子娟:《结构方程模型及其应用》,教育科学出版社 2004 年版。

［304］黄芳铭:《结构方程模型——理论与应用》,中国税务出版社 2005 年版。

［305］胡杨成、蔡宁:《资源依赖视角下的非营利组织市场导向动因探析》,《社会科学家》2008 年第 3 期。

［306］靳海山:《经济平等的三重维度》,《伦理学研究》2005 年第 1 期。

［307］李怀祖:《管理研究方法论》,西安交通大学出版社 2005 年版。

［308］李强、史玲玲、叶鹏飞、李卓蒙:《探索适合中国国情的社会影响评价指标体系》,《河北学刊》2010 年第 1 期。

［309］林嵩:《结构方程模型原理及 AMOS 应用》,华中师范大学出版社 2008 年版。

［310］林嵩、姜彦福、张帏:《创业机会识别:概念、过程、影响因

素和分析框架》,《科学学与科学技术管理》2005 年第 5 期。

[311] 路海东:《社会心理学》,东北师范大学出版社 2002 年版。

[312] 马庆国:《管理统计:数据获取、统计原理、SPSS 工具及应用研究》,科学出版社 2002 年版。

[313] 苗青:《基于规则聚焦的公司创业机会识别与决策机制研究》,博士学位论文,浙江大学,2006 年。

[314] 苗青:《基于认知观的创业过程研究》,《心理学》2005 年第 5 期。

[315] 倪宁、王重鸣:《创业学习研究领域的反思》,《科研管理》2005 年第 6 期。

[316] 彭茹静:《利他主义行为的理论发展研究》,《管理世界》2006 年第 2 期。

[317] 孙海法、刘运国、方琳:《案例研究的方法论》,《科研管理》2004 年第 2 期。

[318] 唐勇、徐玉红:《国外社会影响评价综述研究》,《城市规划学刊》2007 年第 5 期。

[319] 王朝纲:《投资项目社会评价理论与方法研究》,博士学位论文,中国矿业大学,1997 年。

[320] 王重鸣:《心理学研究方法》,人民教育出版社 2001 年版。

[321] 汪和建:《迈向中国的新经济社会学:交易秩序的结构研究》,中央编译出版社 1999 年版。

[322] 王金红:《案例研究法及其相关学术规范》,《同济大学学报》2007 年第 12 卷第 3 期。

[323] 王名:《中国的非政府公共部门(上)》,《中国行政管理》2001 年第 5 期。

[324] 王玉珍:《微观主体的利他行为分析》,《太原理工大学学报》(社会科学版) 2003 年第 4 期。

[325] 吴明隆:《SPSS 统计应用实务:问卷分析与应用统计》,科学出版社 2003 年版。

[326] 项保华、张建东:《案例研究方法和战略管理研究》,《自然辩证法通讯》2005 年第 5 期。

[327] 许冠南:《关系嵌入性对技术创新绩效的影响研究——基于探

索性学习的中介机制》,博士学位论文,浙江大学,2008年。

[328] 徐贵宏、贾志永、王晓燕:《经济人"利他"行为的经济分析》,《经济学家》2008年第1期。

[329] 杨春学:《利他主义经济学的追求》,《经济研究》2001年第4期。

[330] 杨团:《公司与社会公益》,华夏出版社2002年版,第24页。

[331] 叶航:《利他行为的经济学解释》,《经济学家》2005年第3期。

[332] 叶航、汪丁丁、罗卫东:《作为内生偏好的利他行为及其经济学意义》,《经济研究》2005年第8期。

[333] 叶康涛:《案例研究:从个案分析到理论创建——中国第一届管理案例学术研讨会综述》,《管理世界》2006年第2期。

[334] 叶先宝、李纾:《公共服务动机:内涵、检验途径与展望》,《公共管理学报》2008年第1期。

[345] 张康之:《寻找公共行政的伦理视角》,中国人民大学出版社2002年版,第149—164页。

[336] 张玲、梁力彤:《新公共管理视角下中国NGO的作用浅析》,《知识经济》2010年第2期。

[337] 张廷华:《利他和利己行为的效用分析》,《山西高等学校社会科学学报》1999年第3期。

[338] 张旭昆:《试析利他行为的不同类型及其原因》,《浙江大学学报》(人文社会科学版)2005年第4期。